下野新聞で見る昭和・平成史 I

1926-1951

下野新聞社

序

下野新聞社のルーツは、明治11（1878）年6月1日、栃木県庁があった栃木町（現・栃木市）で産声をあげた「栃木《とちき》新聞」です。その後、明治17（1884）年3月7日、栃木町から河内郡宇都宮町へ栃木県庁が移るのに合わせて、「栃木新聞」を「下野新聞」の題字に変え、タブロイド判4ページとして創刊しました。以来、明治・大正・昭和・平成の4代にわたり「中正不偏」の社是を掲げ、紙齢《しれい》46,276号（平成27［2015］年7月31日現在）という栄光と苦難の年輪をほぼ休みなく刻み続けてきました。その間、日清・日露戦争、2つの世界大戦、関東大震災、満州事変にはじまる15年に及ぶ戦争、戦後復興と高度成長、バブル景気とその崩壊。そして、昭和天皇の崩御と平成のはじまり、阪神・淡路大震災、世界同時多発テロ、リーマン・ショックそして東日本大震災と東京電力福島第一原子力発電所事故による放射能汚染など、新聞は常に歴史の証言者として、皆さまへその第一報を伝えてきました。

戦後70年という大きな節目となった本年、激動の昭和から平成の今までを下野新聞は何を報じ、何を伝えようとしてきたのかを、皆さまにたどってもらうため、下野新聞社は「下野新聞で見る昭和・平成史」を企画しました。本書は上・下巻（表記はⅠ、Ⅱ）から成り、上巻は大正天皇の崩御そして昭和へと元号が変わった昭和元（1926）年からサンフランシスコ講和条約の締結で日本国の主権が回復した昭和26（1951）年までの歩みを取りあげました。紙面では、歴史の1ページを織りなしてきた出来事と栃木県内の出来事を

栃木新聞

明治11(1878)年6月1日
第1次「栃木新聞」創刊号

栃木新聞

明治12(1879)年8月2日
第2次「栃木新聞」創刊号

下野新聞社代表取締役社長 **観堂 義憲**（かんどう・よしのり）

中心に紹介します。

大衆文化が爛熟し、やがて世界恐慌の渦に巻き込まれながら、軍部による大陸進出の野望とやがてはじまる戦争への道を突き進み、人びとの暮らしが戦争による物資統制の影響で我慢を強いられていた様子が、紙面を通して分かります。そして戦争がはじまると、新聞は大本営発表を連日のように伝え、人びとの戦意を高揚させるような文言を弄し、政府や軍部が行ってきたことを批判することなく伝えていた姿を見ることができます。

昭和20（1945）年7月12日の宇都宮大空襲で下野新聞社の輪転機（印刷機）が全焼。翌13日の休刊を挟んで、14日付からは資本提携の関係にあった毎日新聞社に委託し発行することができました。この年の8月1日から10月31日までの紙面は、下野新聞社にも栃木県立図書館にも現存していませんが、幸運にもその一部が本書の編集作業中に発見され、今回紹介できることになりました。

政府がポツダム宣言を受諾し、日本の敗戦ではじまった戦後は、アメリカ軍による空襲で焼け野原となり、廃墟の中から人びとが「復興」の二文字を胸に秘めながら、たくましく歩んでいる姿が紙面のあちらこちらから伝わってきます。戦後復興の歩みも紙面の変化とともに感じ取ることができることでしょう。

新聞はその時その時の世相や時代の雰囲気を映し出す鏡です。そんな鏡を通して、栃木の、日本の、そして世界の動きを確認していただければと切に願っています。

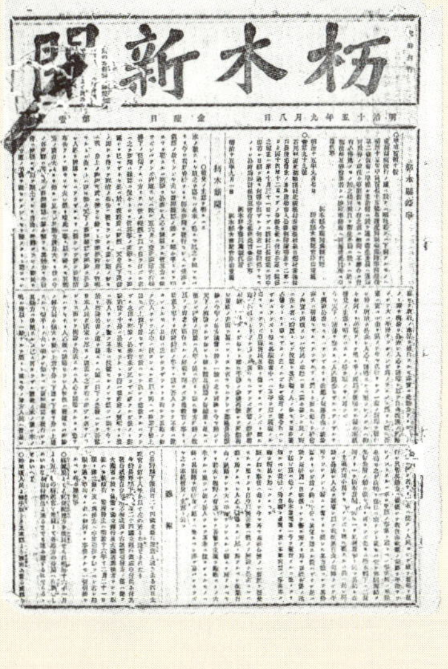

栃木新聞

明治15(1882)年9月8日
第3次「栃木新聞」創刊号

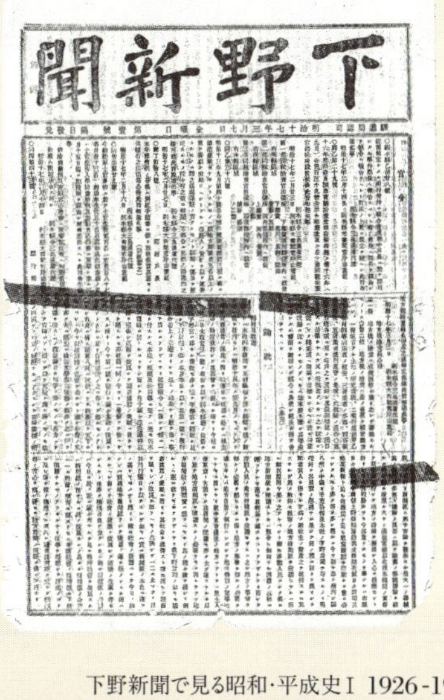

下野新聞

明治17(1884)年3月7日
「下野新聞」創刊号

※図版はいずれも栃木県立図書館蔵

下野新聞で見る昭和・平成史I
1926-1951

目次

［凡例］

◉本書に収録した新聞は、一部を除きすべて下野新聞社蔵を使用した。提供いただいた新聞、写真等にはクレジットを付記した

◉本文の解説にあたっては、現代人に読みやすくするために原典をそこねない範囲で、現代漢字かな遣いに改めた。また、適時ルビをふった

◉解説に用いた参考文献、資料は文末に資料名を付記した

第1章

昭和モダンと大正デモクラシーの終焉

昭和元年〜6年（1926-1931）

大正天皇が崩御し、「昭和」へと改元。大正天皇の大葬や裕仁親王の即位の礼を実況で伝えたのが、大正14年にはじまったラジオ放送だった。また、それまで高価で人びとの手には入りにくかったレコードが、映画や写真とともに一挙に社会に入り込んだ。経済恐慌の嵐に農村部をはじめ、多くの人びとがさらされる一方、爛熟《らんじゅく》した都市文化は人びとの生活様式を一変させた。「エログロナンセンス」「モボ・モガ」が巷を席巻。映画館やカフェ、デパートにダンスホールなどが都市部に立ち並び、西洋の影響を独自に消化した「昭和モダン」が醸成されていった。作家・芥川龍之介の遺書にある「唯ぼんやりとした不安」という言葉は、都市に生きる人びとの孤独と無縁ではなかった。そうした中、マルクス主義の流行や労働組合運動の隆盛が多くの人たちに強い影響を与えるも、権力からの度重なる弾圧で治安維持法の下で壊滅してゆく。一方、虎視眈々と大陸進出を狙っていた軍部が引き起こした満州事変は、大正デモクラシーが終焉を迎える引き金となった。

大正15／昭和元年 1926

昭和元年十二月二十六日 日曜日 下野新聞 第一万三千七百十二號

夕刊 下野新聞

聖上崩御

官報號外無號告示を以て宮内省より左の如く發表さる

天皇陛下には大正十五年十二月廿五日午前一時廿五分葉山御用邸に於て崩御遊ばさる

大正十五年十二月廿五日

宮内大臣 一木喜徳郎

内閣總理大臣 若槻禮次郎

御践祚

大正十五年十二月二十五日午前一時二十五分大行天皇崩御と共に皇室典範第十條に定むる所に隨ひ攝政殿下には直に葉山御用邸にて踐祚式を擧げさせ茲に人皇第百二十四代の帝位を繼承させ給ふた

靈柩葉山御發輦前 新帝陛下宮城に還幸 新皇后陛下御同列にて

新に帝位に即かせ給へる新帝陛下には靈柩葉山御發輦に先達ち宮城に還幸遊ばさるる事となつたが新帝陛下葉山より還幸の砌り召させられる御召列車は攝政の御時とは全く編成を異にするもので左の如く組立られるものである尚新帝陛下は新皇后陛下御同列にて東京驛に還幸あらせられるもので機關車（蒸汽）緩急車（地方長官同宮内官）宮中女官同（皇族）同（鐵道職員）尚新帝陛下御直宮以下の皇族方も御便乘あらせらる

皇后宮を初めまつり 攝政同妃兩殿下各宮樣方御まもりの中に 遂にかなしき御臨終 御用邸の内外げきとして聲なく 松籟もまた鳴をしづむ

葉山特電 聖上御容態が深更に及び益々御重らせらるるや御枕邊に侍られる皇后陛下を始め奉り東宮同妃兩殿下高松宮同妃竹田北白川朝香東久邇宮妃殿下には入澤侍醫頭以下各侍醫御用掛の御手當をまたたきもさせられず御言葉なく御見つめさせられ只管神祇の力に依て御愼安からん事を念じ給ひ暫しも御病室を去り給はず一方新殿には西園寺公若槻首相倉富樞府議長牧野内府一木内相東郷奥井上各元帥樞密顧問官等愁然とうなだれて御容態の御經過に心を痛め御用邸の内外はげきとして聲なく御用邸一帶の松籟も鳴を靜めて浪の音のみ靜に重苦しげに響を傳へた聽て廿五日午前一時に至り御容態御危險の報に接するや新殿に控へた元老大官等一同は慌しく舊殿に參入し御寢室近き一室に參向した

崩御は心臓痲痺の御爲

十二月廿五日午前二時五十五分宮内省發表

一 聖上御容態肺炎の御症狀は昨朝よ

今上陛下御通夜 今朝舊殿を御出門

重臣等に最後の拜謁

在外各大公使 夫々急電を

奉悼 憲政會

休暇海兵歸艇

昭和元年12月26日（日）夕刊1面（第13712号） 12月25日午前1時25分、長期ご療養中の大正天皇が葉山御用邸で崩御された。本紙は同日夕刊一面を黒枠で囲み「聖上崩御」を伝えた。当時の夕刊は発行翌日の日付を使用していたため26日付となっている。昭和の元号はこの夕刊が初。大正天皇は栃木県と縁が深く、皇太子時代から旧塩原御用邸や旧田母沢御用邸などをたびたび訪れ、ご静養されていた。

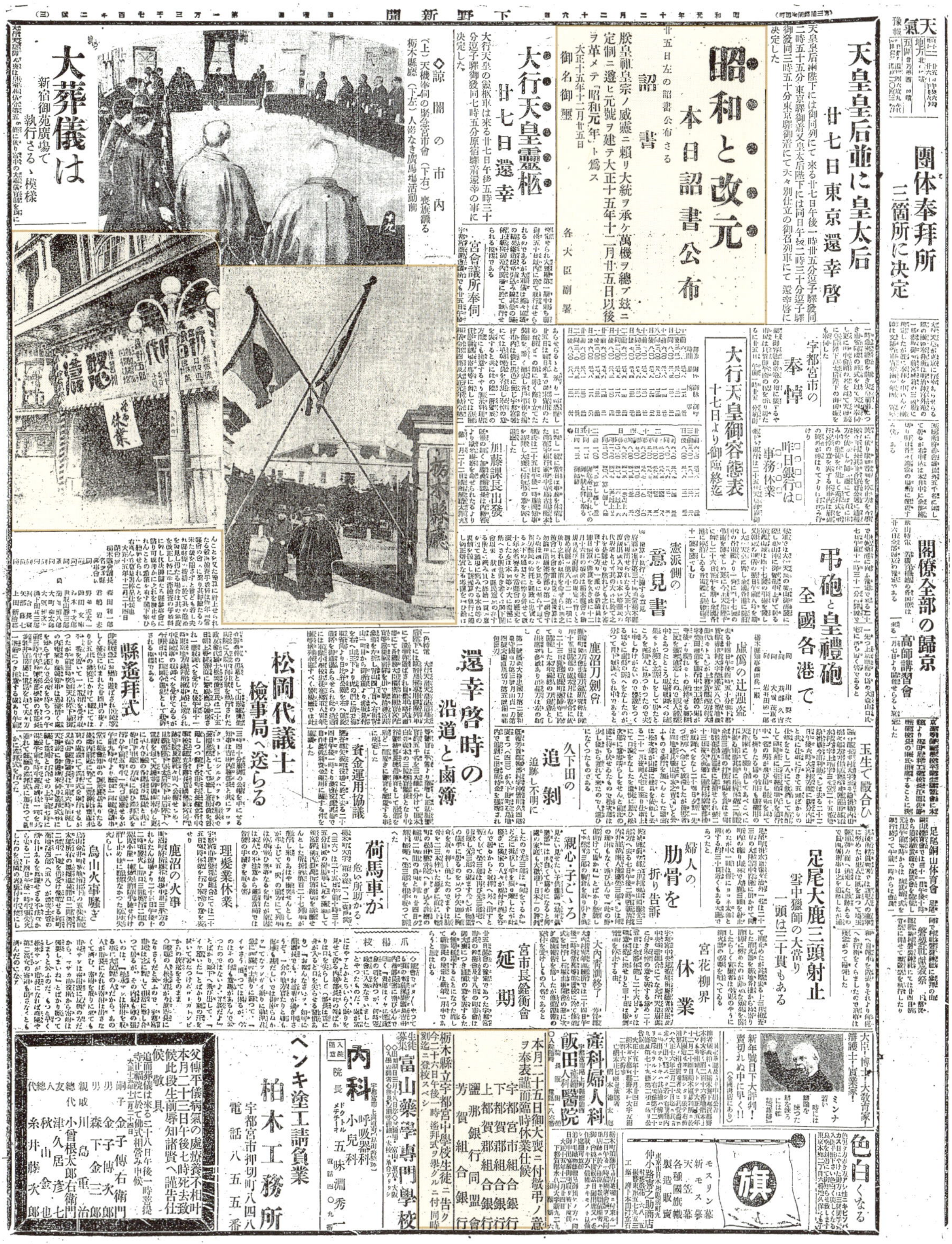
下野新聞　昭和元年十二月二十六日

天氣豫報

團体奉拜所　三箇所に決定

天皇皇后並に皇太后　廿七日東京還幸啓

天皇皇后兩陛下には御同列にて来る廿七日午後一時卅五分逗子驛發同二時五十五分東京驛御着又皇太后陛下には同日午後二時三十分逗子驛御發同三時五十分東京驛御着にて夫々別仕立の御召列車にて還幸啓に決定した

昭和と改元　本日詔書公布

廿五日左の詔書公布さる

詔書

朕皇祖皇宗ノ威靈ニ頼リ大統ヲ承ケ萬機ヲ總ブ茲ニ定制ニ遵ヒ元號ヲ建テ大正十五年十二月廿五日以後ヲ革メテ「昭和元年」ト爲ス

御名御璽

大正十五年十二月廿五日

各大臣副署

大行天皇靈柩　廿七日還幸

大行天皇の靈柩車は来る廿七日午後五時三十分逗子驛御發同七時五分原宿驛着還幸の事に決定した

◇諒闇の市内

（上）天機奉伺の緊急宮市會（下右）喪旗飜る栃木縣廳（下左）人影なき廣馬場活動前

大葬儀は　新宿御苑廣場で執行さるゝ模様

宮會議所奉伺

宇都宮市の奉悼

大行天皇御容態表　十七日より御臨終迄

昨日銀行は事務休業

加藤課長出發

憲派側の意見書

弔砲と皇禮砲　全國各港で

虚偽の辻强盗

鹿沼刀劍會

還幸啓時の沿道と鹵簿

資金運用協議

松岡代議士　檢事局へ送らる

縣遙拜式

玉生で鬪合ひ

足尾銅山体育會

磐裂社獻饌祭

足尾大鹿三頭射止　雪中獵師の大當り　一頭は三十貫もある

婦人の肋骨を折り告訴

宮花柳界休業

大内靑訓終了

久下田の追剝　追跡し不明に

親心・子ごゝろ

宮市長銓衡會延期

荷馬車か　危い所助かる

理髪業休業

鹿沼の火事

烏山火事騷ぎ

爪揚枝

大臣！博士！大教育家！辯護士！實業家！

新年號日下大評判！賣切れぬ中に早く！！（全國書店にあり）

產科婦人科　飯田醫院

本月二十五日御大喪ニ付敬弔ノ意ヲ奉表謹而臨時休業仕候

宇都宮市組合銀行
下都賀郡組合銀行
上都賀郡組合銀行
鹽那銀行同盟會
芳賀組合銀行

栃木縣立宇都宮中學校生徒ニ告ク
今二十六日午後一時遙拜式ヲ擧グルニ付同時刻迄ニ登校スベシ

生徒募集　富山藥學專門學校

内科　呼吸器科　小兒科
院長　ドクトルメヂチーネ　五味淵秀一

ペンキ塗工請負業
柏木工務所
宇都宮市押切町八四八
電話八五五番

父傳平儀病氣の處療養不相叶本月二十三日午後七時死去致候此段生前辱知諸賢へ謹告仕候敬具
追而葬儀は来る二十八日午後一時當提寺正福院に於て佛式相營み申候
大正十五年十二月二十四日

色白くなる

旗
モスリン幕
新モス幕
天笠幕
各種國旗
製造販賣
仲小路喜之助商店

昭和元年12月26日（日）朝刊3面（第13712号）　崩御の翌26日「昭和と改元」と報じた本紙では、県庁に喪章付きの日の丸が掲げられた様子や、娯楽店が臨時休業する写真を掲載。下段には、県内組合5銀行による「本月二十五日御大喪ニ付敬弔ノ意ヲ奉表謹面臨時休業仕候」との公告のほか、県立宇都宮中学校生徒に向けた遙拝式《ようはいしき》の告知が掲載された。東京日日新聞（現・毎日新聞）が25日号外で報じた「新元号は光文」は誤報となった。

今上天皇陛下
御近狀
御幼時から
御成年まで
立太子の禮
新皇后陛下
女王時代の陛下
新天皇皇后兩陛下
御成年式
東宮妃に
昭和の由來
書經の堯典より
大葬儀奉營
二月上旬に
御踐祚早々の
議會でもあり
政爭等は嚴禁
首相勅語捧讀
臨時閣議
渡良瀬沿岸民の
既得權擁護
署長一任と决る
任期最終の縣會
最後まで大味噌
七百卅餘万の大豫算も
茨城同様遂に原案執行
團体奉拜所
三箇所に決定
閣僚全部の歸京

昭和元年12月26日（日）朝刊2面（第13712号）　新天皇皇后両陛下のご経歴と共に元号の由来を伝えた紙面。崩御から2時間後、葉山御用邸の御座所で「剣璽渡御《けんじとぎょ》の儀」が行われた。これにより、大正10年から摂政を務めてきた皇太子裕仁親王が践祚《せんそ》し第124代天皇位についた。「昭和」とは四書五経のひとつ「書経」尭典の「百姓昭明　万邦協和」からとったもので、国民の平和を願う意味があると説明された。

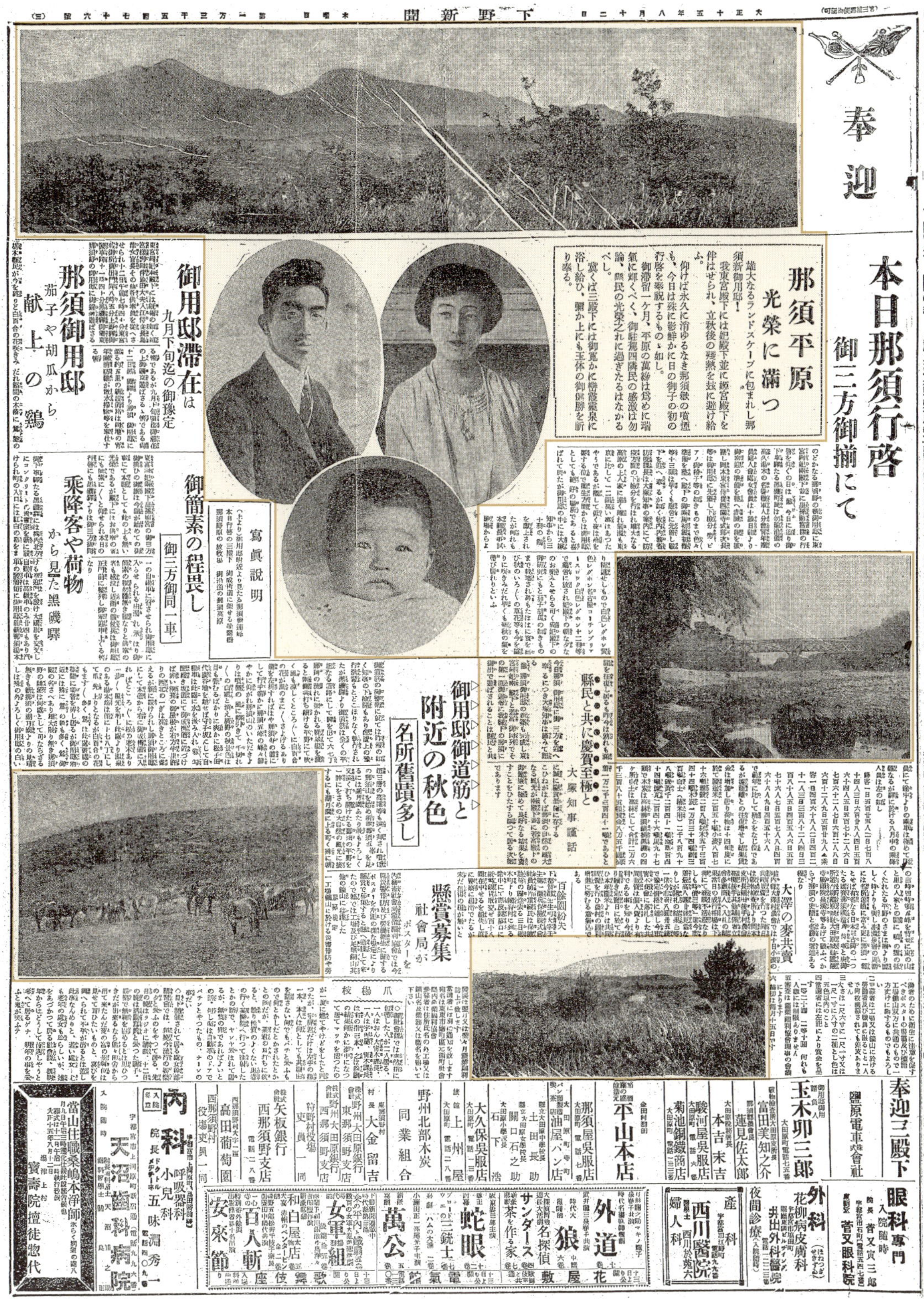
下野新聞

奉迎

本日那須行啓
御三方御揃にて

那須平原光栄に満つ

御用邸滞在は
九月下旬迄の御予定

那須御用邸
茄子や胡瓜から
献上の鶏

御簡素の程畏し
御三方御同一車

乗降客や荷物
から見た黒磯駅

写真説明

御用邸御道筋と附近の秋色
名所旧蹟多し

県民と共に慶賀至極
大塚知事謹話

懸賞募集
社会局が
ポスターを

長野の憲派
廿四名の脱党

桐生火防宣伝

児童保護の施設を調査

大沢の麦共売

奉迎三殿下

大正15年8月12日（木）朝刊3面（第13576号） 後の昭和天皇である皇太子裕仁親王と良子妃、前年12月に誕生したばかりの第一女子照宮成子内親王が、那須の御用邸に行啓された当日紙面。那須御用邸はこの年の7月15日に完成した。「那須平原光栄に満つ」の見出しで始まる社説の下には大塚惟精《いせい》知事（当時）の談話。写真は上から新御用邸から見た那須岳連峰、行啓の三殿下、御成街道に架かる橋、那須野原の放牧場、御沿道の那須高原。

下野新聞　大正十五年二月二十八日

大谷石材勞働組合員
四百餘名同盟罷業
宮署では六軒で示威運動を食止め
代表者三十餘名出縣

大谷石材の危機だと
問屋側でも從業員に
ビラを配布警戒

◇大谷石材勞働組合員の陳情出縣（昨日縣廳構内）

十日の議會を
婦人デー
婦人に關する議題を
新人が述べる

下鳥等取調

今日の催

案ずるより
安産の
教員宅料問題

四ヶ年振にて
李王世子御歸鮮

處女會の見學

實費診療所延期
足利市會全員協議會

親園村長に
越井助役當選

發表！忽ち
人氣沸騰の
下野青年議會
立候補通知既に多數

宇都宮大阪間電話
二十六日より開通

絹島村の暴漢

議論百出の狀態で
栃木の町會緊張し
◇……二讀會で各案委員附託

工事入札

光丸山の歸途
惡口され仲裁者に
唐鍬にてなぐりつく

受檢組合設置問題で
縣當局を非難
足市農會が封切りに

異狀女變死

帝大理科教授等
足尾銅山を視察

妻を囮に詐欺未遂

足尾の賭博

片岡の火事

川西の初市

チブス豫防

おたのしみ

◇宮廣馬場初市（昨日）

大正15年2月28日（日）朝刊3面（第13411号） 国内の労働運動は、大正デモクラシーの影響下、大正7年の米騒動を契機に活発化した。県下では明治40年の「足尾暴動」と呼ばれる坑夫たちの衝突事件が源流となる。その中心には大正9年に全日本鉱夫総連合を組織した足尾銅山の労働者・石山寅吉がいた。この頃には足利、小山の織物・製糸工場、藤岡の醤油工場等でも争議が相次ぎ、各地に労働組合が結成され始めた。

大谷石材勞働組合員 四百餘名同盟罷業

宮署では六軒で示威運動を食止め

代表者三十餘名出縣

大谷石材採掘勞働者間に勞銀の値上問題が持ちあがつたが資本家側の拒絶から遂に火の手が燃がりて廿七日午前十一時腰辨當草鞋ばきて大擧縣廳に陳情と問題は展開して來た事の起りは本年一月に生れた日本勞働總同盟系の河内郡大谷石材勞働組合で去る廿四日に會員約二百餘名は本部より小松原光太郎土井直作兩氏の指援を得一方日光足尾鑛山の勞働組合員等數十名の援護を受け賃銀か餘りに安いからと三割方の値上要求を議決し約數百名の勞働者を結束し勞働歌を高唱して氣勢をあげるなど勢ひ頗る猛烈であつた爲め宇都宮署では之が鎮撫に當つてゐたが翌二十五日同組合は石材營業者側に向つて右決議の三割方賃銀値上を要求した然し營業者側では不景氣の今日到底要求の値上は出來ないとて拒絶したに始まり忽ち爭議問題と變化した勞働組合員其他約四百餘名は結束して値上の貫徹を期すべく同盟罷業し一大示威運動を試みやうと廿七日朝愈々城山村から出縣知事に解決を依頼するのだと隊伍を組んで押しかけて來る騒ぎに宇都宮署では縣警察部の援助を得て城山村駒生字六軒の松山で食い止め警察の方で了解して貰ふやうに努めるからとなだめ代表三十餘名だけを警察部に向け万一に備ふべく數名の正私服巡査をして護衛し縣廳に至り小松原光太郎黒澤作三郎土井直作飯野壽次横島岩吉等の代表を保安課に招いて縣から齋藤保安課長瀧澤警察部長等會見右値上の内容を聞いたが右は

一大谷石材採掘場に對し工場法又は鑛山法の適用をなし保護すること

二現在の賃銀より三割五分方の引上げをなすこと即ち賃金は一圓五十錢以上の職工に對しては一割一圓五十錢以下の賃金に對しては二割五分を値上げすること

三要求の各項は年變りたる四月一日より實行せらるること

等の諸件で之を大塚知事から石材工場主に勧告されたいとの陳情であるため縣ではなるべく穏當に出ないやう若しそれを敢てする場合は容赦なく處斷する其の代り知事は目下不在であるが歸縣の上よく右の次第を傳へて置くからと返答したので一同は午後一時引退つた。

◇大谷石材勞働組合員の陳情出縣（昨日縣廳構内）

大谷石材の危機だと 問屋側でも從業員に

◇…ビラを配布警戒

別項日本總同盟に加入の大谷石材採掘從業員が問屋側に工賃三割の値上要求を爲し居るにつき問屋側にては大谷石材從業員同胞に警告大谷石材の危機と題する半紙一枚大のビラを配布し問屋側では不況のドン底に陥り損失に損失を重ねて居るのであるから無理な値上を要求して問屋廃業の止むなきに至らばお互に困る事になるからお互の損である大谷石材の滅亡を見るに忍びません一部少數の人のせんどうに乗らず大谷石材將來のため一部の人の手に乗らぬやうに希望して居る問屋側の主張によれば事實か否かは不明であるが尺八について見るも工賃廿二錢税金給料電氣等の營業費金五錢トロ賃金五錢小出金十錢鐵道運賃四十錢合計金八十二錢を要し之を金にするには目下東京各驛レール渡し金七十二錢内外差引金十錢以上の損失であるといふ

県内外で物の価格が暴落し労働運動が活発化するなか、大正15年1月、大谷石材労働組合が結成される。翌月には経営者側の問屋組合が大谷石材労働組合の分裂を図って大谷石材従業員共済会を組織して対抗。同月27日には大谷石材労組員400人が賃上げなどを要求して労働者大会を開いた。本紙では組合員30人余りが県庁保安課に出向き陳情を行った一方、問屋側では「大谷石材の危機」というビラを配布し沈静化を図ったと報じた。

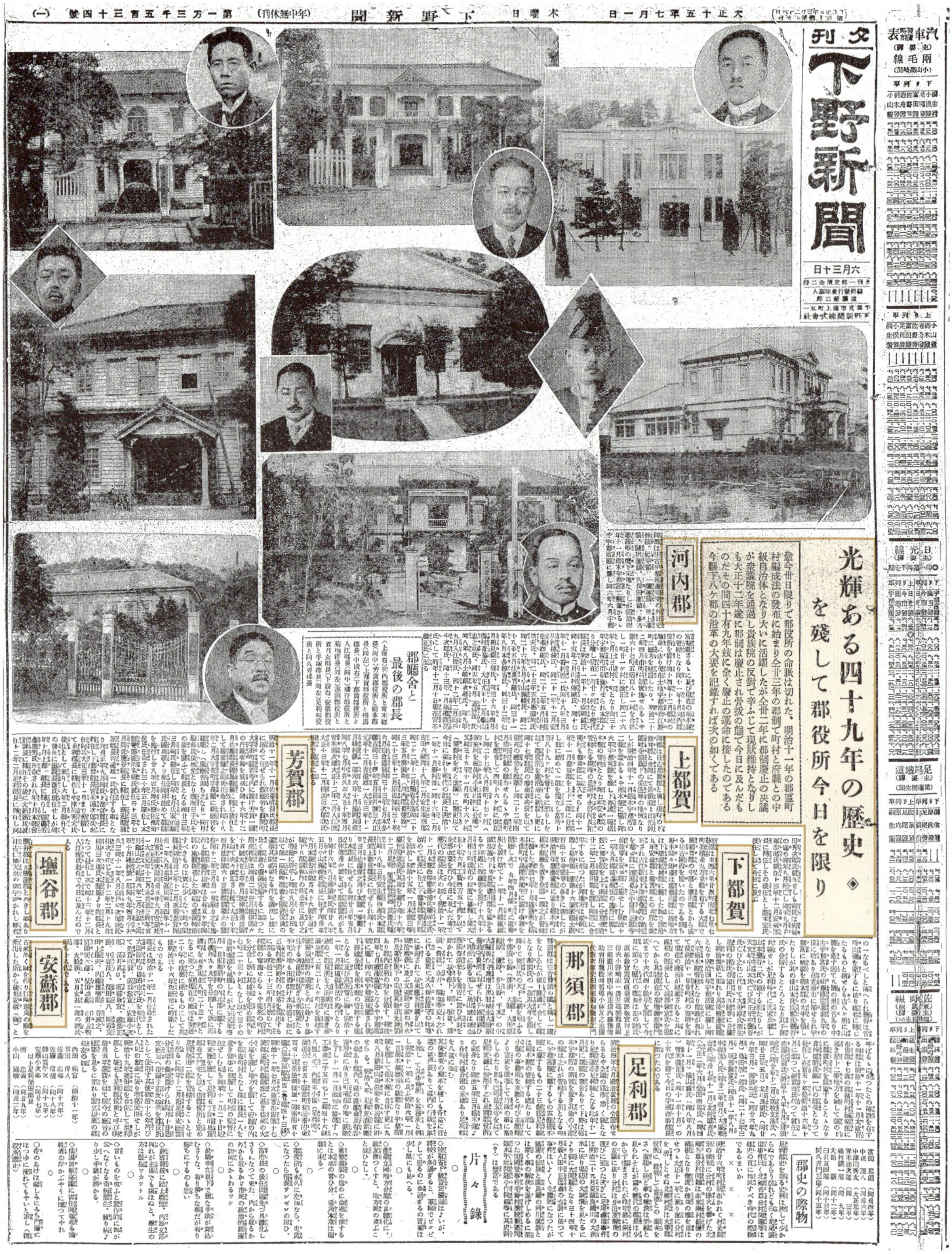

大正15年7月1日（木）夕刊1面（第13534号）明治23年に郡制が公布され、府県と町村の中間自治団体として郡役所が設置された。本県でも紙面中の8郡が置かれた。しかし大正10年4月12日、原敬首相が就任すると政友会肝いりの廃止法案が可決。2年後に郡制は廃止された。残務処理のため紙面当日の7月1日まで存置されていた郡長および郡役所もこの日を限りに役目を終えた。以降、郡は地理的名称として残ることとなった。

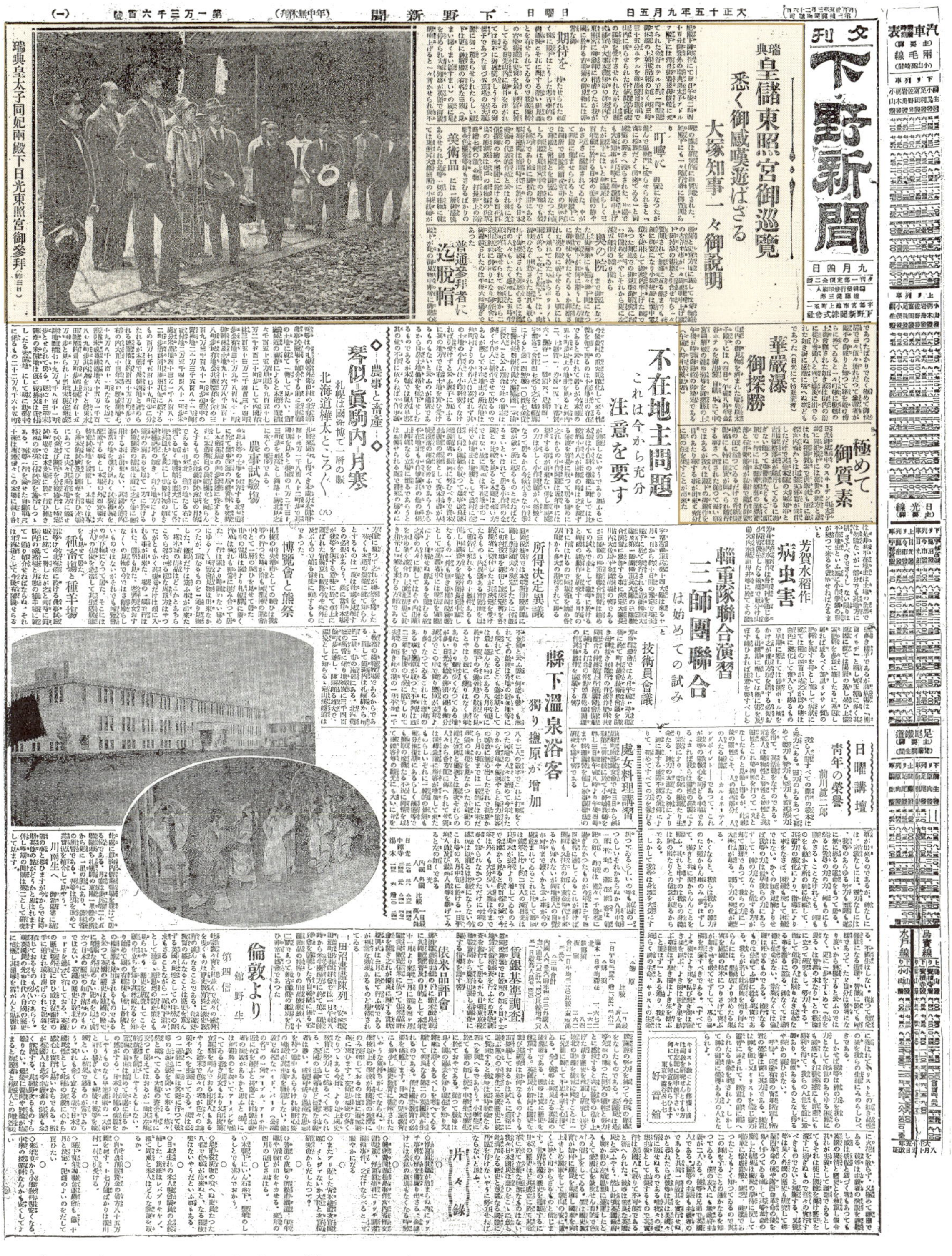
大正十五年九月五日 日曜日 下野新聞 第一万三千六百號 (一)

夕刊 下野新聞 九月四日

瑞典皇儲東照宮御巡覧 悉く御感嘆遊ばさる 大塚知事一々御説明

期待を

叮嚀に

奥の院

普通参拝者に 近脱帽

美術品

華嚴瀑 御探勝

極めて 御質素

瑞典皇太子同妃兩殿下日光東照宮御参拝（前三日）

不在地主問題 これは今から充分注意を要す

農事と畜産 琴似・眞駒内・月寒 北海道樺太ところゞ

農事試験場

博覧會と熊祭

種畜場と種羊場

芳賀水稲作 病虫害

輜重隊聯合演習 三師團聯合 は始めての試み

技術員會議

所得決定異議

縣下温泉浴客 獨り塩原が増加

日曜講壇 青年の榮譽 前川眞二郎

處女料理講習

倫敦より 第四信

賃銀基準調査

舶来品評會

片々録

大正15年9月5日（日）夕刊1面（第13600号） 9月2日に国賓として横浜に来日したスウェーデン皇太子グスタフ・アドルフ親王殿下は、ルイズ妃殿下同伴で、翌3日から6日かけて日光に滞在した。写真は3日の日光東照宮参拝時の様子。当時から日光は国際的避暑地として名高く、皇太子殿下も日光山内や華厳の滝を観覧。中禅寺湖のヨットレースに参加するなど行動的な印象を残し、本紙でも連日その様子を伝えた。

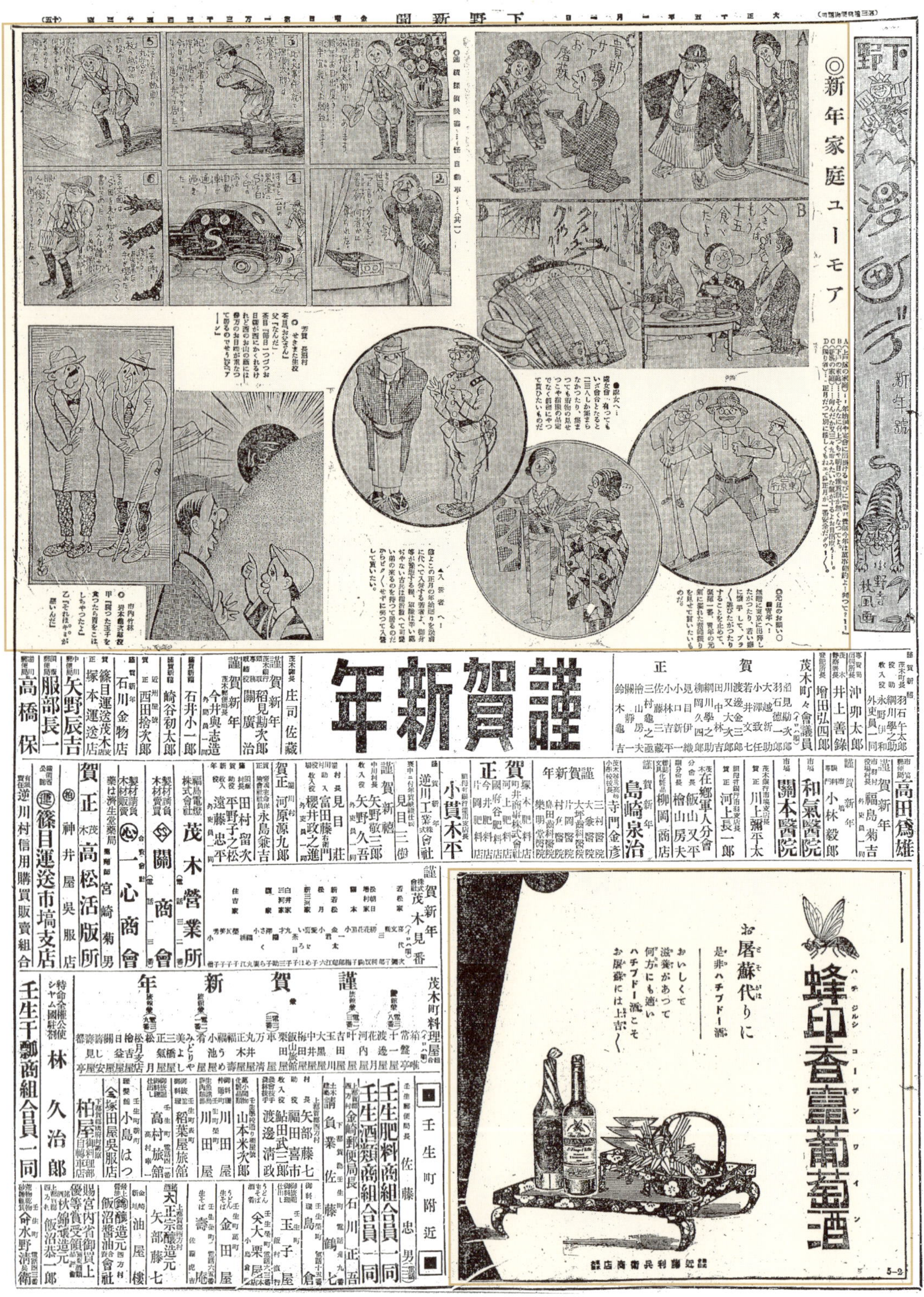

下野新聞　大正十五年一月一日

◎新年家庭ユーモア

下野漫画デー　新年號

謹賀新年

蜂印香竄葡萄酒《ハチジルシコーザンワイン》

お屠蘇《とそ》代《がは》りに

是非ハチブドー酒

おいしくて

滋養があつて

何方にも適い

お屠蘇には上吉く

大正15年1月1日（金）朝刊15面（第13353号）　新年を祝う賑やかな紙面である。上半分が「下野漫画デー」の「新年家庭ユーモア」という特集で7つの漫画を掲載。右下にある「元旦のお願い」という丸枠の漫画は「青年へ」「処女へ」「入営者へ」と、ちょっとの皮肉を込めて描かれている。また下半分には謹賀新年と「蜂印香竄《こうざん》葡萄酒」の広告。この日の正月紙面朝刊は3部構成16面建てだった。

大正15/昭和元(1926)年 大正天皇崩御、昭和と改元

この年の流行

流行(語)	文化住宅、アカ、福本イズム、モダーン、円本
流行歌	酋長の娘、この道、同志よ固く結べ
書物・著作集	現代日本文学全集(最初の円本)、退屈読本、レーニン
映画・舞台	日輪、足にさわった女、狂った一頁
遊び	十姉妹、セキセイインコの飼育
衣食住	洋装の普及、アッパッパ、ハンドバッグ、文化住宅

この年の物価

白米1等10kg3円20銭　公務員初任給75円、放送受信料1円、
東京市電運賃7銭

県内の主な動き / 国内外の主な動き

1月	**大谷石材労働組合が結成** 小説家協会と劇作家協会が合同し「文芸家協会」を設立(7日)
2月	**大谷石材労組員400人が賃上げなどを要求して労働者大会を開く(27日)**
3月	朴烈と金子文子に大逆罪で死刑を宣告〈4月、無期懲役に減刑〉(25日)
4月	治安維持法改正。ストライキの扇動禁止条項を削除(9日)
6月	健康保険施行令公布。初の社会保険制度がスタートした(30日)
7月	**那須に御用邸が完成(15日)** 朴烈事件の金子文子が宇都宮刑務所栃木支所で獄中自殺〈23歳〉(23日)
8月	人見絹枝が第2回国際女子陸上競技会で個人総合優勝(29日)
12月	天皇崩御、大正天皇と追号。摂政裕仁親王が即位し「昭和」と改元(25日)

大正12(1923)年に起きた関東大震災の爪痕が残る中、国内では政治スキャンダルが目立ち、労働運動や小作争議が激化していた。県内でも1月に**大谷石材労働組合が結成**されたように、労農運動が広がりを見せていく。一方で、東京や横浜で近代型集合住宅「同潤会アパート」の建設が開始されるなど、日本中で都市化が進んだ。本県も宇都宮市を中心にバス網が形成され、鉄道と共に2大交通網を築いていく。また日光が国際的避暑地として外国人の人気を集め、7月15日には**那須に御用邸が完成**。8月には当時皇太子殿下であった昭和天皇が訪れ、皇室関連ニュースが相次いだ。そんな年の暮れも迫った12月25日、長い間ご療養中の**大正天皇が葉山御用邸にて崩御され、元号が「昭和」に代わる**。わずか6日間という激動の時代の幕開けだった。

喪期及喪服規定

大行天皇崩御につき喪期及喪服規定は左の如くである
一、大喪につき天皇臣民喪の期を一年とす第一期五十日第二期五十日第三期残部日数
一、男子喪服式……第一期帯剣者は左腕に黒紗(三寸)を纏ふ黒紗を以て剣又は刀の柄を巻く(短刀は此限りにあらず)帯剣なきものは黒紗三寸を左腕に纏ふ通常服は黒紗を左腕に黒紗を帽子に又通常服の羽織袴は黒色として上下袴手袋等は黒色第二期第三期同上
一、女子喪服制式……衣は黒にして地質適宜光沢なきものとす黒紗の飾りを附すその他凡て黒色とす帽帽飾り髪飾り等凡て黒色裏面黒手袋肩かけ傘靴足袋足袋黒第二期第三期は灰白色
一、一般臣民服は和服は左胸に黒の蝶形の結び洋服は左腕に黒布を捲く

改元に付通牒

大行天皇崩御され昭和と改元に付法律勅令省令告示等の番号は二十五日より更新することに決定の旨本県に対し内務省より通牒があつたので本県庁令告示及び[illegible]等の番号も自今更新することに決定直に各郡役所市町村長各学校長[illegible]門跡寺院の[illegible]に通牒した

昭和元年12月27日(月)朝刊2面(第13713号)
大正天皇崩御の喪期・喪服の規定と改元に際しての省令告示等の番号更新についての記事

昭和2年　1927

(一)　第一万三千七百九十二號　(年中無休刊)　下野新聞　水曜日　昭和二年三月十六日

夕刊 下野新聞 三月十五日　夕刊一部定價金二錢

片岡藏相の失言から 大問題を巻き起す 破綻發表の當時は營業を續けてゐた

政府對策協議 出來得る限り救濟

東京渡邊銀行及びあかぢ貯蓄銀行は別項の如く十五日よりいよ〳〵休業するに至つたがその餘波が他の銀行に及んでは一大事であるので十四日晩大藏日銀兩當局協議の結果萬一他の銀行に對し取付けが起つた際には日本銀行をして出來るだけの救濟を行ふことに方針を決定した

濱口内相快癒一きの登院

足市農會の私人評定 九區に分ち候補を出す

鹽原青訓査閲

茂木家政校 組合立で設置

朝鮮雜觀 路傍の物賣り 【七】 大野生

遂に休業す 十五日から二週間

片岡藏相の破綻言明に對する善後策について大藏省で種々審議の結果東京渡邊銀行は遂に十五日から二週間休業尚姉妹銀行たるあかぢ貯蓄銀行も同樣休業に決した

縣下全少年團網羅の 少年團聯盟理事會 十三日栃木商業會議所で開き ボリー大會は來る八月擧行

足市農會排込

西那須役場 愈移轉と確定

南高根青年會

天下無双日光の勝景と 二荒山の歴史 【六】 日光山輪王寺大谷河畔 荒川宗四郎

傍聽席から

片々

登錄商標

慢性 急性の たん せき

油斷《ゆだんたいてき》大敵

ふとした風邪が原因でたんせきぜんそくの氣味を起した時は中々油斷がなりません。肺炎、肋膜炎を併發せしめ、肺結核の種を蒔くのはこの時です。故に少しでもたんせき・ぜんそくの氣味ある時はスグ鎭咳袪痰專門藥龍角散の安全にして速効ある治療をなさい。

龍角散の三大特長　製法の完備　藥質の精撰　効力の保證

(龍角散本舗)

龍《りゅう》角《かく》散《さん》

痰疾の ぜんそく 感冒 せき 肺病 せき 子供の せき 一切

かゝる人は必ず試みよ

◉たんにて常にゴホンゴホンと惱む人
◉ぜんそくにてゼイゼイと息切する人
◉せき頻に出で夜中眠り兼る人
◉流行感冒より起るたんせきの人
◉肺病にて常に力なきせき出づる人
◉たん臭氣を帶び時々血の交る人
◉音聲のかれ咽喉のいたむ人
◉百日せき又ははしかせきの小兒

東京市神田區豐島町 本舗 藥劑師 藤井得三郎

▽全國各藥店に有り△

たんせき ぜんそく

昭和2年3月16日（水）夕刊1面（第13792号）　見出しの「片岡藏相の失言」とは、3月14日の衆議院予算委員会で当時の片岡直温《なおはる》大蔵大臣による「今日正午頃において渡辺銀行がとうとう破綻を致しました―」という発言を指す。社会全体に金融不満が渦巻く中、この一言で中小銀行を中心に取り付け騒ぎが発生。わずか2カ月間で銀行32行が休業・倒産に追い込まれた。この昭和恐慌が現在の銀行保護行政を決定づけた。

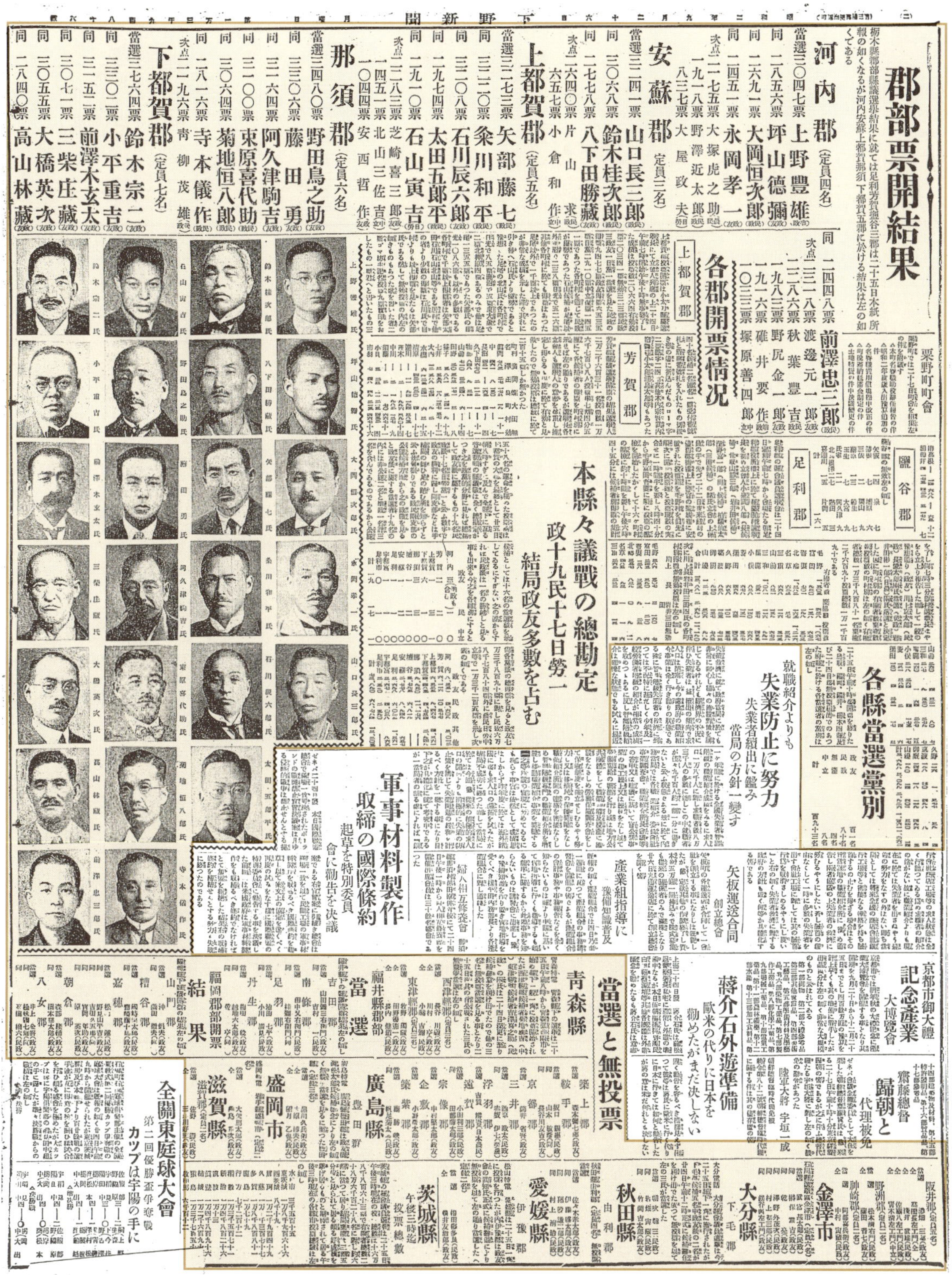

郡部票開結果

栃木縣郡部縣議選擧結果に就ては足利芳賀塩谷三郡は二十五日本紙所報の如くなるが河内安蘇上都賀那須下都賀五郡に於ける結果は左の如くである

河内郡（定員四名）
當選 三〇四七票 上野豊雄
同 二八五六票 坪山德彌（政友）
同 二六九一票 大岡恒次郎（民政）
同 二四五一票 永岡孝一（政友）
次点 二一七五票 大塚虎之助
一九一八票 野澤近太郎（民政）
八三七票 大屋政夫

安蘇郡（定員三名）
當選 三二四一票 山口長三郎（民政）
同 三〇六八票 鈴木桂次郎（民政）
同 二七七八票 八下田勝藏（政友）
次点 二六四〇票 片山求（民政）
六五七票 小倉和作（中立）

上都賀郡（定員五名）
當選 三二七三票 矢部藤七（民政）
同 三二一〇票 粂川和平（民政）
同 三二〇八票 石川辰六郎（政友）
同 二九七四票 太田五郎平（民政）
同 二九一〇票 石山寅吉
次点 二三八三票 芝崎喜三郎（政友）
一四五一票 北山三佐吉（中立）
一〇四四票 安西哲作（政友）

那須郡（定員六名）
當選 三四八〇票 野田鳥之助（政友）
同 三三〇六票 藤田勇（政友）
同 三一六四票 阿久津駒吉（政友）
同 三一〇〇票 東原喜代助（民政）
同 三〇六四票 菊地恒八郎（民政）
同 二八一六票 寺本儀作（民政）
次点 二一九六票 青柳茂雄

下都賀郡（定員七名）
當選 三七六四票 鈴木宗二（政友）
同 三三〇二票 小平重吉（政友）
同 三一五二票 前澤木玄太（政友）
同 三〇七一票 三柴庄藏（政友）
同 三〇五五票 大橋英次（政友）
同 二八四〇票 高山林藏（政友）

同 二四四八票 前澤忠三郎（民政）
次点 二三一八票 渡邊元一郎（政友）
二三八六票 秋葉豊吉（民政）
一九八三票 野尻金一郎（政友）
一九一六票 碓井要作
一〇三三票 塚原善四郎（中立）

各郡開票情況

本縣々議戰の總勘定
政十九民十七日勞一
結局政友多數を占む

各縣當選黨別

就職紹介よりも
失業防止に努力
失業者續出に鑑み
當局の方針一變す

軍事材料製作
取締の國際條約
起草を特別委員
會に勸告を決議

蔣介石外遊準備
歐米の代りに日本を
勸めたがまだ決しない

京都市御大禮
記念産業
大博覧會

齋藤總督
歸朝と
代理被免

當選と無投票

青森縣

廣島縣

盛岡市

滋賀縣

茨城縣

愛媛縣

秋田縣

大分縣

金澤市

全關東庭球大會
第二回優勝盃爭奪戰
カツプは宇陽の手に

昭和2年9月26日（月）夕刊2面（第13986号） 9月23日に行われた県会議員選挙の郡部開票結果。この選挙で、足尾銅山労働争議の中心となった日本労農党の石山寅吉（写真：最上段左から2人目）が上都賀郡から立候補し、足尾・日光・鹿沼の労働者の支持を受けて当選。県内初の無産政党議員の誕生となった。その後石山は県会を舞台に自動車税、リヤカー税の撤廃を要求するなど精力的に労働問題に取り組んだ。下段には他県当選者掲載。

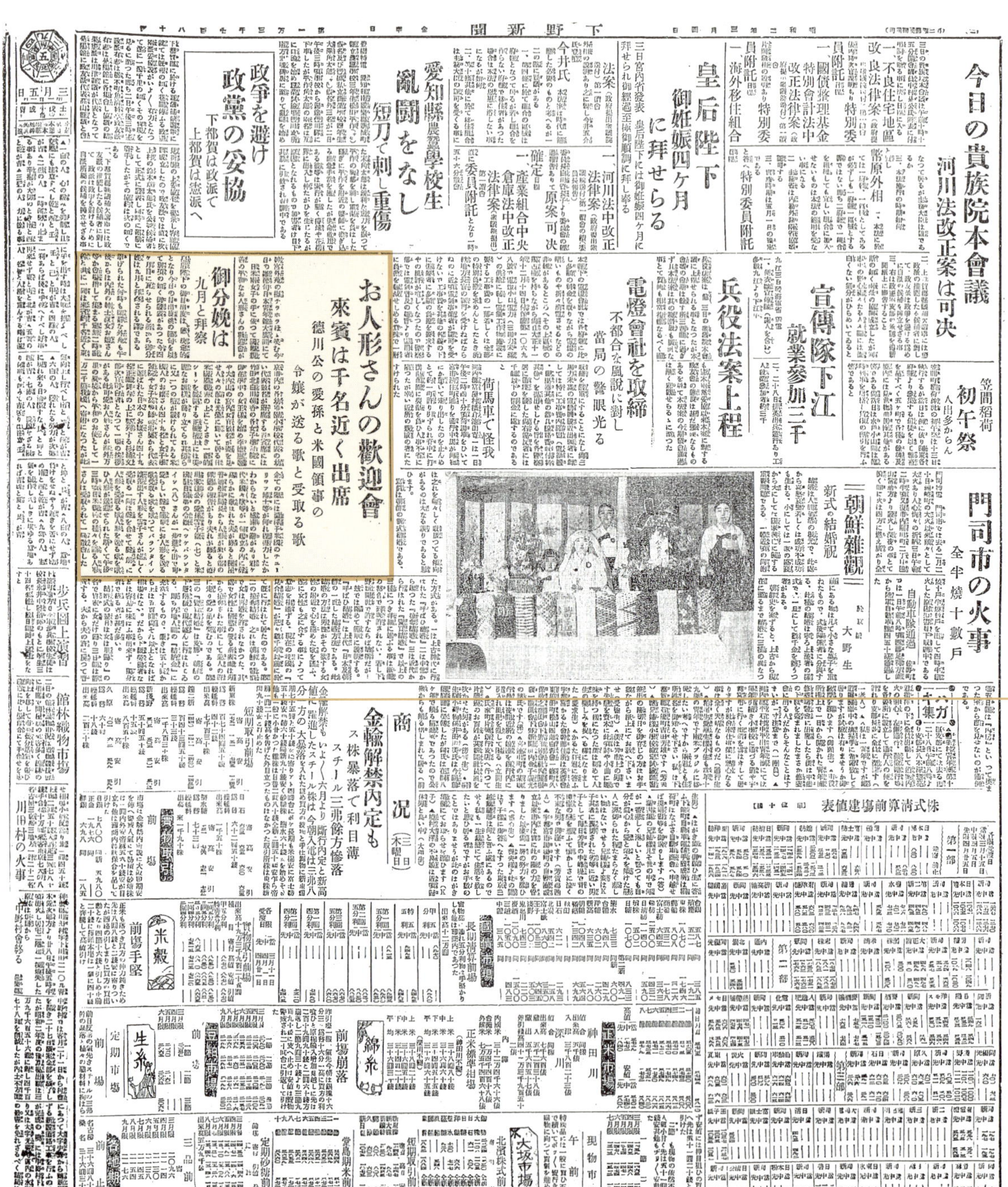
下野新聞

今日の貴族院本會議
河川法改正案は可決

皇后陛下
御姙娠四ケ月に拜せらる

宣傳隊下江
就業參加三千

兵役法案上程

電燈會社を攻締
不都合な風説に對し
當局の警眼光る

愛知縣農蠶學校生
亂闘をなし
短刀で刺し重傷

政爭を避け
政黨の妥協
下都賀は政友派で
上都賀は憲政派へ

お人形さんの歡迎會
來賓は千名近く出席
徳川公の愛孫と米國領事の令孃が送る歌と受取る歌

御分娩は
九月と拜察

門司市の火事
全半燒十數戸

初午祭

朝鮮雜觀

金輸解禁内定も
株暴落て利目薄

商況

株式清算前場建値表

館林織物市場

川田村の火事

陸井日報

昭和2年3月4日（金）夕刊2面（第13780号）　日露戦争などの影響で緊張状態にあった日米関係を改善しようと、米国から「青い目の人形」1万2,739体が全国の学校に送られ、3月3日に日本青年館で歓迎会が行われた。本県にはニューヨーク市から佐野市植野小学校に贈られた「マリーマサー」をはじめ、213体が寄贈された。11月には渋沢栄一を仲介に、答礼人形「日光幸子」を含む市松人形58体が返礼として贈られた。

日米親善を双肩に？
本縣に來た青いおめゝのお人形さん
（女師附屬生に抱かれて）

昭和２年３月５日（土）朝刊３面（第13781号）

アメリカ人形の歡迎會

青い眼のアメリカ人形歡迎會は三日午後二時から日本青年館で開かれた寫眞は米國代表ベテー・バランタイン孃より日本代表徳川順子孃が人形を受取り

昭和２年３月５日（土）夕刊１面（第13781号）

お人形さんの歡迎會

來賓は千名近く出席

徳川公の愛孫と米國領事の令孃が送る歌と受取る歌

新宿御苑の櫻チラホラほゝ笑む今日の雛節句日本青年館大講堂にて日米兩女子の手に依つて國際親善の平和なお人形さんの歡迎會が舉げられた何時も閑靜な外苑も午後からは内外の紳士淑女お孃さん等が會場指して集まる定刻二時號鈴と共に一同は來賓約千名近く東京市内の各幼稚園小學校代表の幼い代表數名が列席する來賓席には竹田北白川朝香の各女子學習院に御在學中の女王殿を始め李徳惠姫や大内山の宮内女官數名が姿を見せ人々の顏は光榮に輝いて居る時米國國旗の上にこよさき一際的シーンを展開する正面舞臺上には美麗なお雛樣が飾り立てられ其傍らに又一つの壇が設けられてある米國人のお孃さん四十九名と女子學習院や女子高等師範附屬から代表に選ばれた日本のお孃さん四十九名が正面舞臺の上に整列する杉浦文部次官司會者となつて一場の挨拶がある此可愛いお人形さんが海外万里の異境から平和のお使として一万二千餘も我國へ寄附になつたが此企ての際には澁澤子米國のチューリック博士等が何れ程盡力したかわからないと感謝の辭があり君ケ代米國々歌が一同起立の内に朗らかに歌はれた夫が終ると關屋亞米利加局長から人形が來る迄の經過の報告があり夫れが終ると徳川家達公の愛孫順子孃（七）と米國駐日領事の令孃ベッケ・バランタイン（八）さんが一歩進み出で可愛らしい聲で簡單にお人形を送る歌受取る歌を歌つてバランタイン孃が差出す人形を順子さんが嬉しく受取る一同は聲を合せて朗かに人形を受取る歌人形を送る歌を歌ひ人形が送迎せられた斯くて午後三時頃日米親善の種々を語る人形さんは受取られて一同散會した

御分娩は

九月と拜察

皇后陛下の御目出度は愈決定的となり今日の目出度雛の節句を以て別項の如く御發表があつた今四ヶ月目に亙らせられる所から御分娩は九月と拜察される譯である

大歓迎された「青い目の人形」だが、アジア・太平洋戦争中は竹やり訓練の標的とされたり、隣組に回収されたりなど、反米・反英政策により敵国人形としてその多くが処分された。しかし、処分を忍びなく思った人々によって寺や学校に隠され、戦後に発見されたものもある。現存する人形は平成24（2012）年現在、全国で330体余り、県内では5体のみにすぎないが、日米親善と平和を語る資料として大切に保存されている。

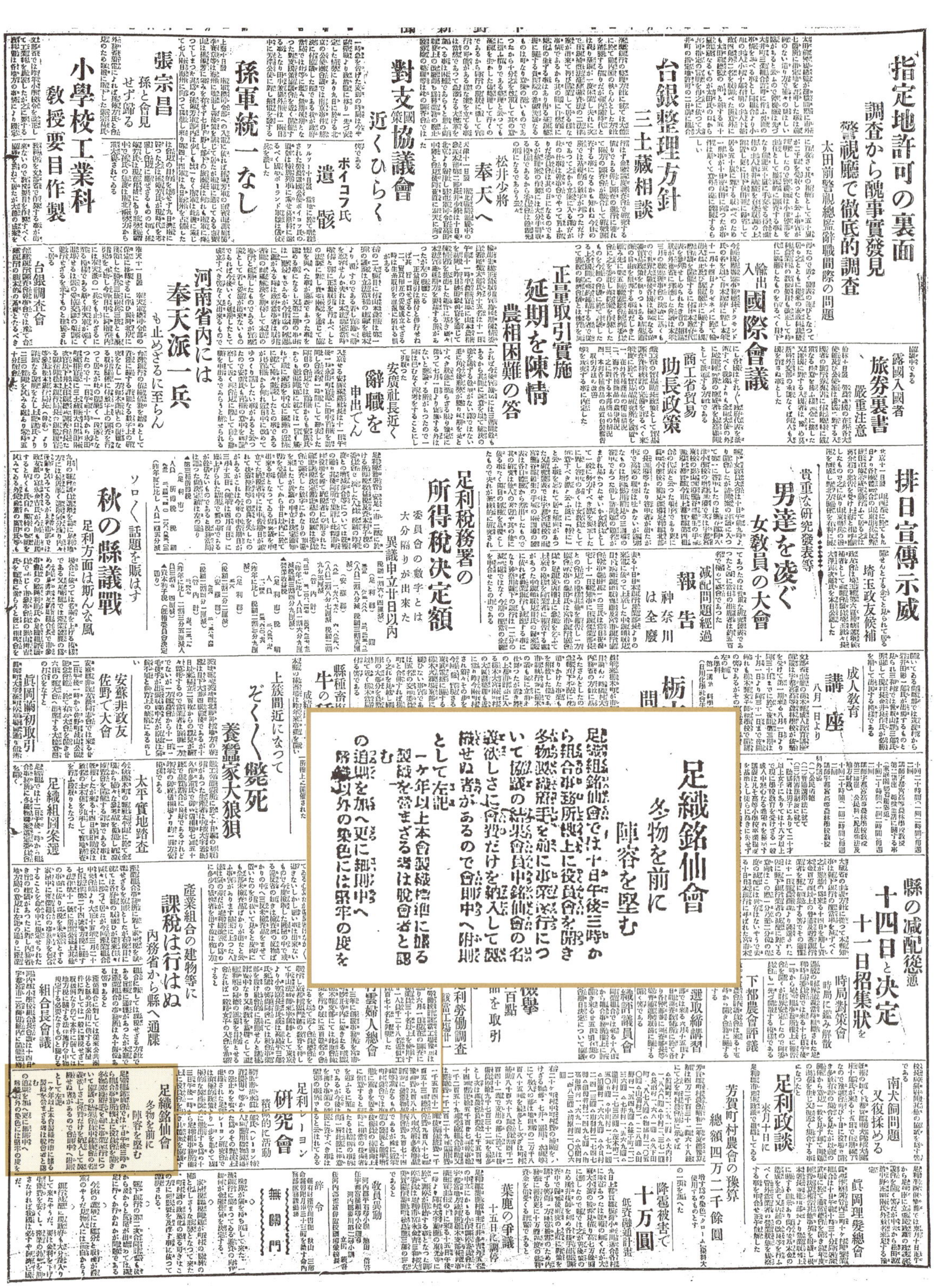

昭和2年6月12日（日）朝刊2面（第13880号）　全国屈指の織物産地だった足利では、不況下で主力の絹綿交織が絹まがいと受け取られ、深刻な状態に陥っていた。そこで織物工場を営む茂木富二は、ブランド確立のため記事中にある「足利銘仙《めいせん》会」を発足。普段着用で丈夫な「足利銘仙」を開発し、有名女優を起用したポスターなどで宣伝に注力した。当時の扱いは小さいが、昭和14年に足利が銘仙の生産量日本一となる分岐点となった。

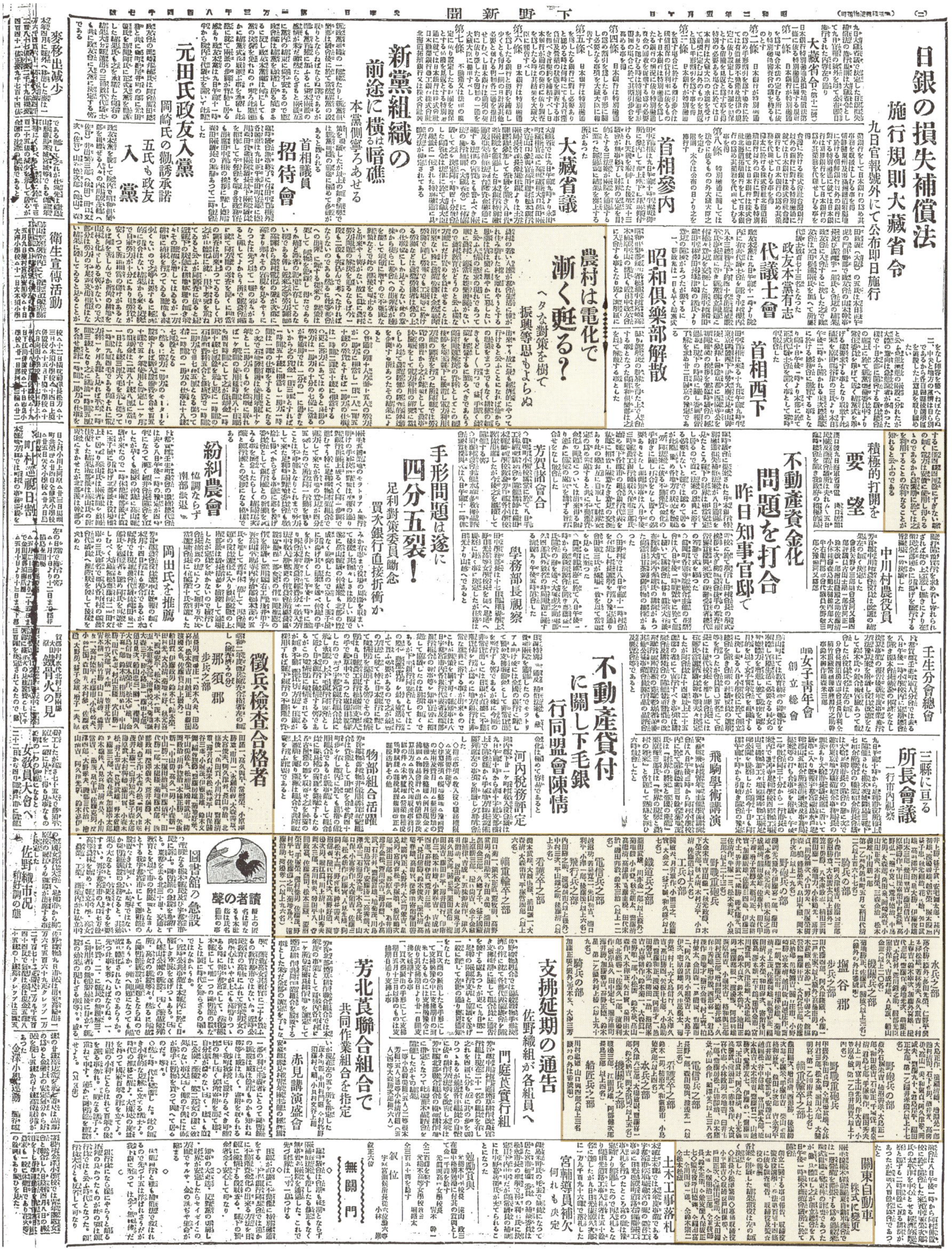
下野新聞

日銀の損失補償法
施行規則大藏省令
九日官報號外にて公布即日施行

大藏省議

首相參內

新黨組織の前途に橫はる暗礁
本黨側寄ろあせる

首相議員招待會

元田氏政友入黨
岡崎氏の勸誘承諾
五氏も政友入黨

政友本黨有志代議士會

昭和俱樂部解散

首相西下

農村は電化で漸く甦る?
ヘタな對策を樹て振興等思ひもよらぬ

不動產資金化問題を打合
昨日知事官邸で

要望
積極的打開を

手形問題は遂に四分五裂!
足利對策委員斷念
買次銀行直接折衝か

紛糾農會

不動產貸付に關し下毛銀行同盟會陳情

女子青年會創立總會

三縣に亘る所長會議

徵兵檢査合格者

支拂延期の通告
佐野織組が各組員へ

芳北莨聯合組合で
共同作業組合を指定

讀者の聲

關東自動車
株式に變更

昭和2年5月10日（火）朝刊2面（第13847号） 5月8日、本県バス会社の雄となる関東自動車株式会社が栃木町（現栃木市）に創設され、栃木－宇都宮間を走らせた。本紙は8日午後1時に創立総会が開かれ役員が決定したと報じた。同紙面上には農村の電化問題、徴兵検査合格者の発表などを掲載。バスや電気が普及し始める一方、大勢の若者が徴兵された時代だった。なお当年12月30日には浅草－上野間で全国初の地下鉄営業が開始された。

朝刊　昭和二年五月十五日　日曜日　下野新聞　（年中無休刊）　第一万三千八百五十二號（一）

中正不偏

下野新聞

改造社は現代日本文學全集の完成に決死の努力中です◆近く驚くべき報導をなすべし

永い目で見てゐて下さい

長篇 不如歸
長篇 黒潮
自然と人生
德富蘆花

武藏野
酒中日記
運命論者
死
源をぢ
女難
少年の悲哀
正直者
巡査
空知川の岸邊
馬上の友
非凡なる凡人
（外八十七篇）國木田獨歩

仰臥漫錄
病牀六尺
曼珠沙華
花枕
俳諧大要
正岡子規

長篇 暗夜行路
志賀直哉

長篇 痴人の愛
谷崎潤一郎

愛慾
武者小路實篤

或女
カインの末裔
クララの出家
小さき者へ
生れ出づる悩み
有島武郎

長篇 田園の憂鬱
長篇 都會の憂鬱
佐藤春夫

長篇 眞珠夫人
父歸る
忠直卿行狀記
恩讐の彼方に
藤十郎の戀
屋上の狂人
菊池寛

羅生門
鼻
芥川龍之介

三浦製絲場主
地藏教由來
久米正雄

長篇 噓の果
有島生馬

舞鶴心中
黒髪
近松秋江

耽溺
ほんち
岩野泡鳴

鱧の皮
上司小劍

長篇 道草
ケーベル先生
夏目漱石

長篇 春
千曲川のスケッチ
島崎藤村

長篇 生
田山花袋

象牙の塔を出て
近代の戀愛觀
厨川白村

微光
安土の春
人生の幸福
正宗白鳥

長篇 黴
長篇 足跡
元の枝へ
徳田秋聲

長篇 高野聖
長篇 婦系圖
泉鏡花

月夜の美感について
わがそでの記
高山樗牛

富嶽の詩神を思ふ
北村透谷

ふところ日記
川上眉山

今戸心中
廣津柳浪

風流佛
一口劍
幸田露伴

新日本の青年
徳富蘇峰

宇宙
三宅雪嶺

役の行者
ハムレット
坪内逍遙

舞姫
うたかたの記
雁
埋木
森鷗外

和泉屋染物店
木下杢太郎

犠牲
藤森成吉

野菊の墓
伊藤左千夫

出家とその弟子
倉田百三

美文集
新聞文學集
歴史小説集 家庭小説集
少年文學集
社會論集
宗教論集
長谷川如是閑集
島村抱月集
生田長江集
中澤臨川集
姉崎嘲風集
笹川臨風集
上田敏集
阿部次郎集

以上の雄篇大作は本社の全集のみに入るものです

即興詩人
森鷗外

瀧口入道
高山樗牛

長篇 多情佛心
里見弴

長篇 破船
久米正雄

修禪寺物語
岡本綺堂

風流懺法
高濱虚子

蒲團
田山花袋

吾輩は猫である（抄）
坊っちやん
草枕
夏目漱石

長篇 多情多恨
尾崎紅葉

おぼろ夜
齋藤緑雨

長篇 浮雲
長篇 平凡
二葉亭四迷

にごりえ
たけくらべ
樋口一葉

其他數百篇

内容見本無代進呈
締切五月一日一冊限

御申込は全國各書店に

第二回豫約申込規定

東京市麴町區内幸町幸ビル
振替東京八四〇二一番
電話銀座一七三三・四五五八・五〇四六

改造社

昭和2年5月15日（日）朝刊1面（第13852号）　当時の本紙1面には全面広告が掲載されていた。これは1冊1円、薄利多売、全巻予約制、月1冊配本で大ヒットした「円本《えんぽん》」のパイオニア・改造社の『現代日本文学全集』広告。倒産寸前だった同社社長の山本実彦が考案し、大正15年12月から25万部発行された。「円本」の呼び名は大正14年大阪に登場した市内1円均一の「円タク」から。1円は当時、大学出の初任給の約2%に相当した。

昭和2(1927)年 金融恐慌、大衆文化の時代

この年の流行

流行(語)	モボ・モガ(モダンボーイ、モダンガール)、大衆
流行歌	昭和の子供、赤とんぼ、汽車ぽっぽ、どん底のうた、佐渡おけさ
書物	書物世界文学全集(予約58万)、岩波文庫発行、キンダーブック
映画・舞台	角兵衛獅子(鞍馬天狗)、モン・パリ(宝塚少女歌劇団)
モノ	「ノンキトウサン」首振り人形、映画俳優ブロマイド
衣食住	白ぐるみの赤ちゃん服、新宿中村屋にカレーライス登場

この年の物価

カレーライス10～12銭、タクシー料金(東京市内)1円、
大学授業料(慶大)140円、缶詰牛肉170g27銭、鮭220g12銭5厘

県内の主な動き / 国内外の主な動き

3月	日米関係改善のための「青い目の人形」歓迎会を開催(3日) 片岡蔵相の発言がきっかけで、金融恐慌がはじまる〈失言恐慌〉(15日)
4月	蒋介石が上海で反共クーデター。南京に国民政府を樹立(12日)
5月	人見絹枝が陸上200mで26秒1の世界新(8日) 米の飛行家リンドバーグが人類初の大西洋無着陸横断飛行に成功(21日)
6月	立憲民政党が結成大会開催。立憲政友会とともに2大政党時代へ(1日)
7月	芥川龍之介が自殺〈35歳〉(24日)
9月	**県会議員選挙で日本労農党の石山寅吉が当選〈県内初の無産政党議員〉(23日)**
12月	**東京・浅草と上野の間に日本初の地下鉄開業(30日)** ※右記事参照→

諒闇中だった3月、震災手形という大正時代の負の遺産を審議中であった当時の**片岡直温大蔵大臣の失言**により、一部銀行の不良な経営状態が暴かれ、たちまち銀行取り付け騒ぎが発生。国内の主要銀行が次々と休業する金融恐慌が起きた。劇的な幕開けの昭和だったが、民衆の間では**円本**やラジオ放送が人気を集めるなど、現在につながる大衆文化の時代に入る。そんな中世間を騒がせた7月24日の芥川龍之介の自殺と遺書は、知識人に前途への不安を抱かせた。県内では9月23日、県会議員選挙で前年3月に結成された無産政党の**日本労農党から石山寅吉が立候補し当選**。足尾銅山や日光・鹿沼に発展した工場の労働者に支援されての当選で、県内初の無産政党議員の誕生であった。本県にも社会主義運動の波が押し寄せた。

東京地下鐵道
開通式擧行
兩若宮樣御試乘

東京市地下鐵道第一期工事たる上野驛前から淺草雷門間を完成したので卅日午後一時から開通式を擧行する事となつたが午前十時竹田朝香兩若宮殿下が成らせられ上野驛構内に御少憩の後十時十五分驛前から本地下鐵道乗車口に成らせられ同二十分野村社長御先導早川常務等の重役等と共に地下電車に召され淺草へ向はせられた斯くて一時五分雷門間無事御往復御試乗を終らせられいと御滿足に拜された尚一時からの開通式には政府の大官も列席した

昭和2年12月30日(金)朝刊2面(第14081号)

下野新聞

昭和三年六月五日 火曜日 第一万四千二百三十九號

言論 所謂共同聲明

張作霖氏の乗れる列車
便衣隊に爆破さる
張氏は幸身を以て免れたか
之が為奉天城内大混亂

張作霖の列車今朝五時半歸奉に際し豫ねて潜入中の南方便衣隊の敷設せる滿鐵クロス地点 老道溝鐵橋の爆彈破裂し同列車は破壊し張作霖の乗れる列車一大爆破し警備中の支那憲兵數名死傷した 張作霖護衛兵は機關銃を亂射して居る

奉天四日發 張作霖暗殺奉天攪亂の爲め潜入した南方便衣隊は老道口の鐵橋を爆破し城内の電話線を遮斷し奉天城内は大混亂に陥った 張作霖の安否不明なるも無事城内に逃込んだものゝ如くである

前民國大總統黎元洪氏死去

遞信省の目論む 無電網對策 日本海方面に無電局新設の方針で調査中

宮菓子組合も七月からメートル法を實行

日大縣人會

天津人心動搖 北軍敗兵殺到の報に 我軍の目覺しき行動

耕整對地方 庭球戰

壬生小山共販

宇商對宇工 野球戰

野州師團士氣ますます旺盛

高輪中學燒失 損害廿六七万圓 當分休校す

京城雜筆

片々録

天氣豫報

昭和3年6月5日（火）夕刊1面（第14239号） 6月4日満州の支配権を握っていた軍閥・張作霖《ちょうさくりん》が奉天《ほうてん》（現・瀋陽《しんよう》）駅付近で爆殺される。本紙では「便衣隊に爆破される」との見出しで、中国の隠れ戦闘員による犯行との見方を示したが、実際には対日依存脱却の目論みを阻害するため関東軍が行った。真相は明かされず、政府内では「満洲某重大事件」と呼ばれた。なお写真は第2・4代中華民国大総統黎元洪《れいげんこう》死去の報道。

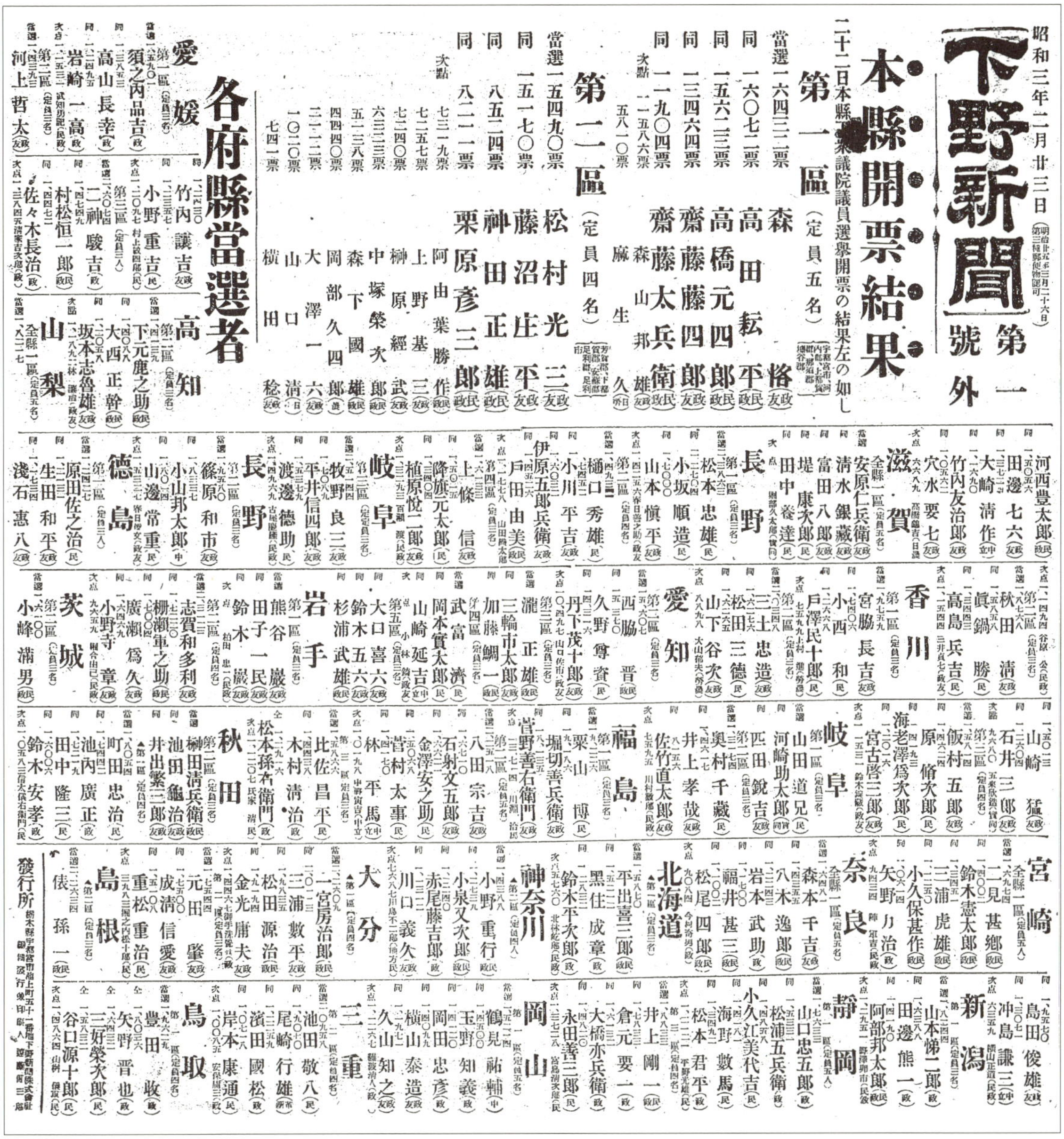

昭和三年二月廿三日（明治廿五年三月二十六日第三種郵便物認可）

下野新聞 第一號外

本縣開票結果

二十二日本縣[illegible]衆議院議員選擧開票の結果左の如し

第一區（定員五名）（宇都宮市、河内郡、上都賀郡、那須郡、塩谷郡）

當選 一六四三二票 森恪（政友）
同 一六〇七二票 高田耘平（民政）
同 一五六二三票 高橋元四郎（民政）
同 一三四六四票 齋藤藤四郎（政友）
同 一一九〇四票 齋藤太兵衛（民政）
次點 一一五八六票 森山邦雄（政友）
五八一〇票 麻生久（日勞）

第二區（定員四名）（芳賀郡、下都賀郡、安蘇郡、足利郡、足利市）

當選 一五四九〇票 松村光三（政友）
同 一五一七〇票 藤沼庄平（政友）
同 八五二四票 神田正雄（民政）
同 八二一一票 栗原彦三郎（民政）
次點 七三一九票 阿由葉勝作（民政）
七二五七票 上野基三（政友）
七二四〇票 榊原經武（政友）
六三三三票 中塚榮次郎（民政）
五一三八票 森下國雄（民政）
四四四〇票 岡部久四郎（諸）
三一一二票 大澤一六（政友）
一〇二〇票 山口清（日）
七四一票 横田稔（政友）

各府縣當選者

愛媛
第一區（定員三名）
當選 一五九〇一 須之内品吉（政）
同 一三八五三 高山長幸（政）
同 一二四九五 岩崎一高（政）
次点 一一五三一 武知勇記（民政）
第二區（定員三名）
當選 一四三九三 河上哲太（政友）
同 一二二三〇 竹内讓吉（政友）
同 一一三五七 小野重吉（民）
次点 一一二〇九七 村上紋四郎（民）
第三區（定員三人）
當選 二六〇七四 二神駿吉（政）
同 一四七四九 村松恒一郎（民政）
同 一四四七二 佐々木長治（政）
次点 一三八四五 清家吉次郎（政）

高知
第二區（定員二名）
當選 一四二三九 下元鹿之助（民政）
同 一四〇八八 大西正幹（民政）
次點 一二〇五八 坂本志魯雄（政友）一八九二 林譲治（政友）

山梨
全縣一區（定員五名）
當選 一八二一七
同 一五〇五六 河西豊太郎（民政）
同 一三七二一 田邊七六（政友）
同 一一六九〇 大崎清作（中立）
同 一〇五六二 竹内友治郎（政友）
穴水要七（政友）
次点 六六八九 高橋鎭吉（日農）

滋賀
全縣一區（定員五名）
當選 安原仁兵衛（政友）
同 清水銀藏（政友）
同 富田八郎（政友）
同 堤康次郎（民）
同 田中養達（民）
次点 服部久太郎（實同）

長野
第一區（定員三名）
當選 二三八六三 松本忠雄（民）
同 二二七〇四 小坂順造（民）
同 一七〇〇〇 山本愼平（政友）
次点 一四二五六 春日善之助（政友）
第二區（定員四名）
當選 一四九三三 樋口秀雄（民）
同 一七四五二 小川平吉（政友）
同 一六〇三一 伊原五郎兵衛（政友）
同 一四五二六 戸田由美（民政）
次点 一二七七八 山田顯太郎
第四區（定員三名）
當選 一六一三三 上條信（政友）
同 一五〇二五 降旗元太郎（民）
同 一三四〇四 植原悦二郎（政友）
次点 一三三九三 百瀬渡（民政）

岐阜
第三區（定員三名）
當選 二五一四四 牧野良三（政友）
同 一七〇八九 平井信四郎（政友）
同 一五三七九 渡邊德助（民）
次点 一四九六九 古屋慶隆（民政）

長野
第三區（定員三名）
當選 一九五八〇 篠原和市（政友）
同 一八三三七 小山邦太郎（中）
同 一六〇二四 山邊常重（民）
次点 一五三二七 春日俊文（政友）

徳島
第一區（定員三人）
當選 二三四二七 原田佐之治（民）
同 一三三三一 生田和平（政友）
同 一二七三四 浅石惠八（政友）

次点 一二四九四 谷原公（民政）
第二區（定員三名）
當選 一六七六八 秋田清（政友）
同 一五八五八 眞鍋勝（民）
同 一三四四三 高島兵吉（民）
次点 一一五四四 三井貞七（政友）

香川
第一區（定員三名）
當選 一九七五九 宮脇長吉（政友）
同 一七四〇六 小西和（民）
同 一三六六八 戸澤民十郎（民）
次点 七五九九 上村進（勞農）
第二區（定員三名）
當選 二〇三四八 三土忠造（政友）
同 一六二七六 松田三德（民）
同 一六二六五 山下谷次（政友）
次点 八八九八 大山郁夫（勞農）

愛知
第二區（定員三名）
當選 一五六〇七 西脇晉（民政）
同 一五三七〇 久野尊資（民）
同 一四三一六 丹下茂十郎（政友）
次点 一〇四九七 山口佐市（政友）
第三區（定員三名）
當選 瀧正雄（民政）
同 三輪市太郎（政友）
同 加藤鯛一（民政）
第四區（定員三名）
當選 武富濟（民）
同 岡本實太郎（民）
同 山崎延吉（中立）
次点 小林錡（政友）
第五區（定員三名）
同 大口喜六（政友）
同 鈴木五六（政友）
同 杉浦武雄（民政）

岩手
第一區（定員三名）
當選 熊谷巖（政友）
同 田子一民（政友）
同 鈴木巖（政友）
次点 柏田忠一（民政）
第二區（定員四名）
當選 二三二三 志賀和多利（政友）
同 一七二三〇 栅瀬軍之助（民政）
同 一七〇〇四 廣瀨爲久（政友）
同 一六四六九 小野寺章（政友）
次点 九九五九 [illegible]（民政）

茨城
第二區（定員三名）
當選 一六二〇〇 小峰滿男（民政）
同 一五〇三三 山崎猛（政友）
同 一二六〇四 石井三郎（政友）
次點 九六八〇 五來欣造（實同）
第三區（定員四名）
當選 一五八一四 飯村五郎（政友）
同 一四六二四 原脩次郎（民）
同 一四一九三 海老澤爲次郎（民）
同 一二〇二六 宮古啓三郎（政友）
次点 一一五三一 鈴木錠藏（政友）

岐阜
第一區（定員三名）
當選 山田道兄（民）
同 河崎助太郎（實同）
同 匹田銳吉（政友）
第二區（定員三名）
當選 一三一七四 奥村千藏（民）
同 一四六一七 井上孝哉（政友）
同 八一五六 佐竹直太郎（政友）
次点 七五九五 川村數郎（民政）

福島
第一區（定員三名）
當選 一九二三六 粟山博（民）
同 一九一八六 堀切善兵衛（政友）
同 一八一三五 菅野善右衛門（政友）
次点 一三七一四 川淵洽郎
第二區（定員五名）
當選 二三五一八 八田宗吉（政友）
同 一六七一〇 石射文五郎（政友）
同 一六六三一 金澤安之助（民）
同 一五〇六八 菅村太事（民）
同 一四一七〇 林平馬（中立）
次点 一〇一九八 中野寅吉（中立）
第三區（定員三名）
當選 一五八六六 比佐昌平（民）
同 一四四三八 木村清治（政）
仝 一三九一六 松本孫右衛門（政）
次点 一二二〇七 氏家清（民）

秋田
第二區（定員三名）
當選 榊田清兵衛（民政）
同 池田龜治（政友）
同 井出繁三郎（政友）
▲第一區（定員四名）
當選 一八〇五四 町田忠治（民）
同 一七四四二 池内廣正（政）
同 一七二二九 田中隆三（民）
同 一六〇〇六 鈴木安孝（政）
次点 一〇五八三 信太儀右衛門（民）

宮崎
全縣一區（定員五人）
當選 一六九七四 二見甚鄉（民政）
同 一四〇〇二 鈴木憲太郎（民政）
同 一三四五一 三浦虎雄（民政）
同 一二二五〇 小久保甚作（民政）
同 一〇六一四 矢野力治（政）
次点 九四三四 陣軍吉（民政）

奈良
全縣一區（定員五名）
當選 一六四八一 森本千吉（政友）
同 一四三五五 八木逸郎（民政）
同 一三三四三 岩本武助（政）
同 一一七〇〇 福井甚三（民政）
同 一一〇〇三 松尾四郎（民政）
次点 九〇八四 今村奇男（政）

北海道
▲第一區（定員三名）
當選 一五八七〇 平出喜三郎（民政）
同 一五二二二 黒住成章（政）
同 一二八三三 鈴木平次郎（政）
次点 六五七六〇 北林乾郎（民政）

神奈川
▲第二區（定員四人）
當選 一四三八八 小野重行（民政）
同 一二七三九 小泉又次郎（民政）
同 一二三四〇 赤尾藤吉郎（政）
同 一一三三二 川口義久（政友）
次点 七六八七 川島不二郎（地方民）

大分
▲第一區（定員四名）
當選 二二六〇九 一宮房治郎（民政）
同 二〇一一三 三浦數平（政友）
同 一九八三五 松田源治（民政）
同 一九一九四 金光庸夫（政友）
次点 一四四六七 御手洗覺（政）

島根
第二區（定員三名）
當選 一七五四四 元田肇（政友）
同 一七五〇〇 成清信愛（政友）
同 一五一〇八 重松重治（民）
次点 三九八三 堀之内松十郎（民）
▲第二區（定員三名）
當選 二一二六三四 俵孫一（民政）
同 一九五七〇 島田俊雄（政友）
同 一三〇七一 冲島謙三（中立）
次点 六三五九 横山正道（民政）

新潟
第一區（定員三名）
當選 一八二四四 山本悌二郎（政）
同 一六三八八 田邊熊一（政）
同 一四一九〇 阿部邦太郎（民政）
次点 一二九五一 野澤卯市（民政）

靜岡
第一區（定員五人）
當選 一七六三三 山口忠五郎（政）
同 一五三三一 松浦五兵衛（政）
同 一四八五八 小久江美代吉（民）
同 一四一八一 海野數馬（民）
同 一三四九二 松本君平（政）
次点 一二二二一 平野光雄（民）
第三區（定員四名）
當選 一八八三三 井上剛一（民政）
同 一七八三三 倉元要一（政）
同 一六一三三 大橋亦兵衛（政）
同 一四八二〇 永田善三郎（民）
次点 一三七二八 宮島淸次郎（民）

岡山
第一區（定員五名）
當選 一五二二四 鶴見祐輔（中）
同 一四五〇〇 玉野知義（政）
同 一四二二〇 岡田忠彦（政）
同 一四〇九九 横山泰造（政友）
同 一二九七一 久山知之（政友）
次点 一二二六七 難波清人（政）

三重
第二區（定員四名）
當選 二〇九五八 池田敬八（民）
同 一九〇七〇 尾崎行雄（革新）
同 一三三五九 濱田國松（政）
同 一〇七一八 岸本康通（民）
次点 一〇〇八五 安保庸三（政）

鳥取
第一區（定員四名）
當選 一九六二九 豊田收（政）
仝 一八〇三六 矢野晉也（政）
仝 一六四三三 三好榮次郎（民）
仝 一五八三三 谷口源十郎（民）
次点 一四八六四 山桝儀重（民）

發行所 栃木縣宇都宮市池上町五十一番地 下野新聞株式會社
印刷發行兼編輯人 遠藤衛三郎

昭和3年2月23日（木）第1号外 2月20日、初の男子普通選挙による第16回衆議院議員総選挙が行われ、25歳以上の男子が投票した。22日に開票が行われ、本紙は号外でその結果を報じた。宇都宮市、河内郡、上都賀郡、那須郡、塩谷郡で構成される第1区は定員5人。うち政友会2人、民政党3人。芳賀郡、下都賀郡、安蘇郡、足利郡、足利市の第2区は定員4人。二大政党で票を分け合った。その他、各府県の当選結果も併記された。

昭和3年2月23日（木）朝刊2面（第14136号） 男子普通選挙当日の様子を写真付きで報道。この選挙では全国的に既成政党による買収が横行。本紙は2月12日付で「買収を看過するな」と報じるなど警鐘をならしていた。記事右下には、4月13日に開校を迎える県立宇都宮第二高等女学校（現・宇都宮中央女子高）の写真。県庁の隣地、宇都宮町塙田村二里山（現・宇都宮市塙田）にあった栃木県女子師範学校内に併設されての創立だった。

下野新聞　昭和三年二月十七日

當落の運命を決する 審判日は迫つた
ここ二三日の政戰こそ 二十の候補いよいよ眞劍

白熱戰に入つた 一區の戰況
何れも咽喉を嗄して 茲を先途と馳廻る

日時は迫つた 亂鬪の二區
根氣のあらん限り 切取り勝手次第の状

運動員が戸毎にビラを貼り歩くは不可
戸別訪問と同様に看做す 木下長官

政戰の渦卷から歸つた
宮城検事は語る

酷い干渉だ
只啞然たる已 普選の精神は滅茶く

鐵相遊說

高田候補へ

選擧費寄附

東京遞信局から觀察員

愈内相を訴ふ
選擧妨害罪で

秘策刻々飛ぶ
最後迄續かん

干瓢移出

海運業の現況

下都賀煙草耕作聯合 煙草肥料資金
借入額三万五千餘圓

宮市の繼續市會

技術員會議

栃中商へ申込

十七日から 小學入學査定

稲見博士渡歐

佐野信用開業

田沼收入役

逐鹿餘話

自發學習研究 發表會

石橋管内檢査

增俸を機會に 助役不信任案を
宮市會に濃厚な空氣 民派議員から提出か

無關門

第二高女 認可 生徒募集

本縣第二高等女學校は豫て文部省へ認可申請の處十五日附を以て許可になつたので愈女子師範を事務所にして生徒募集を開始する事になつたが學級は三學級百五十名で教員は全部女子師範の教諭を以て當るとの事である

第二高女 認可 生徒募集

昭和3年2月17日（金）朝刊2面（第14130号）　第二高女の立ち上げを巡っては県議会でその是非が繰り返し討論されていたが、前年9月に開校が決定。この日の紙面で、2月15日に文部省から認可され、3学級150人の生徒募集を行うと伝えた。これを受けて新入生163人が入学。すでに大正期には義務教育の就学率が97%を超え、大多数の人が文字を読めるようになったが、この頃から中学校・高等女学校の設置も急増しはじめた。

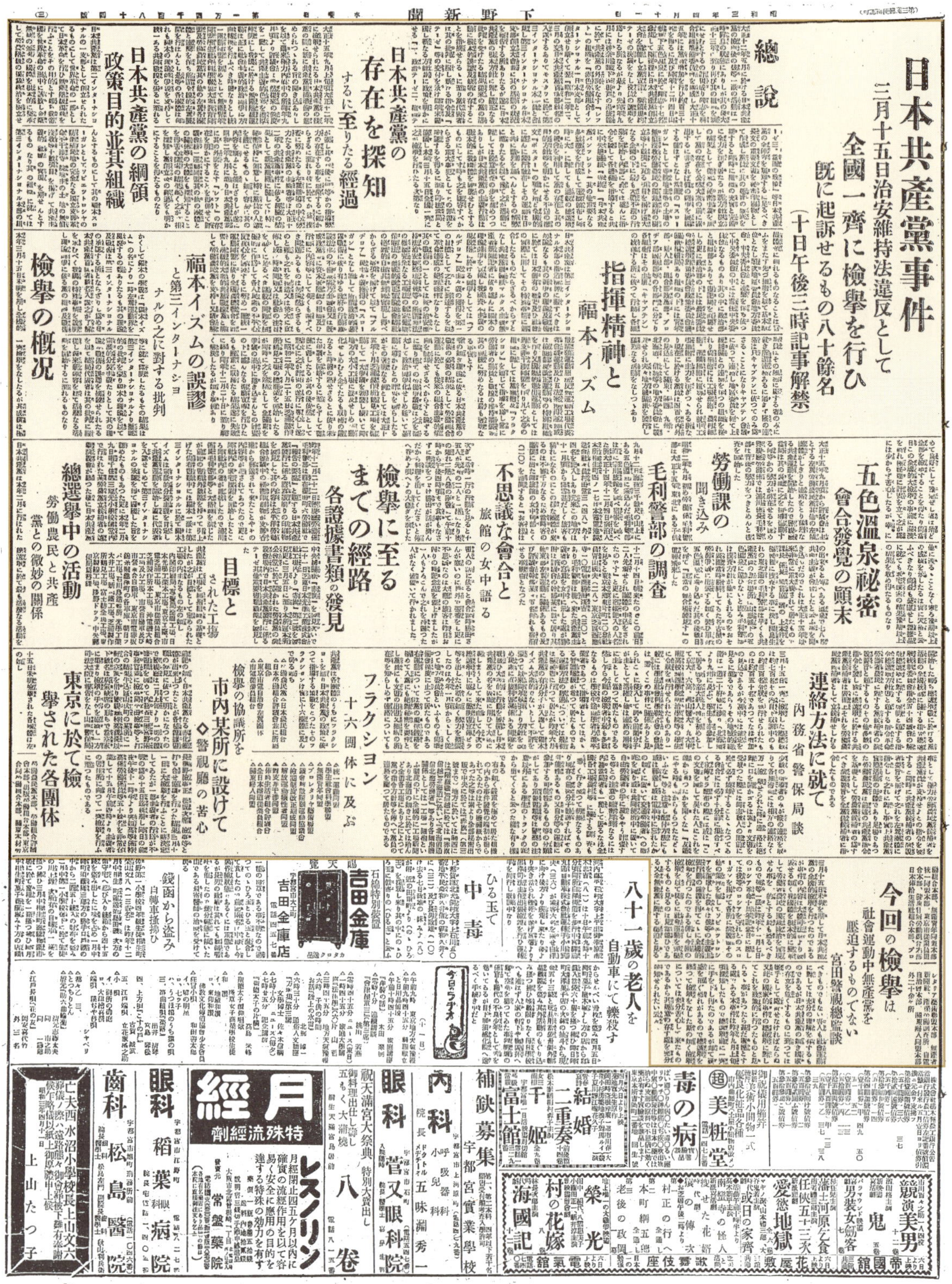

昭和3年4月11日（水）朝刊3面（第14184号）　普通選挙が実施される一方、無産政党の活動に危機感を抱いた政府は、3月15日、治安維持法違反により1道3府27県で一斉検挙を行った。これにより共産党幹部の野坂参三ら約1,600人が逮捕された。「十日午後三時記事解禁」との見出し通り、この件は4月10日まで報道規制がしかれ国民には知らされなかった。作家の小林多喜二は事件を題材にした小説を発表するも発売禁止となった。

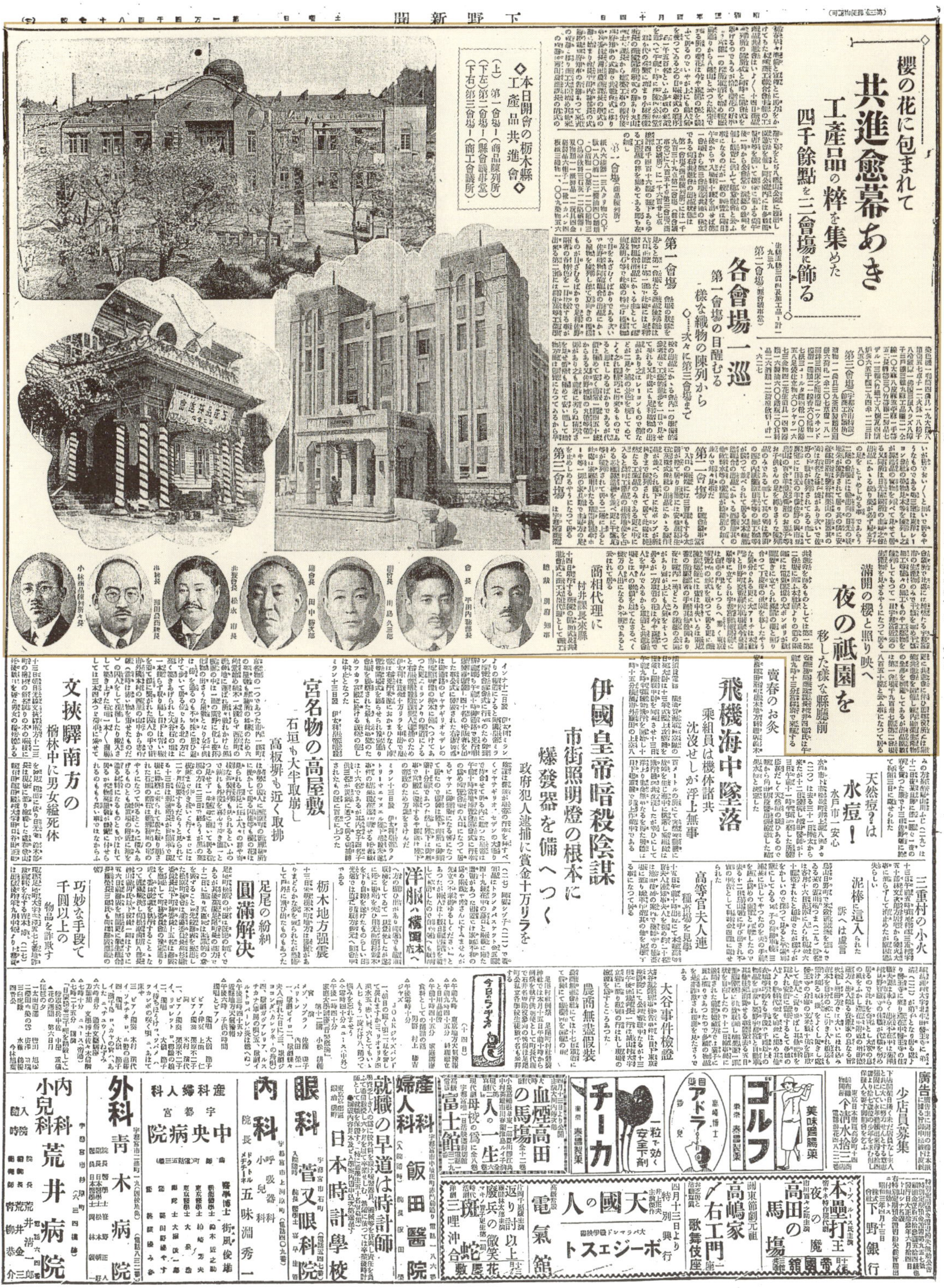

下野新聞

櫻の花に包まれて
共進會幕あき
工產品の粹を集めた
四千餘點を三會場に飾る

各會場一巡
第一會場の目醒むる様な織物の陳列から
…次々に第三會場まで

◇本日開會の栃木縣工產品共進會
(上)第一會場―(商品陳列所)
(下左)第二會場―(縣會議事堂)
(下右)第三會場―(商工會議所)

夜の祇園を
移した様な縣廳前
滿開の櫻と照り映へ

商相代理に
村井課長來縣

飛機海中墜落
乘組員は機体諸共
沈沒せしが浮上無事

伊國皇帝暗殺陰謀
市街照明燈の根本に
爆發器を備へつく
政府犯人逮捕に賞金十万リラを

宮名物の高屋敷
石垣も大半取崩し
高板塀も近く取拂

文挾驛南方の
楢林中に男女縊死体

天然痘?は
水痘!
水戸市一安心

泥棒に這入られた
訴へは虚言

三重村の小火

巧妙な手段で
千圓以上の
物品を詐取す

足尾の紛糾
圓滿解決

大谷事件檢證

昭和3年4月14日(土)朝刊3面(第14187号)　この日、県商工奨励館(商品陳列所、写真上)が現在の栃木会館周辺に開館した。銅板屋根のドームをもつ洋風建築で、800席の公会堂を併設していた。開館を記念して、見本市と展示即売会を兼ねた工産品共進会が29日までの2週間、奨励館を含む3会場で開催された。写真左下は第2会場の栃木県会議事堂、写真右下が第3会場の商工会議所。「夜の祇園を移した様な」盛況を見せた。

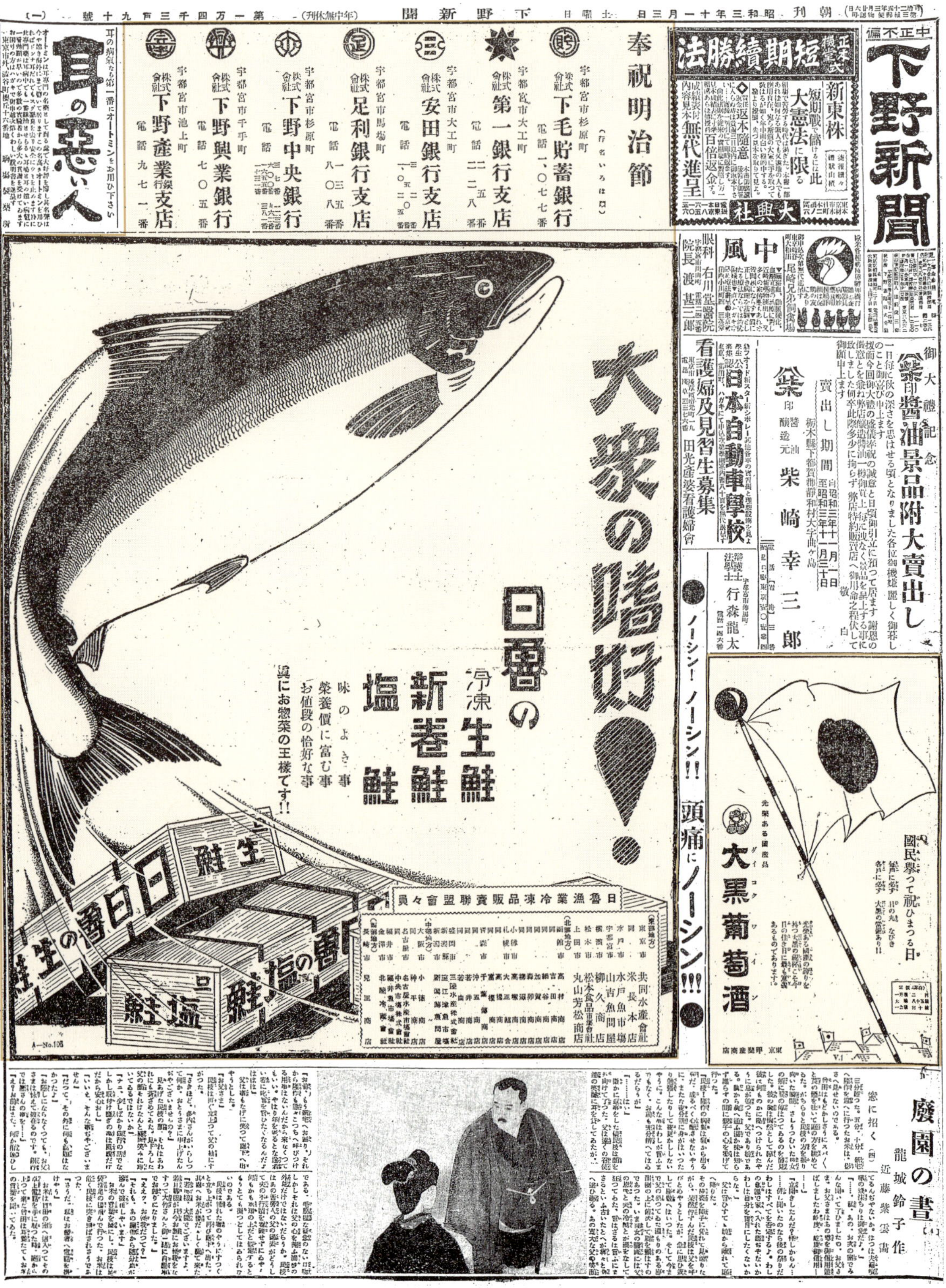

（一）第一万四千三百九十號　（年中無休刊）　下野新聞　土曜日　昭和三年十一月三日　朝刊

中正不偏

下野新聞

奉祝明治節

（行名いろは順）

宇都宮市杉原町　株式會社 下毛貯蓄銀行　電話一、〇七七番

宇都宮市大工町　株式會社 第一銀行支店

宇都宮市大工町　株式會社 安田銀行支店

宇都宮市馬場町　株式會社 足利銀行支店

宇都宮市杉原町　株式會社 下野中央銀行

宇都宮市千手町　株式會社 下野興業銀行　電話七〇五番

宇都宮市池上町　株式會社 下野産業銀行支店　電話九七一番

耳の病氣なら第一番にオートミンをお用ひ下さい

耳の悪い人

正木式機堂 短期績勝法

新東株 短期戦で儲けるには此 大憲法に限る

成績表付 内容見本 無代進呈

大興社

中風

尾崎兄弟飼禽場

眼科 右川堂醫院 院長 渡 甚三郎

御大禮記念 醤油景品附大賣出し

賣出し期間 自昭和三年十一月一日 至昭和三年十一月三十日

栃木縣下都賀郡静和村大字曲ヶ島 醤油醸造元 柴崎幸三郎

日本自動車學校

看護婦及見習生募集 田光産婆看護婦會

辯護士 法學士 行森龍太

ノーシン！ノーシン!! 頭痛にノーシン!!!

國民擧って祝ひまつる日

先榮ある國産品 大《ダイ》黒《コク》葡萄酒《ワイン》

大衆の嗜好！

日魯の 冷凍生鮭 新巻鮭 塩鮭

味のよき事 榮養價に富む事 お値段の恰好な事

眞にお惣菜の王様です!!

日魯漁業冷凍品販賣聯盟會員

日魯の生鮭　日魯の塩鮭　塩鮭

廢園の書　龍城鈴子作　近藤紫雲畫

昭和3年11月3日（土）朝刊1面（第14390号）　この日は明治天皇の誕生日にあたる「明治節」だったため、上段にはこれを祝した宇都宮市内にある銀行の広告や右下の大黒葡萄酒（現・メルシャン）も明治節を祝う広告を掲載している。また日魯漁業（現・マルハニチロ株式会社）による広告は、鮭をダイナミックに描いた構図とシンプルなキャッチコピーが印象的だ。

昭和3（1928）年 初の男子普通選挙と二大政党制

この年の流行

流行（語）	ラジオ体操開始、人民の名において、マネキンガール
流行歌	出船、波浮の港、私の青空、君恋し
書物	資本論入門（河上肇）、マルクス・エンゲルス全集、虚子句集
映画・舞台	蒸気船ウィリー（ミッキーマウス登場）、東京松竹楽劇部発足
スポーツ・遊び	大相撲の実況放送開始、チャンバラごっこ
衣食住	ラッパズボン、オカマ帽子流行

この年の物価

国産ゼンマイ式蓄音機40～200円、ポータブル蓄音機20～40円、レコード（歌謡曲10インチ）2～2円50銭

県内の主な動き / 国内外の主な動き

1月	島崎藤村、北原白秋、萩原朔太郎らが評議員となり「詩人協会」誕生（22日） 日ソ漁業条約調印。日本は北洋漁業権を保持（23日）
2月	**下野中央銀行が佐久山銀行と野州大田原銀行を合併** スイスで開かれたサンモリッツ冬季五輪に日本初参加（11日） 初の男子普通選挙による第16回総選挙。25歳以上の男子が投票（20日）
3月	東京電灯株式会社の従業員組合が人員整理に反対しストライキ 全国の共産党員とその同調者ら約1,600人を一斉に検挙・拘留。 うち約500人を治安維持法違反で起訴〈三・一五事件〉（15日） 全日本無産者芸術連盟（ナップ）結成（25日）
4月	**県立宇都宮第二高等女学校（現・宇都宮中央女子高）が開校（13日）** **県商工奨励館と県公会堂が県庁前に開館（14日）**
5月	野口英世が黄熱病で死去〈51歳〉（21日）
6月	関東軍が張作霖を奉天駅近郊で爆殺。日本政府は秘匿するため、「満州某重大事件」と呼んでいた（4日） 蒋介石の中国国民解放軍（北伐軍）が北京に入城、中国を統一（9日） 死刑と無期を追加した治安維持法改正公布施行（29日）
8月	アムステルダム五輪・陸上三段跳び織田幹雄が優勝（2日） アムステルダム五輪・水泳200m平泳ぎ鶴田義行が優勝（8日）
11月	東京でラジオ体操の放送開始（1日） 昭和天皇の即位大礼が京都御所で行われる（10日）

2月20日に**初の男子普通選挙による第16回総選挙**が行われ、本県でも新有権者たちが初めて一票を投じた。これ以降、政友会と民政党との本格的な二大政党政治が展開されるが、党利党略を掲げる激しい政争や金権選挙で政党への失望感を生んでいく。その陰で、普通選挙法と抱き合わせで制定された治安維持法違反により、3月15日、共産党員1,600人が一斉に逮捕された（**三・一五事件**）。この件は4月10日まで報道を一切禁止され、国民には全く何も知らされなかった。民衆の不満と不安が鬱積するなか、6月4日、満州において関東軍が奉天へ引揚げ中の張作霖を奉天駅付近で爆殺。終戦まで事件の犯人が公表されず、政府内では「満洲某重大事件」と呼ばれていたこの事件が、関東軍強硬派を勢いづかせる契機となった。

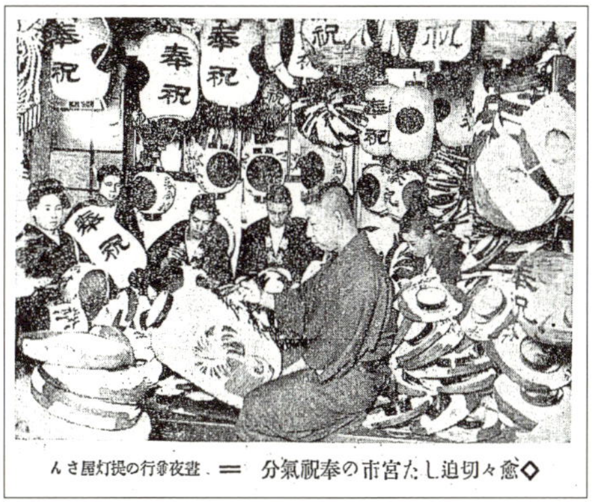

昭和3年11月6日（火）朝刊3面（第14393号）
昭和天皇の即位を祝うため、宇都宮市内の提灯屋が仕事に追われた

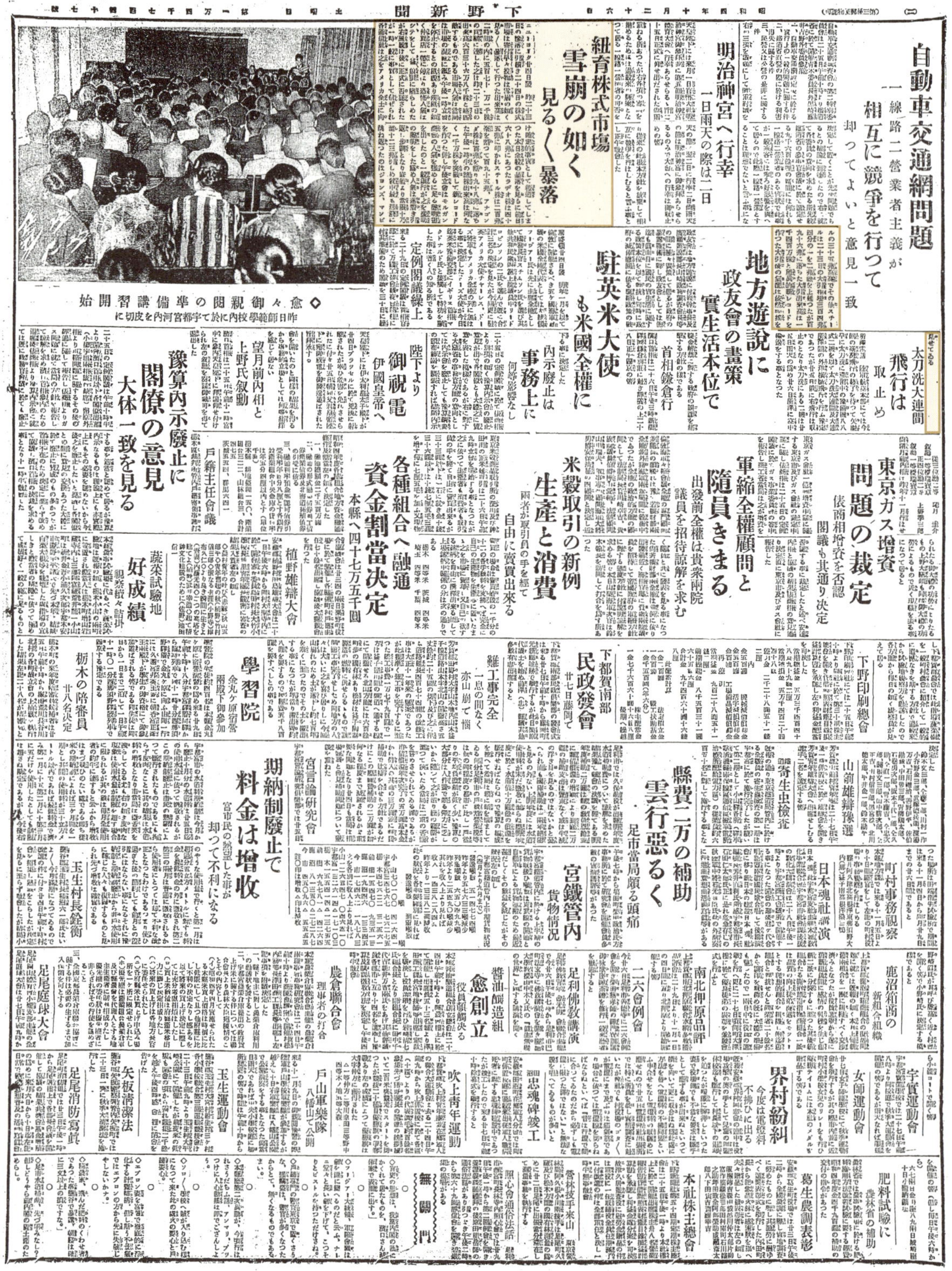

昭和4年10月26日（土）朝刊2面（第14747号） 「暗黒の木曜日」と呼ばれる10月24日、ニューヨーク（紐育）株式市場が「雪崩の如く見るゝ暴落」し世界恐慌が始まった。記事によると、出来高は2時間の内に571万1千株に達し、前日の636万8千株と匹敵。前日68ドルだったラヂオ株は45ドルに叩かれ、スチール株は200ドル台を割って195ドルに下落した。午後1時半には出来高が1千万株を突破し新レコードを樹立。100億ドルが紙切れ同然となった。

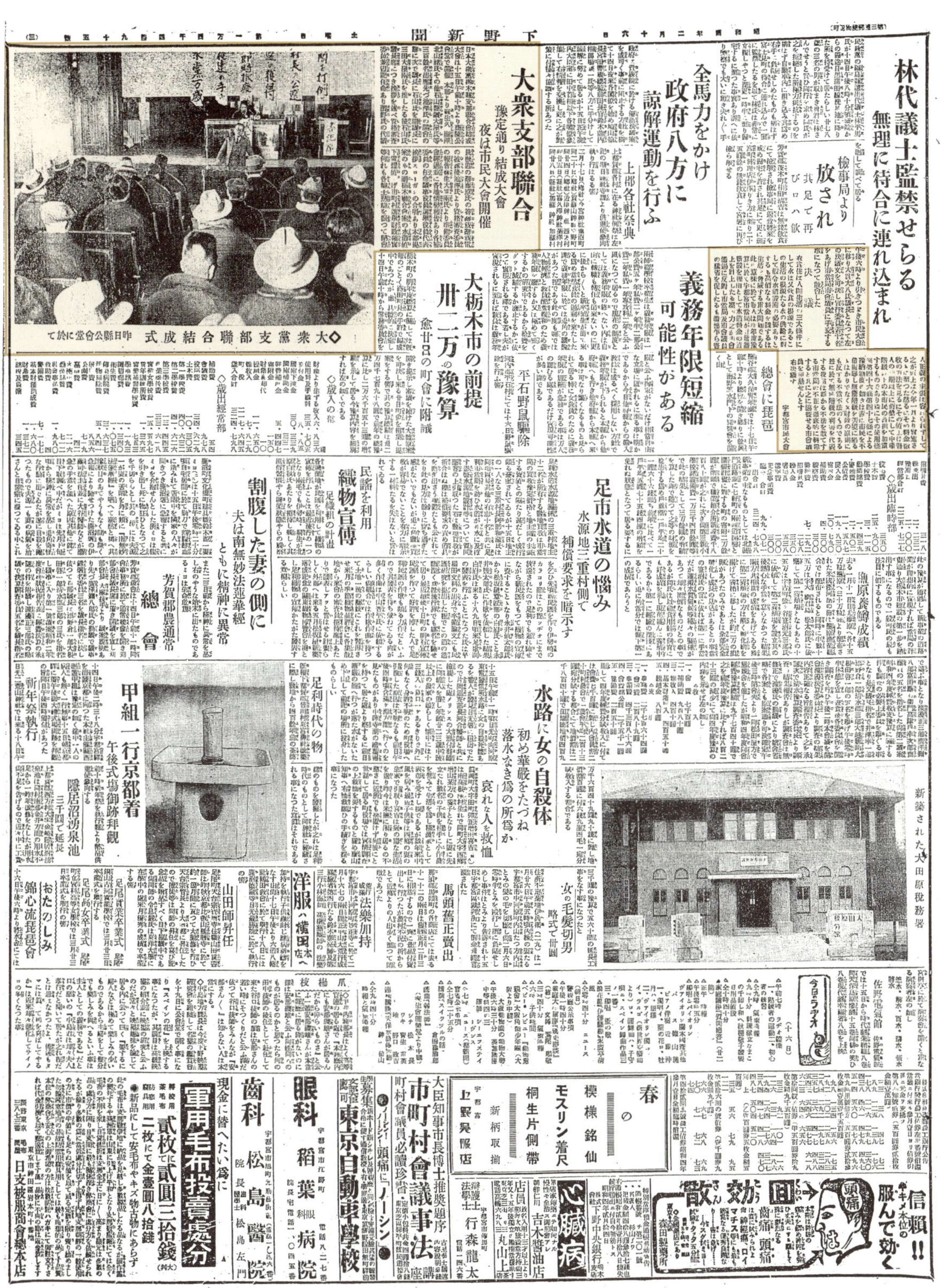
下野新聞 (三) 昭和四年二月十六日

林代議士監禁せらる 無理に待合に連れ込まれ

檢事局より放され

全馬力をかけ 政府八方に諒解運動を行ふ

大衆支部聯合 豫定通り結成大會 夜は市民大會開催

上都各社祭典

義務年限短縮 可能性がある

總會に琵琶

平石野鼠驅除

大栃木市の前提 卅二万の豫算 愈廿日の町會に附議

◇大衆黨支部聯合結成式 昨日縣公會堂に於て

足市水道の悩み 水源地三重村側で補償要求を暗示す

民謡を利用 織物宣傳 足機組の計畫

割腹した妻の側に 夫は南無妙法蓮華經 ともに精神に異常

芳賀郡農適常總會

水路に女の自殺体 初め華厳をさゝたづね 落水なき爲の所爲か

哀れな人を救恤

甲組一行京都着 午後式場御跡拜観

足利時代の物

新年祭執行

隠居沼湧泉池

新築された大田原税務署

女の毛髪切男

馬頭書正賣出

洋服へ横田

山田師昇任

法樂加持

錦心流琵琶會

今日のラヂオ

昭和4年2月16日(土)朝刊2面(第14495号) 三·一五事件(30ページ参照)や普通選挙(28ページ参照)の影響で、県下の無産政党間に合同の要求が高まった。そんな2月15日、県公会堂(31ページ参照)において日本大衆党栃木県支部連合会結成大会が開催された。本部より麻生久らが駆けつけ、石山寅吉県議(19ページ参照)など300人余りが出席した。大衆党はこの後も他党と合同を繰り返し、民政党と政友会の二大政党に対する初の「第三極」となっていく。

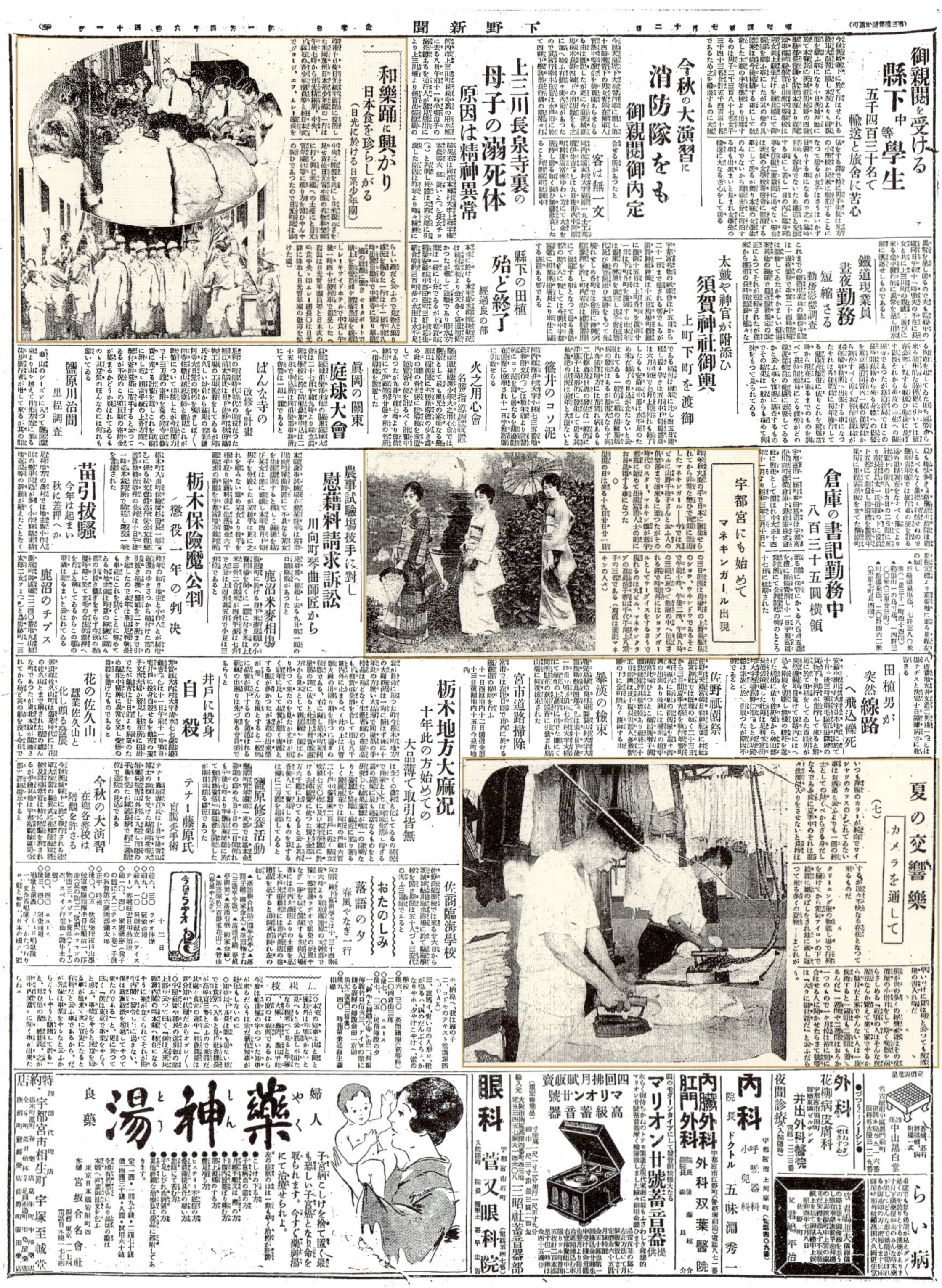

下野新聞

御親閲を受ける縣下中等學生 五千四百三十名で 輸送と旅舍に苦心

今秋の大演習に 消防隊をも 御親閲御内定

上三川長泉寺裏の 母子の溺死体 原因は精神異常

客は無一文

和樂踊に興がり 日本食を珍らしがる （日光に於ける日系少年團）

鐵道現業員 晝夜勤務 短縮さる 勤務影響調査

太皷や神官が附添ひ 須賀神社御輿 上町下町を渡御

縣下の田植 殆ど終了 經過良の部

篠井のコソ泥

火之用心會 名勝指導標設置

眞岡の關東 庭球大會

ばんな寺の 改修を計畫

鹽原川治間 里程調査

倉庫の書記勤務中 八百三十五圓横領

宇都宮にも始めて マネキンガール出現

農事試驗場技手に對し 慰藉料請求訴訟 川向町琴曲師匠から

栃木保險魔公判 懲役一年の判決

苗引拔騷 今年は起まい 秋に差押へか

鹿沼のチブス

鹿沼米麥相場

田植男が 突然線路へ飛込轢死

佐野祇園祭

暴漢の檢束

宮市道路掃除

栃木地方大麻況 十年此の方始めての 大品薄で取引皆無

井戸に投身 自殺

花の佐久山 蹴業佐久山と 化し頗る發展

鹽原修養活動

テナー藤原氏 盲腸炎手術

今秋の大演習 在郷各將校は 陪觀を許さる

佐商臨海學校

落語の夕 春風やなぎ一行

おたのしみ

今日のラヂオ

夏の交響樂（七） カメラを通して

藥神湯

眼科

內科

外科

マリオン廿號蓄音器

らい病

昭和4年7月12日（土）朝刊3面（第14641号）　中段の「マネキンガール」とは販売員とモデルを兼ねた最高級の職業婦人のこと。前年3月に高島屋呉服店が初採用し、本年3月には美容師の山野千枝子が「日本マネキン倶楽部」を創設するなど、“動く人形”として人気を博した。紙面では7月19日～21日に宇都宮市馬場町の上野呉服店でショーを行うことを報じた。左上は日光青年団と米国日系青年団の交流の様子。右下は電気アイロン使用風景。

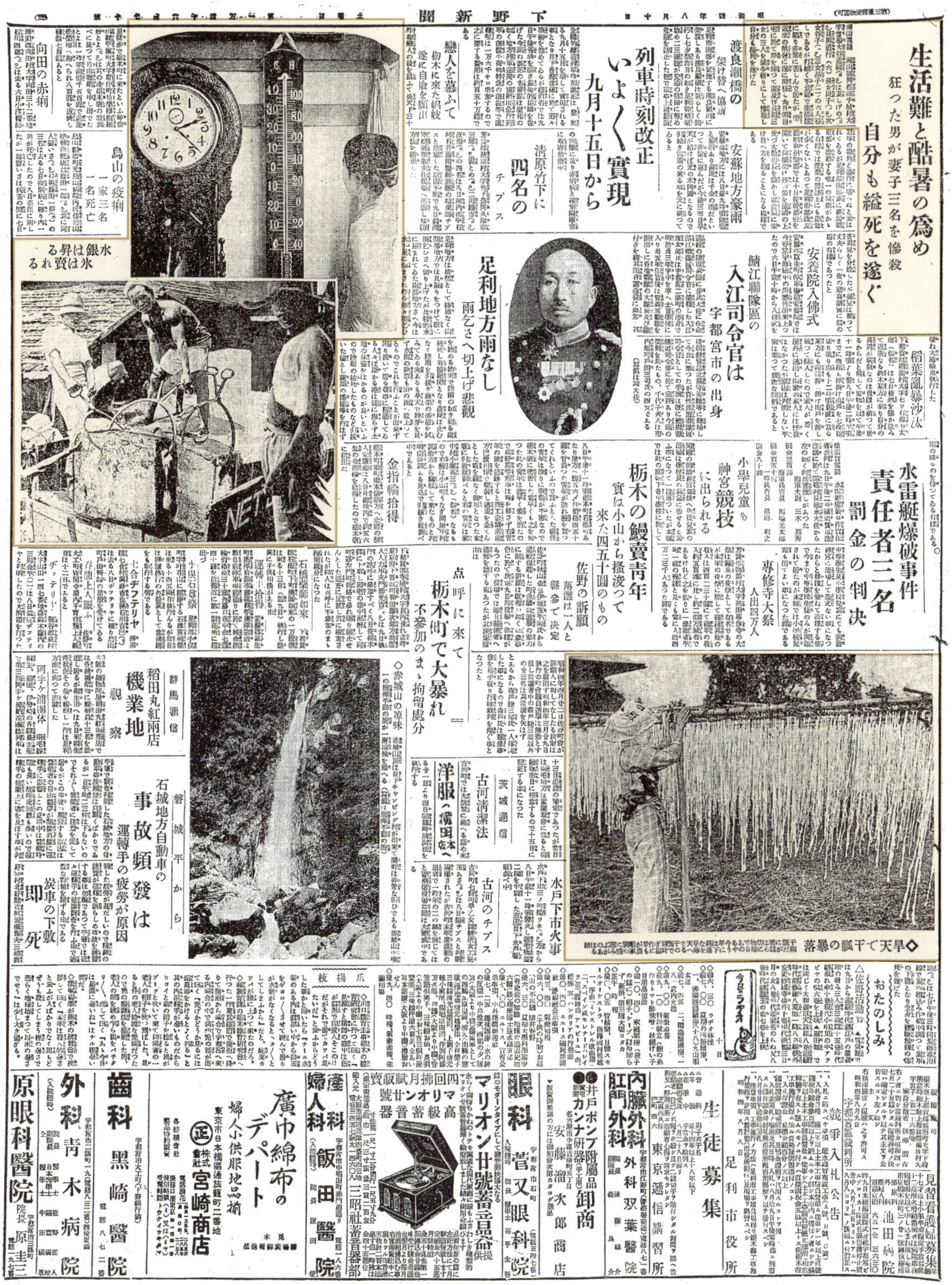

下野新聞　昭和四年八月十日

生活難と酷暑の爲め
狂った男が妻子三名を惨殺
自分も縊死を遂ぐ

安養院入佛式

渡良瀬橋の架替へ協議

安蘇地方豪雨

列車時刻改正
いよく實現
九月十五日から

鯖江聯隊區の
入江司令官は
宇都宮市の出身

清原竹下に
四名のチブス

戀人を慕ふて
栃木に來た娼妓
遂に自首を願出

水銀は昇る　氷は賣れる

烏山の疫痢
一家三名
一名死亡

向田の赤痢

足利地方雨なし
雨乞さへ切上げ悲観

稲葉亂暴沙汰

水雷艇爆破事件
責任者三名
罰金の判決

専修寺大祭
人出四万人

小學兒童も
神宮競技
に出られる

栃木の鰻賣青年
實は小山から掻浚って
來た四五十圓のもの

佐野の訴願
落選は一人と
縣參事で決定

金指輪拾得

點呼に來て
栃木町で大暴れ
不參加のまゝ拘留處分

七合ヂフテリヤ

群馬通信
稲田丸紅兩店
機業地
視察

◇赤城山の涼味

磐城平から
石城地方自動車の
事故頻發は
運轉手の疲勞が原因

炭車の下敷
即死

茨城通信
古河清潔法

洋服へ横田本店へ

古河のチブス

水戸下市火事

◇旱天下で瓢の暴落

ラヂオ

おたのしみ

爪楊枝

原眼科醫院

外科 青木病院

齒科 黒崎醫院

廣巾綿布のデパート
婦人小供服地品揃
宮崎商店

産科 婦人科 飯田醫院

マリオン廿號蓄音器

眼科 菅又眼科醫院

井戸ポンプ附屬品卸商
安藤治次郎商店

内臓外科 肛門外科 外科双葉醫院

生徒募集
東京遞信講習所

競爭入札公告
足利市役所

見習看護婦募集
池田病院

昭和4年8月10日(土)朝刊3面(第14670号)　この年は宇都宮測候所開設(明治23年)以来の最高記録となる37度1分を記録するなど酷暑に見舞われ、雨量も極端に少なかった。記事では「水銀は昇る水は売れる」という写真や、酷暑により「狂った男」が心中事件を起こしたと掲載。同日2面では「殺人的炎暑に宮市議連退却」と報じた。一方、記事右下ではかんぴょう干しの写真を掲載。日照りで作業ははかどるが価格下落が続くと説明された。

昭和4年10月2日（水）朝刊3面（第14723号） 4月1日東武日光線杉戸（現・東武動物公園）―新鹿沼間が開通。10月1日には下今市―東武日光間も開通し、東武日光線が全線開通した。これにより浅草と日光が2時間強で結びつき、東京への足が国鉄と併せて2本となった。開通初日は日光東照宮の神職による道饗祭《みちあえのまつり》（写真上）が荘厳に執り行われ、開通祝として5日間電車賃が割引された。写真下は東武日光駅の初電車。

(二) 昭和四年八月二十日　下野新聞　火曜日　第一万四千六百八十號

世界的の記録を破つて 巨船霞ケ浦へ着

待焦れた歡衆は熱狂し 万歳の聲天地に轟く

國府台の方面から ツエ伯號大東京の上空に雄姿を現し

七台の飛行機が誘導す

東京市民歡呼 屋上や街路に

黒山の如く集つて 巨船悠々横濱へ向ふ

横濱市民に敬意を表し上空を一周

七時七分格納庫へ

霞ヶ浦電話　ツエッペリン伯號は八月十九日午後六時廿三分着陸次で同七時七分無事格納された之に引續き檢疫、稅關の檢査が行はれた後エツケナー博士以下の人々は格納庫前の天幕張の歡迎宴に臨んだ因みに此日の人出は三十万と註せらる

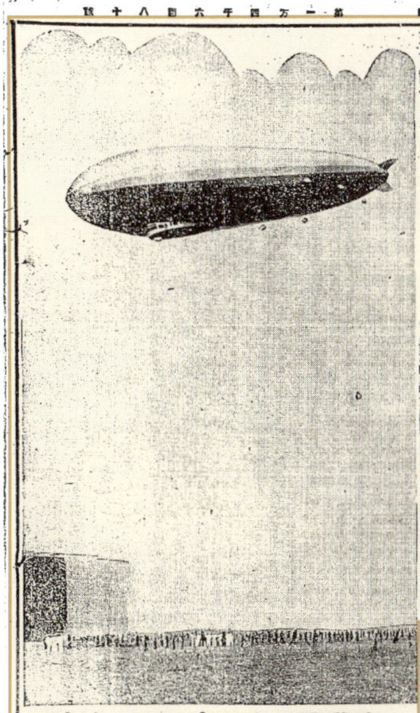

◇着陸せんとするツエッペリン伯號　霞ヶ浦海軍航空隊大格納庫前にて

青訓聯合

發火演習盛況

日本の誠意ある歡迎に對し深く感謝する

獨逸大使の談

澄宮殿下

金谷ホテルプールに御成

獨乙の科學進步歎稱の外ない

幣原外相歡迎談

濱口首相から獨乙大統領へ

メッセージ發送

勝栗とスルメ

日本酒等を整へて霞ケ浦の歡迎

露軍總攻擊に出て支那軍之に應戰し

チヤライノウルの住民砲聲殷々極度に不安

露支國境に支那が六万の軍隊

增加配置命令を發表 戰爭の爲めではない

豊田異動撤回

工場主會協議

教員研究講習

早く湯に入りたい 富士を見たい

等とツエ伯號上から 言葉が無電で聞える

中學教授要目改正

柔劍道の如き武道は何れも 必修科目として正科

日本大學講演

銀盃を下賜

總司令エ博士以下に 首相から傳達

ツエ伯號乘組員褒賞の方法

政府で目下研究中

ツエ伯號の偉大な功績を讃へ

前途の幸福を祈る 濱口首相の歡迎談

栗原代議士

新盆家庭訪問

下江川䐶行軍

聯合分會評議

多議補缺戰に備ふる縣下の多額納稅者

千圓以上が百卅一名 順次に百名だけ有資格

久しい間空席の儘 安蘇農會長に

適材なく愈々行悩む

教育課の大異動説も當分怪しくなり

僅か一名位の視學が動く程度に止まるか

撞球競技會

豊作の報で干瓢暴落

十圓台豫想

煙草試場

技師連出張し設立の準備

庶務主任會議

佐野織市況

南北兩滿市況

東武新鹿沼驛寄附問題

解決つかず

葛生農商總會

泉村夏季競技

女子四種會

昭和4年8月20日（火）朝刊2面（第14680号）　8月19日、世界一周を行っていた独の飛行船「ツェッペリン伯号」が霞ヶ浦に降り立ったことを伝える紙面。全長236.6mの巨船が1万1千kmを一気に移動する浪漫飛行に、日本国中が熱狂した。本紙でも連日のようにツェッペリン伯関連ニュースを報道。8月19日朝刊5面では本社屋上を解放すると同時に、宇都宮市上空に飛来が確認された際に煙火による早打ちの速報を行う旨を報じた。

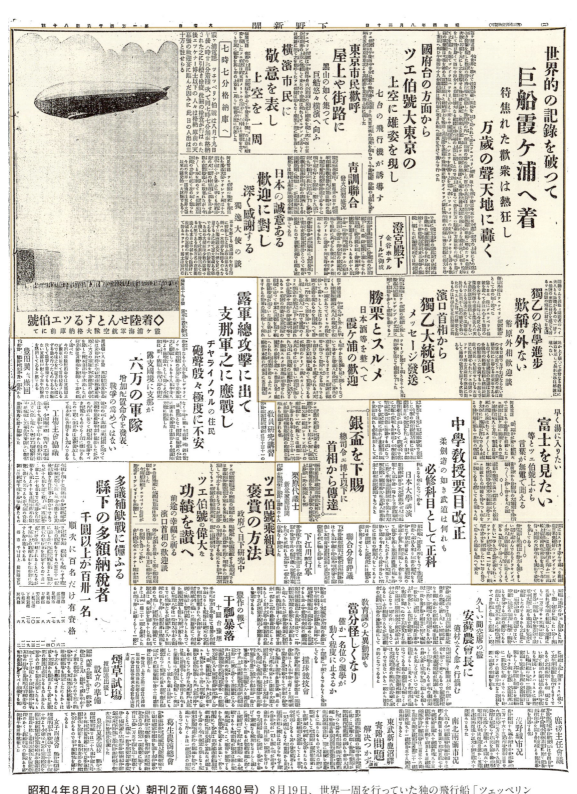

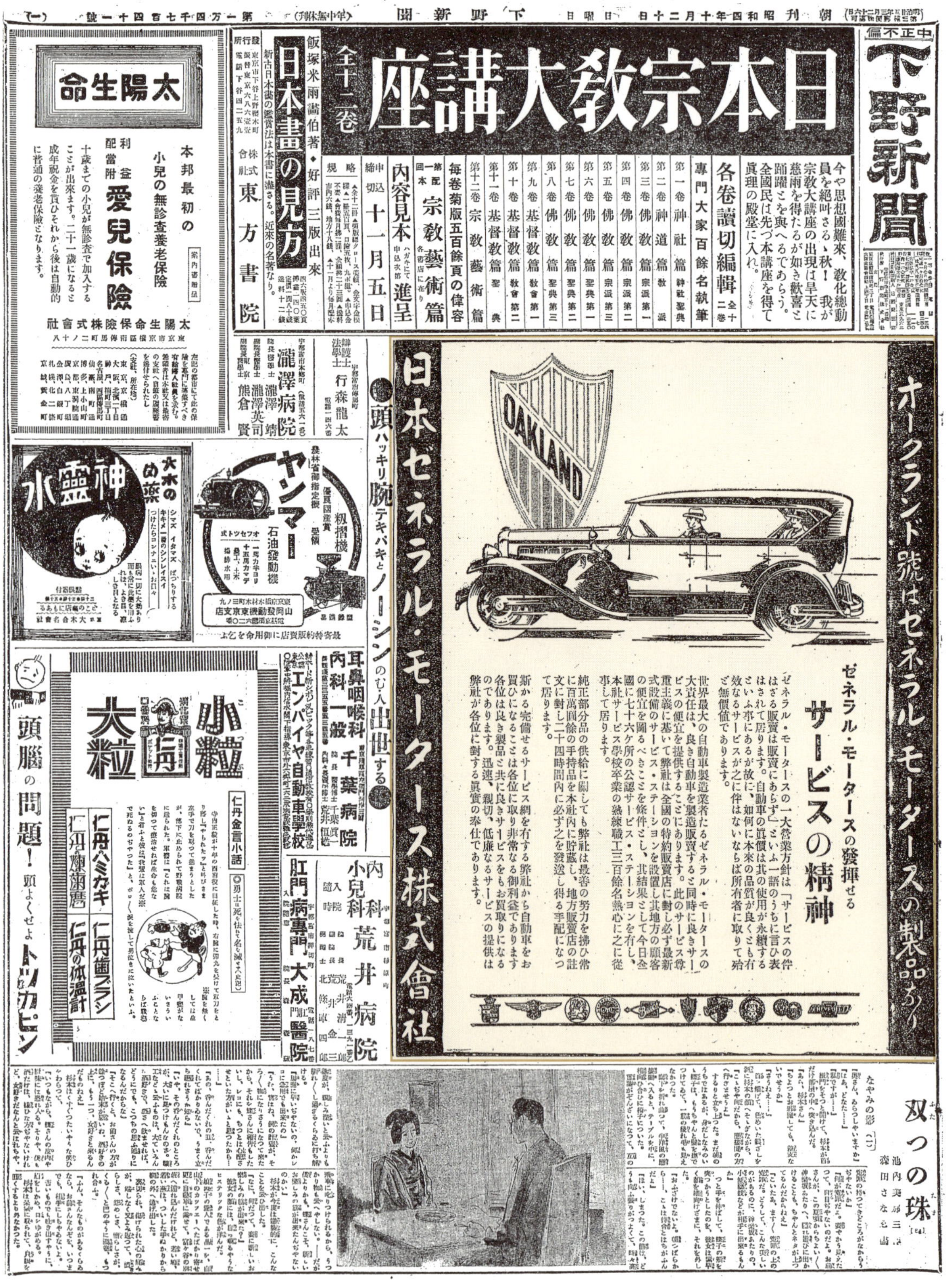

第一萬四千七百四十一號　昭和四年十月二十日　日曜日　下野新聞　朝刊

下野新聞
中正不偏

今や思想國難來、教化總動員を絶叫さるゝ秋！ 我が宗教大講座の出現は旱天に慈雨を得たるが如き歡喜こ踊躍こを與へるであらう。全國民は先づ本講座を得て眞理の殿堂に入れ。

日本宗教大講座　全十二卷

各卷讀切編輯　全十二卷
専門大家百餘名執筆

第一卷　神社篇　神社聖典
第二卷　神道篇　敎派
第三卷　佛敎篇　宗派第一
第四卷　佛敎篇　宗派第二
第五卷　佛敎篇　宗派第三
第六卷　佛敎篇　聖典第一
第七卷　佛敎篇　聖典第二
第八卷　佛敎篇　聖典第三
第九卷　基督敎篇　敎會第一
第十卷　基督敎篇　敎會第二
第十一卷　基督敎篇　聖典
第十二卷　宗敎藝術篇

每卷菊版五百餘頁の偉容
第一回配本　宗敎藝術篇
内容見本　ハガキにて　各書店に在り　申込次第進呈
申込締切　十一月五日

飯塚米雨畫伯著◆好評三版出來
日本畫の見方
新古日本畫の鑑賞法は本書に盡さる。近來の名著なり。

株式會社　東方書院

太陽生命
本邦最初の小兒の無診査養老保險
利益配當附　愛兒保險
十歳までの小兒が無診査で加入することが出來ます。二十一歳になると成年說金を貰ひそれから後は自動的に普通の養老保險となります。
太陽生命保險株式會社

日本ゼネラル・モータース株式會社

オークランド號はゼネラル・モータースの製品なり

OAKLAND

ゼネラル・モータースの發揮せる
サービスの精神

ゼネラル・モータースの一大營業方針は「サービスの伴はざる販賣は販賣にあらず」といふ一語のうちに言ひ表はされて居ります。自動車の眞價は其の使用が永續するといふ事にあるが故に、如何に本來の品質が良くとも有效なるサービスが之に伴はないならば所有者に取りて殆ど無價値であります。

世界最大の自動車製造業者たるゼネラル・モータースの大責任は、良き自動車を製造販賣すると同時に良きサービスの便宜を提供することにあります。此のサービス尊重主義に基いて弊社は全國の特約販賣店に對し必ず最新式設備のサービス・ステーションを設置し其地方の顧客の便宜を圖るべきことを條件とし、其結果として今日全國に七十六ケ所の公認サービス・ステーションを有し、本社サービス學校卒業の熟練職工三百餘名熱心に之に從事して居ります。

純正部分品の供給に關しても弊社は最善の努力を拂ひ常に百萬圓餘の手持品を本社内に貯藏し、地方販賣店の註文に對し二十四時間内に必ず之を發送し得る手配になつて居ります。

斯かる完備せるサービス網を有する弊社から自動車をお買ひになることは各位に取り非常なる御利益であります各位は良き製品と共に良きサービスをもお買取りになるのであります。迅速、親切、低廉なるサービスの提供は弊社が各位に對する眞實の奉仕であります。

頭ハッキリ腕テキパキとノーシンのむ人出世する

ヤンマー石油發動機
籾摺機

神靈水
大木の藥

瀧澤病院

耳鼻咽喉科　内科一般　千葉病院

エンパイヤ自動車學校

内科　小兒科　荒井病院

肛門病専門　大成醫院

仁丹
小粒　大粒
仁丹金言小話
仁丹ハミガキ　仁丹歯ブラシ　仁丹体温計

頭腦の問題！　頭よくせよ　トツカピン

双つの珠

昭和4年10月20日(日)朝刊1面(第14741号)　大きく広告が掲載されている日本ゼネラル・モータースは、昭和2年にアメリカのゼネラルモータースがアジアでの生産拠点とするべく大阪に設立。組み立てに必要な機械はすべて本国から持ち込まれ製造していた。「全国七十六ヶ所の公認サービス・ステーション」を設置という文言が、モータリゼーション旋風がすでに日本中を席巻《せっけん》していたことを物語っている。

昭和4(1929)年 合理化と緊縮、モダン・ライフ

この年の流行

流行(語)	緊縮、大学はでたけれど、カジノ、ラッキーガール
流行歌	東京行進曲/紅屋の娘(佐藤千夜子)、君恋し
書物	蟹工船、赤穂浪士、「夜明け前」連載開始
映画・舞台	東京行進曲、大学は出たけれど、生ける人形、一殺多生剣
モノ	初の国産ウィスキー「サントリー」白ラベル発売4円50銭
初登場	エレベーターガール、とんかつ、立体駐車場

この年の物価

工場労働者平均給料男子2円65銭・女子99銭、とんかつ20銭、天丼30銭、うな重60銭、中華そば10銭、納豆2銭5厘

県内の主な動き / 国内外の主な動き

1月	田中義一首相、「張作霖爆殺事件」について天皇にけん責され辞職(25日)
2月	**宇都宮市の県公会堂で日本大衆党栃木県連合会結成大会が開かれる(15日)**
3月	右翼団員が旧労働農民党代議士の山本宣治を刺殺(5日)
5月	米国ハリウッドで第1回アカデミー賞授賞式(16日)
6月	日独伊、中国国民政府を正式に承認(3日)
7月	エノケンこと榎本健一らが「カジノ・フォリー」を旗揚げ(10日)
8月	**大衆党栃連が賃下げに対し大谷石材労働大会を開き、組合結成の自由などを決議** 独の飛行船「ツェッペリン伯号」が1万1千kmを一気に飛んで霞ヶ浦に到着(19日)
9月	**大谷石材労働組合が工場法・鉱山法の適用を内務省に陳情**
10月	**東武日光線下今市-東武日光間が開通して東武日光線が全線開通(1日)** ニューヨーク株式市場大暴落(暗黒の木曜日)。世界恐慌はじまる(24日)
11月	**栃木県農民組合が結成** **※右記事参照→** **住宅問題が深刻化し栃木県借地借家人同盟が結成**

金融恐慌から回復途上の10月24日「暗黒の木曜日」に、ニューヨークの株式市場が大暴落し世界恐慌が始まった。国内では3月に東大を卒業した3割しか就職が決まらぬ不況で、小津安二郎の映画「大学は出たけれど」が皮肉なヒットを飛ばす。県内では東京資本の流入が始まっていた。4月に東武鉄道が本県に進出し、帝都と結ぶ足が国鉄と併せて2本となった。さらに10月には日光に延長し東武日光線が完成。浅草と日光が2時間強で結びついたことで、日光への観光客誘致も活発化していく。一方で、大衆運動は農民の間にも浸透し、2月に無産政党である**日本大衆党栃木県支部が結成**された影響を受け、10月に**栃木県農民組合の結成式**が行われた。地主制の下、高い小作料に悩む農民たちが立ち上がり、小作争議が展開されていく。

昭和4年10月20日(日)朝刊1面(第14741号)

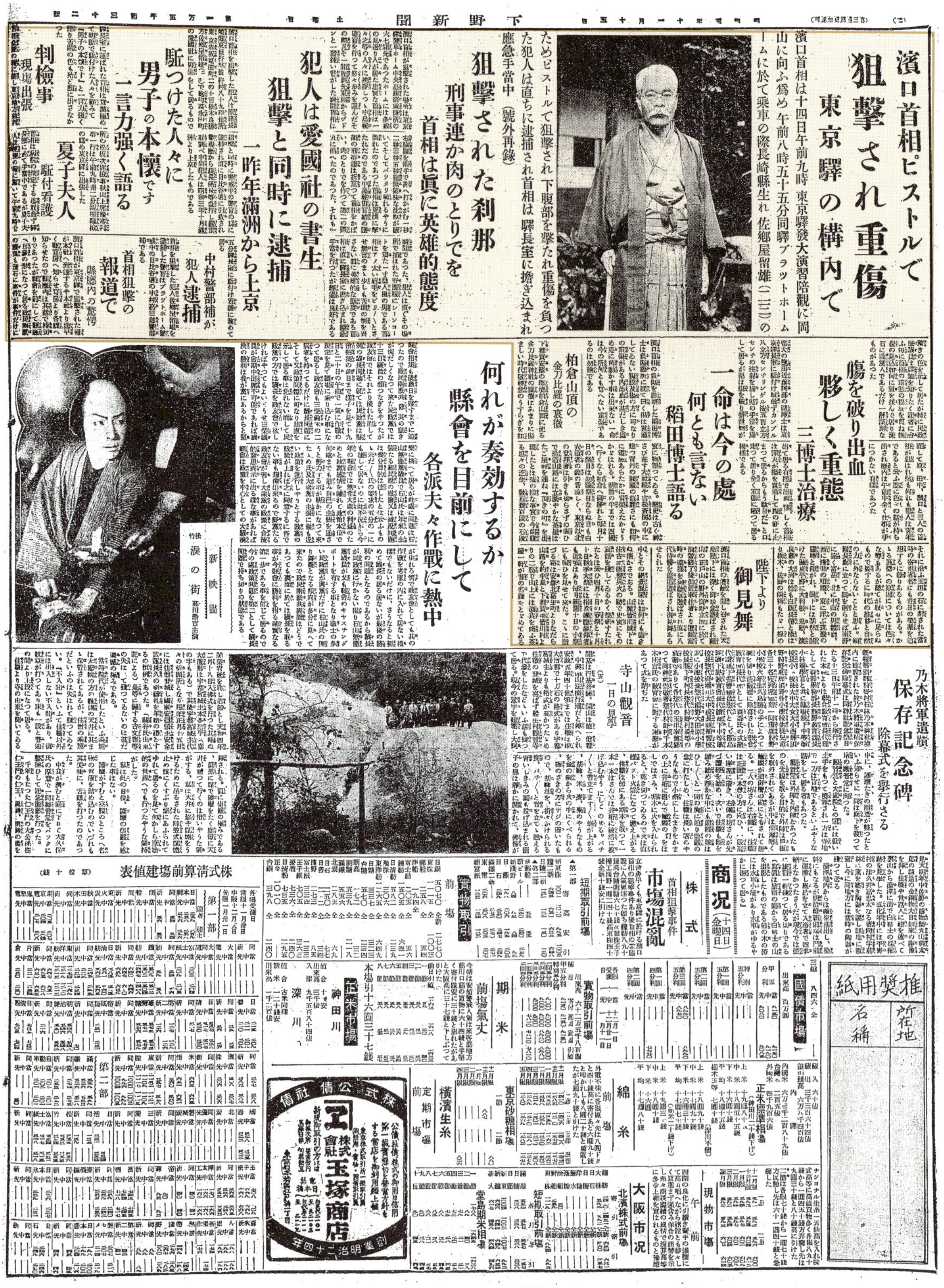

昭和5年11月15日（土）朝刊2面（第15132号） 11月14日濱口《はまぐち》雄幸《おさち》首相が東京駅構内にて右翼団体愛国社党員の佐郷屋《さごや》留雄《とめお》に銃撃された。「経済政策の失敗と天皇の統帥権干犯」が動機だった。見出しには狙撃直後に首相がもらしたという有名な「男子の本懐です」という台詞がみられる。新聞各社は首相の病状を逐一報道。首相の腸の動きに注目が集まり、本紙でも11月18日夕刊で「ガスが自然に排出」と報じた。

（二）　（可認物便郵種三第）　昭和五年十一月二十一日　下野新聞　金曜日　第一万五千百三十八號

雷爺さん歸京して 濱口首相を見舞

周圍が心配してゐた程でなく

一二三日したら會はうと

安達がやりたければやらせる

新築記念傳道

中央銀行休業 本日より三週間

自轉車少年 自動車と衝突

奉仕者慰勞會

鹿沼町他五ケ村青年訓練所生聯合演習
御殿山に於て板倉大尉の講評 ○印は宮地中將×印は滝井少將

首相重湯を攝る 多量の尿が排出して 經過はますます良好

玩具のない國は 民族が振はぬ 日本でも模倣ばかりせず 新しい玩具を生め

鹿沼女學校 三項を神に誓ふ

ホノルル出水 邦人六名溺死

記念展覽會

政府所有米 海外輸出は二十万石に達す

明治村の火事 一戸四棟を燒失 かまどの不完全から

縣會招集日の午前 議員の姿は見えず 各派支部で對策をねる 幕開例の如く遲れる

與黨暗流記

黑磯問題 愈補欠選擧を 十二月に執行

女ばかりが目の毒か

生徒德目調査 大部分朝夕禮拜

鹿沼高女實行 衞生一善主義

店員の盗み

足尾豫習證授與

入營者報告式

茂木町送別會

茂木青年デー

矢板成田山賑ふ

おたのしみ

素義代表會

商況（二十日木曜日）

株式清算前場建値表

推奬用紙　所在地　名稱

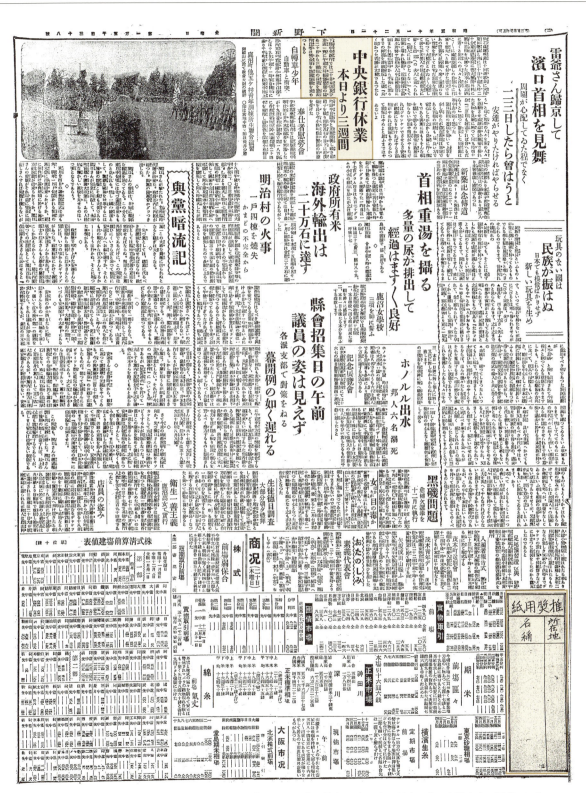

昭和5年11月21日（金）朝刊2面（第15138号）　左頁の濱口首相関連記事が目立つ中、上段中央に掲載された「中央銀行休業」の見出しに注目。世界恐慌から深刻な昭和恐慌に陥っていた日本で、本県でも下野銀行倒産の後、金融界の主柱にと期待された下野中央銀行が休業。県経済界は大打撃を受けた。また、記事右下にあるのは本社の1万5千号記念事業「わが郷土の誇」の投票用紙。名所、社寺、祭礼などを対象に読者の人気投票を行った。

下野新聞 昭和五年九月二十二日

秋晴れの駒生に！ 射撃大會の幕あく 初日の參加五百余名 婦人堂々男子を壓す

秋のスポーツ

落第点の市長さん 「學務部長さん丙点」

圖々敷騙取犯

久邇宮大妃殿下 那須御用邸へ御成

鹿沼賭博送局

遠征の日本女子 活躍目覺し 人見中西渡邊諸嬢奮闘 白耳義女子軍を破る

泥醉して毆打 重傷を負ふ

六大リーグ戰 帝大の勝利 二A對一明大敗る 立大の勝利 一A對〇で慶大敗る

日本側斷然 カナダを壓し 十九對六で又復大勝

六大學リーグ戰 法政大學

竊盗御用！ 鹿沼を徘徊中

無錢宿泊取調

泥棒に不服の有る筈はない 一年半に服役

自動車自轉車 衝突！ 一名重傷師團司令部前で

唐紙泥御用

矢板町成田山 盆踊に賑ふ

白晝宿郷町の人殺 鯛焼屋の孝行息子 肺部を刺されて即死 ――犯人は隣家に住む無職者――

無錢飲食男

貧乏村の大義人

理髪床チブス 組合有志等見舞

石橋三体地藏 議員三千突破

足利麻雀流行 一千名に近い

豊田村チブス

益子燒爭議 兩者互に讓らず 交渉決裂持久戰に入る

ラヂオ

天氣豫報

サントニン

昭和5年9月22日（月）朝刊5面（第15078号） この日の紙面では益子町陶工組合争議関連記事のほか、21日宇都宮市駒生で行われた国民射撃大会のニュースをはじめ、当時人気の高かった六大リーグ野球関連記事などスポーツ関連の話題が多数掲載された。写真は左上が「射撃大会における紅一点の婦人射撃」同下が「刑務所跡の選抜軟式野球大会」右が「実践校に於ける7女学校の競技会」。またラジオ番組表の横には占いも掲載されている。

益子焼爭議

兩者互に讓らず

交渉決裂持久戰に入る

既報工場一割値下の通告を受け去る十七日より芳賀郡益子陶器職工側百八十名は陶器傳習所に爭議團本部を置き飽くまで仲買及窯元側に對抗すべく紛爭を續けてゐたが廿日午前八時頃仲買窯元たる岩下太平氏が歸宅したので直に職工側代表と岩下氏は會見し結果仲買及窯元等の總會を開くことに決定午後二時より仲買及窯元五十餘名は役場樓上に會合協議し更に職工側代表と會見交渉せしが双方共に強硬に出で讓歩しないため遂に最後の交渉は決裂し形勢惡化しつゝあるが爭議は結局持久戰に入る段取りとなつた模樣である尚爭議團は大衆黨縣聯合會及び眞岡支部茂木支部東京自由聯合會其他各地よりの應援團五十餘名集合し氣勢を揚げてゐる（寫眞は爭議團本部）

3月1日に益子町の陶工が益子陶器従業員組合を結成。8月には窯元が益子陶器製造人組合を結成して対抗した。そうした中、9月20日に陶器工場3工場が工賃の1割賃下げを通告したことで、窯元・仲介人に対し全陶器工従業員180人が争議に突入。その後、陶工の子弟の小学生250人が同盟休校する事態となった。争議は長期戦となり、本紙でも経過の報道を続けた。不況のどん底で起きた、社会的関心度の高い話題だった。

下野新聞　昭和五年一月十一日

愈今十一日金解禁
實に十四年の星霜を經て 國際經濟の常道に復す

金解禁後最も必要の 産業合理化實現に 政府當局大童となる
特に中小工業企業方面に

各種事業廳て活氣づき 三四月頃から景氣恢復 秋には好轉を見やう
金解と商工會議所の對策

續々金塊を 大阪造幣局に持込み 流出す新金貨

自由に双方の 主張を交換
英首相と初會見後 若槻首席全權談

國語調査會 新設
十五日發會式

宮市の豫算
庶務課長の査定終り 各課に泣を入る

營業收益税 輕減協議
決議文

金解禁の問題 けふ解決を見る
邦家の爲慶賀の至り 濱口首相の談

政府の施設と 國民の一致協力で
解禁が出來たのである 井上藏相の談

解散の曉は首相以下 飛行機で全國遊説
大隈侯の車窓演説と並び 濱口首相の新計畫

岡部氏演説會

米國全權出帆
一行八十名が一路 倫敦會議に向って

粟野思想講演

解散期迫り 縣下の兩支部 各對策の會同
宮社事業打合

眞岡納税組合

各派候補の 顔觸れ
噂に上つた所

隣接町村から 徴收で四學校に
一學級宛市で增加

足織不振
組合員が減り 營業者が困る

新興會特巧會が 特許紛爭の報告
時節柄噂とり〴〵

佐野織物組
豫算編成打合

畜産理事決定

中村組合許可

眞岡町豫算
編成で頭痛

買上米に
野州米は 五等を含む

入學兒童檢査

安蘇製繩傳習

二社合同
巴狀の自動車

氏家青年

無關門

昭和5年1月11日（土）朝刊2面（第14824号）　この日、第一次世界大戦で停止された金本位制度を解禁し通貨と金の自由な変換を認める「金解禁」が断行された。見出しに「実に14年の星霜を経て国際経済の常道に復す」とあるように、大正8年以降、欧米各国では既に実施されていた政策で、日本はそれに追随した形だ。当初は景気回復が期待されたが、世界恐慌の影響下で国内から金が大量流出。中小企業や庶民が失政の煽《あお》りを受けた。

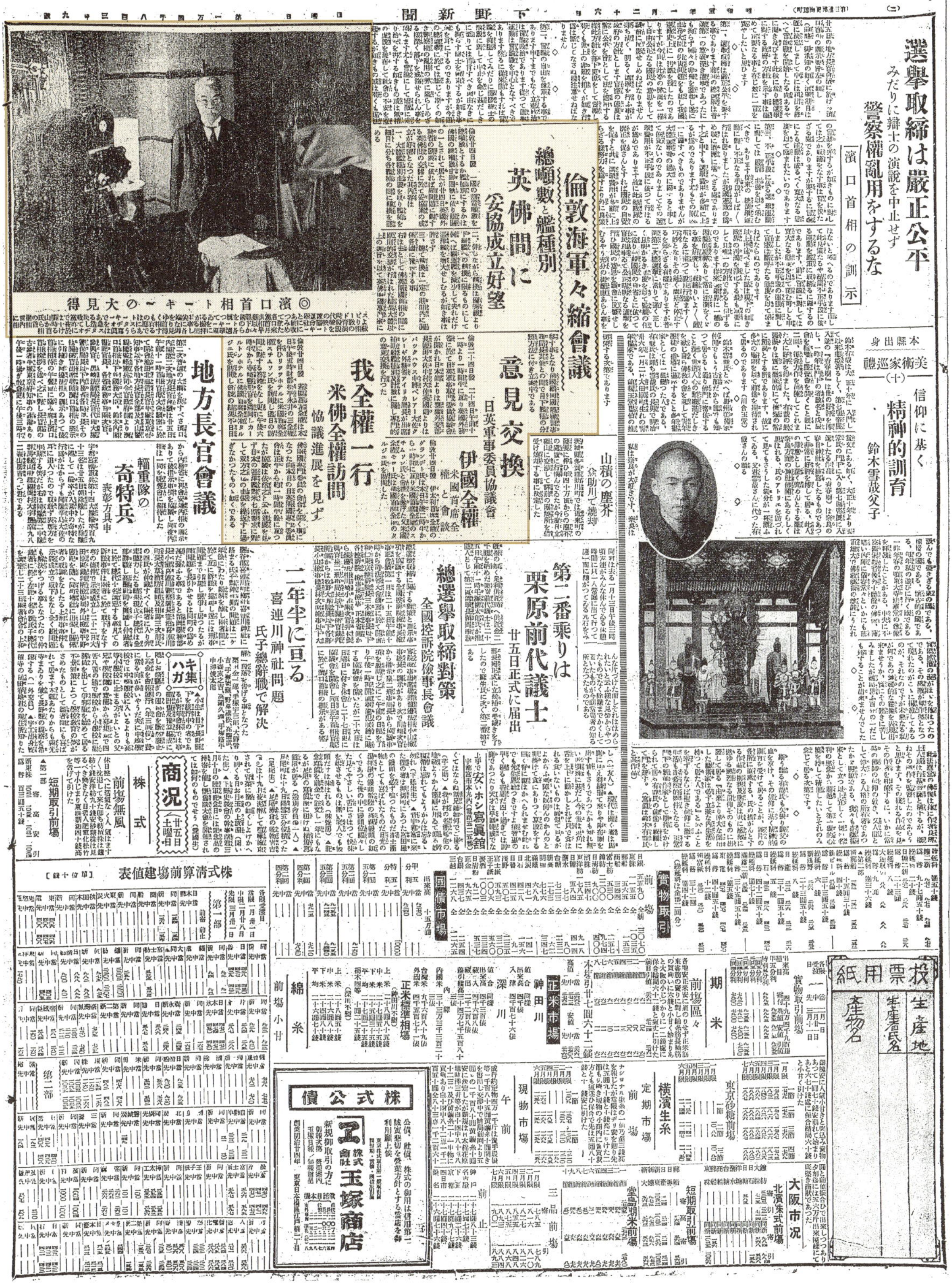
下野新聞 昭和五年一月二十六日 日曜日

選擧取締は嚴正公平
みだりに辯士の演說を中止せず
警察權亂用をするな
濱口首相の訓示

◎濱口首相とトーキーの大見得

倫敦海軍々縮會議
總噸數と艦種別
英佛間に妥協成立好望

意見交換
日英軍事委員協議會

伊國全權

我全權一行
米佛全權訪問
協議進展を見ず

地方長官會議

輜重隊の奇特兵
表彰方具申

本縣出身美術家巡禮（十）
信仰に基く
精神的訓育
鈴木雪哉父子

山積の塵芥

第二番乘りは
栗原前代議士
廿五日正式に届出

總選擧取締對策
全國控訴院檢事長會議

二年半に亘る
喜連川神社問題
氏子總辭職で解決

商況
株式
前場無風
短期取引前場

株式清算前場建値表

實物取引
國債市場
正米市場

投票用紙

株式公債
玉塚商店

昭和5年1月26日（日）夕刊2面（第14839号）　21日から開かれたロンドン（倫敦）海軍軍縮会議の本紙第一報。補助艦艇保有制限を主目的とした国際会議で、英・米・日・仏・伊が参加した。当時の濱口雄幸（左上写真）内閣は、他の列強との協調を維持しつつ、軍縮による軍事費削減の実現に積極的だった。4月22日に海軍の反対を押し切って条約調印に踏み切ると、これが後に統帥権干犯問題に発展。狙撃事件（42ページ参照）へと繋がっていく。

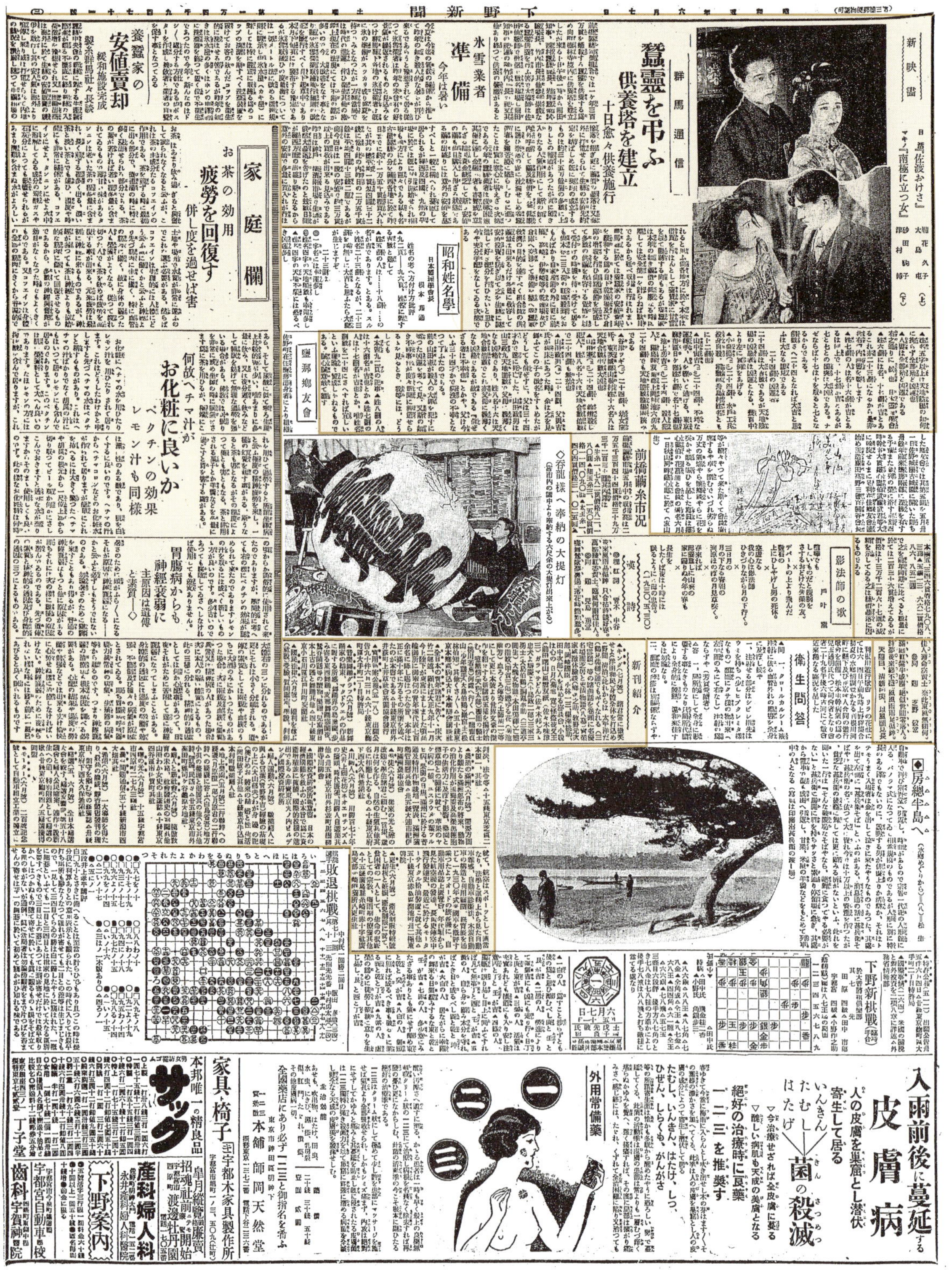
下野新聞

新映畫

群馬通信

蠶靈を弔ふ
供養塔を建立
十日愈々供養施行

氷雪業者
準備
今年は暑い

養蠶家の
安値賣却

家庭欄

お茶の効用
疲勞を回復す
併し度を過せば害

昭和姓名學

前橋繭糸市況

何故ヘチマ汁が
お化粧に良いか
ペクチンの効果
レモン汁も同様

胃腸病からも
神經衰弱に

影法師の歌

新刊紹介

衛生問答

房總半島へ

敗退棋戰

下野新棋戰

昭和5年6月7日（土）夕刊3面（第14971号）　当時の本紙は、夕刊に映画や演劇などの紹介欄を設けていた。この日の紙面は映画紹介のほか、詩や漢詩、新刊の紹介なども掲載。また「群馬通信」という欄では、お隣の群馬県のトピックスも紹介している。左上の「家庭欄」には、お茶の効用やヘチマ汁の効能など、現在の雑誌記事を彷彿とさせる記事も掲載。さまざまな情報がこの1面に凝縮されている。

昭和5（1930）年 軍縮による軍事費削減、昭和恐慌

この年の流行

流行（語）	男子の本懐、銀ブラ、ルンペン、エログロナンセンス
流行歌	祇園小唄、ザッツ・オーケー、すみれの花咲く頃、女給の唄
書物	日本資本主義発達史、日本上代史研究、浅草紅団、放浪記
映画・舞台	何が彼女をそうさせたか、西部戦線異状なし（米）、東京松竹楽劇部に水の江滝子（ターキー）が日本初の男装の麗人として登場
初登場	国産電機冷蔵庫、百円札、上野駅地下商店街

この年の物価

白米（2等10kg）2円31銭、天丼40銭、中華そば50銭、電話基本料金45円、映画館入場料（日本映画封切館）40銭、豆腐5銭

県内の主な動き / 国内外の主な動き

1月	ロンドン海軍軍縮会議開会（21日）
4月	上野駅地下に東洋初の地下商店街が開店（1日）
7月	**栃木県内各地で電灯争議が発生** サッカーの第1回ワールドカップが開幕し13ヵ国が参加（13日）
9月	**不況のため中学生（旧制）の授業料滞納、中退者が増加** **宇都宮市で水道料金3割値下げ、水道料計量料器撤廃を求めて市民運動** **宇都宮市の電灯料金値下期成同盟の発会式を皮切りに各地で演説会値下げ運動が広まり農村地帯にも波及　※右記事参照→** **益子町の陶器工従業員250人が窯元と仲買人に対し争議（20日）**
11月	**下都賀郡南犬飼村（現・壬生町）で電灯料金値下げを求め、不払い運動** 濱口雄幸首相が東京駅で右翼に狙撃され重傷（14日） **下野中央銀行が休業（20日）** 初のハンセン病療養所長島愛生園が瀬戸内海の小島・長島に設立（20日）

1月11日、浜口雄幸内閣は金の自由かつ無制限な輸出を認める金解禁を断行。しかし不況下で国外への金の流出が増加して企業の倒産が相次ぎ、失業者が町に溢れた。また同月21日から開かれた**ロンドン海軍軍縮会議**にて、海軍や野党の反対を押し切り軍縮条約を締結。このことが天皇の統帥権干犯問題に発展し、濱口首相は11月に東京駅構内で右翼団体愛国社党員の佐郷屋留雄に銃撃される（**濱口雄幸狙撃事件**）。県内でも金解禁の影響は大きく、足利銀行と共に本県金融界の主柱にと期待されていた**下野中央銀行が休業**。県経済界は深刻な打撃を受けた。恐慌の嵐で国民はあえぎ、都市ではエログロナンセンスが、農村では娘の身売りが当たり前になっていく。労働争議も激化し、**益子町の陶工250人が争議に突入**するなど社会の関心を集めた。

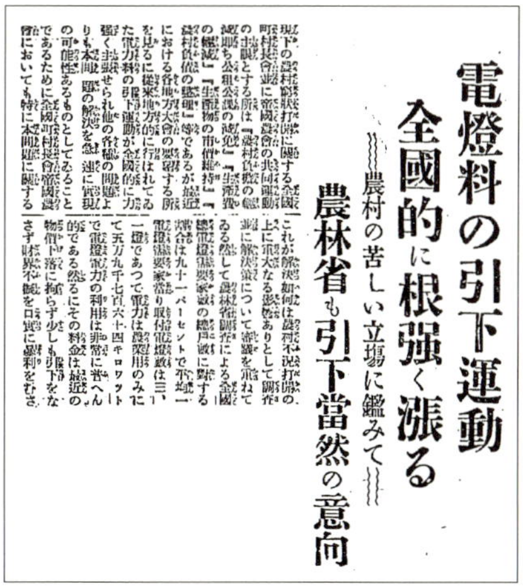
電燈料の引下運動
全國的に根強く漲る
～農村の苦しい立場に鑑みて～
農林省も引下當然の意向

現下の農村窮状打開に關する全國町村長會並に帝國農會の共同運動の主眼とする所は『農村負擔の輕減即ち公租公課の減免』『生産費の輕減』『生産物の市價維持』『農村負債の整理』等であるが最近における各地方大會の要望する所を見るに從來地方的に行はれてゐた電力料の引下運動が全國的に力強く主張せられ他の各種の問題よりも本問題の解決を急速に實現の可能性あるものとしてゐることであるために全國町村長會帝國農會においても特に本問題に關する

これが解決如何は農村不況打開の上に重大なる影響ありとして調査並に解決策について研究を重ねてゐる然して農林省調査による全國總電燈需要家數の總戸數に對する割合は九十一パーセントで平均一電燈需要家當り取付電燈數は三、一燈であつて電力は農業用のみにて五万九千七百六十四キロワットで電燈電力の利用は非常に普へん的である然るにその料金は最近の物價下落に拘らず少しも引下をなさず財界不況を口實に暴利をむさ

昭和5年9月1日（月）朝刊2面（第15,057号）

（二）（第三種郵便物認可）　昭和六年九月二十日　日曜日　下野新聞　第一萬四千四百四十一號

貴重なる二日間
勝敗の運命を決するも 殘る此の二日にありと
各派百パーセントの緊張振

混成旅團の增兵は見合せ

支那兵絶對
無抵抗で誠意を示すと 交渉署課長回答

萬一を豫想し
各汽船會社に對して 配船準備交渉

甘交渉署參事官 攻撃中止方
日本總領事に懇請

清き一票を待つ宮市の投票場

正當防衛上 支那兵に應戰
陸軍次官聲明

今二十日に
各候補の舌戰

衝突事件の責任は全然支那側にある
我軍の行動は當然
外務省當局の觀察

激戰の宮市
各候補舌戰と共に 戰線を嚴重警戒

宮市會招集

四候補死物狂 舌戰又舌戰
安蘇の政戰白熱化す

敵味方入亂れ 形勢愈混沌
候補十一名を數ふ 大下都賀の政戰情況

支那兵が滿鐵線路を破壞した爲
我軍と衝突を生じた
緊急閣議の結果發表

奉天城外北大營附近に於て支那兵が滿鐵線路を破壞したる爲め、我鐵道守備隊と衝突を生ずるに至りたる事、本件に就ては政府は事態を擴大せしめざる樣極力努むる方針に決し、陸軍大臣よりも直ちに同一趣旨を以て關東軍司令官に訓令せり

陸軍省公表

事件の擴大を防ぐと同時に
邦人の保護に努む 幣原外相談

南陸相から日支衝突事件
情報を閣議で報告

鮮内の治安に萬全を期す
宇垣朝鮮總督談

笹沼町長再選

石山候補

鹽谷の政戰
今明日の奮闘如何で 形勢豫斷不許

足利郡市各派
言論に主力を注ぐ

足市四小校增築
今秋十一月后愈着工

上海の我陸戰隊
非常警戒を開始

攻防大に努め
那須郡政戰愈熾烈

碓井候補

簗川筋發電 水利許可

堀候補

投票立會人

宮農倉共販

安蘇農倉共販

岩舟の共販

足市選擧準備

昭和6年9月20日（日）朝刊2面（第14441号）　9月18日、関東軍が奉天（現・瀋陽）郊外で満鉄路線を爆破する「柳条湖《りゅうじょうこ》事件」を起こした。本紙第一報では、事件は中国側が引き起こしたと強弁しながらも、不拡大方針をとるという政府見解を多数掲載。しかし関東軍はこれを無視し、中国への攻撃を開始。満州（現・中国東北部）全土を占領し、昭和8年に塘沽《タンクー》協定を成立させた。この「満州事変」で日本は泥沼の15年戦争に突入する。

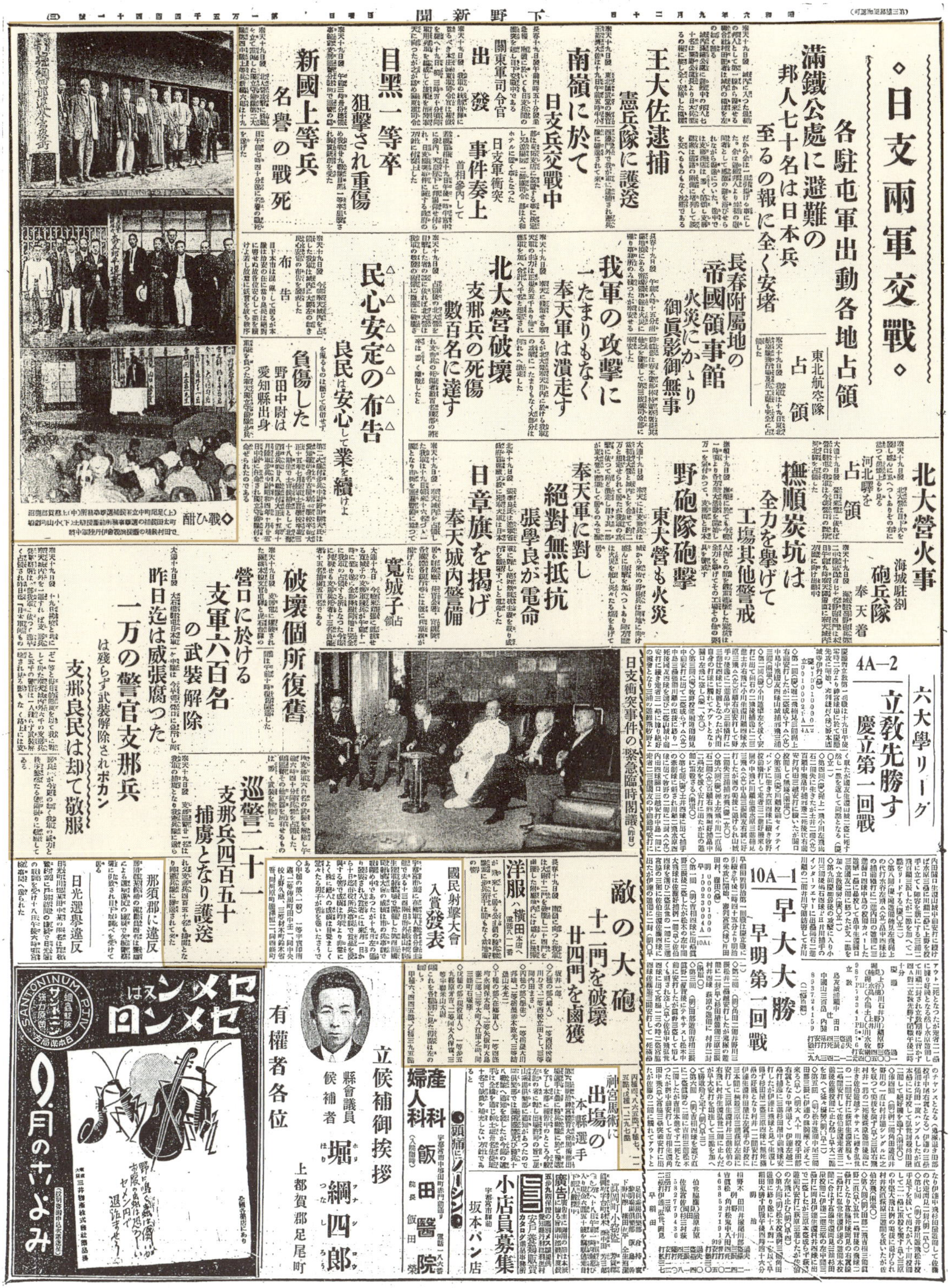

昭和6年9月20日(日)朝刊3面(第14441号)　同日3面では「日支両軍交戦」と題して中国における戦況を報じた。紙面中央にはこの事件を受けて19日に開かれた緊急臨時閣議の写真を掲載。その上部記事に登場する張学良は、満州某重大事件(26ページ参照)で爆殺された張作霖の長男。平和的解決を図ろうと日本への無抵抗を奉天に指示した。なお左の写真は2日後に迫った県議会選挙に出馬する各立候補者の選挙事務所の様子。

昭和六年八月十二日　下野新聞

飛行寫眞撮影警戒
ウースンに滯在の飛機に對し寫眞機に封印を

薩摩の守拘留

東武宇都宮驛 開通日の賑ひ
一千六百の乘客を見ほく／＼もの

壬生町東武 開通祝賀會

那須より

鹽原違反行爲

安蘇郡傳染病

本縣各避暑地の避暑客數
鬼怒川温泉は増加 日歸客の多いのは日光

今年も本丸で盆踊り

電車で賑ふ東武線の開通　（上）池上町通りに見物人の群　（下）電車見物の群衆

電話線を切斷 大膽な遣口
被疑者捕はる

女三人殺し 昨日豫審終結
來月廿八日陪審

驛の待合室に少年の寢込

東京を去る 九千三百キロの個所
相當の激震があったと中央氣象台で發表

オールバック男の死体が 華嚴の瀧壺に

鐵道減俸騒動史
伊庭課長監修で編纂 誰にも見せず唯一冊

栃木平井に又赤チブス

松島海岸で親子三人心中
原因は夫の肺患

是非一部座右に御備下さい
御待兼の『野州名鑑』
愈々本月十五日發行

◇本書は我社に於て殆ど三年の歳月を費し多大の犠牲を拂ひ縣下各市町村は固より廣く縣外各方面に活躍する有力者約五千名を網羅したものであります

◇例之、官公吏銀行會社員等ならば現在の役職名經歴關係事業等と云つた風に尙ほ夫れのみでなく家族關係緣戚關係の如きに至るまで出來得る限り詳細に記述してあります

◇而して体裁は菊判總クロース金文字入六號活字三段組て寫眞も挿入され紙質上等一千三百頁に達するボール箱入美麗な大冊

◇しかも此努力の結晶と大冊が定價僅かに十圓と云ふ低廉振でありま す論より証據先づ其實物を御覽の上坊間の雜書と同一にあらざるを御認め下さい

◇豫約者以外御希望の方は本社又は各地本社支局或は出張所等に御申込を願ひます

下野新聞社

米國飛行機の航空法違反
飛行家取調らる

鮎を盜まる

生活難で五人心中

四名は上告手續 小橋氏の無罪は
檢事上告決定せず

魔の淵で溺死

庚申山の探勝を終り
一同元氣潑剌 一部は皇海山へ

チブスの續出で目の廻る程忙しい栃木署衛生係

歩兵二等卒の赤化事件公判
來月中旬頃

リンデー夫妻を霞ケ浦へ迎へた
日の全國放送準備

旅藝人の窃盗

九鬼男重態

足尾のチブス

薄倖者に同情
足利で中元慰安

金崎貨座販にチブス發生す

稻葉眼科病院 新築に移轉す
副院長に六郎氏

松平伯夫人謹話

昭和6年8月12日（水）朝刊3面（第15402号）　3月、大谷石輸送をはじめ、人の輸送も行った宇都宮石材軌道会社（鶴田－立岩間）と東武鉄道が合併。8月11日には東武宇都宮線の新栃木－東武宇都宮間が開通した。記事によると開業初日は池上町の駅前通りに横断幕が掲げられ、壬生町ではオーケストラの演奏祝賀会が行われた。東武大谷線は昭和39年に廃止されたが、一部道路化を免れた築堤跡やガータ橋跡などが確認できる。

下野新聞　昭和六年三月十六日

昨曉黑磯の大火

三千の消防必死の活動も　烈風の爲め意の如くならず

遂に百六十余戸を燒失

十五日午前一時二十分頃那須郡黒磯町警察署西方國道 西側國町一丁目 自動車修繕業遠藤吉五郎(七五)方裏手細工小屋から發火し折柄の西烈風に煽られ火は兩隣及び國道東側料理屋街に延燒し風は東南方に變じ停車場の東方線路下に飛火し 停車場前から 國町一二丁目仲町一二丁目本通一二丁目豐橋町一部 四町國町通 東西二丁驛前から警察前まで兩側共東西三丁目の間は忽ち火の海と化し警察消防軍人分會青年團總出となり 消火につとめ一方 避難民は右往左往し消防は遠く白河、大田原、西那須、狩野、高林、東那須、伊王野、芦野、金田、川西等からも馳着三千の消防は必死となり水道栓を開らき 消火につとめしも 全町七百戸の中遂に百六十餘戸を全燒せしめ午前五時に至り漸く鎮火した

燒死した吉五郎は　申譯無いと言つてゐた

赤十字救護班　十五名を治療

罹災者氏名

◇寫眞 (上)警察署前望樓より見たる大火の燒跡全景と(丸)火元遠藤自動車修繕業の燒跡(丸印は吉五郎の燒死體)

各課長の視察　炊出を行ふ

損害は甚大　復興は困難

役場出張所設置

消防義會　百圓贈呈

宮署からも應援

喜連川小學校燒失　ほか民家數棟を類燒　損害十二万圓保險契約なし

御眞影は御無事

兒童は各所に收容

矢板町 火事 三ヶ所

烏山火事 三戸燒失

耐空目的の霞ケ浦飛行船　悠々飛びつゝあり

生首事件

南犬飼の火事

◇氣の早い花の小屋掛け=(きのふ軍道にて)

横濱市 大火

鮪の大漁船が　那珂川口で坐礁し　乘組員は救助さる

阿久津村火事

薩摩琵琶の開祖西氏逝く

ラヂオ

女學生 列車動搖で 墜落重傷

貞婦に恵み 匿名の二人

岐阜中學校 燒失

天氣豫報

昭和6年3月16日(月)朝刊5面(第15253号)　3月15日午前1時20分頃、黒磯町(現・那須塩原市)の自動車修繕会社の裏手小屋から火災が発生。烈風に煽られ駅前から警察署前まで延焼し、全町700戸のうち160戸余りを焼失した。写真上は警察署前から見た駅前道路北側の焼け跡全景、下は火元となった遠藤自動車修繕の焼け跡。前日には喜連川町(現・さくら市)の喜連川小学校が焼失、矢板町(現・矢板市)でも3件の火災が発生していた。

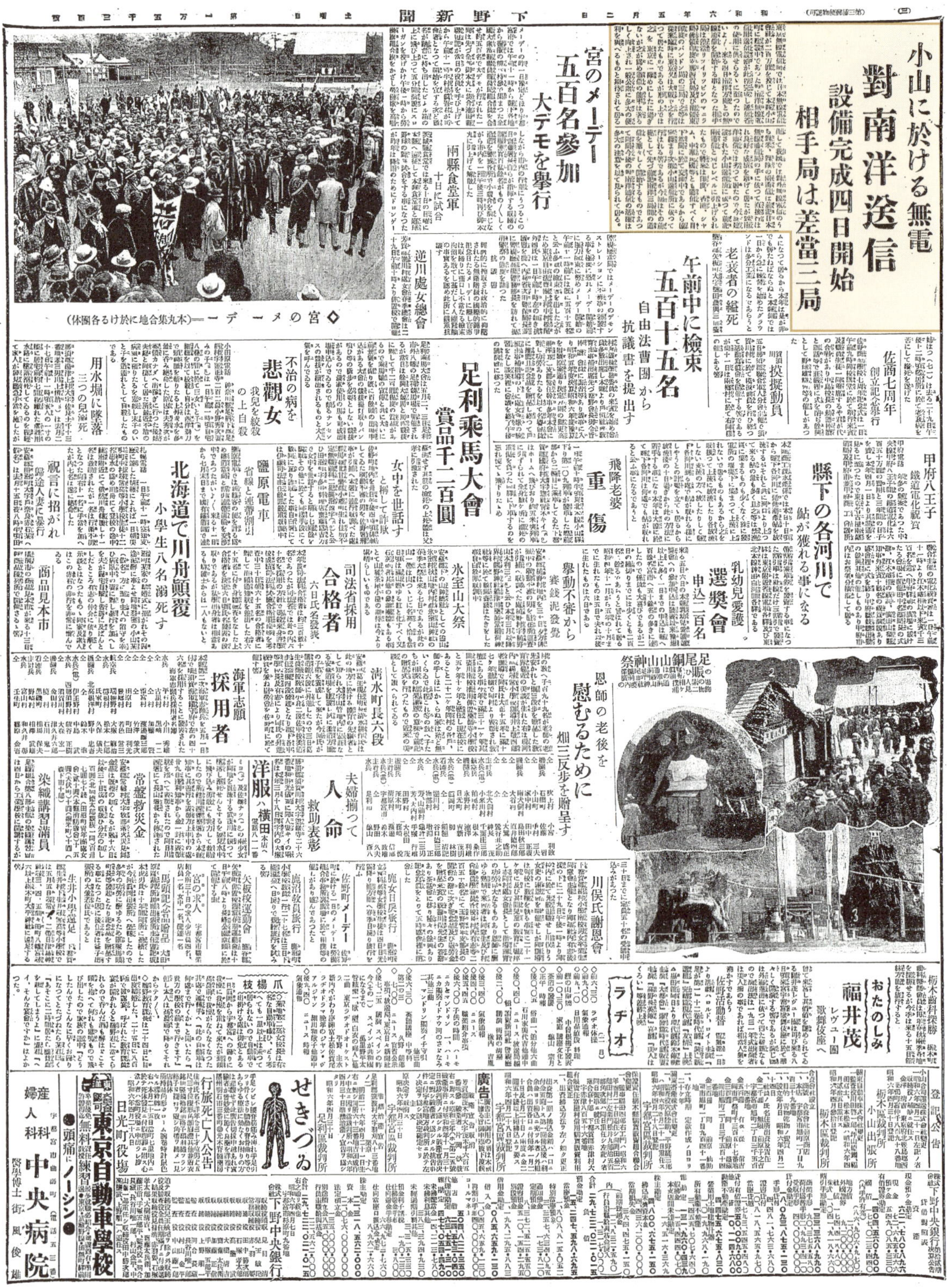

昭和6年5月2日（土）朝刊3面（第15300号） 1月、日本無線電信株式会社（現・KDDI）が短波専用の小山送信所を開業し、5月23日には落成式が行われた。対米国、対南陽（東南アジア）、対極東（東アジア）への無線通信が目的だった。記事は対南陽への通信設備が完成した当時のもの。太平洋戦争終了後は一時、米軍に接収されるが、通信事業は国際電信電話公社に引き継がれた。 かつて局舎は「国際通信史料館」として公開されていた。

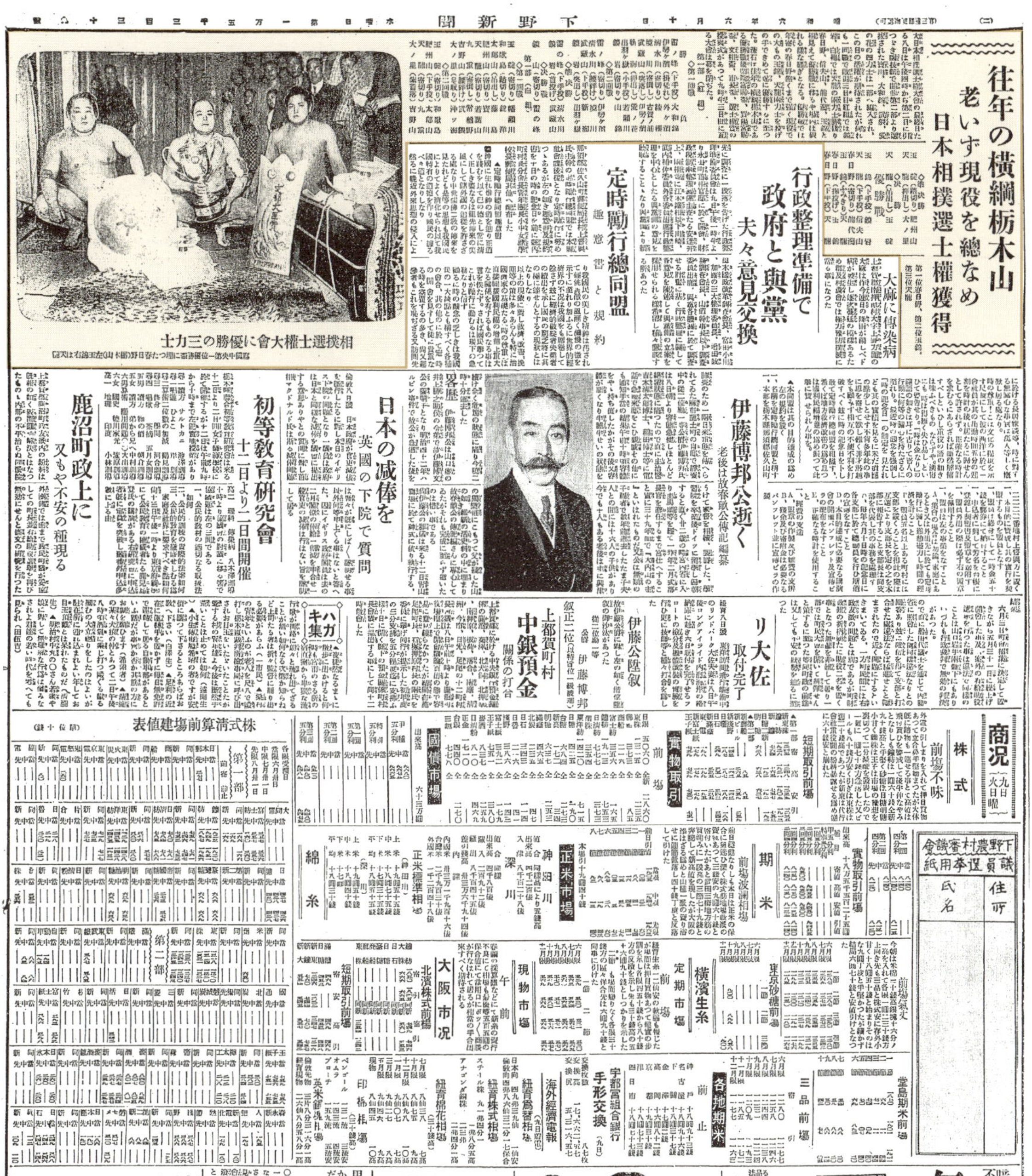

昭和6年6月10日（木）夕刊2面（第15330号）　下都賀郡赤麻村（現・栃木市藤岡町）出身の大横綱・栃木山守也《もりや》は、引退から6年を経過したこの年「第1回大日本力士選士権」に年寄・春日野として出場。大関・玉錦、関脇・天竜ら現役三役を相次いで破り優勝した（写真中央）。現役時代は169㎝の小兵ながら横綱昇進後115勝8敗、勝率9割を超える圧倒的な強さを誇った。没後55年を経た今も角界で伝説として語り継がれている。

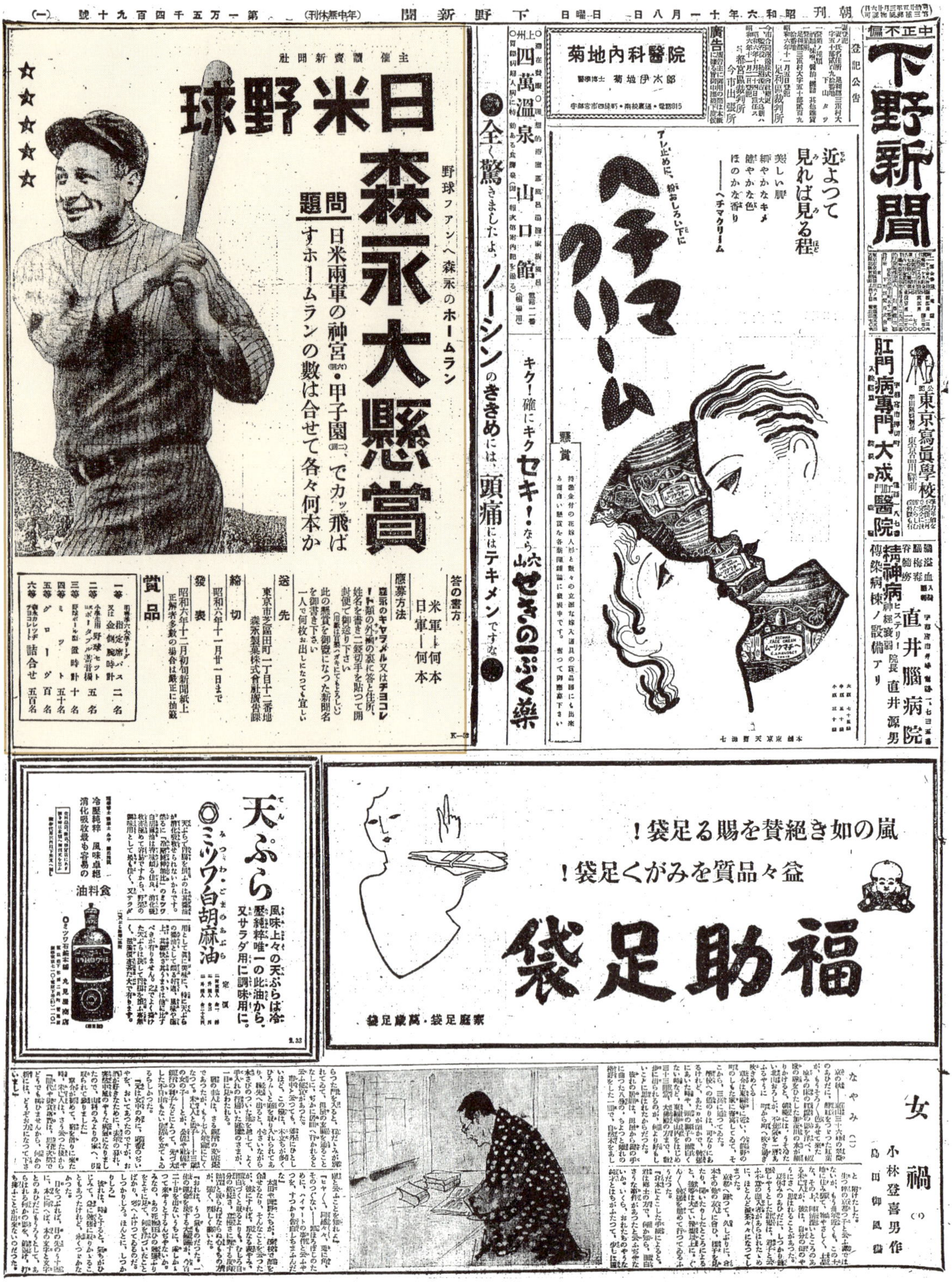

昭和6年11月8日（日）朝刊1面（第15490号） 11月に読売新聞社主催で日米野球が開催された際の森永製菓懸賞広告。キャラメルかチョコレート類を買うと応募できた。1等は明年春季六大学リーグ指定席パスまたは金側腕時計、2等はポータブル蓄音機など。試合結果は米大リーグ選抜の17戦全勝。日本は六大学野球選抜チームを結成して挑むも、鉄人ルー・ゲーリッグや剛腕レフティ・グローブら擁する米チームに苦杯を喫した。

昭和6(1931)年 満州事変、十五年戦争のはじまり

この年の流行

流行(語)	生命線、電光石火、いやじゃありませんか、テクシー
流行歌	侍ニッポン、巴里の屋根の下、酒は涙か溜息か、丘を超えて
書物	機械、一本刀土俵入、江戸川乱歩全集、大百科事典
漫画	「のらくろ二等卒」連載はじまる
映画・舞台	マダムと女房(初の本格的トーキー)、新宿ムーラン=ルージュ
遊び	紙芝居「黄金バット」、戦争ごっこ用玩具

この年の物価

天丼60銭、カレー10銭、そば10銭、コロッケ2銭、コーヒー10銭、牛乳6銭、サラリーマン大卒(早慶)初任給80円、サラリーマン中卒初任給35円

県内の主な動き / 国内外の主な動き

3月
インドのガンジーが不服従運動の停止を約束するデリー協定調印(4日)
宇都宮石材軌道会社(鶴田—立岩間)と東武鉄道の合併を承認(12日)
黒磯町(現・那須塩原市)で大火(15日)

5月
県下女学校連合が関西修学旅行を実施(全国初の試み)
※右下記事参照↘

7月
失業救済のため、鹿沼-宇都宮間の道路工事を起工

8月
初の日米水上競技大会を東京で開催。米国に圧勝(7日)
東武宇都宮線、新栃木-東武宇都宮間が開通(11日)

9月
関東軍が奉天郊外の柳条湖で満鉄線路を爆破〈満州事変のはじまり〉(18日)
英国が金本位制停止、株式相場が暴落(21日)

11月
栃木県連合婦人会発会式
中国共産党が中華ソビエト共和国臨時政府を樹立。毛沢東が首席就任(27日)

12月
犬養毅内閣成立し蔵相に高橋是清。新内閣が金本位制度離脱を決定(13日)

深刻な国内情勢の中、県内では、下野製紙や玉生村(現・塩谷町)の日本鉱山従業員たちがストライキを起こすなど労働運動がますます活発化していた。そんな中、8月11日、長年の誘致活動が実り、**東武宇都宮線の新栃木—東武宇都宮間が開通**。浅草が直結したことで、宇都宮市は国鉄宇都宮駅に対して西の玄関口も持つこととなる。さらに、小山市では日本と海外との国際通信を独占的に扱っていた**日本無線電信株式会社(現・KDDI)の落成式**が行われ、大勢の県民で束の間の賑わいを見せた。国内では、長い不況、農民の困窮を打開する活路として、軍部が大陸進出を狙っていた。9月、ついに関東軍が奉天郊外の柳条湖で満州鉄道を爆破し、これを契機に中国軍への総攻撃を開始(**満州事変**)。以降、15年にわたるアジア・太平洋戦争へ突入し、日本はひたすら破滅の道を踏み出していく。

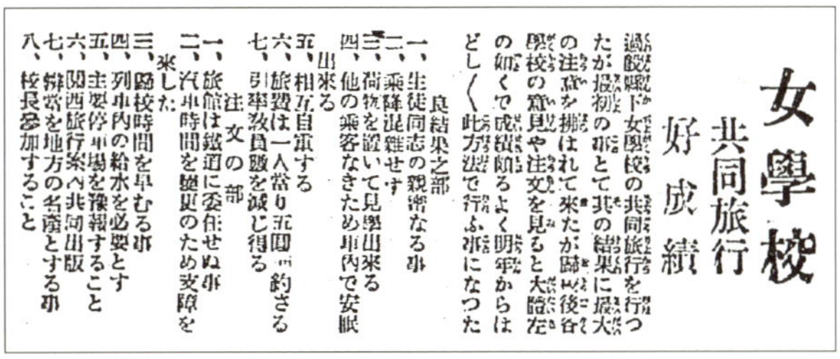
女學校
共同旅行
好成績

過般縣下女學校の共同旅行を行つたが最初の事とて其の結果に最大の注意を拂はれて來たが歸縣後各學校の意見や注文を見ると大體左の如くで成績頗るよく明年からはどし〳〵此方法で行ふ事になつた

良結果之部
一、生徒同志の親密なる事
二、乘降混雜せず
三、荷物を置いて見學出來る
四、他の乘客なきため車内で安眠出來る
五、相互自重する
六、旅費は一人當り五圓[illegible]約さる
七、引率教員數を減じ得る

注文の部
一、旅館は鐵道に委任せぬ事
二、汽車時間を變更のため支障を來した
三、學校時間を早むる事
四、列車内の給水を必要とす
五、主要停車場を豫報すること
六、關西旅行案內共同出版
七、辨當を地方の名產とする事
八、校長參加すること

昭和6年5月16日(月)朝刊3面(第15244号)

宇都宮に第十四師団

20世紀初頭、市民の大歓迎を受け、日本陸軍の第十四師団が宇都宮市に創設された。兵隊は多い時で1万4、5千人。コメや野菜、生活・事務用品など、軍服と兵器以外はすべて地元に頼り、兵隊たちは街に金を落とした。戦後、広大な営庭は学校や行政機関の敷地に、軍道は「桜通り」に名を変えた。38年もの長きにわたり栄えた軍都はその間、軍需工場が林立し、大空襲の惨劇に遭った。今は陸上自衛隊が駐屯する。宇都宮の歴史は師団抜きに語れない。

相馬俊夫（88）＝宇都宮市小幡2丁目＝が、三つ上の兄・幸平と一緒に国本村宝木（現・宇都宮市若草1丁目）の第十四師団歩兵五十九連隊の営門をくぐったのは、満州事変が勃発《ぼっぱつ》した翌年の1932（昭和7）年1月10日だった。周りは何もない寂しい荒れ野。寒さと緊張で体が震えた。

21歳。狩野村（現・西那須野町）の農家の8人兄弟の末っ子に生まれた。兵隊に入るのは当然のことと思っていた。身長165センチ、横幅もがっちりし、当時としては大柄だった。この年の徴兵検査で村でただ一人甲種合格となった。

受け付けを済ませて兵舎に入ると、大勢の仲間がいた。出身地は栃木や群馬、茨城など北関東が中心。みんな強そうだ。間もなく軍服だけでなく下着まで渡され、全部着替えるよう指示された。

五十九連隊は司令部にあった現在の国立栃木病院の北側にあり、平時は約2千人の兵隊がいた。相馬は機関銃第一班に配属となり、宝木練兵場で小銃や機関銃の演習に明け暮れた。

戦火は全満州（現・中国東北部）に拡大し、上海にも飛び火した。相馬が入隊した翌月、十四師団に満州への出動命令が下された。

師団の凱旋に街はお祭り騒ぎ

相馬が初めて出征したのは翌年5月。関東軍の命令で師団はハルビン周辺の中国抗日軍を一掃するのが任務となり、相馬はハルビンやチチハルを転戦した。

日本軍の勝利に終わり、1934（昭和9）年5月、師団は宇都宮に帰還した。宇都宮駅を出た凱旋《がいせん》パレードは、先頭が連隊本部に到着したころ、最後尾はまだ二荒山神社前。「万歳、万歳」。沿道は黒山のような人だかりだった。

相馬は師団とともに日華事変、太平洋戦争と転戦したが、満州事変を語る時は目が輝く。「長い軍隊生活の中で、あの凱旋パレードが一番のいい思い出。パラオでは随分つらい経験をしたし、復員する時は戦死した戦友のことを考えると複雑な気持ちだった。満州事変の帰還とは全然違ったね」

師団が宇都宮に戻り、街は戦勝気分に浮かれた。バンバは兵隊であふれ、満州に出兵中は自粛していた「軍道」の花見が大正時代の華やかさを取り戻した。

軍道は師団が設置された後、兵隊や兵器の移動、行進などのために作られた。司令部から野砲兵第二十連隊（現・宇都宮短期大学附属高校付近）までの約2キロ、道幅は10間（18.6メートル）もある。両側に桜の苗木約千本が植えられ、大正初期ごろから見事なトンネルをつくり出していた。

宇都宮西原尋常小学校の児童だった螺良政雄（75）＝宇都宮市鶴田町＝は、花よりもオートバイの曲芸を見るのがお目当て。小遣い5銭をもらい、一人で出掛けたこともある。両側には出店がずらりと並んだ。団子、コロッケ、いもぐし。空き地ではサーカスや見せ物小屋、浪花節などの興行もあった。平素は殺風景であまり人通りのない軍道だったが、この時期だけは違った。

螺良は海軍の横須賀海兵隊に入隊する前の3年間、食糧や馬のえさを調達する糧秣廠《りょうまつしょう》で働いた。現在の作新学院の南側にあった。農家から草を買い上げ、各連隊にトラックで運ぶのが仕事だった。

「宇都宮に陸軍があるのに、海軍という召集令状が来たときは残念だった。あんなに十四師団に世話になっていたのに」

「桜通り」に軍道の名残

JR宇都宮駅で1905（明治38）年から創業する「いねや旅館」。現在は「ホテルいねや」に変わり、主にビジネス客を相手にする。戦時中は師団に召集され兵隊や日光の参拝客の利用が多かった。

日華事変の始まった1937（昭和12）年頃から客に兵隊が目立ちはじめ、太平洋戦争中は10部屋、定員30人のところに、100人以上が泊まったことがある。兵隊はコメを持参してきたため、食事は出せたが、布団を廊下にまでびっしり敷き詰めた。

「兵隊以外にも面会や戦地への見送りをする家族や親戚が利用してくれた。宇都宮には約五十軒の旅館があったが、今と違ってどこも繁盛していたよ」。経営者の川村省一（83）は当時を懐かしむ。

軍道の桜は1963（昭和38）年、道路拡張に伴い自衛隊の手で伐採された。今も「桜通り」の名前が残る。師団指令官舎があった足利銀行前交差点から桜通りを抜けて師団の跡地を訪ねてみた。

司令部の建物は、国立栃木病院の教育研修棟に生まれ変わっていた。北側の傷病兵士を治療した衛戍《えいじゅ》病院は、戦後厚生省（現・厚生労働省）に移管され、国立栃木病院と職員住宅が建った。目立たないが、病院の周囲3ヵ所には崩れかけた赤レンガの門柱があった。

北に10分ほど歩くと、宇都宮中央女子高の木立が見えてきた。ここは歩兵第六十六連隊。下校する女子高生の明るい笑い声を聞くと、ここで軍靴の音が響いていたことは想像できない。北西の隅には、軍隊が炊事場として使っていた赤レンガ倉庫が今もしっかりと建つ。外壁がイギリス積みレンガ造りと言い、2000（平成12）年2月、国の登録有形文化財に決まった。今は運動用具などを保管しているが、同校は「文化財になったのですぐに片付けます」。

陽西通りを南下するとマンモス校作新学院にぶつかる。昔は武器や食糧を前線に補給する輜重《しちょう》兵第十四大隊、騎兵第十八連隊だった。近くにある宇都宮学園、宇都宮短期大学附属高は野砲兵第二十連隊。すべて戦後払い下げを受けたものだが、あらためて宇都宮は私立高校がくっつき合っていることに驚いた。

経済効果狙った全県挙げての誘致運動だった

師団設置は県や宇都宮市、市民有志らが一体となった誘致運動の成果だった。一万人以上の兵隊が駐留する師団の経済効果を狙い、商工業者らが懸命に働いた。市を中心に全県挙げての募金運動を展開し、敷地の買い上げ資金を全額寄付した。

これに対し、反対運動があったという記録はない。宇都宮市文化財保護審議委員会委員で真岡女子高等教諭の大嶽浩良（54）＝宇都宮市今宮3丁目＝は「当時、足尾などには労働運動家がいたが、宇都宮にはほとんどいなかった。いたとしても歓迎ムード一色で反対論を口にできる状況にはなかった」と解説する。唯一、幸徳秋水らが創刊した「平民新聞」が、師団設置や募金運動を批判しただけだった。

宇都宮大空襲の記憶を風化させまいと、1985（昭和60）年、市民らによって宇都宮平祈念館建設準備会（現在は「祈念館をつくる会」）が建設された。毎年空襲のあった7月12日前後に記録展を開催するほか、軍事施設や戦争遺跡を巡る「ピース・バス」を運行している。

代表の弁護士藤田勝春（57）＝宇都宮市清住3丁目＝は「遺跡を間近に見てもらい、戦争は愚かなもの、二度と起こしてはならないということを知ってもらいたい。これからの運動テーマは遺跡をいかに残していくかです」と力を込めた。

同会は平成12年からバスを年3、4回に増やすことを検討している。戦後55年が経過。宇都宮が「軍郡」として38年間も栄えたこと、そして大空襲に見舞われたことを知らない若者が多くなっているからだ。

（『とちぎ20世紀』下巻、下野新聞社、2001年刊より）

第2章

総力戦体制へ至る道

昭和7年～12年（1932-1937）

護憲派の重鎮で軍縮を支持していた犬養毅首相を狙った銃声が総理大臣官邸に響き、政党内閣は終焉を迎えた。そして、軍部の念願だった満州国が成立するも、満州国建国が国際的に受け入れられず日本は国際連盟を脱退。ワシントン・ロンドン軍縮条約からも離脱し孤立してゆく。政界では、貴族院議員の美濃部達吉が唱えた「天皇機関説」が攻撃され、美濃部は議員辞職に追い込まれた。そして、陸軍内部による主導権争いが激化していく中、その頂点で二・二六事件が起こった。昭和の大恐慌が引き起こしたインフレや失業は続き、農村部は冷夏による大凶作が深刻化していた。そのため、政府の農村更生策のひとつとして、満蒙開拓団として移民を推進していく。一方、軍需産業が好景気を迎え、工員の給料もあがり、軍需ボーナスにより個人消費が一時的に増えた。しかし昭和12年7月、日中戦争が勃発すると、第一次近衛内閣による「滅私奉公」を推進した「国民精神総動員」運動がはじまり、総力戦体制づくりに突き進んだ。

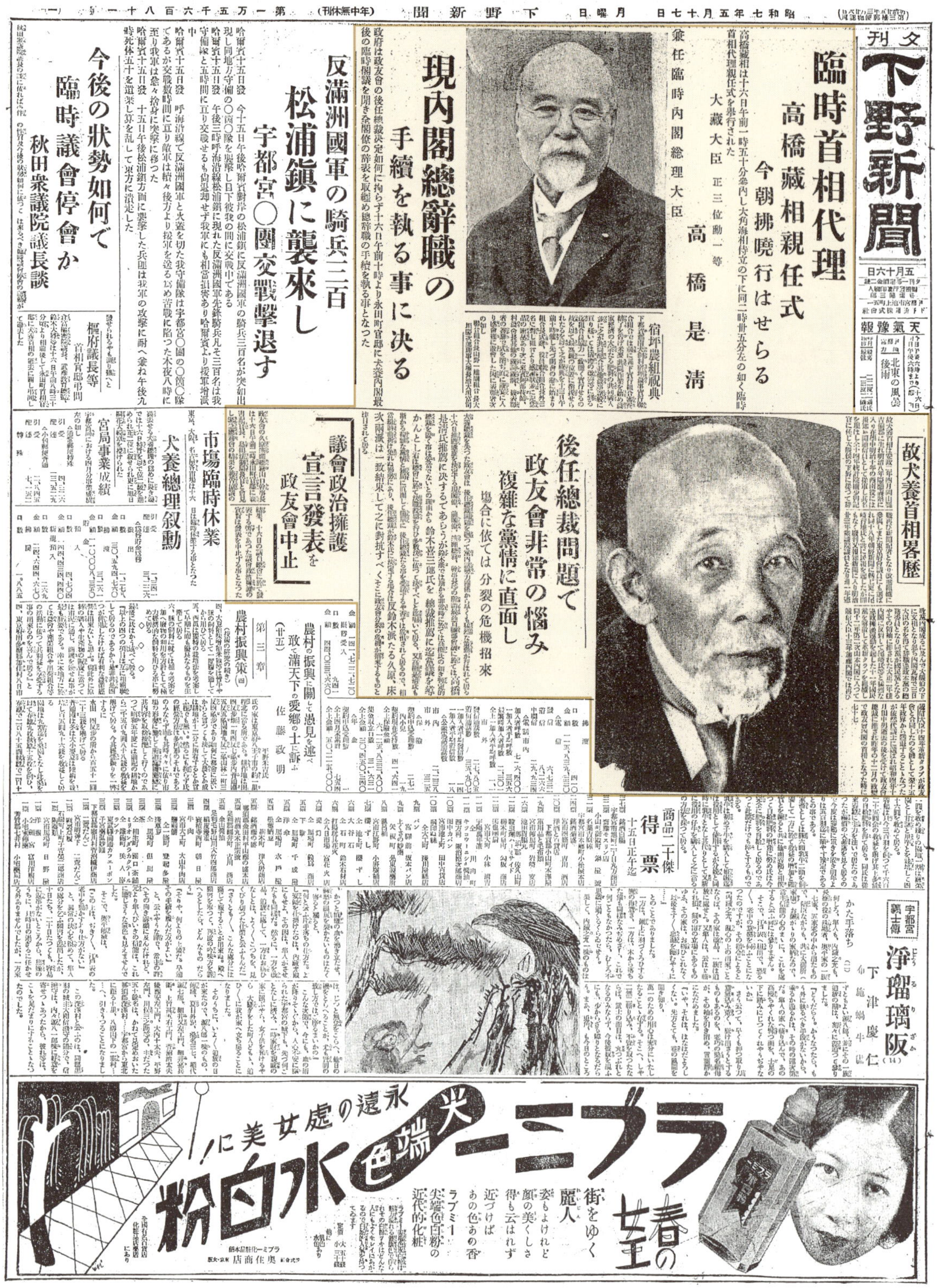

夕刊 下野新聞 五月十六日

昭和七年五月十七日 月曜日 下野新聞 第一萬五千六百八十一號

臨時首相代理 高橋藏相親任式 今朝拂曉行はせらる

高橋藏相は十六日午前一時五十分參内し大角海相侍立の下に同二時廿五分左の如く臨時首相代理親任式を擧行された

兼任臨時内閣總理大臣 大藏大臣 正三位勳一等 高橋是清

現内閣總辭職の手續を執る事に決る

政府は政友會の後任總裁決定如何に拘らず十六日午前十時より永田町官邸に犬養内閣最後の臨時閣議を開き全閣僚の辭表を取纏め總辭職の手續を執る筈となつた

宿坪農組祝典

後任總裁問題で政友會非常の惱み 複雜な黨情に直面し 場合に依ては分裂の危機招來

故犬養首相略歷

議會政治擁護宣言發表を政友會中止

反滿洲國軍の騎兵三百 松浦鎭に襲來し 宇都宮○團交戰擊退す

今後の狀勢如何で臨時議會停會か 秋田衆議院議長談

市場臨時休業

犬養總理敍勳

宮局事業成績

農村振興策 農村の振興に關して愚見を述べ敢て滿天下の愛鄕の士に訴ふ 佐藤政明

商品二十傑 得票 十五日正午迄

淨瑠璃阪 下津慶仁

昭和7年5月17日（月）夕刊1面（第15681号） 5月15日、拳銃と爆弾で武装した海軍青年将校らが首相官邸に乱入、犬養毅首相を射殺した（五・一五事件）。その後内閣は総辞職し、政党政治内閣は終焉を迎えた。現職の首相が暗殺されたこの事件は昭和史の分水嶺となった。その後、海軍の長老である斎藤実《まこと》内閣が成立、挙国一致内閣として軍部による強権政治への第1歩となった。

昭和7年8月29日（月）朝刊1面（第15785号）　8月28日、日光登山鉄道（ケーブルカー）馬返～明智平までの区間1.2kmが開通。数年前には馬返から中宮祠までの自動車道（第1いろは坂の元）は開通していたが、自動車運賃が一般大衆には高額なため登山鉄道の建設を計画、開通の運びとなった。これにより浅草から東武鉄道、日光電気軌道を乗り継いで明智平まで1本でつながり、奥日光方面の観光に大きく貢献した。

昭和7年1月10日（日）朝刊3面（第15553号） 昭和大恐慌の影響でインフレや失業、農村の大不況が続くなか、前年12月から翌年の3月にかけて塩谷郡阿久津村（現・高根沢町）で小作料減免をめぐる阿久津村小作争議（阿久津村事件）が起きた。紙面では「阿久津村乱闘事件」となっている。また紙面右上の「相撲紛擾《ふんじょう》」とは、相撲改革をとなえる力士たちが起こした紛争のこと（春秋園事件）で、連日報道された。

下野新聞

大衆黨と生產黨が阿久津村で大亂鬪
即死者五名負傷者十數名

阿久津村寶積寺天神坂火の見下空家を借受け演説會を……八十余名の大衆黨員は竹槍、拔刀、獵銃にて野澤方に迫り……即死五名重傷十數名内一名縣立病院にて死亡負傷者は夜明を待ち自動車にて七名は宇都宮神野病院に其他は縣立病院に收容された

即死者 渡邊靜一(四五)峯岸善九郎(五二)相馬留吉(二四)前田某、加藤長次郎(十九)

重傷者

犬養首相に優諚降下

犬養首相は九日午前九時卅分參內御座所に進み天皇陛下に拜謁仰付られ中橋、山本、前田三閣僚の辭表を捧呈したるに陛下におかせられては畏くも時局極めて重大なる際でありその儀に及ばず留任して國務に盡せとの御意味の優諚を賜り辭表を御下渡あらせられたので犬養首相は恐懼して閣僚の意見を徵するまで暫時の御猶豫を乞ひ奉り、同十時五分御前を退下更に大宮御所に伺候し皇太后陛下の御機嫌を伺ひ奉りて退出、直ちに首相官邸に入り緊急閣議を召集して閣僚に優諚降下の顛末を報告したる後、政府の態度を決定すべく重要協議に入った

撃たれ斬られ凄慘たる光景
一負傷者談

十三名檢束

鈴木法相官邸に陸相を訪問
留任方を懇談

今年の文壇
（展望・其一）

山海關に入るの記
何柱國は每日の如く守備隊長を訪問機嫌をとる
一記者

金澤富山間大降雪電話不通

國民政府を相手の交渉に
かなり懸念ある模様

一木宮相
御下問に奉答

商相と農相參內

商況
政局安定を見越し再び買氣沸騰す
紡績株中心に一齊高

株式淸算前場建値表

昭和7年1月10日（月）夕刊2面（第15553号） 阿久津村事件は、全国農民組合（全農）阿久津支部が地主に対し、凶作のため小作料4割の減額を要求するも、地主の大部分が拒否し大日本生産党に応援を求め、農民組合幹部を襲撃・監禁して組合事務所を占拠。そのため、全農栃木県連は、全国労農大衆党の指導のもと事務所の奪回を目指して両者が衝突。多くの死傷者が出る小作争議史上有数の刑事事件となった。

昭和七年二月三日　水曜日　下野新聞　(年中無休刊)　第一万五千五百七十七號　(一)

夕刊 下野新聞

二月二日

鎮壓の目的で
對島天龍兩艦攻撃

南京二日發　海軍省着電に依れば昨夜午後十一時南京獅子山砲台より三發の砲撃を認むると同時に日清ハルク警戒中の我部隊は正規軍の攻撃を受け救援を求め來たれるを以て直ちに各艦に警戒を命じ鎮壓の目的を以て對島より八發天龍より二發の砲撃を加へ午後十一時十五分砲撃を中止尚天龍對島は驅逐艦夕月援助の許に今曉零時五十分警戒隊を收容せり領事その他乘用の雲陽丸は砲撃開始と同時に軍艦平戸と上流三哩の地点に轉錨せり

總・攻・撃・開・始

上海二日午前十時卅分發　總攻撃は愈々開始され砲聲殷々たり

我軍艦南京砲撃で
米國驅逐艦轉位す

我將士極度の疲勞
此上は斷乎たる處置

上海事變畫報

(上)北停車場裏にて我軍に猛射を浴せる吾裝甲車と陸戰隊(左下)續々と捕れる敵軍の便衣隊(右下)宗門の復仇に燃ゆる連日の附近の土嚢製造

天氣豫報

北の風曇り後天氣よくなる

夜學校開始
中央校内に

宮農倉共販

眞岡中商工
低資九万申込

安蘇農倉共販

佛國も英米と同樣
共同租界尊重の必要上
駐日佛大使に訓令

巴里一日發　佛國政府は本日駐日大使マルテル氏に對し英米兩國と同じく上海事件に關し共同租界尊重の必要に付日本政府の深甚なる注意を喚起すべしとの訓令を發した

佛國步兵上海へ派遣

日本電信局前
支那人家屋火事

米國々務長官
新訓令を
駐日大使に發す

芳賀の政戰
政友は舌戰準備成り
民政は銓衡難

旗川と植野
品評會入賞者

各驛構内に
名勝地案内

足尾体操講習
會員數百名

いよ〳〵那須の
戰機は熟し
政民兩派陣營を整ふ

足尾生弓大會

眞岡町豫算
緊縮方針編成

芳賀農會
豫算編成

宮市選擧準備

縣下十二勝推奬

日光を初め那須鹽原の地は既に天下の勝地として人に知られ本縣の勝地を代表して世界的にまで進出して居る鬼怒川温泉も新興ではあるが今や此等の壘を摩せんとして居るしかし本縣の勝地は獨り日光那須鹽原のみでなく他にも亦幾多の讃ふべき所が尠くない而も夫等は代表的勝地の名に押されて遂に認められる機を逸しあたら縣内各所に埋れて居ると思ふ是れは寔に遺憾の事で此等に對し本社は此際一般の推奬投票を募り十二景を選定其地附隨の名物等をも併せて廣く之を世に紹介し惹ては本縣の繁榮にも資したい考である

投票に關する規定

一、投票勝地の資格　日光、鹽原、那須、鬼怒川各温泉地を選外四勝として此外栃木縣下に所在する河川、湖沼、溪流其他一般勝地八景を推奬し之を加へて縣下十二景を選定する

一、投票期日　昭和七年一月十九日より投票開始三月二十二日夜十時本社到着の分を以て締切る

一、投票用紙　官製ハガキ又は本紙刷込の投票用紙(朝夕刊日曜附錄各一枚)

一、投票宛先　宇都宮市池上町下野新聞社十二勝推奬係

一、結果發表　締切後精査の上得点順に發表(得点同數なる時は抽籤による)

入選地の表彰方法

一、入選地に對しては有識者の意見をも徴し本社に於て廣く世に紹介するに最も適當と認むる方法を擇ぶ

縣下十二勝推奬

縣下十二勝
一日正午迄の得票

推奬欄

河岸の夕照
上阿久津
推奬の趣旨

那珂村會開く

眞岡信用總會

日今養

矢板北信總會

茂木畜產出

鹿沼署長榮轉

藤岡青年有志

昭和7年2月3日(水)夕刊1面(第15577号)　1月28日、日中両軍による軍事衝突が発生。満州事変(50ページ参照)以降、中国大陸全土に抗日運動が広がってくると、国際共同租界地だった上海は急速に情勢が悪化。そのため、日本軍が満州事変に対する世界の注目をそらして中国の抗日運動を弾圧するために計画・実行された。しかし、中国軍の抵抗と国際的な非難を受け日本軍は撤退した。

下野新聞　昭和七年五月十六日

日本ファンの絶大な歓迎振に
喜んだり恐れたり
揉みぬかれたチャプリン

チャップリン入京（帝國ホテルにて）

一万二千の子供が之亦大行列
ビールが欲しいとデトロイトの催し

ビール飲せて税を取れ
ニューヨーク稀有　大デモ参加十万人

那珂運動會

木登して怪我

新緑の足尾へ
見學旅行ぞくぞく

那珂のチブス

朝鮮の生んだ初の空のスポーツマン
郷土訪問の空の旅
―万歳聲裡に羽田飛行場離陸―

大中對烏中　柔道大中勝利

傳書鳩訓練

北關東野球　西那須で大會

大野書伯來栗

日光の昨今
まるで花の世界　昨日の人出四千余人

田沼郷社の賽錢泥棒

無事大阪練兵場着陸
けふ太刀洗を經て朝鮮に向ふ豫定

栃中對石中　柔道試合成績

醉漢檢束さる

芝山薬師祭

今市實女遠足

華厳病者ぞくぞく登見

軍事郵便　江田大尉

岡博士寄附

高根澤便り

牛久薬師祭

永森氏寄附

島由次郎君

野澤豊太郎君

大相撲　四日目取組

◇二荒神社田舞祭（そのふり同社々頭にて）

昭和7年5月16日(月)朝刊5面(第15680号)　「世界の喜劇王」チャールズ・チャップリンは5月14日、念願の初来日を果たした。見出しの「日本ファンの絶大な歓迎振」とあるように、チャップリンを一目見ようと多くのファンが押し寄せた。5月15日には犬養首相と会談する予定だったが、チャップリンの気まぐれで直前でキャンセル。大相撲観戦をしたため、五・一五事件に巻き込まれることはなかった。

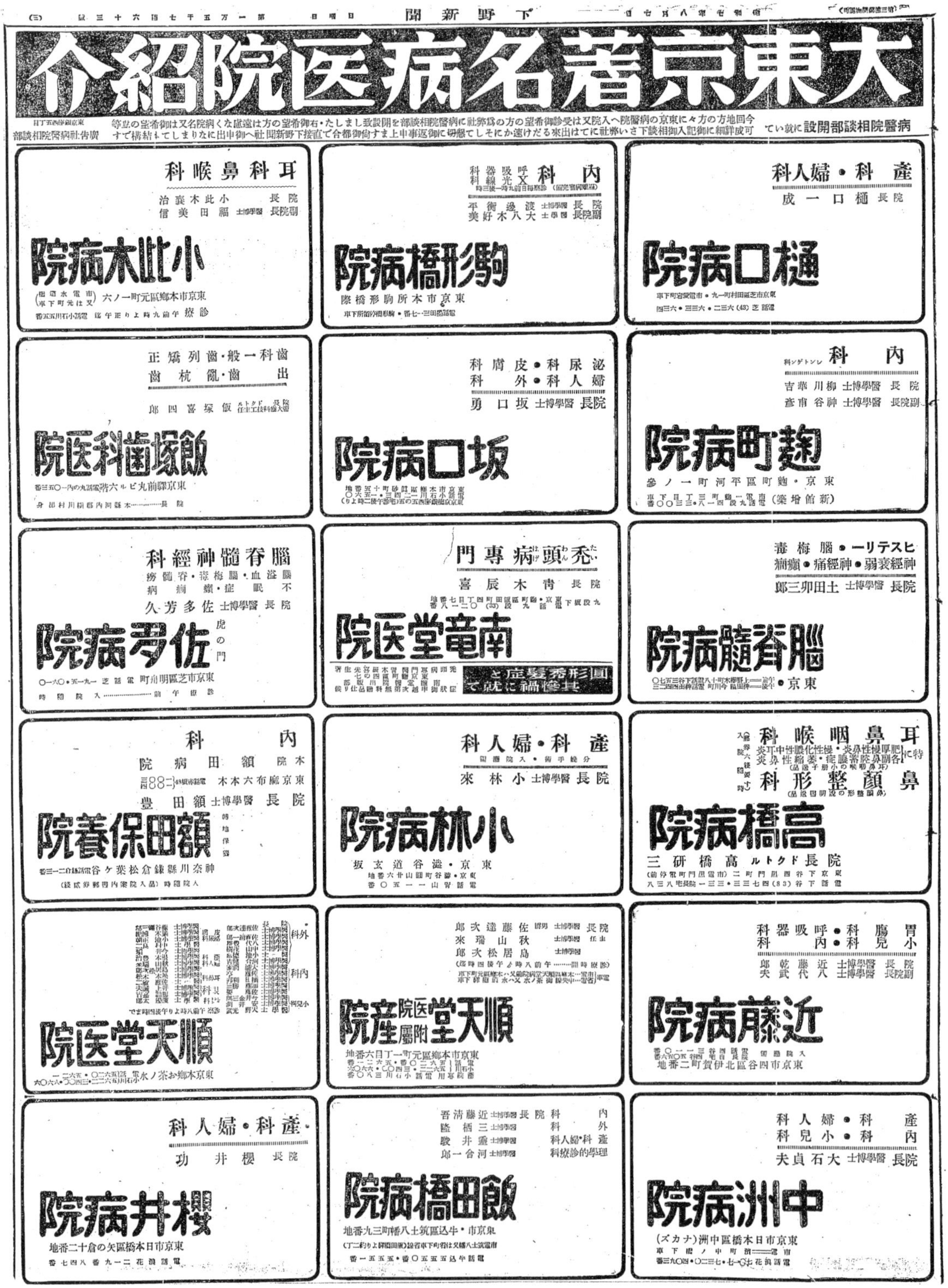
下野新聞　昭和七年八月七日　日曜日　第一万五千七百六十三號　（三）

大東京著名病医院紹介

病醫院相談部開設に就いて
今回地方の方々に東京の病醫院へ入院又は受診御希望の方の爲弊社に病醫院相談部を開設致しました・右御希望の方は遠慮なく病院名又は御希望の等
可成詳細に御記入御相談下さい弊社にては出來るだけ速かに懇切にしてそれに御返事申上ます尚御都合で直接下野新聞社へ御申出になりましても結構です
廣告 下野新聞社病醫院相談部

產科・婦人科
院長 樋口一成
樋口病院
東京市芝區田村町一ノ九・市電愛宕町下車
電話芝(43)六二三・六三三・六三四

內科 呼吸器科 X光線科
院長 醫學士 渡邊衡平
副院長 醫學士 大八木好美
駒形橋病院
東京市本所駒形橋際

耳科鼻喉科
院長 小此木襄治
副院長 醫學博士 福田美信
小此木病院
東京市本郷區元町一ノ六（市電水道橋又は元町下車）

內科 レントゲン科
院長 醫學博士 柳川華吉
副院長 醫學博士 神谷市彥
麹町病院
東京・麹町區平河町一ノ参
（新館増築）

泌尿科・皮膚科
婦人科・外科
院長 醫學博士 坂口勇
坂口病院

歯科一般・歯列矯正
出歯・亂杭歯
飯塚喜四郎
飯塚歯科医院
東京驛前丸ビル六階

ヒステリー・脳梅毒
神經衰弱・神經痛・癲癇
院長 醫學博士 土田卯三郎
脳脊髄病院
東京

禿頭病專門
院長 青木辰喜
南竜堂医院
圓形禿髪症と其慘禍に就て

脳脊髄神經科
院長 醫學博士 佐多芳久
佐多病院 虎の門
東京市芝區明舟町

耳鼻咽喉科
鼻顔整形科
院長 ドクトル 高橋研三
高橋病院

產科・婦人科
院長 醫學博士 小林來
小林病院
東京・澁谷道玄坂
電話青山一一五〇番

內科
本院 額田病院 東京麻布六本木
院長 醫學博士 額田豊
額田保養院
神奈川縣鎌倉松葉ケ谷

胃腸科・呼吸器科
小兒科・內科
院長 醫學博士 近藤乾郎
副院長 醫學博士 八代武夫
近藤病院
東京市四谷區北伊賀町二番地

院長 醫學博士 佐藤達次郎
主任 醫學士 秋山瑞來
醫學士 島居松次郎
順天堂醫院附屬産院
東京市本郷區元町一丁目六番地

順天堂医院
東京本郷お茶ノ水

產科・婦人科
內科・小兒科
院長 醫學博士 大石貞夫
中洲病院
東京市日本橋區中洲（ナカズ）

內科 外科 產科婦人科 理學的診療科
院長 醫學博士 近藤清吾
飯田橋病院
東京市・牛込區筑土八幡町三九番地

產科・婦人科
院長 櫻井功
櫻井病院
東京市日本橋區矢の倉二十番地

昭和7年8月7日（日）夕刊3面（第15763号）　紙面すべてを使い、当時の東京で有名な病院を掲載。内科、小児科、耳鼻咽喉科、神経科、鼻顔整形科と幅広く、特に産科・婦人科が多く見られるのが特徴。このように大々的に掲載されるということは、病院側による顧客獲得と患者のニーズがあったこと、そして東京の病院へ通院できる交通手段や経済的なゆとりがあったとも考えられる。

昭和7(1932)年 五・一五事件で政党政治終焉へ

昭和の大恐慌が引き起こしたインフレや失業、農村の大不況が続くなか、塩谷郡阿久津村（現・高根沢町）で小作料減免を求めて、多数の死傷者を出した**阿久津村小作争議（阿久津村事件）**が起こった。国内では、海軍将校らによって犬養毅首相を暗殺（**五・一五事件**）。内閣は総辞職し、海軍の長老である斎藤実《まこと》内閣が成立。政党政治の息の根が止められた。五・一五事件前日には、俳優の**チャールズ・チャップリンが初来日**を果たした。一方国外では、国際共同租界地だった上海で日中両軍の軍事衝突が起こった（**第一次上海事変**）。2月には上海事変対応のため、宇都宮に駐留する第14師団に動員命令が下された。そして3月、満州国が建国を宣言。9月には日満議定書に基づいて、日本が正式に満州国を承認。軍部独走の要因のひとつとなった。

この年の流行

流行(語)	話せばわかる・問答無用、挙国一致、肉弾三勇士、欠食児童
流行歌	天国に結ぶ恋、満州行進曲、影を慕いて、銀座の柳、島の娘
書物	盲目物語、聖家族、上海、日本三文オペラ、夜明け前第１部
舞台・映画	肉弾三勇士、天国に結ぶ恋、三文オペラ
遊び	金属製の宙返り飛行機、ゴムナワ飛び、肉弾三勇士ごっこ
初登場	シャンプー、キオスク、内視鏡、タイムレコーダー

この年の物価

砂糖１斤（600g）21銭、あんぱん２銭、女子事務員平均月収30円、足踏みミシン70円、帝国大学年間授業料120円

県内の主な動き / 国内外の主な動き

1月	**阿久津村小作争議（阿久津村事件）起こる（9日）** 上海事変勃発。海軍陸戦隊が中国第19路軍と衝突（28日）
2月	血盟団の小沼正が前蔵相・井上準之介を射殺〈血盟団事件〉(9日) **上海事変のために宇都宮市の第十四師団に動員下令（14日）** **第十四師団が出征壮行のため宇都宮市内でちょうちん行列（28日）** 国際連盟のリットン調査団来日。日本、中国、満州の現地調査開始（29日）
3月	**満州国の建国宣言を発表。元号は大同（1日）**
5月	チャールズ・チャップリン初来日（14日） 青年将校らが犬養毅首相を射殺（五・一五事件）
7月	**農民らが飯米獲得へ闘争を起こす。その後県内各地に広まり、県が政府米２万俵の払い下げを受け、県費を補助し町村に売却** 全国労農大衆党と社会民衆党が合同して社会大衆党を結成（24日） 世界恐慌が深刻化する中、独総選挙でナチスが第1党に（31日）
8月	ロス五輪で三段跳びの南部忠平、水泳800メートルリレーで日本男子がそれぞれ世界新で優勝 **日光登山鉄道（ケーブルカー）が開通〈馬返～明智平駅間。現在は廃線〉(28日)**
9月	**下野農業銀行が廃業（1日）** **日満議定書調印で日本が満州国を正式承認（15日）※右記事参照→**
10月	東京が世界第2位の人口（約500万人）。1位はロンドン リットン調査団が満州国否認を日本政府に通達

滿洲國正式承認
の晴の使者武藤全權
けふ首都新京に向ふ

奉天十四日發 滿洲事變勃發滿一年記念日を四日後に控へた今日の九月十四日の朝世界史に重要なる一頁を飾る滿洲國正式承認の晴れの使者として武藤全權は滿洲國首都新京へ赴く爲め駐在地奉天を門出した空には一片の雲もない快晴續きに皎然明かに全權の門出に適しい絶好の天氣である恰も今日は奉天神社の例祭日で道路は塵一つなき迄に清掃され街には七五三繩が張巡らされてあり戸毎に飜る日章旗は滿洲の前途を祝福するかに見える 午前七時武藤全權は關東軍幕僚隨員を從へ浪速通り廣場前の日本帝國特派全權部を出發 自動車を連ねて奉天驛前に到着した沿道驛構内は守備兵警官に依つて蟻の這ひ出る隙もない嚴重なる警戒が行はれ特命全權大使の威嚴を遺憾なく示した斯くて小磯參謀長以下軍司令部員二十七名川越[illegible]以下五名並に[illegible]自動車運轉手之に警戒の憲兵、守備兵、警官の約八十名の一行を隨へた六輛編成の臨時列車は午前七時三十分日滿官民の歡送裡に一路新京に向け出發した此の日滿鐵沿線は守備隊の[illegible]に依つて[illegible]された（寫眞は武藤全權）

昭和７年９月15日（木）朝刊２面（第15802号）

昭和8年 1933

下野新聞

聯盟脱退に伴ひ詔書渙發せらる

聯盟脱退に伴ひ廿七日官報號外を以て左の詔書渙發せられた

詔書

朕惟フニ曩ニ世界ノ平和克復シテ國際聯盟ノ成立スルヤ皇考之ヲ懌ヒテ帝國ノ參加ヲ命シタマヒ朕亦遺緒ヲ繼承シテ苟クモ懈ラス前後十有三年其協力ニ終始セリ

今次滿洲國ノ新興ニ當リ帝國ハ其獨立ヲ尊重シ健全ナル發達ヲ促スヲ以テ東亞ノ禍根ヲ除キ世界ノ平和ヲ保ツノ基ナリト爲ス然ルニ不幸ニシテ聯盟ノ所見之ト背馳スルモノアリ朕乃チ政府ヲシテ愼重審議遂ニ聯盟ヲ離脱スルノ措置ヲ採ラシメルニ至レリ

然リト雖國際平和ノ確立ハ朕常ニ之ヲ冀求シテ止マス是レヲ以テ平和各般ノ企圖ハ向後亦協力シテ渝ルナシ今ヤ聯盟ト手ヲ分チ帝國ノ所信ニ是レ從フト雖固ヨリ東亞ニ偏シテ友邦ノ誼ヲ疎カニスルモノニアラス愈信ヲ國際ニ篤シ大義ヲ宇內ニ顯揚スルハ夙夜朕カ念トスル所ナリ方今列國ハ稀有ノ世變ニ際會シ帝國亦非常ノ時艱ニ遭遇ス是レ正ニ擧國振張ノ秋ナリ爾臣民克ク朕カ意ヲ体シ文武互ニ其職分ニ恪循シ衆庶各其職務ニ淬勵シ嚮フ所正ヲ履ミ行フ所中ヲ執リ協戮邁往以テ此ノ世局ニ處シ進ミテ皇祖考ノ聖猷ヲ翼成シ普ク人類ノ福祉ニ貢獻セムコトヲ期セヨ

御名御璽

昭和八年三月廿七日

各大臣副署

齋藤首相告諭

告諭

脱退通告文

聯盟へ通告と同時に外務省告示公布

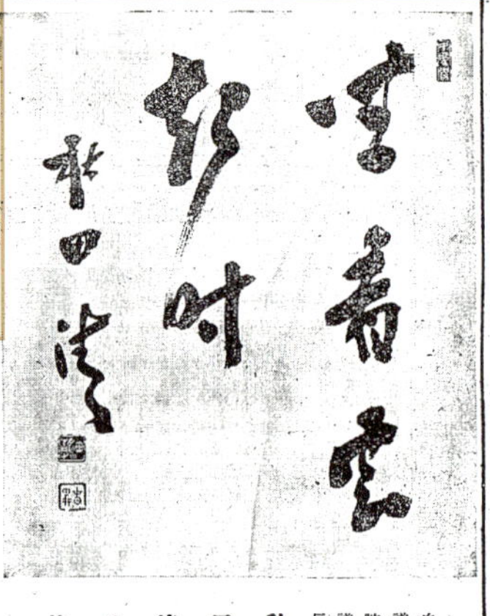

衆議院議長 秋田清氏筆

地方長官會議日取

蔣汪長時間密議を行ふ

檢事正異動

控訴院長異動

血盟團事件準備公判

被告一同何れも陪審裁判を辭退

在南京要人

代表重要會議招集

矢板町議戰 候補廿名

十八の椅子を爭ふ

政民兩候補同一の事務所で協力

宮商工議員役員選は

來る卅日頃初會議で

縣穀物商組

豫算案議決

陸大生の演習

栃商工議員戰跡

聯合軍の敗

葛生町議戰 後の奮鬪

新人の出馬が多い

葛生立會人

宮市會依然

市長俸給で揉め各派交渉遂に決裂

田沼町議戰

候補者は愈出揃ふ

田沼立會人

馬頭養蠶組

豫算決算議決

◇石橋販利組合農業倉庫上棟式

宇高農合格者

栃木町議戰

近日中にぞくぞく出馬を見る模樣

森永製菓會社々長來宮して講演

引續き縣下を巡回

米穀會縣支部

役員改選顔觸決る

—功勞者を表彰—

那珂村匡救事業に

問題持上る

縣購聯役員會

葛生町會

土木協議

宮洗染組合會

實耕卒業生

逆木水利總會

馬頭自作農

資金貸付協議

大麻肥料配合

消防義會總會

安蘇農倉共販

宮農倉共販

昭和8年3月28日（火）朝刊2面（第15996号）　昭和6年に起こった満州事変（50ページ参照）に際し、国際連盟はリットン調査団を現地に派遣。調査団の報告書は、常任理事国である日本の軍事行動を正当なものとは認めず、満州国が傀儡《かいらい》国家であると事実上認めるものだった。日本はこの内容に強く反発。同年2月に国連で報告書が採択され、3月27日に国際連盟からの脱退を通告し、孤立への道を歩むこととなった。

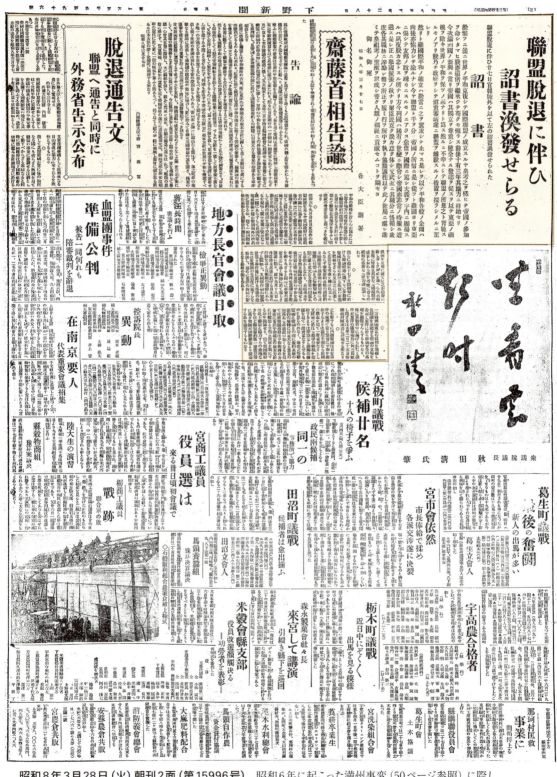

下野新聞　昭和八年四月二十六日　水曜日　第一万六千二十五號（三）

縣の土木課に
天然痘が襲來した爲
廳內戰々恟々の有樣

天然痘から
軍隊外出止め

今牧博士等
求刑

各地の
結核豫防デー

天然痘續發で
宮のお湯屋
大あくびの體

臨時休業

宇都宮市高等小學校

◇――益々猛威を振ふ宮市の天然痘――◇

日支事變遺族
慰安會

運動會と假裝
上三川青闘て

本縣結核豫防デー
各種施設で
極力豫防に努む

渡滿する兄に
逢はせたさに
夫婦で宮市へ來る

坊生華大會

實枝子刀自
逝去

チブス豫防

青年の
自殺
肺結核悲觀

眞中の盟休事件
廿五六日臨時休業
問題の解決は至難

農村托兒所
縣下百ヶ所に開設

足尾奉納相撲
二十九日開催

櫻が城の櫻
芦野町賑ふ

大太鼓奉納

宮鐵對栃中
野球戰

足尾銅山に
地質學者視察

皇威またく
金牌を受領す

足尾の櫻に
電飾

栃木町投宿の
男女客は
前借踏倒しか

栃木臨時種痘

足郡西部
運動會

舊城趾で招魂祭
式後奉納銃劍術

次回連載講談
本旗ごろつき組
小林登喜男氏作

作者の言葉

チンドンヤ
競演會

軍道の櫻落花
臨時派出所も閉鎖

醫師法違反

自轉車専門の五賊
兩毛を荒して捕る

壬生の窃盜
百五十圓窃取

山前忠魂祭

小川君を迎へ
宇中野球の猛練習

愛國美談
血染旗其他を

吹上村の泥的
飯を喰つて
台所へ臥寝

足利雜信

宮活動替り
おたのしみ

天氣豫報

醫師各位に謹告
醫學博士　正木俊二先生創製
第三燐酸カルシウム・コロイド靜脈注射劑
專賣特許出願中
エノカール
醫學博士正木俊二先生は豫てカルシウムの消炎作用石灰沈着機轉並之に關聯してコロイド性カルシウムの創製と、生理的作用に就き研究中の處今般理想的消炎並石灰沈着促進劑として、第三燐酸カルシウム・コロイドの靜脈注射エノカールを完成せられ周到細密なる臨床實驗の結果特に結核性諸疾患に卓効あるを確認され博士は弊社に之が製造販賣を許諾されました、右御披露旁々何卒洩れなく御使用被下度乍略儀紙上を以て御願致します
發賣元　東京新藥株式會社
特約店　東京市日本橋區本町　鳥居商店
同上　大阪市東區道修町　田邊五兵衛商店

債券で儲けた實話集
大黑屋

新型カメラ・パーレー實物宣傳
數字パヅル募集
答案　賞品　答案送り先
『パーレー・カメラ』
常盤商會宣傳係
問題の趣

老母キク儀八十九才ノ高齡ヲ以テ二十四日午後六時死去致候間此段御通知申上候
昭和八年四月二十五日
宇都宮市小袋町
稲田新吉
組合一同

第四拾期營業報告
下野印刷株式會社

稲葉眼科
院長　稲葉治三郎

黒須外科
醫學博士黒須商作
宇都宮市旭町

昭和8年4月26日（水）朝刊3面（第16025号）　宇都宮市大寛町で3名の真性天然痘患者が発生すると、小学校2年生そして5歳児が次々に発病。原因は天然痘予防の種痘をしていなかったためだった。天然痘患者が増えると、宇都宮市内の公共施設をはじめ各所ではその対策に追われた。天然痘は交通網の発達により、上海や満州から東京地方へと伝染したが、発見が早かったため患者たちは4週間ほどで全治した。

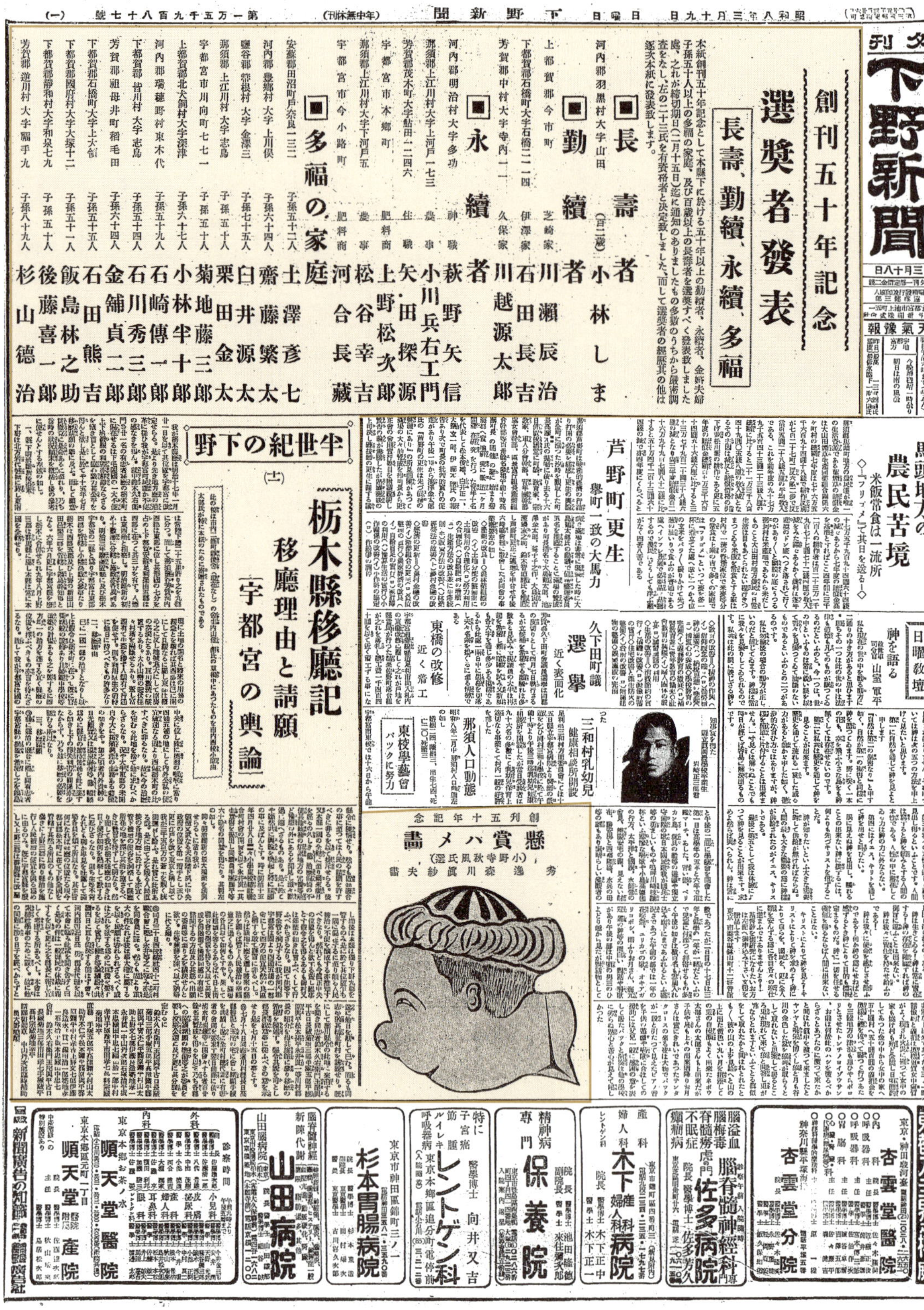

(一) 第一万五千九百八十七號 (年中無休刊) 下野新聞 昭和八年三月十九日 日曜日

夕刊 下野新聞 三月十八日

創刊五十年記念

選奬者發表

長壽、勤續、永續、多福

本紙創刊五十年記念として本縣下に於ける五十年以上の勤續者、永續者、金婚夫婦子孫五十人以上の多福の家庭、及び百歳以上の長壽者を選奬すべく發表致しましたが、之れが締切期日(二月十五日)迄に通知のありましたもの多數のうちから嚴密調査をなし、左の二十三氏を有資格者と決定致しました、而して選奬者の經歴其の他は逐次本紙に發表致します。

■長壽者

河内郡羽黒村大字山田 (百二歳) 小林しま

■勤續者

上都賀郡今市町 芝崎家 川瀨辰治

下都賀郡石橋町大字石橋二二一四 伊澤家 石田長吉

芳賀郡中村大字寺内一一 久保家 川越源太郎

■永續者

河内郡明治村大字多功 神職 萩野矢信

那須郡上江川村大字上河戸一七三 農事 小川兵右エ門

芳賀郡茂木町大字鮎田一二四六 住職 矢田探源

宇都宮市本郷町 肥料商 上野松次郎

那須郡上江川村大字下河戸五 農事 松谷幸吉

宇都宮市今小路町 肥料商 河合長藏

■多福の家庭

安蘇郡田沼町戸奈良一三二 子孫五十二人 土澤彦七

河内郡豊郷村大字上川俣 子孫六十四人 齋藤繁太

鹽谷郡箒根村大字金澤三 子孫七十五人 白井源太

那須郡上江川村大字志鳥 子孫五十人 栗田金太

宇都宮市川向町七七一 子孫五十人 菊地藤三郎

上都賀郡北犬飼村大字深津 子孫六十七人 小林半十郎

河内郡瑞穗野村東木代 子孫五十九人 石崎傳一郎

下都賀郡皆川村大字志鳥 子孫五十四人 石川秀三郎

芳賀郡祖母井町稻毛田 子孫六十四人 金舗貞二郎

下都賀郡石橋町大字上大領 子孫五十五人 石田熊吉

下都賀郡國府村大字大塚十二 子孫五十一人 飯島林之助

下都賀郡靜和村大字和泉七九 子孫五十人 後藤喜一郎

芳賀郡逆川村大字冨手九 子孫八十九人 杉山德治

馬頭地方の農民苦境

米飯常食は一流所

◇「フスマ」で其日を送る◇

芦野町更生

擧町一致の大馬力

日曜教壇

神を語る

半世紀の下野

栃木縣移廳記

移廳理由と請願

宇都宮の輿論

久下田町議選擧

近く表面化

三和村乳幼児健康相談所開設

那須人口動態

東橋の改修

近く着工

東校學藝會

パックに努力

創刊五十年記念

懸賞ハメ畫

(小野寺秋風氏選)

秀逸 森川眞紗夫畫

昭和8年3月19日(日) 夕刊1面(第15987号) 下野新聞社が創刊50周年記念の一環として、長寿、勤績、永續功労・多福の家庭を選定して表彰した。長寿は102歳、多福の家庭は子孫が50人から80人という大家族が表彰された。「半世紀の下野」という連載記事も創刊50周年記念事業のひとつ。また「懸賞はめ画」とは、はめ絵内部を自由にデザインする遊びで、「はめ絵愛好会」ができたほど流行していた。

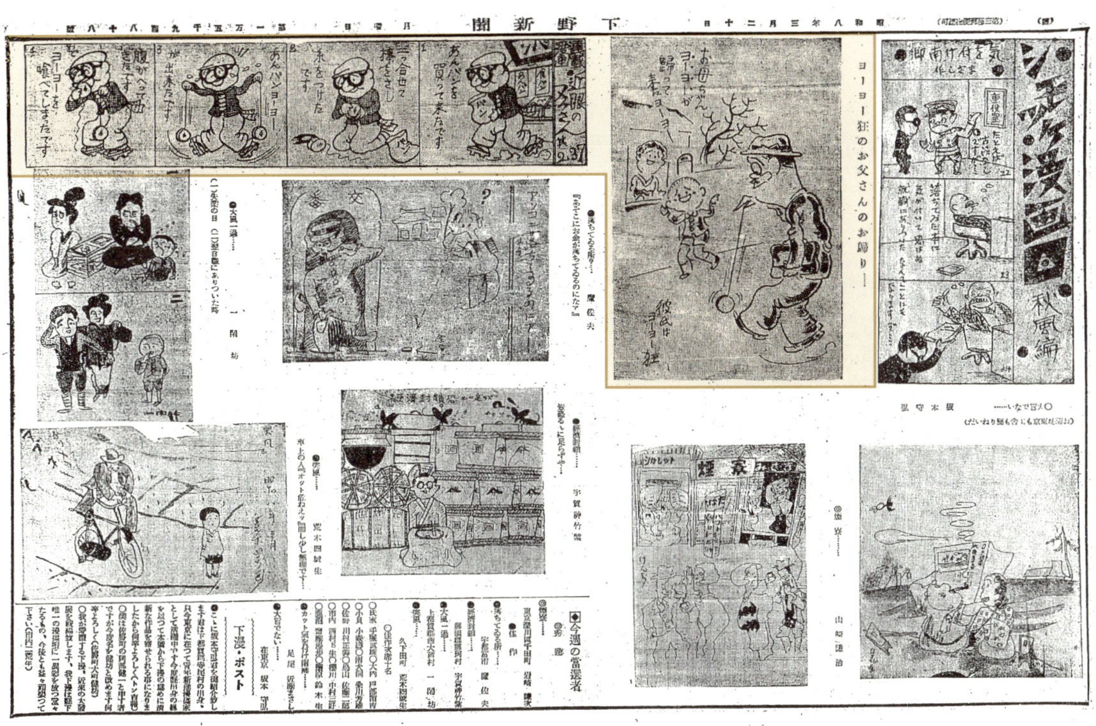

昭和8年3月20日(月)朝刊4面(第15988号)　紙面上部の「シモツケ漫画」は、「秋風」なる漫画家が一般の人たちの描いた漫画を毎週紹介していた。読者投稿絵を見ると、この頃大流行していた「ヨーヨー」が掲載されている。「ヨーヨー」はこの年、洋行帰りの教員がアメリカ土産として持ち帰り再流行。練習せずに誰でも手軽に楽しむことができたので、老若男女の別なく持ち歩くようになっていた。

中正不偏

下野新聞

昭和八年二月二十五日

號外

歴史的總會閉幕

「四十二對一」で報告書可決さる

我三代表劇的退場

シャム代表は棄權

ジュネーヴ廿四日發　規約第十五條第四項に依る總會報告書を表決すべき聯盟創設以來最後の歴史的聯盟總會は愈二十四日午前十時四十九分(日本時間午後六時四十九分)よりイーマンス議長司會の下に總會議所に於て開催された、先づイーマンス議長より開會の挨拶を述べ次で支那代表顔氏の演説日本代表松岡氏の演説があり續いてヴエヴニラ、カナダ、リトアニア三代表の報告書支持の演説があつてイーマンス議長は愈々報告書採決に入る旨を宣し愈々表決に入る、時に午後一時二十五分議長は佛語のアルハベツト順で各國氏名點呼を行ひ呼び上ぐれば各國代表は夫れ〴〵『諾』と答へ聽て我日本の名呼ばれゝば松岡代表は毅然として『否』と答へ、滿場豫期した事ながら直に異常な緊張の氣分に包まれる時に午後一時七分である、其後シヤム代表が棄權と答へたのも少からず議場に衝動を與へた、一時四十八分氏名點呼を終るやイーマンス議長は結果に付き讀み上げた

贊成　四十二票

反對　一票

棄權　一票

欠席　十二ケ國

議長は報告書は規約の規定に依り滿場一致を以て決定されたと宣言した、議長イーマンス氏は次で規約第十五條第六項並規約第十二條を朗讀した後更に余は和協的努力が日支兩當事國の受諾する所となり兩當事國とも單に紛爭を長引かせるに過ない償ひ難き行動に出ずる事なき様希望する聯盟は飽迄紛爭の解決を求むべく聯盟規約に依り課せられた事業を依然繼續するであらうと述べた次で松岡代表は起つて報告宣言書を朗讀し右終るや松岡氏を始め長岡佐藤の三日本代表は一齊に劇的退場を決行した次でイーマンス議長は本日午後五時より更に總會を再開すべき旨を宣し閉會の辭を述べ此處に歴史的總會の幕は閉ざされた時に午後一時五十五分(日本時間午後九時五十分)

無秩序極まる支那の國情を暴露し

聯盟の態度を非難

「報告書案には即座に」否と答ざるを得ない

松岡代表の堂々たる演説

二、報告書草案は極東に於ける現實を[illegible]する困難な日本の立場並にやむう得ざる日本軍の行動を理解せず

十一、日本は極東の平和秩序及進歩の支柱である、滿洲國の獨立を堅持して居るのは、そか極東に於ける平和と秩序に對する唯一の方法であるとの信念に基いだものである

十三、聯盟が紛爭の解決の爲めに神聖に努力した事は疑ないか事實は却て聯盟の行動が支那に誤まれる希望を支へ日本に對する反抗的態度を奬勵する結果となつた

十六、十九箇國委員會の報告書草案が支那を無罪と斷言して居るにも拘らず我國並國民が滿洲に於て平和を維持し秩序を促進した事實を全く看過して居るのは遺憾である、我國は此未開地域に於ける一大文化的安定的原動力である關東洲租借地に於ける秩序整然たる都市滿鐵附屬地の繁榮狀態等の先例に刺戟され廣範な鑛業工業上の諸事業學校病院技術的諸機關、總て之等は支那の行政下に於ては全く存在しないものである我々の努力と能力とに對する記念碑である

十八、斯くして紛爭に關する聯盟の態度が終始階條約並平和の諸原則に神聖以て平和の大義に貢獻せんとする眞執なる念頭に出てた事は疑ひを入れないが而も其努力は却て事態を破壞せしめた熱河の如きも其適例で聯盟が日本に對し現在の樣な態度を取らなければ南京政府は張學良を敎唆しないであらうし斯かる敎唆がなければ學良軍は長城を越て進出する事がなかつたであらう

二十二、日本は現實の事情の下に於て報告書案に對し即座に且明確に否と答へざるを得ない現在我々は不幸にして滿洲國に關し見解を異にして居るが滿洲國の自立を扶んとする努力は軈て支那を援助せんとする日本の願望と義務を實行さるゝ契機となり斯して東亞の平和は確立せらるゝに至るであらう余は紛爭に對し現實を認識し理想を直視せん事を希望し諸卿に對しては此報告書を採擇せざらん事を要請するものである

退場した松岡代表

散歩に出掛けて

ほがらかに語る

内縁の妻を獵銃で射殺

栗山村の慘劇

昭和8年2月25日（土）号外　前年12月の国際連盟の総会で日中両国の意見が激しく対立。国際連盟の十九人委員会にこの問題を預けた。同委員会の報告書は、リットン報告書の採択と満州国不承認を盛り込んだもので、2月24日の総会で44ヵ国中42ヵ国の賛成（日本反対・シャム〈現・タイ〉棄権）で採択したため、日本全権松岡洋右《ようすけ》（顔写真の人物）はこれに抗議して退場。国際連盟を脱退した（70ページ参照）。

昭和八年四月二十八日 金曜日 下野新聞 （年中無休刊） 第一万六千二十七號 （一）

夕刊 下野新聞

天氣豫報

下野美術展覽會 入選、入賞畫發表

日本畫四十點、洋畫六十八點 廿八日より一般に公開

第三回下野美術展覽の審査は二十六日審査員全員出席の下に行はれたが其の結果日本畫四十點洋畫六十八點の入選を見た、日本畫は約三分の一洋畫は四分の一の入選で非常な嚴選であつた右入選畫は廿八日午前九時より一般に公開されるが絢爛たる縣下美術界の大殿堂は昭和八年に於て更に一層の光輝を添へ其一大收獲を具現してゐる

日本畫部

無鑑査

夜氣　足利郡藥田村　增田築田
麗日　宇都宮市中河原町　大工園秀夫
木爪　同　市大工町　荒川晃雲

入賞畫

一席　夜氣　足利郡藥田村　增田築田
二席　秋趣　宇都宮市今小路町　五十嵐勝雲
三席　姉妹　足利郡筑波村　栗原嘉一郎

選外佳作

麗日　宇都宮市中河原町　大工園秀夫
木爪　同　市大工町　荒川晃雲
秋庭　宇都宮市外一の澤　松本岳洲
瀧　日光町山内　中里昌競
茄子　東京豊島區池袋四　小倉芳司
少女　足利市家富町　河内晴治
舞踏　上都賀郡今市町　鈴木信利
椽先　埼玉縣浦和町　毛塚行雄

入選畫

秋山水閣　鹽谷郡玉生村　小野崎半耕
秋溪暮色　上都賀郡西方村　福田華水
寒村孤亭　河内郡羽黒村　市塙玉洞
春晴　宇都宮市旭町　長野祐
葡萄　宇都宮市大寛町　石川良風
胡瓜　芳賀郡祖母ケ井町　阿久津秀山
竹　東京市中野區大和町　小松帛水
椿習作　芳賀郡清原村　澤畑竹林
霜にあける　仝所　同人
調　宇都宮市三條町　鈴木青峯
ほゝづき　仝市西大寛町　赤羽芳春
童女　東京市日本橋區人形町　加藤春峰
栗　鹿沼町五軒町　竹澤林峯
靜物　同所　同人
白雲紅樹　宇都宮市川向町　中野素仙

入選洩れの畫は規約により直ちに御引取り下さい、長時日の保管に就ては本社は責任を負へません
尚この展覽會の團體見學を希望する向は豫め數日前に展覽會係御申込置下さい

洋畫部

無鑑査

小雨　足利郡筑波村　長谷川勇
春雪　鹿沼町上野町　青山白雨
踊　宇都宮市三條町　赤羽壽子
春寒　東京下谷區瀧泉寺町　小倉清子
迎春　同所　同人
淺春　上都賀郡南摩村　廣田晃南
寂寥　佐野若松町　關根玉泉
飛瀑　足利郡山前村　山田㮼徑
雨後　東京本郷區駒込林町　石塚晃溪
晩秋　下都賀郡小野寺村　小林宏堂
フリージヤと胡錦鳥　宇都宮市西塙田町　高須紅波
霜月の頃　鹿沼町下田町　石塚青義
靜物　宇都宮市宮嶋　田山正臣
秋の朝　芳賀郡山前村　岡田紫火

無鑑査

教會とガード風景　宇都宮市一條町一八二　灰野文一郎
母と子　栃木町片柳町　川島昌介

入賞畫

一席　雛芥子　栃木町片柳町　川島昌介
二席　風景　宇都宮市西塙田町三七九　淺野研兒
三席　風景　宇都宮市泉町三八　若林武雄

入選畫

人物　宇都宮市西原町三、〇六五　内田進久
尋常三年の名殘　足利郡御厨町　牧島みちえ
自畫像　宇都宮市泉町三八　若林武雄
海底黄金狂とギャング横行時代　足利市柳原校　石川勝平
自畫像　宇都宮市西塙田町　淺野研兒
工場内風景　足利郡松田小學校　久保田宇平
眞夏　足利市柳原小學校　澁澤朝治郎
雪景　下都賀郡間々田町三丁目　上原憲
風景　下都賀郡吹上併置校　田神孝
美校の庭　足利市足利尋常高等小學校　茂木いと
都會風景　同人

風景　宇都宮市花房町　益子洋
同　同人
花　那須郡荒川尋常小學校　柳田久
早春の山里　宇都宮市旭町本丸館内　笹島眞
分析所の見える風景　日光町細尾　小寺三男
靜物　同人
崖上の工場　足尾町赤倉　堀田虎男
風景　同人
風景　芳賀郡茂木町　森本輝雄
雲　足利市尋常高等小學校　茂木いと
ある街　宇都宮市中河原町　飯島幹
晝休みの工場裏スケッチ　足利市松田小學校　久保田宇平
風景　宇都宮市中河原町　飯島幹
梅景　同人
雨後の日光　宇都宮市戸祭町　關口喜代
風景　那須郡荒川尋常高等小學校　柳田久
菊花　足利市外八幡　淵岡壽
麗日　仝所　仝人
工場内風景其の二　足利郡松田小學校　久保田宇平
燈下の靜物　宇都宮市旭町本丸館　笹島眞
自畫像　全市四條町五九　鈴木三樹兒
花　全市中塙田町　川室精子
靜物　全市材木町七一　大久保雪子
いゝか　全市大寛町　松本正夫
椿　佐野第一尋常高等小學校　金子市太郎
山村春淺し　足利市通二丁目　大森昇
靜物　東京市杉並區和田本町一〇九一　堀畑竹之助
棚のある風景　宇都宮市大寛町　和田史樓
都會のある風景　足利市丸山町　長一雄
雨後　宇都宮市中河原町　飯島幹
靜物　宇都宮市西大寛町　野村香隨
靜物　同人
靜物　足利郡御厨町福居　稻村昌作
花　宇都宮市中塙田町　川室精子
冬の川邊り　宇都宮市旭町本丸館内　笹島眞
刑務所の見ゆる風景　宇都宮市大寛町　松本正夫
シクラメン　宇都宮市一條町　大竹一臣
益子風景　芳賀郡市羽村上根　河野了介
水仙　宇都宮一條町　大竹一臣
靜物　栃木縣師範學校寄宿舍内　橋本優
樹のある道　足利市足利尋常高等小學校　茂木いと
石灰山風景　上都賀郡加蘇小學校　渡邊幸次
赤門風景　宇都宮泉町三八　若林武雄
風景A　宇都宮西塙田町　淺野研兒
きさらぎの野　栃木町入舟町　増田晴也
風景　栃木縣師範學校寄宿舍　橋本優
戸祭風景　宇都宮市四條町五九　鈴木三樹兒
風景　全市一條町　灰野文一郎
助戸風景　足利郡雪輪町　安發澄雄
ゴム靴修し　上都賀郡加蘇村加園　飯塚兵吾
土手下の染工場　足利市柳原小學校　石川勝平
湖畔　鹽谷郡富迪川町　石崎正
芥子　鹽谷郡鹽原尋常高等小學校　大塚光喜

隨感隨筆（三）　石田仁太郎

日本と滿蒙（二）

宮地方產物調査

一歩進んだ・新しい眼藥 スマイル
スマイル愛用者へ「の」奉仕
忘れぬうち今すぐ お申込下さいませ
愛用者票一枚で 婦人雑誌を無代進呈
花ひらく春の夢 美はしの君が瞳よ スマイルの愛撫を受けて 冴々と黒きダイヤの輝きをみつ
定價 二十五錢 四十五錢 一圓
東京日本橋區本町 玉置合名會社 振替東京七二番

婦人雑誌 五月號主要記事
闇の兒を生んだ女
銃後に於る婦人の任務
夫の死んだ後の妻はどうなるか
都會は惡魔の巣窟
輸入家庭英語
痩せた人はかうして肥れ
お高祖頭巾
日本の悲劇

昭和8年4月28日（金）夕刊1面（第16027号）　下野新聞社主催の第3回下野美術展覧会の入選・入賞者が発表され、この日より一般に公開された。審査員は洋画の川島理一郎や日本画の荒井寛方など県内出身者だった。美術展覧会出品数は、日本画・洋画を合わせて400点余、その中から厳選した作品が展示された。展覧会には多くの入場者が詰めかけ、朝9時から午後9時まで開場するほどの盛況ぶりだった。

第一萬五千九百五十九號　（一）

下野新聞　昭和八年二月十九日　日曜日

中正不偏　下野新聞

改造　三月號　特價六十錢　改造社

聯盟脫退問題　長谷川如是閑　山川均　茂木惣兵衛　荒畑寒村　藤原銀次郎

軍國豫算か匡救豫算か　土方成美

小說　地區の人々　小林多喜二

小說　一家　深田久彌

小說　過去　廣津和郎

小說　求心力　里見弴

競馬の怪談　谷讓次

詩四篇　大關五郎

小曲攝津守　松崎實

新選名句百詠　高濱虚子

啄木の日記　吉田孤羊

文藝時評　板垣直子

樂境解消論　河上徹太郎

「藝」について　谷崎潤一郎

漢文漢語の影響によつて生じたる國語の諸相　山田孝雄

インフレーションと國民生活　前田繁一

文學に於ける維新史の問題　篠田太郎

ボリビヤ・パラグアイ間の紛爭　大山卯次郎

オリンピック・ボートレースに日本は勝てるか　宮城音五郎

ショウ會見記　鶴見祐輔

河上肇と大塚金之助　佐々弘雄

ヒットラー内閣は何を爲しうるか　有澤廣巳

警察醫日記　太田千鶴夫

國に言論なし（卷頭言）

世界情報

堺利彦を語る　三宅雪嶺　伊藤正德

米國海軍大演習の意義

機械工　風間丈吉　渡邊渡

草假名の話　尾上柴舟

空想日錄　吉村冬彦

マルクス死後五十年　小泉信三　石浜知行　山川均　向坂逸郎

内外産婦人科　上野病院

福助足袋

梅も咲く頃日和が續く。炬燵の人も買ひに行く福助！

福助足袋　家庭足袋　萬歳足袋　福運足袋　金鯱足袋　大家足袋　おたふく足袋

仁丹賣上壹億圓突破

整形外科　骨關節結核・脊椎疾患　小兒麻痺專門　X光線科　松岡整形醫院

齒磨スモカ

下野案内

齒科　天沼醫院

看護生入用　上野病院

産婦人科　永井環　中山

耳鼻科　ワタベ

御婚禮寫眞は二光館に限り升

宇都宮市旭町本丸入口　（電話三二二番）（振替口座一八六二六番）

御着附も致します

尚ほ集合の寫眞は特に御相談に應じます

ダンサー行《ぎやう》狀《じやう》（一）　國枝史郎　一木弴　畫

その女（一）

昭和8年2月19日（日）朝刊1面（第15959号）　大正8年創刊の評論誌『改造』の広告。この中に小林多喜二が書いた「地区の人々」が掲載されている。多喜二はプロレタリア文学を代表する小説家。当時、日本プロレタリア作家同盟の中心の1人として、また非合法下の共産党員として活動していた。この広告が掲載された翌日、多喜二は東京の築地署で特高課員らに拷問・虐殺された。

昭和8(1933)年 国連脱退で「世界の孤児」へ

この年の流行

流行(語)	ナンセンス、転向、ゴーストップ、男装の麗人、ヅカガール
流行歌	サーカスの唄、十九の春、ミス・コロンビア、東京音頭
書物	春琴抄、女の一生、にんじん、新「小学国語読本」(サクラ読本)
映画	滝の白糸、夜毎の夢、丹下左膳、巴里祭(仏)、キングコング(米)
遊び	ヨーヨー大流行、ジグソーパズル
衣食住	ロングスカート(膝下15cm)、あんみつ、わかもと

この年の物価

豆腐5銭、缶詰牛肉170g22銭、食パン1斤14銭、カルピス1円35銭、映画館入場料50銭、ヨーヨー10銭、女給月給40～50円

県内の主な動き / 国内外の主な動き

1月	ヒトラーが独首相に就任。ナチス・保守党の連立政権が成立(30日)
2月	小林多喜二が東京・築地署内で虐殺される〈29歳〉(20日)
3月	宮城県金華山沖で地震。大津波襲来で死者・行方不明者3,064人(3日) **下野新聞、創刊50周年を迎える(7日)** 国際連盟常任理事国の日本が、満州国不承認問題で連盟脱退を通告(27日)
4月	**宇都宮市で天然痘が大流行** 独で官公吏からユダヤ人を追放する法律が成立(7日) 文部省が京大法学部教授の瀧川幸辰に辞職を要求〈滝川事件〉(22日)
6月	**芳賀郡山前村(現・真岡市)、益子町で政府米払い下げを要求** 大阪市で信号無視の兵士と警官が争い双方が負傷〈ゴーストップ事件〉(17日)
8月	**県内各地で大雨、宇都宮市の釜川が氾濫し1,235戸が浸水(15日)**
10月	独のヒトラー、国際連盟と軍縮会議脱退を声明(14日)
11月	東京・府中市に東京競馬場が開場。5万人収容で当時東洋一の規模(8日) **芳賀郡中村村(現・真岡市)出身のボクシングのピストン堀口が、世界バンタム級王者に挑戦して引き分ける。以後昭和12年まで40連勝を記録(26日)**
12月	**皇太子・継宮明仁誕生(23日)****※右記事参照→**

2月に国際連盟がリットン調査団からの報告を受けて、対日非難勧告を可決。これがきっかけとなって、日本は3月に**国際連盟からの脱退を通告**。孤立化への道を歩むことになった。そして権力による思想弾圧は厳しさを増していく。2月、**プロレタリア作家の小林多喜二が築地署で特高課員らの拷問により虐殺。**また4月には「赤化傾向」があるとして、文部省は京都帝国大学法学部教授の瀧川幸辰《たきがわゆきとき》を休職処分にした(滝川事件)。いずれも、思想・学問の自由が権力に弾圧された象徴的な事件であった。明るい話題としては、12月23日に皇太子・継宮明仁《つぐのみやあきひと》が誕生。ただ、昭和恐慌の影響を抜けきれない雰囲気の中、夏には東京音頭が流行し、人々はつかの間の憂さを晴らしていた。

縣下各地奉祝
◇歡喜の市民
小山町

昭和8年12月24日(日)朝刊3面(第16,267号)
皇太子誕生に沸く県内各地

昭和9年 1934

昭和9年3月1日（木）朝刊3面（第16334号） 満州国建国からちょうど2年後のこの日、清朝最後の皇帝だった溥儀《ふぎ》が満州国執政から皇帝に即位、康徳帝となった。紙面に掲載されている写真は溥儀と皇后となった妻の婉容《えんよう》。また紙面には、帝政施行と同時に交付された満州国の統治機構を定めた「組織法」も掲載。全体としては大日本帝国憲法の影響を強く受けており、勅令を超える別格の欽定憲法としての扱いを受けた。

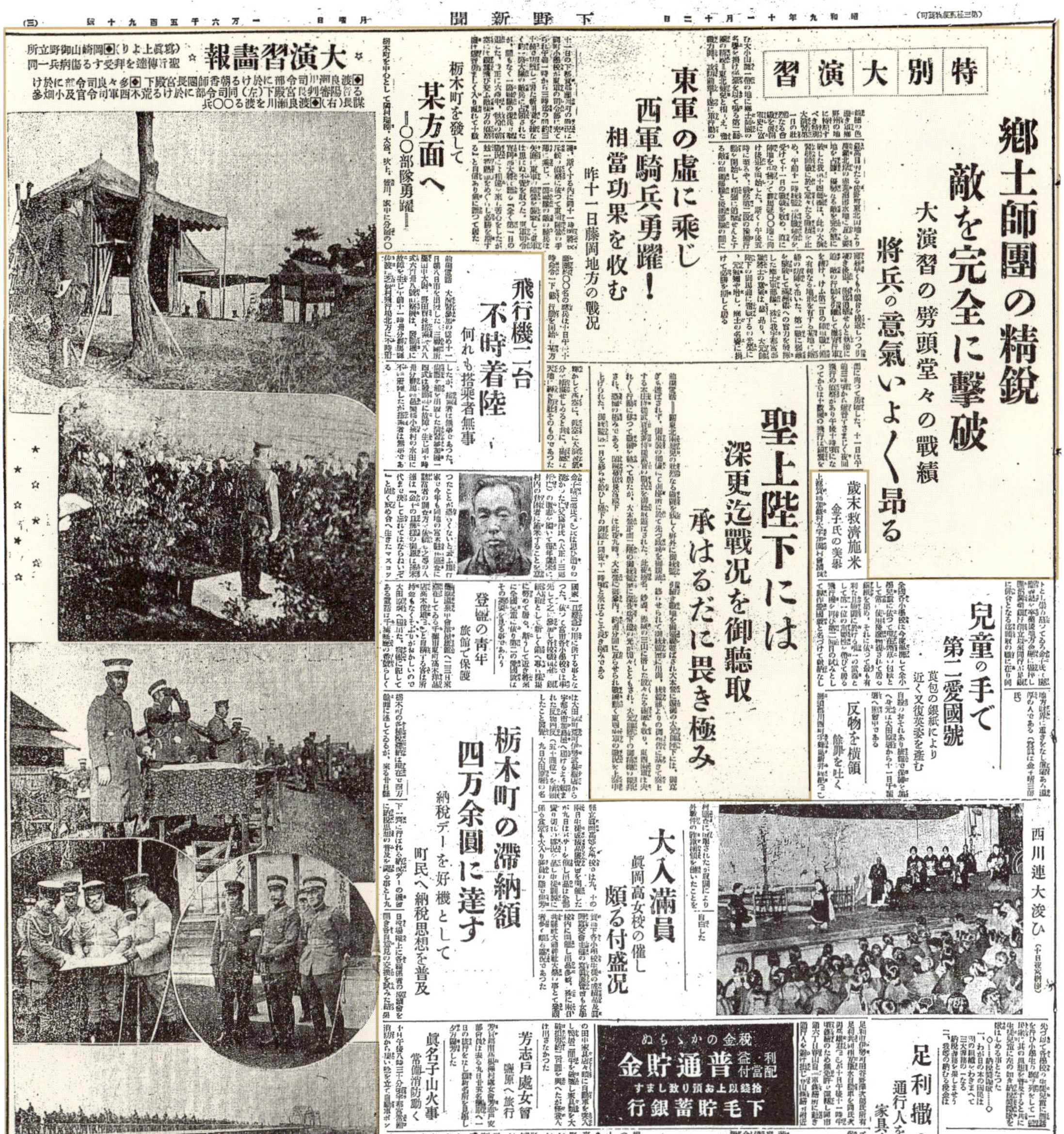
下野新聞 昭和九年十一月十二日 月曜日 (三)

特別大演習

郷土師團の精鋭 敵を完全に撃破
大演習の劈頭堂々の戰績
将兵の意氣いよく昂る

東軍の虚に乘じ 西軍騎兵勇躍！
相當功果を收む
昨十一日藤岡地方の戰況

聖上陛下には
深更迄戰況を御聽取
承はるだに畏き極み

大演習畫報

栃木町を發して 某方面へ
—○○部隊勇躍—

飛行機二台 不時着陸
何れも搭乘者無事

登嶇の青年 旅館で保護

栃木町の滯納額 四万余圓に達す
納税デーを好機として 町民へ納税思想を普及

大入滿員
眞岡高女校の催し 頗る付盛況

兒童の手で 第二愛國號

歳末救濟施米 金子氏の美擧

西川連大浚ひ

足利撤水車
通行人を避け損じ 家具店に突入す

縣内凶作地へ

怪紳士現れ 一千八百圓を盗む
他人の名を騙る

眞名子山火事

傳染病

普通貯金 下毛貯蓄銀行

外務職員招聘

稲葉眼科病院

岩崎清太郎本店

昭和9年11月12日（月）朝刊3面（第16590号） 11月11日から14日、栃木・群馬・埼玉の3県で陸軍特別大演習が行われた。この演習は年に1回陸軍が開催するもので、天皇が親閲する大規模な軍事演習だった。東西両軍に分かれ、合わせて約5万人の将兵を動員。東軍は阿部信行大将、西軍は荒木貞夫大将が両司令官となって行われた。演習後には3県の各地を行幸。本紙をはじめ、各県で記念誌が発行された。

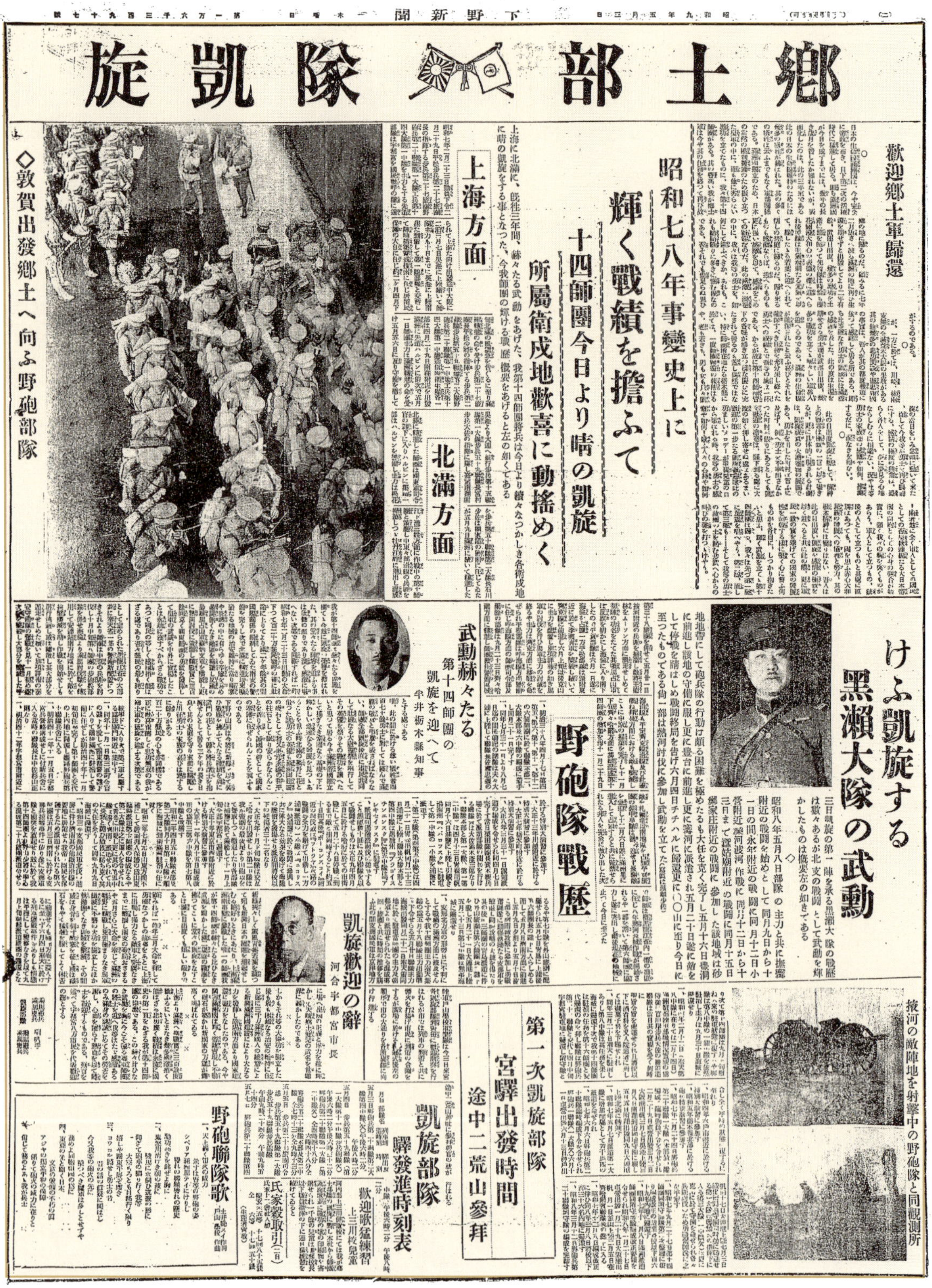

昭和9年5月3日（木）朝刊2面（第16397号）　上海事変の対応および満州へ派遣されていた陸軍第十四師団がおよそ3年間の任務を終え、この日宇都宮へ凱旋帰国した。第十四師団は日露戦争末期の明治38年6月に福岡県小倉で創設。明治40年、宇都宮に司令部が置かれた。紙面では、栃木県知事や宇都宮市長による歓迎の辞、「野砲連隊歌」の歌詞、凱旋部隊の駅発進時刻なども掲載。紙面あげて凱旋ムードを盛り上げた。

下野新聞　昭和九年五月三日　木曜日　第一万六千三百九十七號　(三)

第五十九聯隊の主力 昨日敦賀上陸
けふ敦賀町に一泊す

◇けふの凱旋兵を歓迎の合唱隊

菊澤實行組 競技會 項目大体決る

第十四師團凱旋歌
下野新聞社特選　宮谷佐太郎作詩　陸軍戸山學校作曲

第十四師團戰功の歌
下野新聞社特輯　下野新聞從軍記者合作　佐藤長助作曲

ときわ銘仙
―従来の新興織とは別に―　足織で新たに命名

秩父宮殿下
御渡満に供奉随員　宮相首相顔觸打合

園公の身邊 空前の警戒
―滞京中も亦同様―

山邊村に商工會　十三日發會式

納税功勞者 表彰　財務所で

牛井知事 上京

足利競馬場問題 地主對役員の作戦
さて何れが勝つ？

◇今日の勇士を迎ふべく出來上つた宮驛前の凱旋門

選擧改正法案
福府側甚だ落つき　來週中初審査困難

縣神職會が 御安泰祈願

人絹織を錦紗だと 良民を欺く奸商

白衣の凱旋

傳達式　石橋出兵表彰

不正工事摘發

地方長官連

宮農倉共販

足利末廣座　永倉氏に經營一任

御前試合 組合發表

大した波瀾もなく原案通り可決
二日の宮市會

醫師大會へ　本縣代表決定

天氣豫報

◎愛國婦人會栃木縣支部　第二回會員總會案内

昭和９年５月３日（木）朝刊３面（第16397号）　この日に宇都宮へ凱旋する陸軍第十四師団を歓迎する様子がよくわかる紙面。見出しの「第五十九連隊」とは第十四師団傘下の歩兵連隊のこと。右には本紙による「第十四師団凱旋歌」と「第十四師団戦功の歌」（作詞は「下野新聞従軍記者」たちによる合作）の譜面と歌詞、左上の写真は宇都宮市の昭和小学校で兵士たちの凱旋を歓迎する合唱を練習する様子が掲載されている。

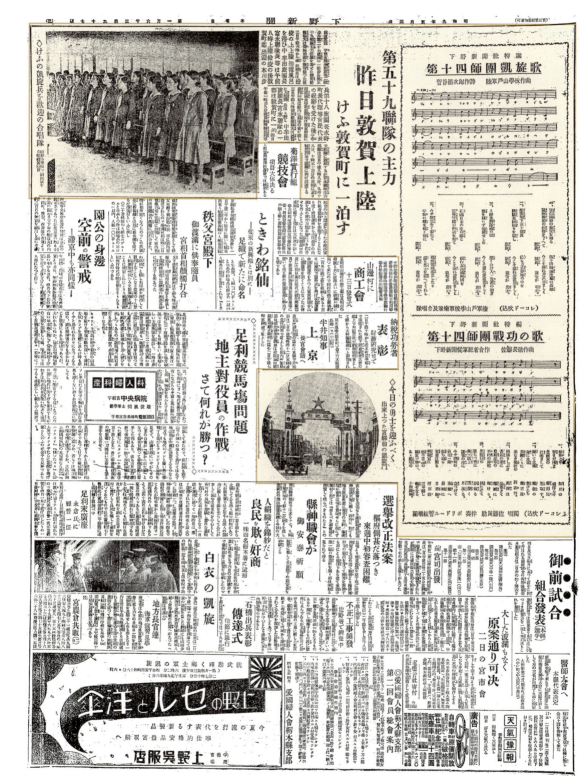

下野新聞 昭和九年十二月五日 水曜日 第一万六千六百十三號 (三)

四日指定告示された
日光國立公園
八万四千町歩の區域

林務課長談

岩井渡船の
木橋架設費補助方
關係地方から陳情

會期迫つた
下郡産業共進會
栃農に飾付を開始

産業大會を
飛行機で宣傳

宮在郷將校會

坑内で作業中
落盤慘死

木賃宿から
出奔兒童誘拐
三百圓で賣飛す

凶作町村數

毘沙山の並木に
心中の片割
實は癩病者行倒

縣北凶作義捐
美擧の數々

訓導を驚かした
篠井校の兒童
自發的に凶作地へと

眞岡町青年團

在京鹽那出身
材木商近く奔走

柏崎小學六十周年
神明殿を新營
四日盛大に鎭座祭

米國で奇禍の
石川博士長女
和子さんは一命を取止む

各所荒し男

新年懸賞

懐中に四十餘圓
密行の手柄
前科八犯の强か者

失明の男に
脚氣の女が

本縣凶作義捐金品

天氣豫報

廣告 登記公告方

ハクキンカイロ

小峰病院

胃腸病院

中央病院

芝居見物に、映画鑑賞に はれやか

昭和9年12月5日（水）朝刊3面（第16613号）　12月4日、日光は大雪山、阿寒、中部山岳、阿蘇くじゅうとともに国立公園に指定された。当時の指定範囲は日光・尾瀬・奥鬼怒の3地域で、指定面積は56,923㎢。紙面には、中禅寺湖や華厳の滝、日光東照宮陽明門そして尾瀬などの写真を掲載。豊かな自然と歴史的建造物を有する観光地・日光の名は名実ともにさらに高まり、多くの観光客が訪れた。

日印會商の跡（三）

本縣が生んだ

日本拳闘界の王者
ピストン堀口來る！
廿八日歌舞伎座に於て熱戰展開

昨年六月東京に於て決行された日佛對抗拳闘大試合に出場、世界の強豪ユーグを斷然破り、さらに無敵を誇る全歐洲の覇者プラドネルと熱戰の末引分け、日本拳闘界を一躍世界的水準に引上げた郷土下野の生める巨人超特急ピストン堀口恒男選手は百万縣民の熱援に應へるべく愈來る廿八日來宮、本社主催、歌舞伎座に於てその屬する日本拳闘倶樂部選手と一大熱戰を展開待望の吾人に接する事となつた、吾等の堀口來る！、仝君は今更喋々する迄もなく本邦拳闘界に出現して僅かに一年、そのピストンの如く絶え間なく廻轉する左右の連打と飽くまで敵を倒さねば止まぬ強烈無限の精力とに斷然群雄を壓倒して斯界に君臨した天才兒、今や本社の企てに壯絶快絶の熱戰を展開すべく巨腕を撫して晴れの故郷訪問の日を待ちわびてゐる、想ふだに血湧き肉躍るの感禁じ得ないものがあらう、なほこの企てについては熱烈なる多數の後援團体があるが、取敢へず日拳、眞中仝窓會、堀口後援會の三團体とした。

主催　下野新聞社
　　　日本拳闘倶樂部
後援　縣立眞岡中學校同窓會
　　　堀口恒男後援會

少年倶樂部

各地スキー場

下野新棋戰

衛生問答

『小唄の日本』近刊

新刊紹介

昭和9年1月13日(土)夕刊3面(第16287号)　芳賀郡中村村(現・真岡市)出身のボクサー・ピストン堀口(本名・堀田恒男)が本紙主催で凱旋試合を1月28日に開催。「総理大臣は知らなくても堀口を知らない者はいない」と言われ、相手をロープに追い込み、休まず左右を連打する姿で日本中を熱狂させた。本県が生んだ日本ボクシング界の王者として、ボクシングを人気スポーツへと押し上げた功労者である。

昭和9年8月17日(金)朝刊1面(第16503号)　紙面の半分以上を使った『主婦之友』9月号の広告。『主婦之友』は、大正6年創刊の女性向け月刊誌を代表する雑誌で、付録に「家計簿」をつけた雑誌としても知られている。雑誌名の左横に景品名として挙げられている「女物本場大島」とは、鹿児島県奄美大島の織物「本場大島紬《つむぎ》」のこと。また見出しを見ると、現代の雑誌に負けず劣らずの大胆さに驚かされる。

昭和9（1934）年 東北地方大凶作と欠食児童

この年の流行

流行（語）	明鏡止水、司法ファッショ、昭和維新、非常時
流行歌	赤城の子守唄、国境の町、さくら音頭、並木の雨、別れの出船
映画	生きとし生けるもの、浮草物語、チャップリンの街の灯（米）
舞台	東京宝塚劇場開場、吉本興行、新橋演舞場で特選漫才大会
スポーツ	プロ野球チーム「大日本東京野球倶楽部」設立
モノ	忠犬ハチ公銅像、開襟シャツ、国防色（日本陸軍の軍服色）

この年の物価

映画館入場料50銭、そば10銭、やきとり8銭、鶏卵1個2銭6厘、電気ごたつ3円

県内の主な動き / 国内外の主な動き

1月	時事新報で財界の不正を暴露する連載を開始〈帝人事件の発端〉（17日） 独・ポーランドが不可侵条約調印（26日） **ボクシングのピストン堀口歓迎試合を下野新聞社主催で開催**
2月	共産党員で経済学者の野呂栄太郎が品川署で虐殺される〈33歳〉（19日）
3月	満州国で帝政実施。溥儀が皇帝に（1日）
4月	帝人株をめぐり高木復亨・帝人社長らを背任容疑で逮捕〈帝人事件〉（18日）
5月	**満州から帰還した第十四師団が宇都宮市に凱旋（3日）**
7月	**栃木県内の小学校教員給与未払い額が17万6,000円で全国最高** **栃木県内全域で長雨と低温。特に県北で大凶作の被害が広がる** **英国人バーナード・リーチが益子町の濱田庄司宅で窯開き（1日）** **※右記事参照→** 斎藤実内閣が帝人事件の責任をとって総辞職（3日）
9月	ソ連が国際連盟に加入（18日） 室戸台風で四国・関西中心に死亡・行方不明3,000人以上、4万戸が全壊・流出。栃木県内でも被害多数出る（21日）
11月	**第十四師団を中心に陸軍特別大演習が北関東3県内で実施（11～14日）** 皇道派と統制派の対立によるクーデター未遂事件起こる（陸軍士官学校事件、11月事件）
12月	**日光国立公園指定（4日）** 沢村栄治らが参加してプロ野球チーム「大日本東京野球倶楽部」創立（26日）

高橋是清蔵相による財政引き締めで軍備拡張を許さなかったためか、表面上は小康を得た年だった。しかし陸軍内部では、皇道派（天皇親政下での国家改造《昭和維新》と対ソ連を志向）と統制派（陸軍大臣を通じて政治上の要望を実現し高度国防国家の建設を目指した）の対立が激化。11月にはクーデター未遂事件が起きた（陸軍士官学校事件）。そして9月の室戸台風は、四国や関西を中心に全国的に大きなつめ跡を残した。スポーツ界では、秋に来日した米メジャーリーグ選抜との親善試合で結成された全日本軍の選手を中心に本格的プロ野球チーム「大日本東京野球倶楽部」が年末に誕生。またこの年の暮れには、ボクシングの**ピストン堀口**が念願の日本フェザー級王座を獲得。日本を代表するボクサーへと駆け上がっていった。

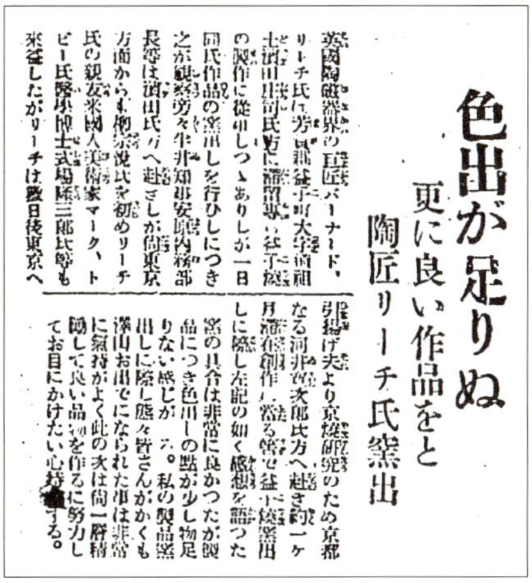

色出が足りぬ
更に良い作品をと
陶匠リーチ氏窯出

英国陶磁器界の巨匠バーナード、リーチ氏は芳賀郡益子町大字道祖土濱田庄司氏方に滞留し益子焼の製作に従事しつゝありしが一日同氏作品の窯出しを行ひしにつき之が観覧旁々半井知事安原内務部長等は濱田氏方へ赴きしが偶東京方面から柳宗悦氏を初めリーチ氏の親友米国人美術家マーク、トビー氏醫学博士式場隆三郎氏等も来益したがリーチは数日後東京へ引揚げ夫より京焼研究のため京都なる河井寛次郎氏方へ赴き約一ヶ月滞在創作に努める筈で益子焼窯出しに際し左記の如く感想を語つた

窯の具合は非常に良かつたが製品につき色出しの點が少し物足りない感じがした。私の製品窯出しに際し態々皆さんがかくも澤山お出でになられた事は非常に気持がよく此の次は尚一層精励して良い品物を作るに努力してお目にかけたい心持がする。

昭和9年7月3日（火）夕刊2面（第16458号）
英国人陶芸家・バーナード・リーチが益子で窯開き

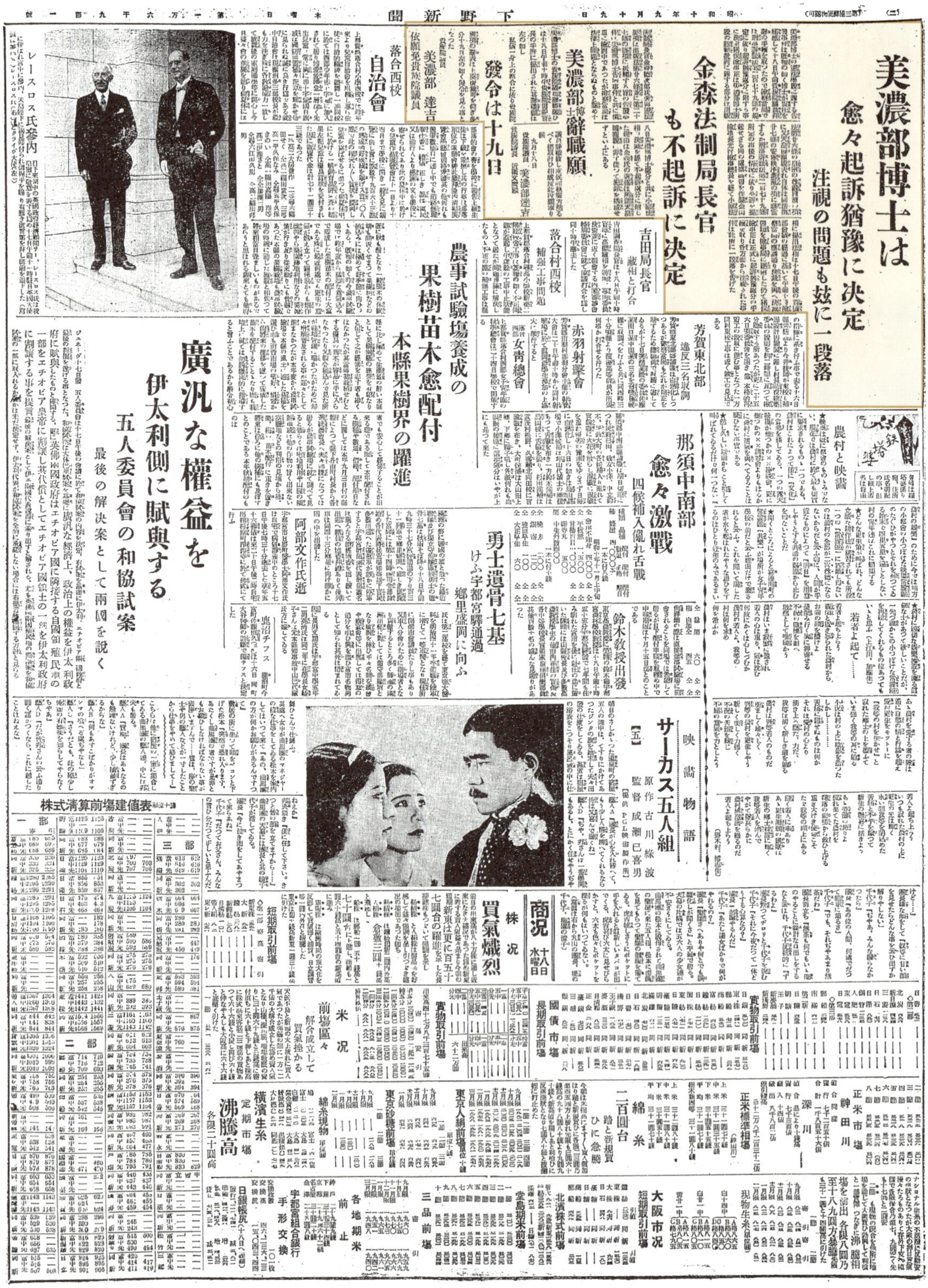

昭和10年9月19日(火)夕刊2面(第16901号)　貴族院議員で憲法学者の美濃部達吉が「天皇機関説」(天皇の権限は法によってはじめて規定されること)を唱えた。この年の2月、貴族院本会議で菊池武夫議員がこの説を非難して以降、軍部と右翼による攻撃が激化。美濃部は不敬罪の疑いで告発され、議員辞職に追い込まれた。そして8月には、この問題がきっかけで「第一次国体明徴声明」(93ページ参照)が発表された。

下野新聞 昭和十年十月十日 木曜日 第一萬六千九百二十二號 (三)

冷害日時と共に深刻
上都賀郡の稲作被害百廿万圓
十二日町村農會長會議開催

"凶作地を救へ"と
再度"天無情"に打ちのめされた
農民の悲痛な叫び

冷害爭議防止に
粟野町五委員が腐心

種籾斡旋
上都賀郡農會

武勳を胸に
けふは嬉しき
各隊兵の除隊

富山村の火事

馬頭の少年が
東京から歸宅自殺

烏中陸上競技

栃木縣納税デー
十一月二十五日より二十七日まで
(上)
納税思想を喚起

縣下青年學校
陣容成り
教授及び訓練の
内容充實に邁進

◇宮市事變勇士に賞賜金傳達式

足利市防空
防護團發團式

全市に配付

放火犯四年

演習注意書

縣下の覇を決する
陸上選手權大會
秋晴の十七日男師校庭に開催

小川元鐵相
二荒山參拜
川地氏夫妻同伴

赤貧に惱む
足利按摩業一家

報徳勤勞精神を
野州乙女に鼓吹
十一月十日氏家町小學校で
縣女青團聯合總會

美談 栃木交換孃
内相から表彰さる

訓導の美擧

御下賜金を
無名で母校へ贈る
在滿兵から逆川校へ

元番頭の窃盗

三人組竊盜

捕物劇三景

問題の遺骨
けふ盆子で慰靈祭

天氣豫報

昭和10年10月10日(木)朝刊3面(第16922号) この年の4月、「青年学校令」が公布・施行され、10月から青年学校が県内全市町村に開校、その数226校と記事は伝えている。青年学校とは、実業補修学校と青年訓練学校を統合した勤労青年の教育機関。小学校の上に置かれた学校で、普通科(2年)、本科(男子5年・女子3年)、研究科(1年)、専修科を設け、初等教育の補修や職業・軍事教育を行った。

昭和10月13日(金)朝刊3面(16986号) 五十里発電所は、昭和6年6月に塩谷郡三依村(現·日光市)の五十里地区に水流を堰き止める堤防工事用の電力供給のためにつくられたもので、昭和9年9月に県に移管された。その後、県営による売電事業の是非が問題になるも、この年の12月12日に送電を開始。県営として初の発電所となった。

第一万六千九百五十九號（三） 土曜日 下野新聞 昭和十年十一月十六日

哀れ 糧を求めて泣く 五千の缺食兒童
粗食に生を繋ぐ者算なし 縣當局救濟に焦慮

眼を掩ふ悲劇

忌はしきこの數字 永久に抹殺せよ
河内、上都、鹽那、芳賀五郡で「救待つ五千の食なき子等」

◇通常縣會開幕

安蘇政友派 堀米支部總會

四十貫の大熊 射止む

警察官消防手 殉職者招魂祭
合祀者は三和村茂木消防手 昨十五日八幡山で

足質校運動會

疑惑の死因
解剖の結果異狀なし

病を冒して活躍遂に殉職す

犬に吠られ 日光見物男頓死

足利郡市の産業組
何れも順調

冬期オリンピックを 斷然・日光へ招致
縣では二百餘万圓を支出 きのふ縣委員會で決定す

佐野郵便局 廳舎新築
四万八千餘圓を投じて

鹽那冷害地 帝農伺察

發明協會 支部會
足機で開催

政友支部の 新陣容
議案調査に

賜天覽千瓢の 一周年祝賀

足利 拾得物一束 金錦紗・疊表・人絹
恵比壽講の大賑ひに 浮かれたか遺失者

鵜泥栫途局

藤原町政

織物競技
春夏向躍進を目指 足織開催準備

ても和やかな 七五三風景
見て下さい愛し兒等です 颯爽たる人生第一歩

"牛盗人に懲役四年"
被告悄然と退廷

粟原代議士 復黨問題
民政支部では拒絶

優良青年團 表彰

御親閲記念 聯合演習

圖案陳列會
池野氏の作品

天氣豫報

昭和10年11月16日（土）朝刊3面（第16959号） 大日本体育協会（現・日本体育協会）は、次期オリンピックが開催候補地に名乗りをあげていた東京で決定した場合、冬季オリンピック開催候補地6ヵ所のひとつに日光を選定。それを受けて県では誘致にあたっての予算を計上した。その後、各候補地について競技場としての自然的条件や人為的条件について調査を実施し、その結果、札幌を第一候補にすることが決定した。

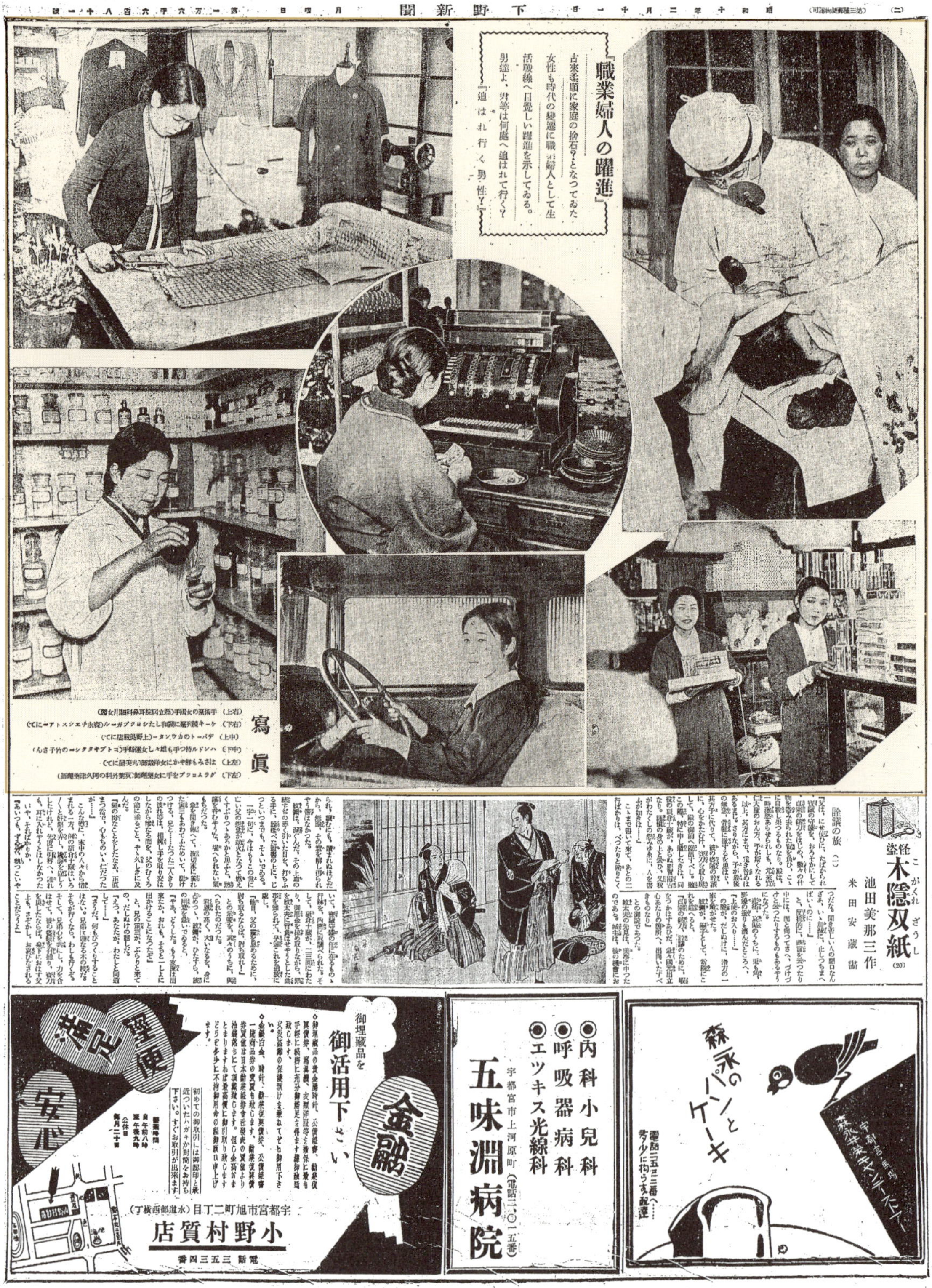
下野新聞 昭和十年二月十一日 月曜日 第一萬六千六百八十一號

『職業婦人の躍進』

古來柔順に家庭の捨石?となつてゐた女性も時代の變遷に職業婦人として生活戰線へ目覺しい躍進を示してゐる。男達よ、君等は何處へ追はれて行く?『追はれ行く男性?』

寫眞

(右上)手術室の女助手(縣立病院耳鼻科細川女醫)
(右下)ケーキ陳列棚に調和したシロツプガール(森永チエンストアーにて)
(中上)デパートのカウンター(上野呉服店にて)
(中下)ハンドル持つ手も雄々し女運轉手(コトブキタクシーの竹下さん)
(左上)はさみも鮮やかに女洋裁師(光東屋にて)
(左下)グラムコツプを手に女藥劑師(雙葉外科の阿久津藥劑師)

怪盗 木《こ》隠《がくれ》双紙《ざうし》(20)
池田美那三作
米田安蔵畫

詮議の旅(一)

昭和10年2月11日(月)夕刊2面(第16681号) 大正から昭和にかけて、都市部では「職業婦人」と呼ばれる、従来男性の仕事とされてきたやや事務的で専門的な仕事や、新しく生まれた分野の職業に就いた女性たちが働いていた。この紙面では、医師や販売員、タクシー運転手、洋裁師、薬剤師の女性たちを紹介。「男達よ、君等は何処へ追はれて行く?」という記事文に、当時の働く女性たちの目覚しい活躍ぶりが想像できる。

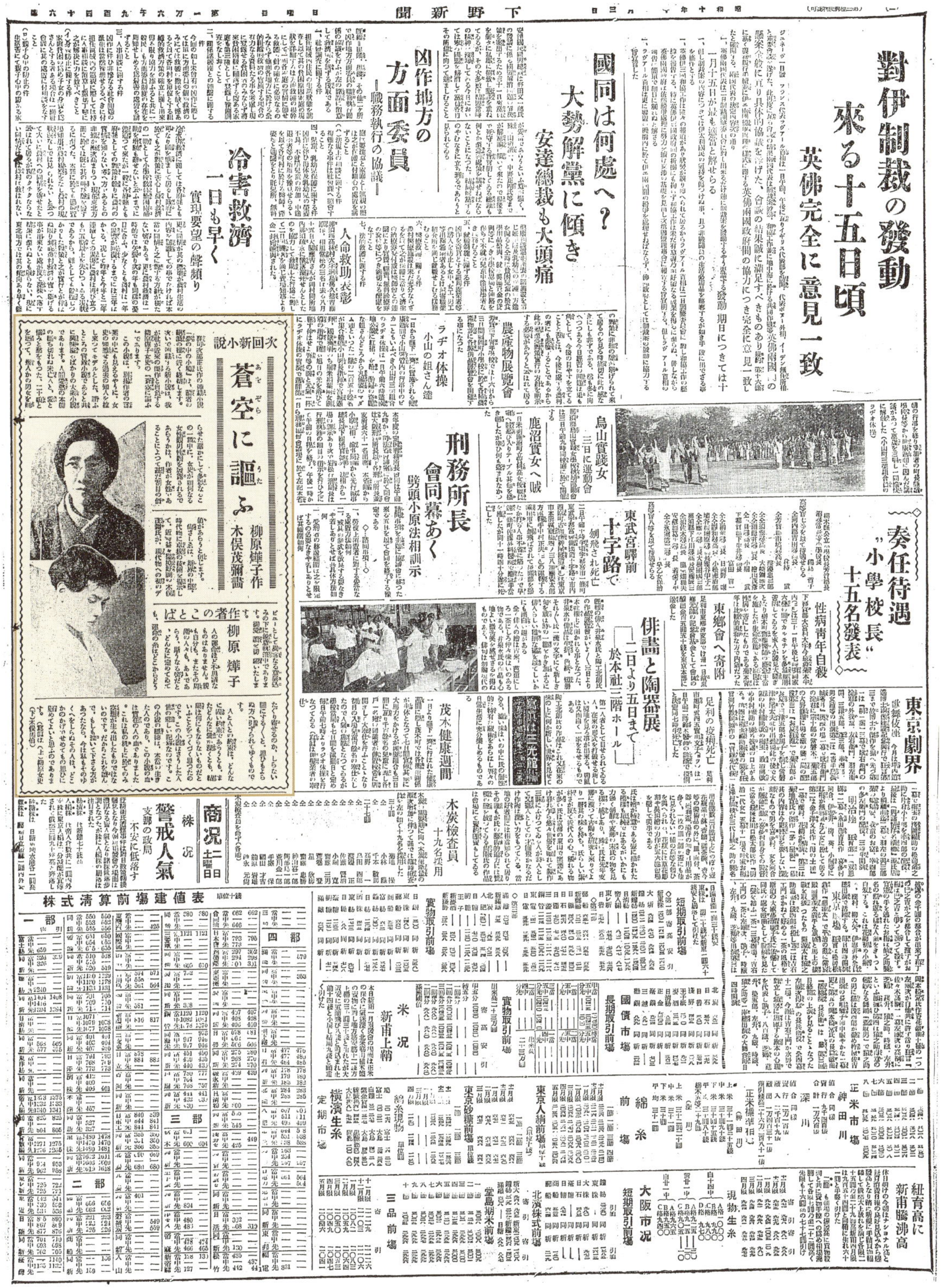

昭和10年11月3日(日)朝刊2面(第16946号)　本紙は今も昔も連載小説を掲載している。紙面では大正三美人のひとりと言われた歌人で小説家・柳原燁子《やなぎわらあきこ》(白蓮《びゃくれん》)の新連載「蒼空に謳ふ」の予告が、本人の写真と挿絵を担当した木俣茂彌《しげや》の写真とともに紹介されている。本紙の連載では、ペンネームで雅号の「白蓮」ではなく、旧姓・本名を名乗っている。当時、弁護士の宮崎龍介と結婚。夫がかかわる労働運動や選挙などをペン1本で支え、また自身も慈善活動にかかわっていた。

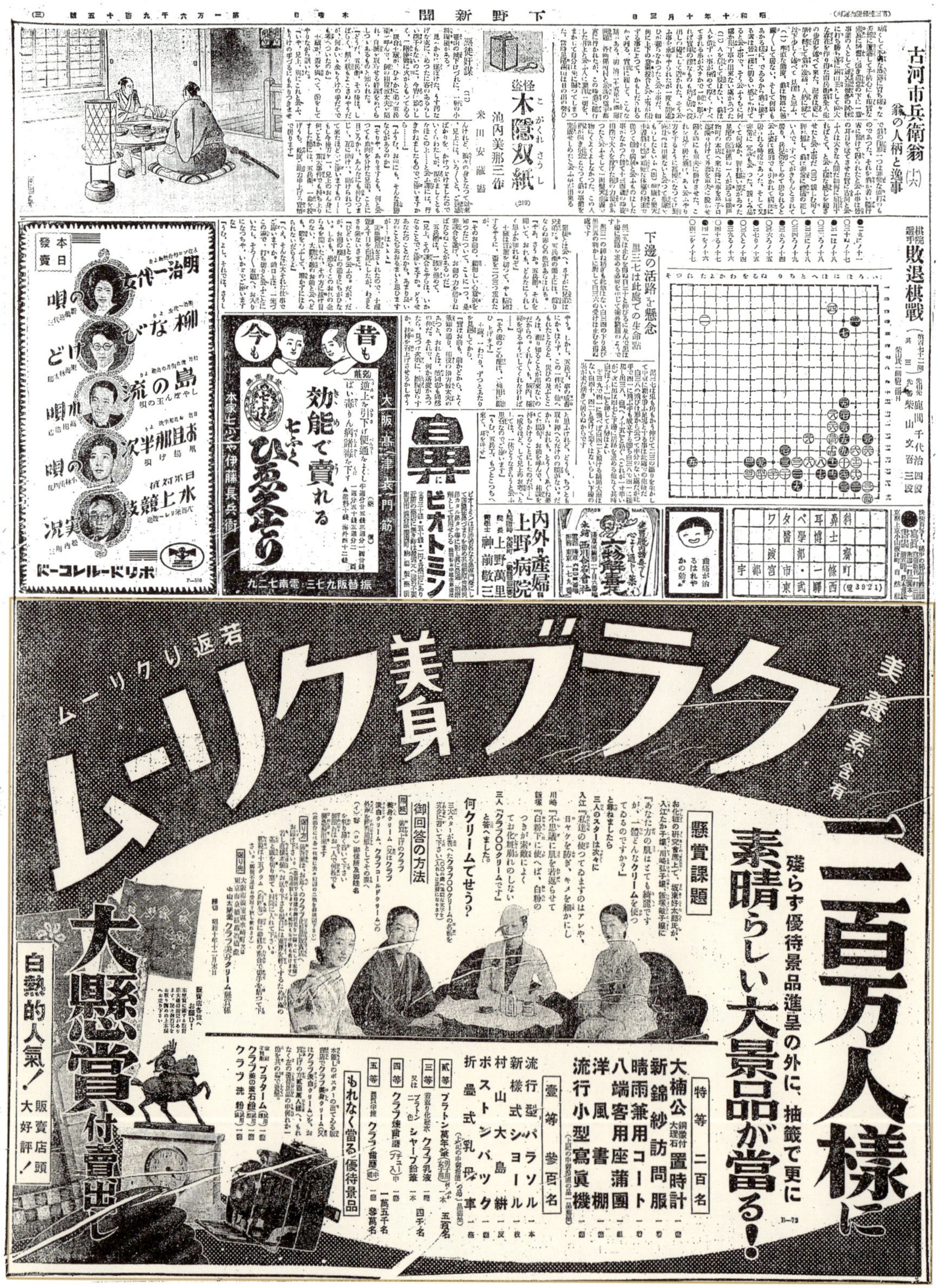
下野新聞　昭和十年十月三日　木曜日　第一万六千九百十五號　（三）

古河市兵衛翁（十六）　翁の人柄と逸事

棋院選手　敗退棋戦

怪盗　木隠双紙《こがくれさうし》　池内美那三作　米田安藏畫

下邊の活路を懸念

内外　産婦　上野病院

昔も　今も　効能で賣れる

ポリドールレコード

若返りクリーム

クラブ美身クリーム

美養素含有

二百万人様に

破らず優待景品進呈の外に、抽籤で更に素晴らしい大景品が當る！

懸賞課題

お化粧の研究會席上で、坂東好太郎氏が、入江たか子孃、川崎弘子孃、飯塚敏子孃に『あなた方の肌はとても綺麗ですが、一體どんなクリームを使つてゐるのですか？』と尋ねましたら三人のスターは次々に

入江『私達の使つてゐますのはアレや、日ヤケを防ぎ、キメを細かにし

川崎『不思議に肌を若返らせて

飯塚『白粉下に使へば、白粉のつきが素敵によくてお化粧崩れのしない

三人『クラブ〇〇クリームです』と答へました。

何クリームでせう？

御回答の方法

特等　二百名
大楠公銅像付大理石置時計　一個
新錦紗訪問服　一揃
晴雨兼用コート　一着
八端客用座蒲團　一組
洋風書棚　一個
流行小型寫眞機　一個

壹等　參百名
流行型パラソル　一本
新様式ショール　一枚
村山大島絣　一反
ボストンバッグ　一個
折疊式乳母車　一臺

貳等　五百名　プラトン萬年筆　一本

三等　四千名　クラブ乳液　一個　又はプラトンシャープ鉛筆　一本

四等　一萬五千名　クラブ煉歯磨　一個

五等　參萬名　クラブ歯磨　一個

もれなく當る優待景品
プラターム　一個
クラブ美爽石鹸　一個
クラブ洗粉　一個

大懸賞付賣出し

白熱的人氣！　販賣店頭大好評！

昭和10年10月3日（木）夕刊3面（第16915号）　大阪の「中山太陽堂」からこの年に発売された「薬用クラブ美身クリーム」は、天然ホルモンを配合した「ホルモンクリーム」として大ヒットした。肌にとけ込むような使用感で多くの女性に愛用され、今なお「クラブホルモンクリーム」として販売している。紙面は200万人に当たる懸賞広告。「クラブ美身クリーム」は本紙に幾度となく広告を掲載していた。

昭和10(1935)年 天皇機関説批判とファッショ化

この年の流行

流行(語)	天皇機関説、人民戦線、ハイキング、国体明徴、非国民
流行歌	野崎小唄、大江戸出世小唄、二人は若い、明治一代女
書物	第1回芥川賞(石川達三「蒼氓」)、直木賞(川口松太郎「鶴八鶴次郎」)、太閤記、人生劇場・青春篇
映画	忠次売出す、お琴と佐助、雪之丞七変化
モノ	街頭ラジオ、喫茶店ブーム、月賦販売流行、ロングスカート

この年の物価

カレーライス15～20銭、最中2銭、あんみつ13銭、やきとり10銭、豆腐5銭、納豆5銭、石油ストーブ18円

県内の主な動き / 国内外の主な動き

1月	**粟野町で町民500人が町有林の貸し付けに反対し町に陳情書を提出(7日)**
2月	貴族院で美濃部達吉の天皇機関説が問題化。不敬罪で美濃部を告発(18日)
3月	弾圧により日本共産党中央委員会が壊滅(4日) 東京・渋谷駅の「忠犬ハチ公」が路上で死亡(5日) **衆議院が天皇機関説排撃の国体明徴決議案を可決(23日)** **※右記事参照→** **私立宇都宮盲唖学校と私立足利盲学校が県に移管され、県立校に(25日)**
4月	青年学校令が公布。各地で実業補習学校と青年訓練学校が統合(1日) **烏山銀行が足利銀行に合併される(26日)**
5月	**栃木県教育会館が県庁前に完成(25日)**
8月	第1回芥川賞・直木賞を発表(10日) 陸軍軍務局長の永田鉄山が皇道派の相沢中佐に刺殺される〈51歳〉(12日)
9月	独でユダヤ人の市民権はく奪とユダヤ人との結婚を禁止するニュルンベルク法が公布(15日) 美濃部達吉が貴族院議員を辞任(天皇機関説事件)。起訴猶予処分となるも学説不変と声明(18日)
11月	日本ペンクラブ発会式。会長は島崎藤村(26日)
12月	大阪野球倶楽部(大阪タイガース)創設(10日) **県営五十里発電所が運転開始(12日)**

この年を語る上で忘れられないのが「国体」という聞きなれない言葉。その発端となったのが、貴族院議員で憲法学者の美濃部達吉が唱えた**「天皇機関説」事件**。結局、美濃部は不敬罪で告発(起訴猶予処分)され、貴族院議員辞職に追い込まれた。この事件が発端となって、8月には天皇が統治権の主体であり、日本は天皇が統治する国家であることを宣言した**「第一次国体明徴声明」**が出された。一方、徹底的に弾圧されてきた日本共産党中央委員会は壊滅。4月には**青年学校令が公布**。栃木県内でも、勤労に従事する青年たちの社会教育の場である実業補習学校と青年訓練学校が統合された。国外に目を向ければ、中国共産党が日本の中国進出に対抗するよう要求(八・一宣言)。中国国内の世論が内戦の停止と日本へ対抗する方向へ傾いていった。

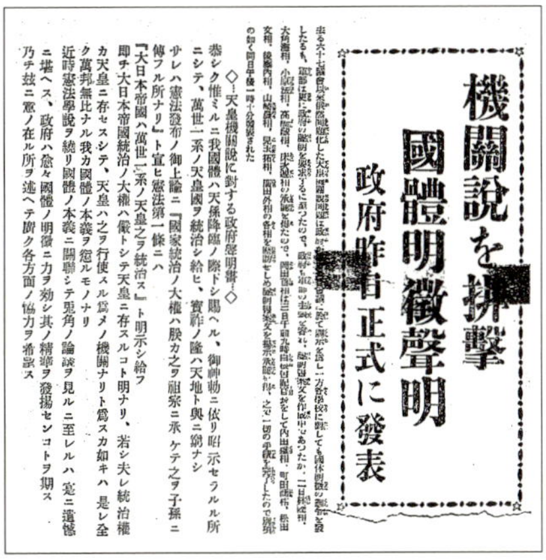

機關說を排擊
國體明徵聲明
政府昨日正式に發表

◇…天皇機關說に對する政府聲明書…◇

恭シク惟ミルニ我國體ハ天孫降臨ノ際下シ賜ヘル、御神勅ニ依リ昭示セラルル所ニシテ、萬世一系ノ天皇國ヲ統治シ給ヒ、寶祚ノ隆ハ天地ト與ニ窮ナシ

サレハ憲法發布ノ御上諭ニ『國家統治ノ大權ハ朕カ之ヲ祖宗ニ承ケテ之ヲ子孫ニ傳フル所ナリ』ト宣ヒ憲法第一條ニハ『大日本帝國ハ萬世一系ノ天皇之ヲ統治ス』ト明示シ給フ

即チ大日本帝國統治ノ大權ハ儼トシテ天皇ニ存スルコト明ナリ、若シ夫レ統治權カ天皇ニ存セスシテ、天皇ハ之ヲ行使スル爲メノ機關ナリト爲スカ如キハ是レ全ク萬邦無比ナル我カ國體ノ本義ヲ愆ルモノナリ

近時憲法學說ヲ繞リ國體ノ本義ニ關聯シテ兎角ノ論議ヲ見ルニ至レルハ寔ニ遺憾ニ堪ヘス、政府ハ愈々國體ノ明徵ニ力ヲ効シ其ノ精華ヲ發揚センコトヲ期ス

乃チ玆ニ意ノ在ル所ヲ述ヘテ廣ク各方面ノ協力ヲ希求ス

昭和10年8月4日(日)朝刊2面(第16855号)

夕刊 昭和十一年二月二十八日 金曜日 下野新聞 (年中無休刊) 第一万七千六十三号

夕刊 下野新聞 二月二十七日

天氣豫報

落合農會協議

帝都に戒嚴令施行

緊急勅令公布さる

戒嚴司令官に香椎中將轉補

勅令

朕茲ニ緊急ノ必要アリト認メ樞密顧問官ノ諮詢ヲ經テ帝國憲法第八條第十項ニ依リ一定ノ地域ニ戒嚴令中必要ノ規定ヲ適用スルノ件ヲ裁可シ之ヲ公布セシム

御名御璽

昭和十一年二月廿七日

朕昭和十一年勅令第十八號ノ事項ニ關スル件ヲ裁可シ茲ニ之ヲ公布セシム

御名御璽

勅令第十八號

勅令第十九號

東京市

朕戒嚴司令部令ヲ裁可シ茲ニ之ヲ公布セシム

御名御璽

勅令第廿號

戒嚴司令官轉補

轉補戒嚴司令官 香椎浩平

內閣總辭職

廿七日拂曉辭表捧呈

後藤首相臨時代理は各閣僚の辭表を取纏め宮中に參內し闕下に捧呈した、天皇陛下におかせられては何分の沙汰ある迄政務を見よとの有難き御沙汰を賜つた

再告諭

香椎司令官

戒嚴司令官 香椎浩平

帝都治安平穩

在外使臣に治安完全を通達

金融界動搖なし

號外詳報

(1)岡田首相(2)渡邊教育總監(3)鈴木侍從長(4)高橋藏相(5)齋藤內府(6)牧野前內府

東西手形交換所平常通營業

全國の各取引所

一齊に臨休を發表

株式取引所始め諸商品取引所は全國的に臨時休會を發表したが現在の處では立會の再開については全く見當がつかず廿七日も引續き休業に決つた

戰 終 れ り

顧る選擧界具象

各候補の得票振

高點者から順次に見參

(四)

昨夜の東京盛場

銀座通り(上)と休場の淺草活動街

利根川運河を含む

東京大地方計畫

半徑卅哩の環狀道路

氏家町長に

大門氏再選か

滴筆

我公社債急落

高血壓 神經痛 中風 腦病 喘息

不治でない 血液を淨化せば治る

蜆橋のオゾンパイフ

喜びの聲

新發賣

セーラ萬年筆

一本で細字と太字と書ける

ハガキ一枚で運が開ける病が治る!!

靈法 奥秘公開

洗心會本部

空氣銃 特賣

春近く

薬用

洗粉

昭和11年2月28日（金）夕刊1面（第17063号）　2月26日の雪降る未明、陸軍皇道派の青年将校らが約1,400人を率いて、高橋是清蔵相らを暗殺・重傷を負わせた、いわゆる「二・二六事件」が発生。軍首脳を経由して天皇に昭和維新の実現を訴えるも、政府と軍はかれらを「叛乱軍」と決め、武力鎮圧を決意。包囲し投降を促し鎮圧した。事件後しばらくは「不詳事件」「帝都不詳事件」とも呼ばれていた。

夕刊 昭和十一年四月一日 水曜日 下野新聞 (年中無休刊) 第一万七千九十六號 (一)

夕刊 下野新聞

天氣豫報

御眞影 宮署へ奉遷

相次ぐ厄火

今曉三時東北隅から發火 縣廳殆んど灰燼と化す

軍隊消防三千余名必死の活動

損害百万圓に及ぶ

別館耕地整理、保安、衛生、警察部長室、警務、部長書記室、刑事各課及附属建物、本館知事室、總務、學務、經濟三部室、農務、産業組合、統計、商工、社會教育、農產物検査、會計、文書、教育、官房各課、縣參事會室、食堂、新聞記者室、特高、地方、健康保險各課等を全燒

夫人連の炊出し

交換手が發見 高層建築櫛比で

附近大混雑を呈す

軍隊大活動

重要書類を搬出

負傷者續出 赤十字宮署前に救護班

其後判明の負傷者

專賣局に續く縣廳の大火

「市民大衝動を受く」

内務省より事務官派遣

「原案執行」霧消す

河合市長縣を見舞ふ

知事緊急訓示

見舞電報山積

火事場風景

寫眞

(1)延燒中の本館正面

(2)赤十字支部に各課の情報を聞く松村知事(×印)と山縣總務部長(右)

(3)宮衛戍部隊の活動

(4)猛火に包まれた教育課附近

(5)宮警察署前の縣立病院救護班の活躍

昭和11年4月1日(水)夕刊1面(第17096号) 3月31日午前3時ころ、栃木県庁2階の耕地整理課付近から出火。火はまたたく間に燃え広がり、2階建て本館にも燃え広がった。軍隊と消防合わせて3,000人余が出動し消火活動をおこなったが、築50年を経過した木造建築のために火のまわりが早く、本館の大部分は全焼。午前9時ごろ鎮火した。写真は、延焼中の本館正面をはじめ、救護活動の様子などを伝えている。

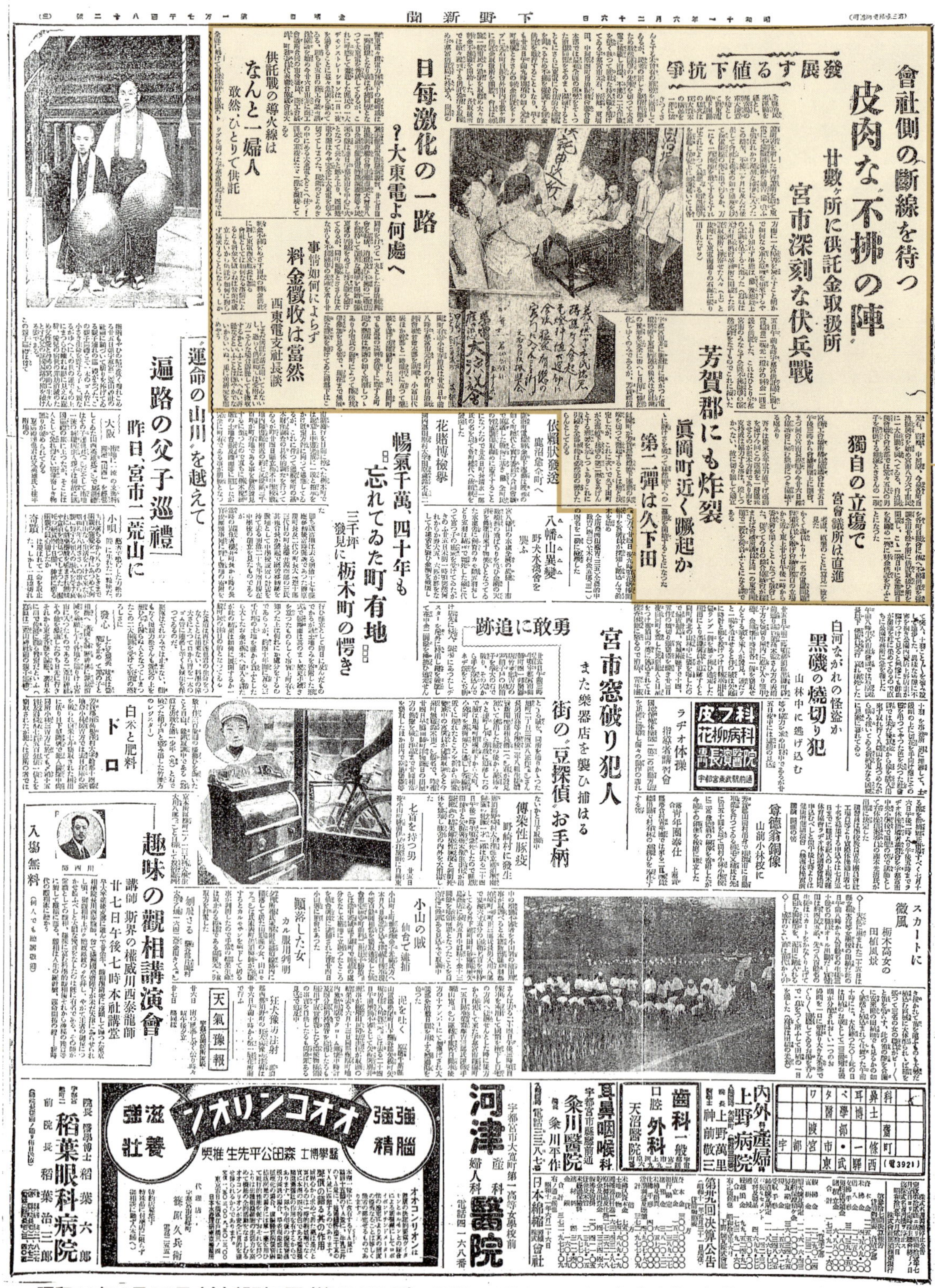

下野新聞　昭和十一年六月二十六日

會社側の斷線を待つ
皮肉な"不拂の陣"
廿數ヶ所に供託金取扱所
宮市深刻な伏兵戦

發展する値下抗爭

芳賀郡にも炸裂
眞岡町近く蹶起か
第二彈は久下田

獨自の立場で
宮會議所は直進

日毎激化の一路
?大東電よ何處へ

事情如何によらず
料金徴收は當然
西東電支社長談

供託戦の導火線は
なんと一婦人
敢然、ひとりで供託

"運命の山川"を越えて
遍路の父子巡禮
昨日、宮市二荒山に

暢氣千萬、四十年も
"忘れてゐた町有地"
三千坪
發見に栃木町の愕き

花賭博檢擧

依頼狀發送

八幡山異變
野犬水禽舎を襲ふ

勇敢に追跡

宮市窓破り犯人
また樂器店を襲ひ捕はる
街の"豆探偵"お手柄

傳染性豚疫

白河ながれの怪盗か
黒磯の燒切り犯

スカートに微風

趣味の觀相講演會

小山の賊

天氣豫報

オオコンリオン

河津醫院

稻葉眼科病院

昭和11年6月26日(金)朝刊3面(第17182号)　昭和のはじめころから、無産政党の主導のもとで電気料の値下げ抗争が県内各地で相次いで起こった。民衆は東京電燈(現・東京電力)に対し、消灯と不払いの二大作戦を行って持久戦を展開。宇都宮市を中心に県民の一大デモンストレーションとなって県内に拡がり、東京電燈側に大打撃を与えた。この時、県内で先陣を切ったのが宇都宮市元石町自治振興会だった。

發展する値下抗爭

會社側の斷線を待つ
皮肉な"不拂の陣"
廿數ヶ所に供託金取扱所
宮市深刻な伏兵戰

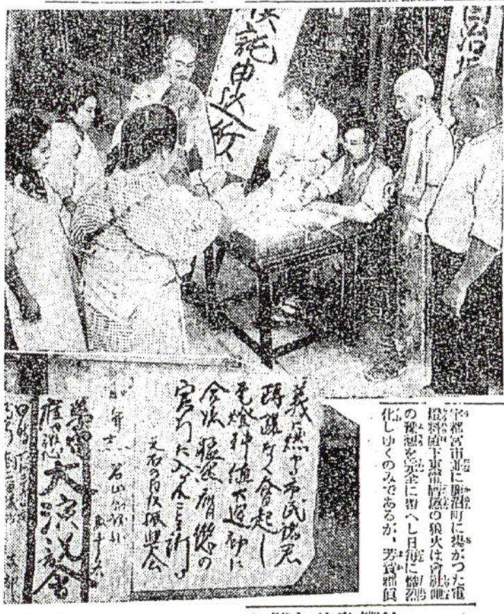

芳賀郡にも炸裂
眞岡町近く蹶起か
第二彈は久下田

獨自の立場で
宮會議所は直進

日毎激化の一路
?大東電よ何處へ

供託戰の導火線は
なんと一婦人
敢然、ひとりで供託

事情如何によらず
料金徴收は當然
西東電支社長談

東京電燈に対し「合法的大打撃」を与えるべく採られた戦術が、電気料金を供託すること。宇都宮市内十数ヵ所に供託金取扱所が開設され、最初に供託金を納めたのが元石町の椎塚ときさんという女性。これがきっかけとなって、各町自治会や市民たちが続き、鹿沼や芳賀郡内に拡がっていった。一方、東京電燈側は供託の如何にかかわらず電気料を請求すると方針で対抗、値下げ抗争は日を追うごとに激しくなっていった。

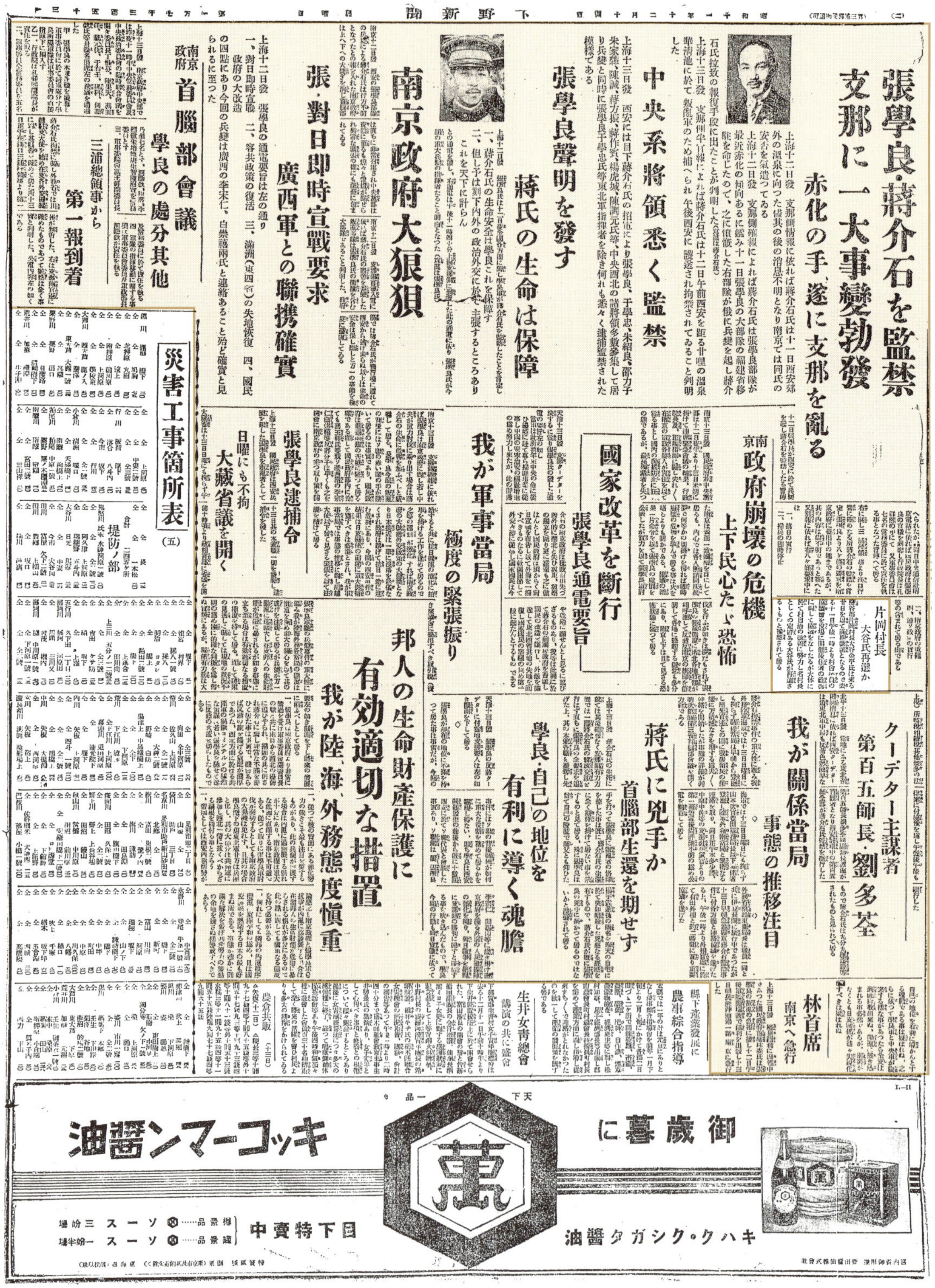

下野新聞　昭和十一年十二月十四日

張學良・蔣介石を監禁
支那に一大事變勃發
赤化の手、遂に支那を亂る

上海十二日發　支那側情報に依れば蔣介石氏は十一日西安郊外の溫泉に向つた儘其の後の消息不明となり南京では同氏の安否を氣遣つてゐる

上海十二日發　支那側確報によれば蔣介石氏は張學良部隊が最近赤化の傾向あるに鑑み十一日張學良の大部隊の福建省移駐を命じたので、之に憤慨した右部隊が俄に兵變を起し蔣介石氏拉致の報復手段に出たことが判明した（寫眞は蔣介石氏）

中央系將領悉く監禁

上海十三日發　支那側半官報によれば蔣介石氏は十二日午前西安を距る廿哩の溫泉華清池に於て叛亂軍のため捕へられ午後西安に護送され拘禁されてゐること判明した

上海十三日發　西安には目下蔣介石氏の招電により張學良、于學忠、朱紹良、邵力子朱家驊、陳誠、蔣方振、蔣作賓、楊虎城、陳調元氏等、中央西北の諸將領多數參集して居り兵變と同時に張學良于學忠氏等東北軍指揮者を除き何れも悉く逮捕監禁された模樣である

張學良聲明を發す
蔣氏の生命は保障

一、蔣介石氏の生命安全は學良これを保障す
二、但し予は劉下内外の政治外交に於て主張するところあり
これを天下に計らん

南京政府大狼狽

張・對日即時宣戰要求
廣西軍との聯携確實

上海十二日發　張學良の通電要旨は左の通り
一、對日即時宣戰　二、容共政策の復活　三、滿洲（東四省）の失地恢復　四、國民政府の大改造
の四點にあり今回の兵變は廣西の李宋仁、白崇禧兩氏と連絡あること殆ど確實と見られるに至つた

南京政府　首腦部會議
學良の處分其他

三浦總領事から　第一報到着

災害工事箇所表（五）
堤防ノ部

國家改革を斷行
張學良通電要旨

我が軍事當局
極度の緊張振り

張學良逮捕令

日曜にも不拘　大藏省議を開く

南京　政府崩壞の危機
上下民心たゞ恐怖

片岡村長　大谷氏再選か

クーデター主謀者　第百五師長・劉多荃

我が關係當局
事態の推移注目

蔣氏に兇手か
首腦部生還を期せず

學良・自己の地位を有利に導く魂膽

邦人の生命財産保護に有効適切な措置
我が陸、海、外務態度愼重

林首席　南京へ急行

縣下産業發展に　農事綜合指導

生井女青總會
講演の共に盛會

農倉共販（十三日）

昭和11年12月14日（月）朝刊2面（第17353号）　12月12日、中国共産党討伐のため西安にいた張学良らが中国国民党の蒋介石を監禁した「西安事件」が発生。張学良は内戦停止、一致抗日などを蒋介石に要求するも、中国共産党の周恩来の調停により、蒋介石は要求を原則的に認め、釈放された。この事件を契機に、中国国民党と中国共産党は内戦を停止した。

夕刊　昭和十一年八月二日　日曜日　下野新聞　（年中無休刊）　第一万七千二百十九號　（一）

文夕刊　下野新聞　八月一日

万歳！東京遂に勝つ

次回オリンピック競技　東京開催に決定！

我が擧國の力闘に凱歌

（ベルリン卅一日發至急報）一九四〇年の次期第十二回オリンピック大會開催地を決定すべき本日（卅一日）の國際オリンピック委員會はホテル、アドロンに於て開かれ投票の結果東京支持三十六票、ヘルシンキ支持二十七票で東京に凱歌が揚つた

千五百万圓を投じ　豪華無比の競技場

早くも具体案決定

△水上競技場　△戸外競技場　△馬術競技場　△漕艇競技場　△ヨット競技場　△射撃場　△陸上競技場　△室内競技場　△美術競技場　△庭球場　△演武館　△冬期競技場　△オリンピック宿舎　△野球場

天氣豫報

物を聽く會

先づ客車の新造

輸送準備四ヶ年計畫

お客の心配無用

三段構へ宿舎用意

四ヶ年の努力酬いらる

―牛塚東京市長談―

サア次は設備だ！

俺が號令をかけるぞ

―内田信也氏談―

我國に對する正しき理解の結果

廣田内閣總理大臣談

最初に計畫を立てた　永田拓相の喜び

僕は確信してゐたよ

―平生文相語る―

東京招致運動史

オリンピック招致の意義並に其價値

文部省體育課長　岩原拓氏（談）

義務教育年限延長に就て（三）

文部政務次官　山本厚三

第二、教育内容の改善より見て

第三、國防及産業上より見て

第四、教育の機會均等より見て

第五、世界各國の實例より見て

第六、國民參政權より見て

移動勞働者　四十名募集

足利宗教講習

茂木青年校　キャンプへ

芳賀郷土會

八幡山林間學校　一日より開始

大山田人口動態

昭和11年8月2日（月）夕刊1面（第17219号）　7月31日、ベルリンで国際オリンピック委員会が開かれ、次期オリンピック開催地を決める投票で東京36票、ヘルシンキ27票で東京に決定。欧米以外でまたアジアの国として初開催となるはずだった。しかし、日中戦争の影響などで昭和13年7月に日本政府は開催権の返上を決定。次点のヘルシンキに変更となるも、第二次世界大戦の影響でこちらも開催が中止となった。

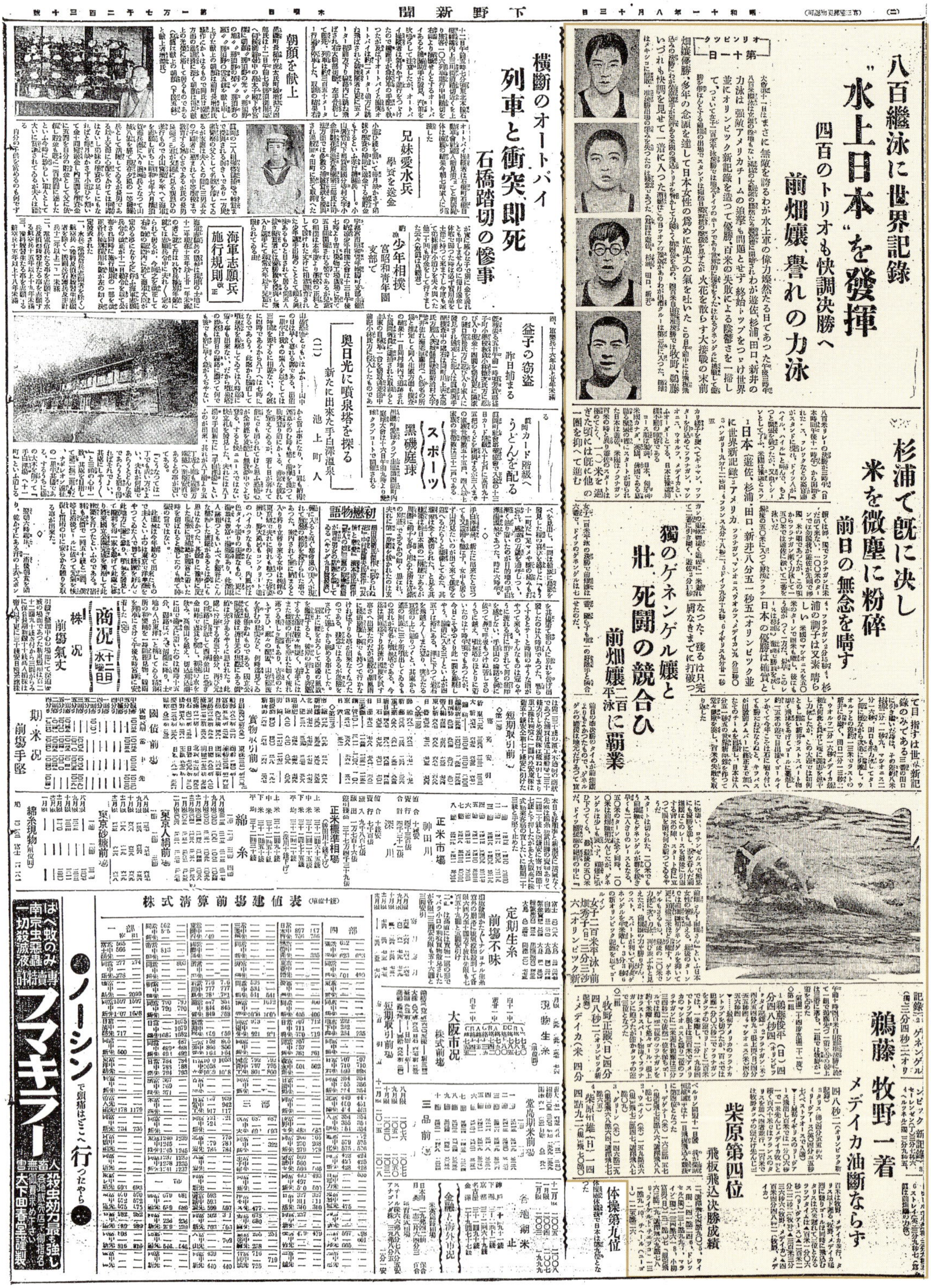

昭和11年8月13日（木）夕刊2面（第17230号）　第11回ベルリンオリンピック大会第11日目、競泳男子800m自由形メドレーで日本は金メダル、また競泳女子200m平泳ぎで前畑秀子が日本女子としてオリンピックで初の金メダルを獲得するなど、競泳だけで男女合わせて4個の金、銀2個、銅5個の11個のメダルを獲得。競泳参加国中最多の獲得で「水上日本」の「偉力燦然」たる日であった。

昭和11(1936)年 昭和維新の実現と二・二六事件

この年の流行

流行(語)	今からでも遅くない、庶政一新、前畑ガンバレ、下腹部
流行歌	忘れちゃいやよ、東京ラプソディー、ああそれなのに
書物	宮本武蔵、故旧忘れ得べき、真実一路、怪人二十面相
舞台・映画	人生劇場、祇園の姉妹、日劇ダンシングチーム初公演
ラジオ	国民歌謡、初のオリンピック中継、「兵に告ぐ」(二・二六事件)
モノ	アルマイト弁当箱、キューピー人形全盛

この年の物価

白米10kg2円48銭、20世紀梨10 ～ 25銭、まんじゅう5銭、コーヒー 15銭、理髪料30銭、パーマ10円

県内の主な動き / 国内外の主な動き

1月	**日本がロンドン海軍軍縮会議脱退を通告(15日)※右下記事参照 ↘**
2月	皇道派の青年将校らが約1400人を率いて反乱。各所で高橋是清蔵相らを襲撃、殺傷(二・二六事件)。東京に厳戒令施行されるも、厳戒令本部が「兵に告ぐ」を放送、反乱軍のほとんどが原隊復帰(26日)
3月	**栃木県庁大火。別棟の県会議事堂などを残して本館の大部分を焼失(31日)**
5月	**ピストン堀口、日本人で初めて海外でタイトルを獲得** **益子銀行が足利銀行と合併(17日)** 阿部定が愛人を殺害し陰部を切断〈阿部定事件〉(18日) **栃木農商銀行が足利銀行と合併(31日)**
7月	二・二六事件判決。17人に死刑判決(5日) スペインでフランコ将軍がクーデター宣言。スペインは内戦状態に(18日) 次期オリンピック開催地が東京に決定(31日)
8月	第11回ベルリン五輪が開幕(1日) **足利銀行が久下田銀行を買収し、合併(8日)** ベルリン五輪で前畑秀子が水泳200m平泳ぎで優勝(11日)
11月	日独防共協定調印(25日) **黒羽商業銀行が足利銀行と合併(30日)**
12月	蒋介石が張学良らに監禁される(西安事件)。国共合作を促す契機(12日)

年明け早々、日本はロンドン海軍軍縮会議の脱退を通告。軍縮の時代が終わりを告げた。その翌月、昭和史のひとつの山場ともいうべきクーデター未遂事件である**二・二六事件**が発生。しかし、この事件を契機に軍の政治的発言力は飛躍的に増し、関東軍司令部が作成した「満州農業移民百万戸移住計画」は政府の国策として推進されていく。その背景には、昭和の恐慌で疲弊と困窮を極めた農村部の実態があった。国外では、12月に蒋介石が張学良らに監禁された**西安事件**が発生。後の国共合作を促す契機となった。一方、8月に開催されたベルリンオリンピック開会式前日に、**次期オリンピック開催地が東京と決定**。軍需産業が好景気を迎え、工員の給料もあがり、昭和15年の「紀元二千六百年」に向けて日本はにわかに祝祭化していった。

愈々軍縮會議を脱退

歴史的會同に臨み 最後の止めを刺す

我全權一切の準備工作を終る

會議脱退通告書 きのふ早曉脱稿

昭和11年1月16日(木)朝刊2面(第17020号)

昭和12年 1937

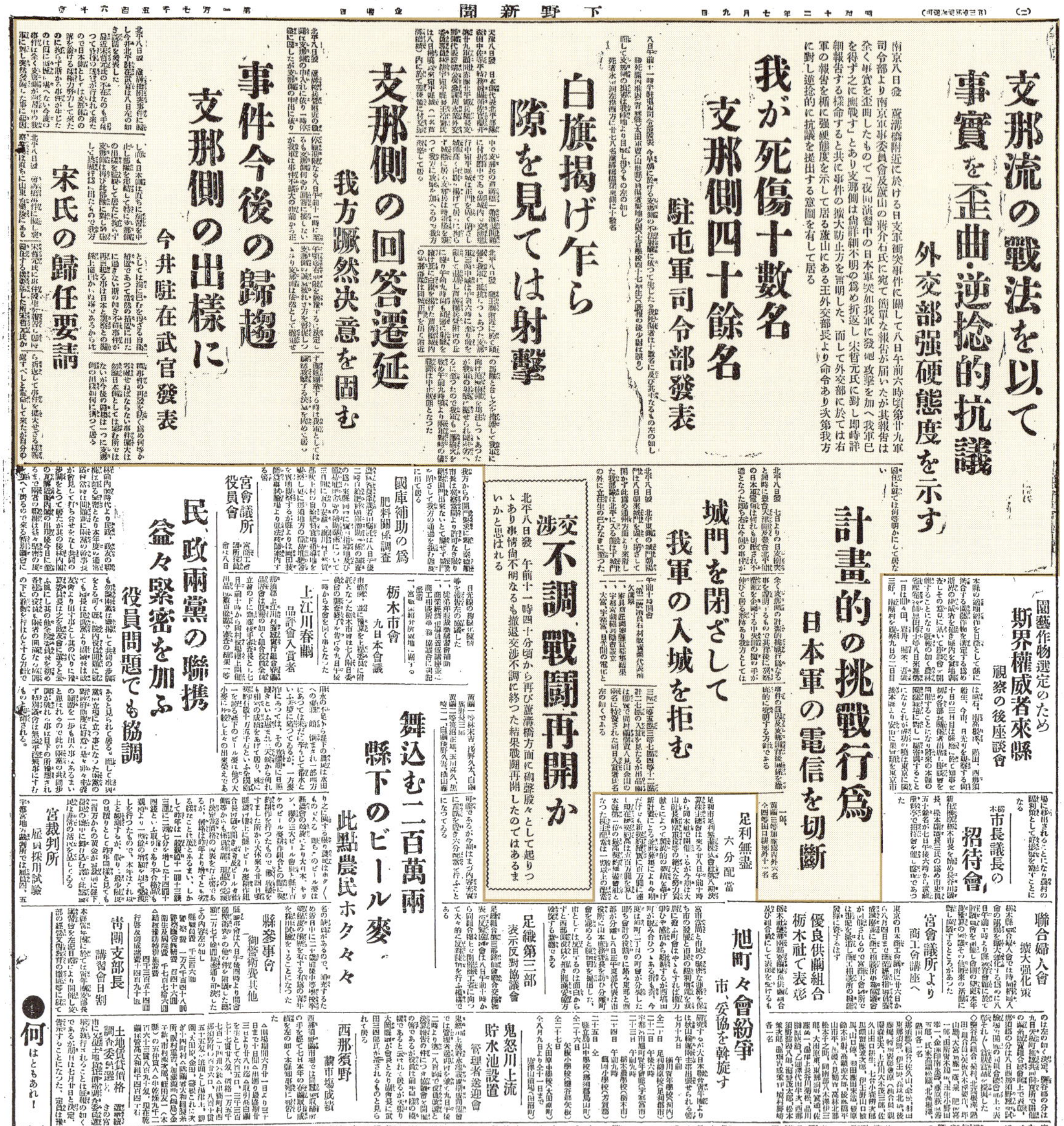
下野新聞
昭和十二年七月九日 金曜日

支那流の戰法を以て事實を歪曲・逆捻的抗議
外交部強硬態度を示す

我が死傷十數名 支那側四十餘名
駐屯軍司令部發表

白旗掲げ乍ら 隊を見ては射撃

支那側の回答遷延
我方蹶然決意を固む

事件今後の歸趨 支那側の出様に
今井駐在武官發表

宋氏の歸任要請

計畫的の挑戰行爲
日本軍の電信を切斷

城門を閉ざして 我軍の入城を拒む

交渉不調 戰鬪再開か

民、政兩黨の聯携 益々緊密を加ふ
役員問題でも協調

舞込む二百萬兩 縣下のビール麥
此點農民ホクホク

園藝作物選定のため 斯界權威者來縣
視察の後座談會

昭和12年7月9日（金）朝刊2面（第17560号） 7月7日夜、北平《ペイピン》（北京の中華民国時代の呼称）郊外の盧溝橋近くで演習をしていた日本軍に実弾が2度発射され、日本軍が北京周辺の中国国民党軍への攻撃を開始した（盧溝橋事件）。紙面では、南京、天津、北平各地の様子を伝えている。この事件がきっかけとなって、9月の中国における第二次国共合作によって、日本と中国は全面戦争に突入した。

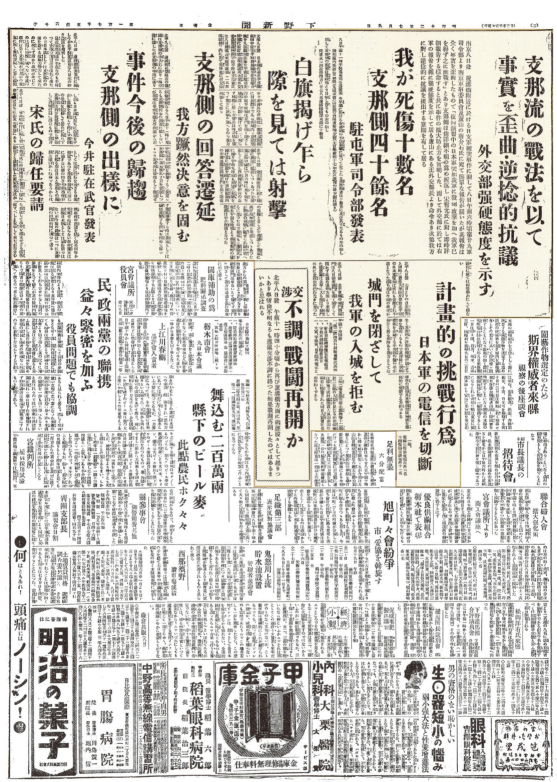

（二）　昭和十二年九月二十九日　水曜日　下野新聞　第一万七千六百四十二號

我無敵海軍機の快翔
各地鐵路・鐵橋を破壞
廣東上空で敵機を擊墜

一、午前十時江草南方鐵橋及銀盞坳留關及附近鐵橋、芒江附近鐵橋を爆擊し尚廣東地方にて空中戰鬪の結果カーチス飛行機一機擊墜、從化飛行場にてフアイアット型飛行機を邀擊炎燒せしめ

一、午後二時半頃より更に反復して江村南方鐵橋を爆擊破壞銀盞坳郭塘間の鐵路を山間の隘部にて破壞鐵路を埋沒せり

劉家行一角占領

【上海〇〇前線にて廿八日發】細見部隊麾下の戰車〇〇隊は廿八日午後一時敵の猛攻擊を排し遂に〇家行北部に突入其一角を占領した

廣德飛行場空爆

【上海廿八日發】海軍航空隊岡村少佐の率ゆる空の精鋭は西岡中尉指揮の〇〇隊と共に今早朝朝靄を衝いて廣德飛行場を空襲敵の高角砲機銃の亂射の中を格納庫及兵舍に徹底的爆擊を加へて無事歸還した

南京大校場爆破

【上海廿八日發】我海軍航空隊〇〇機は和田少佐指揮の下に本日午後一時半頃（日本時間）南京を空襲し南京の練兵場兼飛行場たる大校場を爆擊し破壞した

蕪湖飛行場爆破

【上海廿八日發】和田部隊の南京空襲と相前後して田中大尉の指揮する田中、江草南郷各部隊は本日午後一時半更に蕪湖飛行場を爆擊した

聯盟や列國の策動に動ぜず一路直進せよ
廣田外交の毅然たる態度

支那事變畫報

赤軍頂英、蔣と妥協
共産部隊を改編
江西省政府と手續中

居宅漢家宅占據

老宅燃え上る

滿洲種馬購買
買上六頭

滿洲移民講演

蠢動するソ聯

シベリア鐵道複線化を始め
極東交通機關の擴充
對日戰備に沒頭するソ聯

小山に銃後
奉仕團組織

産組擴充方針

巡回研究

縣購聯總會

種馬共進會

男工百名募集
紡績西大垣工場

常盤晩秋蠶
買唄四圓廿錢

小山市場開場
高値四圓七十二錢

資源局と企畫廳統合
戰時對應　新機關設置
昨日の閣議で決す

役馬利用講習

ビール麥共進會
安蘇郡優勝

大田原神社
例祭十月一日

佐野織市況

農倉共販

國民精神總動員
本縣實行委員會
委員囑託決す

一、會長　栃木縣知事　松村光磨

實施要綱

昭和12年9月29日（水）朝刊2面（第17642号）　この年、第一次近衛文麿内閣によって提唱された「国民精神総動員運動」。この運動は日中戦争が拡大する中、国民に戦時意識を徹底させ、戦争協力を促した国民的規模の運動のことで「滅私奉公」を推進した。多くの団体が参加し、内閣の外郭団体として国民精神総動員中央連盟が結成された。県内では9月末、県知事を会長に「国民精神総動員栃木県実行委員会」を設置した。

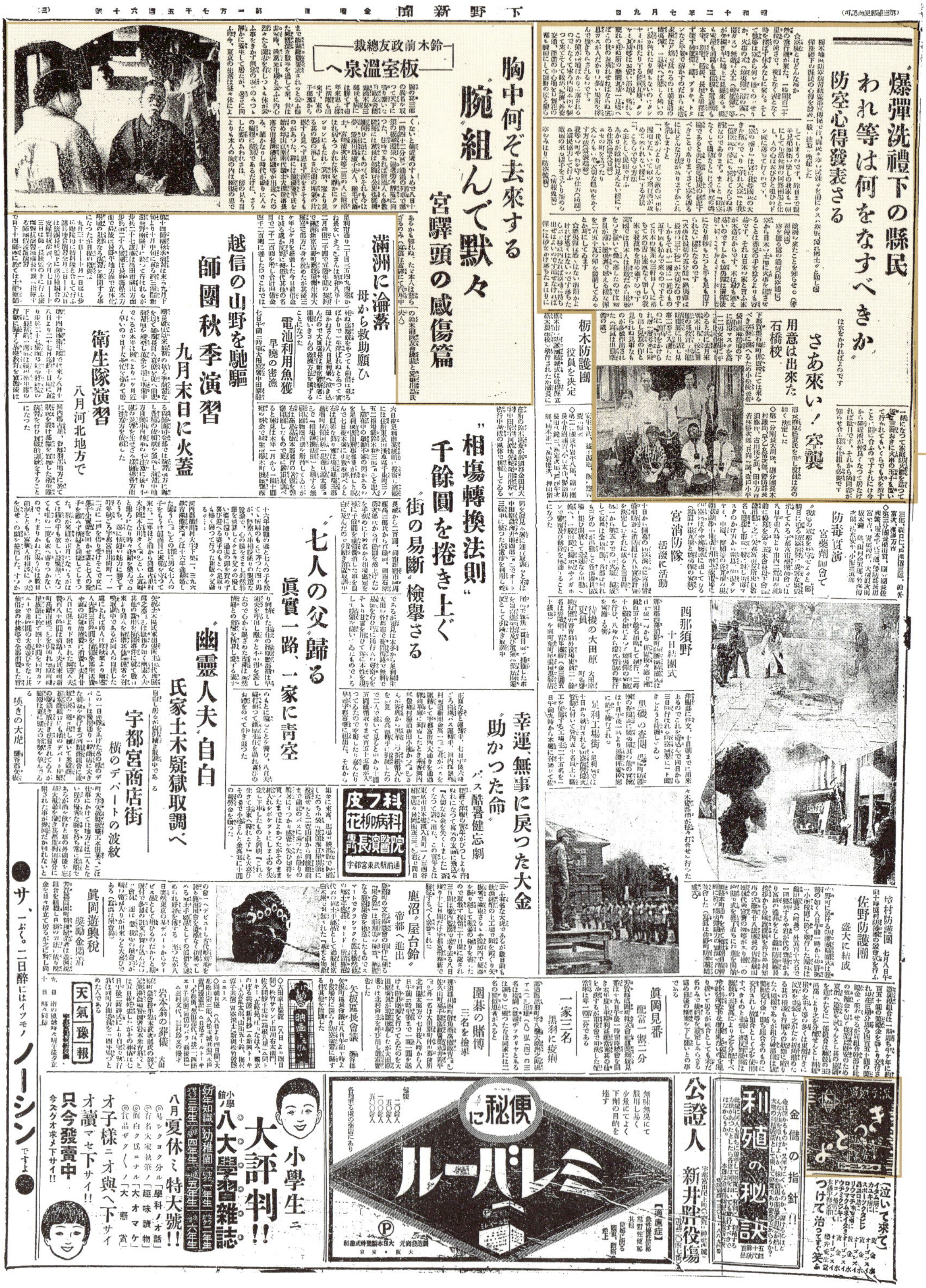
昭和十二年七月九日　下野新聞　（三）

〝爆弾洗禮下の縣民〟 われ等は何をなすべきか 防空心得發表さる

さあ來い！空襲 用意は出來た 石橋校

栃木防護團 役員を決定

胸中何ぞ去來する 〝腕〟組んで默々 宮驛頭の感傷篇

鈴木前政友總裁 板室溫泉へ

滿洲に淪落 母から救助願ひ

越信の山野を馳驅 師團秋季演習 九月末日に火蓋

衛生隊演習 八月河北地方で

〝相場轉換法則〟 千餘圓を捲き上ぐ 〝街の易斷〟檢擧さる

〝七人の父〟歸る 眞實一路、一家に青空

〝幽靈人夫〟自白 氏家土木疑獄取調べ

宇都宮商店街 横のデパートの波紋

幸運、無事に戻つた大金 助かつた命 バス酷暑健忘劇

鹿沼〝屋台鈴〟帝都へ進出

佐野防護團 盛大に結成

西那須野 十日結團式

宮消防隊 活潑に活動

防毒實演 宮藥劑師會で

一家三名

眞岡見番

天氣豫報

サ、一ぷく。二日酔にはイツモノ ノーシン ですよ

小學生ニ 大評判!! 小學八大學習雜誌

公證人 新井昇役場

利殖の秘訣

きつとよ

昭和12年7月9日（金）朝刊3面（第17560号）　盧溝橋事件を伝える隣面には「爆弾洗礼下の県民」という見出しで、栃木地区防空演習統監部宣伝係による「防空心得」が発表。その左隣には、立憲政友会前総裁の鈴木喜三郎が静養先である板室温泉へ向かう車中を撮影した写真記事を掲載。また右下にある「きつとよ」と斜めに書かれた小さな広告は、8月に発売予定の三浦房子の曲。作詞は、作家で落語・寄席研究家の正岡容《いるる》。

“爆彈洗禮下の縣民 われ等は何をなすべきか”

防空心得發表さる

栃木地區防空演習統監部宣傳係では、縣民が空の試煉を前に〃スハ空襲、護れ郷土〃と題し爆彈洗禮下の縣民の心得を發表一般に注意を喚起した

☆空襲とはどんな事か

敵の飛行機が來た、一時間百二十里位の速さで、夜となく晝となく時を擇ばず休みなしに來る。そして彼等は空から何を撒くのかといふか、火事の元（焼夷彈）毒の露（毒瓦斯）無敵の大工（破壊彈）等が矢繼ぎ早に地上に見舞來る。都會も家屋も道路も電信線も電話線も本宅、別宅、隱居、長屋と所擇ばず壊す破壊彈・鐵、ブリキ、トタンなど平氣で溶かすのだから木造家屋など焼き舐めるのは朝食前の焼夷彈、一息吸へば悲しくも無いのに涙が流れたり何もないのにクシヤミが出たりする催涙瓦斯、クシヤミ瓦斯等はお安い部類、觸れて死ぬ所の糜爛瓦斯一息吸へばこの世のお別れせねばならぬ窒息ガスが人だかりの多い場所を擇んで撒きちらされるのです。

この彈が田地ばかりに落されるのでなくて寧ろ内地本[illegible]つて來てそして政治、經濟、外交、交通、産業の中心地を[illegible]花の都も瞬間にして焼野の原と與らしてしまふのです、昨日まで親子兄弟團欒の樂しの我家も一朝にして生活死別の阿修羅場と化し、人の心はおびえと咀ひのドン底に落ちて行くのです、

『空の護り』は實に我等國民の大きな務めで、『守れ大空』は我々一億國民の常に忘れてならぬ事柄なのであります。まこと『防空なくして國防なし』は今世界の輿論であると共に我等國民の銘記すべきことであります。さて空を護るにはどんな方法がありますかこれを示しますと

一、我が方より進んで敵の空軍根據地をたゝいて敵の飛行機が攻めて來られない樣にする方法

二、こちらで守る方法

△主として民間で行ふ

あかりが敵機に見えない樣にする仕事（燈火管制）

ニセの町を造つたり大切なものや大切な建物をかくす方法（偽装遮蔽）

我等の町や村を守る仕方（防護）

△軍民協力して行ふ

敵機の來る樣子をさぐり集める（情報蒐集）

空のみはり（防空監視）

敵機の來たことを知らせる（警報傳達）

空を護る爲の通信（防空通信）

空から日本の土地に火事を起させることは赤兒の手を捻るよりも容易です。それは日本の家と言ふ家が木造だからです。木は破も燃え易いのですしかも焼夷彈は落彈後[illegible]になり卅秒もたつと手も足も着けられない樣になるのです

「火事は最初の五分間焼夷彈は最初の三十秒」が大切なのです しかもそれが一機に一庭のもの五千個も積んで來るのですそして日本の家並の三軒目く\に落ちて火の舌は遠慮なく倒しの我家を甜め盡すのです

某國では日本人は勇敢だから屋根をつき抜いて室へ落したのでは効き目が薄い屋根裏で燃える樣な彈を二百五十瓦の彈を發明してゐるとか耳にしてゐます

☆焼夷彈は恐くはない準備がよければ恐くはないのです落ちたら三十秒以内なれば空地に持ち出せばよいのです出せなければ彈には砂をかけ落ちたまはりには水をかければよいのです

一緒になつて家庭防火組を造つて置く三軒おきに火事の玉子を置いて行かれてもいくらでも火を消すことに間に合ふのですそれには今から隣近所が仲良くなつて居なければ駄目です、それから隣同志が知らせ合ふ樣な仕組も必要です

さあ來い！空襲

用意は出來た 石橋校

下都賀郡石橋町外[illegible]ケ村組合石橋校にては來るべき空襲に備へるため小松校長袋田訓導指導の下に防毒マスクを高一二男女生徒に作らせ[illegible]めると共に去月來栃木市内小學校に開催の郡教育會主催防空展覧會に出品し見事二等に入選したのに拍車をかけられ一層熱心に乗り出し見事の作と見られぬ見事なものが多數作出された（寫眞は出動準備の處）

市長[illegible]原經武氏を推し役員は左の如く決定した

◇第一分團長大川保、副分團長木村謙助、早乙女常次郎、警防部長須藤仲、古川茂之助、田中万吉、若林勝次郎、日向[illegible]誠、森戸小平

「防空心得」発表の背景には、この年の4月に公布された「防空法」があった（施行は10月から）。この法律の狙いは、灯火管制や避難訓練、防毒などを実施し、平時において各府県で防空計画を立案し、防空体制を整えることにあった。県はこの記事が出た翌日、県知事による防空演習に関する告諭を発表。この日から3日間、県下全域で「県民一致協力郷土防衛」のための防空演習が実施された。

（三）　昭和十二年十一月八日　月曜日　下野新聞　第一万七千六百八十二號

銃後々援資金寄附

累計　金拾萬六千貳百九拾貳圓七拾八錢也

三國旗の下に "世紀の曉"は來る
日、獨、伊協定成立の報に宮市に揚る萬歳

赤十字の旗の下
保定から梅園氏の通信

童心を搖る 皇軍への感謝

大澤少年 健兒團活躍

稲刈報國 大澤女青團

篠井北校 兒童の美挙

絹島女青團 苦心の結晶 寄託

可憐な言葉
戰死・馬場一等兵の家庭

"十三人斬つた" 山川一機兵戰傷

豊岡に大熊！
薪伐りの老夫婦襲はる
警鐘亂打山狩を開始

勇士快癒次第 長野の療養所へ

群れるは蝶々 勇士をめぐる"春"
宮様軍病院に美しき慰問

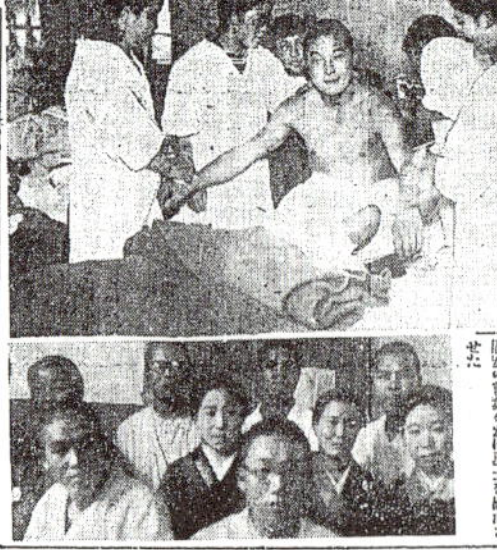

永倉航空兵曹 戰闘中行衞不明

高瀬七郎氏 中國に昇進

昭和12年11月8日（月）朝刊3面（第17682号）　共産主義からの防衛を目的として日本・ドイツ・イタリアによる「日独伊防共協定」が成立しローマで調印された。これは前年の日独防共協定にイタリアが参加したもので、後に三国同盟へと発展していった。この協定は、日本が国際的孤立から脱却し大陸政策を円滑に行おうと目論む軍部の強い要請があった。写真は宇都宮市の中央小学校で催された市民祝賀会の様子を写したもの。

下野新聞

縣下有數會社が
自發的增給實施
極力勞資間の摩擦回避

高物價時代

防空思想普及に
燒夷彈投下實演
足尾消防組頭會議で

雛妓の放火
姉藝者に窘められ

元自動車助手
カルモチン自殺未遂

織都の豪華版
織姫神社遷宮臨時大祭

本殿遷座祭式
午後九時より擧行

新殿竣成奉告祭

永年勤續者表彰

實況放送

來賓の應待

違反取調べ進む

石山派川西の違反
最高幹部に及ぶか

鹿沼署の取調べ
相當擴大の模樣

足利の違反
第二回公判

佐野違反送局

正式裁判取下
大田原の違反者

罪は何？
銀行員の失敗

天覽武道大會への
警察代表決定

宮の赤ちゃん
けふ表彰式

農村民は質朴
僞稱農林技手に一杯
鍋掛村民の糠喜び

醫者なし村へ
縣の診療所設置

違反の初判決
体刑言渡さる

バスと電柱
正面衝突

寫眞展
入賞者氏名

草雲遺墨展

東武兩毛兩線
臨時列車運轉

栃木に違反

三日月社開扉
餘興の數々

天氣豫報

大相撲
初日勝負

昭和12年5月8日（土）朝刊3面（第17498号）　足利織姫神社は宝永2（1705）年の創建。明治13（1880）年に火災に遭い仮宮のままだったが、昭和8年の皇太子誕生を期に市民ぐるみで新社殿の建造に着手。当時の最先端であった鉄筋コンクリート造りを採用し3年あまりの歳月をかけて完成。7日、新社殿に本殿を遷座した。平等院鳳凰堂をモデルとした朱塗りの美しい社殿は、国の登録有形文化財となっている。

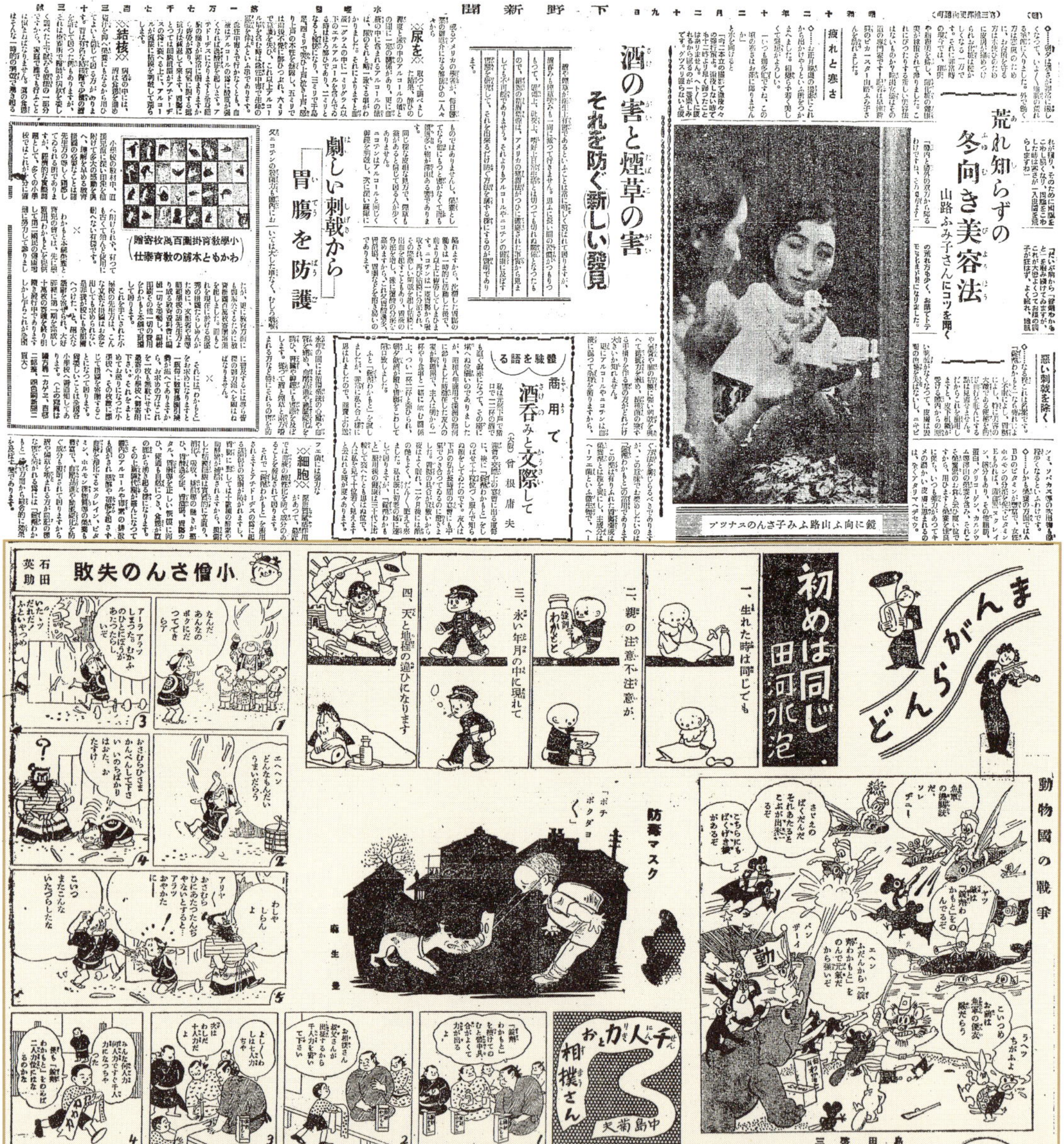
荒れ知らずの冬向き美容法
山路ふみ子さんにコツを聞く
酒の害と煙草の害
それを防ぐ新しい發見
劇しい刺戟から胃腸を防護
まんがらんど
初めは同じ 田河水泡
小僧さんの失敗 石田英助
動物國の戦争 島田啓三
防毒マスク 麻生豊
中島菊夫
十二月の大奉仕・年末年始大景品付特賣
藥價低廉
一日僅か數錢
支那事變双六
出世競争双六
全國薬店にて進呈
慰問袋遊び
魔法カード

昭和12年12月29日（水）朝刊4面（第17733号）　「まんがらんど」という題をみて、ここの紙面は漫画欄が大きいと思ってしまうが、実は栄養剤「わかもと」の広告。田河水泡、島田啓三、石田英助、中島菊夫、麻生豊《みのる》といった当時の著名な漫画家たちが「わかもと」の効能にちなんだ漫画を描いていた（石田と麻生は異なる）。当時、「わかもと」は300錠と1,000錠の他に慰問袋用も販売していた。

昭和12(1931)年 盧溝橋事件で日中全面戦争へ

この年の流行

流行(語)	馬鹿は死ななきゃなおらない、国民精神総動員、挙国一致
流行歌	人生の並木道、別れのブルース、青い背広で、裏町人生
書物	暗夜行路、綴方教室、若い人、雪国、濹東綺譚
舞台・映画	新しい土、真実一路、人情祇園船、浅草に国際劇場開場
スポーツ	双葉山、横綱昇進、職業野球のリーグ戦はじまる
モノ	千人針、慰問袋、サングラス、ホームドライヤー

この年の物価

大根100匁3銭、日本酒二等1円98銭、レコード1円、たいやき3銭、とんかつ25銭、はがき2銭、封書4銭

県内の主な動き / 国内外の主な動き

1月	広田弘毅内閣が軍部と政党の対立で総辞職(23日)
2月	政府が「祭政一致」の5大政綱を発表(8日)
4月	失明・失聴の苦難を乗り越えたヘレン・ケラーが初来日(15日) 横山大観、幸田露伴らに初の文化勲章(28日) **総選挙で社会大衆党の石山寅吉が当選。県内初の無産政党代議士(30日)****※右記事参照→**
6月	第一次近衛文麿内閣が発足(4日)
7月	北京郊外の盧溝橋で日本軍と中国軍が衝突〈日中戦争〉(7日) 独ブッヘンバルトにユダヤ人強制収容所開設
8月	**那須商業銀行と足利銀行が合併。県内資本の銀行が足銀1行となる**
9月	**国民精神総動員栃木県実行委員会が設置される(28日)**
10月	**宇都宮、足利、栃木、矢板で国民精神総動員運動協議会が開催(8～12日)**
11月	日独伊防共協定調印(6日) 閣議で国家総動員法制定を決定(9日)
12月	朝鮮総督府が「御真影」(天皇の写真)を学校に配布し礼拝を強要(3日) 日本軍が南京を占領し大虐殺事件が起こる(13日) **無産党および労農派理論家の一斉逮捕(第一次人民戦線事件)が行われ、県内の逮捕者は16人、治安維持法違反で4人が起訴(15日)**

年末から年明けにかけて、軍需ボーナスのため大都市のデパートでは商品が飛ぶように売れ、個人消費が一時的に刺激された。そのような雰囲気の中、7月、中国・北京郊外の盧溝橋で数発の銃声により日中両軍が衝突(**日中戦争**)。9月の中国における第二次国共合作によって、日本と中国は全面戦争に突入した。日中戦争がはじまって以降、映画も巻頭に「挙国一致」「銃後を守れ」などのタイトルを入れなければならなくなった。そして、第一次近衛内閣による「滅私奉公」を推進した「国民精神総動員」運動がはじまり、栃木県内でも9月末に**国民精神総動員栃木県実行委員会が設置**された。11月に締結された**日独伊防共協定**、12月に日本軍が南京に入城し、大虐殺を引き起こした。日本国内では、今や否が応でも戦時ムードが漂ってきた。

續いて五代表躍り出づ!

聖戰こゝに截る新分野!

石山候補堂々三位
社大の宿望遂に成る
火を吐く三候補の鍔競合ひ
民二を失して政と對峙

見て呉れ これからだ
〝泥長靴〟の爆笑
ごった返し社大派事務所

昭和12年5月3日(月)朝刊5面(第17493号)

阿久津村事件

その武力衝突は、瞬く間に全国に衝撃を与えた。1932（昭和7）年1月9日、小作争議に揺れる阿久津村石末《いしずえ》（現・高根沢町石末）で約150人の農民らが地主側についた右翼団体を一斉に襲撃し、大日本生産党員の4人が死亡、10人が重軽傷の惨事となった。事件は一小村の単純な階級闘争ではなく、巨大な政治勢力を背景に引き起こされた可能性を指摘する専門家もいる。悲劇から半世紀が過ぎた。しかし当事者やその子孫が負った悲しみや苦悩は、今も深い。

80歳を過ぎたその小柄な老人の言葉に、思わず耳を疑った。

「自分はあの事件に参加しただけじゃなかった。地主側についた大日本生産党員のひとりを、背後から日本刀で襲ったんだ」

当時19歳の少年だった老人は、阿久津村事件で逮捕、起訴された被告109人のひとりだった。宇都宮裁判所（現・宇都宮地裁）が1932年12月、老人に言い渡した主文は懲役6カ月、執行猶予3年の有罪判決だった。判決はその後、確定した。

裁判記録によると、老人が問われた罪名は殺人や殺人未遂ではなく、事件に進んで参加した「率先助勢」という罪だった。すると、老人は警察や裁判所の虚偽の供述を繰り返していたことになる。

「そうだ。罪を軽くするため？　確かにそうだった。だから、今から話すことが本当のことだよ」

関係資料を手掛かりにようやく捜し当てた老人は、県央の閑静な住宅地に暮らしていた。好々爺《や》とも言える彼は、しかし68年前の事件に話が及ぶと、穏やかな表情から途端に笑みが消えた。

とっさに抜かれた日本刀…

その日、1932年1月9日は、早朝から曇天だった。県内各地から動員され、阿久津村石末にたどり着いた農民や労働者約150人の怒りの矛先は、小作争議をきっかけに阿久津村の地主側が応援を頼んでいた右翼団体「大日本生産党」の党員に一気に向けられた。

大正デモクラシー運動の高まりなどとともに盛んになった労働運動は、農民にも刺激を与え、地主制と高い小作料に苦しんでいた農民も小作争議を起こすようになった。1921（大正10）年には県内で22件の争議が起き、事件前年の1931（昭和7）年は73件と急増していた。

「私たちが事前に用意した武器は、竹槍《やり》や日本刀、それに猟銃もあった。自分も日本刀を購入して持っていた」

19歳だった老人は、自ら志願して「武装集団」の最前線に立った。野良着姿の農民らと同様に竹槍を握り締め、迎え撃った数十人の党員を襲った。その時、だった。

事件に参加していた叔父が、堀を飛び越えようとして目の前で倒れた。そこに、ひとりの党員が日本刀を振りかざした。

「背中に巻き付けた鞘《さや》からとっさに日本刀を抜いて、党員の背中めがけて走った」。たぶん、と老人は声を落とした。「確かめたわけではないが、その場で男は絶命したと思う…」

党員の4人が死亡し、10人が重軽傷を負った。

農民や労働者に、けが人はなかった。「いつも地主に叱責されるおやじの姿をいやというほど見せつけられてきた。その屈辱は、生涯忘れることはできない」。しかし事件から数年たっても、老人は夜ごと「あの場面」にうなされることになる。

仕組まれた可能性も

「あれほど多数の死傷者を出した小作争議は、全国でもなかった。事件を新聞で知った各地の地主ばかりでなく、農民たちにも大きな衝撃を与えたはずです」。「高根沢町史」で阿久津村事件を執筆した前同町教委町史編さん室嘱託員の笛木隆（66）＝宇都宮市＝は、事件の余波をこう見ている。

しかし笛木は、阿久津村事件を地方の単なる階級闘争とはとらえていない。「中国大陸への侵略を推進する政治勢力と、それに反対する勢力との対立を背景に起きた事件だと考えています」

1929（昭和4）年のニューヨーク株式市場の大暴落をきっかけに始まる世界恐慌は、国内経済にも打撃を与え、社会不安も増大していた。無産政党勢力の拡大を恐れた立憲政友会の田中義一内閣は共産党勢力を弾圧し、中国大陸への侵略政策を進めた。

一方、労働組合や農民組合を支持母体にした複数の無産政党は、1931（昭和6）年7月に全国労農大衆党として統一され、同年9月に満州事変が勃発すると「帝国主義戦争反対」を主張して対立した。

笛木は、こう説明する。「その政友会の党幹事長や内閣書記長官（現・内閣官房長官）の要職を務めるのが森恪《もりつとむ》（1882～1932）であり、大衆党の書記長が麻生久（1891～1940）だった。二人は同じ衆院栃木1区（当時）から立候補する政敵でもあった」

31年末、地主側と、大衆党が支援する農民組合が対立する阿久津村の小作争議は一気に緊張が高まった。交渉がまとまらない上、地主側が生産党に応援を求めたためだった。

一方、政治勢力は翌32年2月の総選挙が確実となった。急速に支持者を増やす麻生に対し、森を擁する政友会側が危機感を抱くのは当然だった。

「中国大陸の進出をめぐる生産党の方針

と森の考えは一致しており、森は同幹部とは面識があった」

つまり、と笛木は歴史的な経過を踏まえてこう推測する。

「2月の総選挙で麻生が当選するようなことがあれば、政友会の威信が問われる。そこで阿久津村争議で大衆党を挑発するように『仕組まれた』可能性があったとしても、不思議ではない」

大衆党が動員した農民や労働者による事件の責任を取り、麻生は選挙区を東京に移して臨んだが、落選した。

森は、栃木1区で上位当選を果たした。

今なお残る大きな「傷跡」

「起こらなくてもいい、いや、起こさなくてもいい事件だったと思います」

阿久津村事件の一方の当事者となった地主側の後継者のひとりは、慎重に言葉を選びながらこう振り返った。

「事件が発生した時、私はまだ生まれていませんでした。しかし幼少のころから、それに触れることは家族の中でもタブーとするような雰囲気がありました」

取材に応じてくれた後継者は、複雑な胸中をじっくり語ってくれた。しかし「いろんな人に迷惑が掛かるといけないから」と詳細を活字にすることは拒んだ。世代が変わっても、事件を背負わなければならない大きな「傷跡」を垣間見る思いがした。

その後継者は20年以上前から、死亡した生産党員4人の永代供養を高根沢町内の寺に依頼している。毎年1月9日の命日には、必ず手を合わせているという。

生産党員を日本刀で襲った老人は、事件後に陸軍に召集され、ソ連に出征した。終戦後、苦労して手に職を持ち、従業員を雇えるまでになった。妻を持ち、子宝にも恵まれた。しかし「殺人を犯した」という自責の念をぬぐい去ることはできなかった。

「若かったんだ」と老人はつぶやいた。そして68年という年月を経て、ようやく老人はこう思えるようになった。「党員に直接の罪はない。(自分がしたことは)決して、正しいことではなかった」。老人の悲劇は、私憤から加わったあの事件の背景を今も知らずに過ごしていることだった。

いつの時代でも、「権力」による犠牲とその代償を強いられるのは庶民だ。もはや死語と言ってもいい「階級闘争」に揺れた大正から昭和にかけた一時期も、そして現在も、その構図は変わらない。

阿久津村事件は、史実としてそれを教えてくれている。

(『とちぎ20世紀』下巻、下野新聞社、2001年刊より)

第3章

戦時総動員体制、そして敗戦へ

昭和13年～20年8月(1938-1945)

昭和13年、政府に人的・物的資源を統制運用できる権限が与えられた国家総動員法が公布。贅沢を禁じ質素な生活が奨励され、統制経済体制がすすんだ。その一方、昭和14年にはじまった第二次世界大戦を歓迎するムードで株価が急騰。戦争による軍需成金が多く生まれた。さらに「紀元二千六百年」を迎えた昭和15年には、さまざまな記念行事や催事が各地で開催。「暗さと明るさ、苦しさと楽しさの共存」(ケネス・ルオフ)したひと時だった。しかし、昭和16年12月、太平洋戦争がはじまると、当初は戦勝ムードに沸いていたが、徐々に戦況が悪化。さらなる耐乏生活を余儀なくされた。女学生や生徒たちは食糧増産や勤労奉仕に出され、学業は中止に。連日の空襲警報に怯え、日々の生活が苦しくなる中、米英中によるポツダム宣言で日本は無条件降伏を突きつけられる。しかし受諾の可否を議論しているうちに、広島と長崎への原爆投下、ソ連の対日参戦と続き、ついにポツダム宣言を受諾。天皇自ら「終戦の詔書」をラジオ放送で人びとに伝え、昭和20年8月、日本は敗戦を迎えた。

昭和13年 1938

昭和13年3月18日（金）夕刊1面（第17811号）　政府が人的・物的資源を統制運用できる権限が与えられた国家総動員法の原案が3月16日に衆議院を無修正で通過。即日貴族院に送られた。この法案により、贅沢を禁じ質素な生活が奨励され、統制経済体制がすすんだ。なお、この日の紙面には「満蒙開拓青少年義勇軍」募集締切が掲載。100人以上の応募があったと記事は伝えている（118ページ参照）。

戰地に響けこの感謝

宇都宮市九萬總動員 渦巻く感激の大行進

世紀の偉業、銃後の誓新た

渦巻く旗の波 宮市女子中等生徒

落合市長の祝電

"長期建設の誓" 宮運事務陥落祝賀

堂々の進軍 中等校武装行進

この歓喜英靈に 額づく畑大將一家

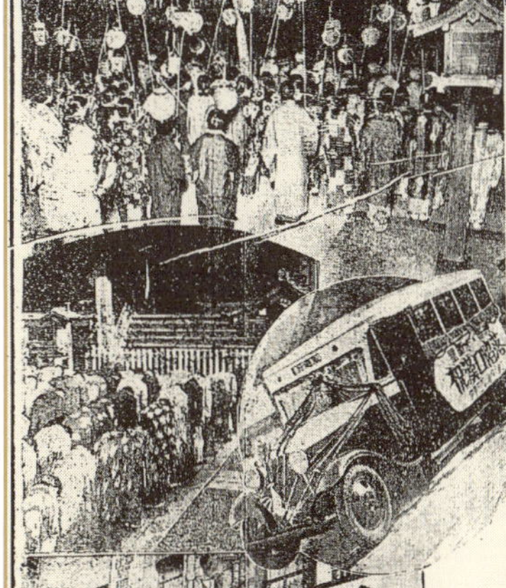

◇祝賀行進譜◇

（寫眞は上より、旗の波となつた宮市内、公報發表の昨夜縣立病院の提灯行列、自動車も陥落を祝して、郵便局員の二荒山参拝、市内商店街の裝飾、撫原の祝賀行進）

縣下各地の感激

皇軍治安工作 廣東復舊近し

縣聯合教育大會 眞岡小學校にて開催

"戰友の勞苦偲び" 祝提行事は未定

反蔣分子暴動 プラゴエチエンスクに

龍村を爆撃

傷病兵歸還 五十一勇士

散華七勇士

縣廳祝賀式

師範校運動會 遺家族を招待

縣下校醫會議

トラック追突

商況 / 東京人絹前場 / 横濱生糸前場 / 正米市場 / 期米前場 / 株式前場値表

下野案内

昭和13年10月29日（土）夕刊2面（第18035号） 日中戦争がはじまって1年余、この月に日本軍は、21日に広東を27日に「武漢三鎮」（「武漢」とは「武昌」「漢口」「漢陽」のこと。「鎮」は中心都市の意）を占領。紙面では、漢口陥落の報せを受けて、宇都宮市をはじめ県内各地で「漢口陥落祝賀」が催された。写真は、宇都宮二荒山神社ではためく小さな国旗を持って万歳を叫ぶ様子などを伝えている。

(二)　下野新聞　昭和十三年十月四日

新店一齊猛攻擊
秋晴れにわが巨彈は百發百中
進擊部隊將に意氣軒昂

縣廳舍竣工式
きのふ嚴かに行はる

地主家主懇話會
けふ宮署で創立總會

敵優秀機編隊で
恐るく我陣地に十數彈爆擊
新陽の敵陣へ新兵器總動員

眞岡町長選擧
いよ／＼四日町會招集

我外交方針は不動
佐藤有田兩顧問は留任
近衛兼攝外相事務引繼ぎ後語る

寒川銃後運動

畏き聖旨傳達

敵の虛を突き果敢なる山岳戰
我部隊に護國の犧牲者

三日間の猛攻擊
遂に堅壘靑雲橋占領

絹布、繭毛の縣賞輸出工藝品
宮市で廿餘點應募

宮教育幹事會

大逆襲を擊破
鉢卷山で大激戰
隘口街の戰線擴大

退路を遮斷
わが高原乘馬部隊

敵彈雨下電線架設

陽新南方制壓

資金造成映畫

陽新進擊部隊
更に前進開始

我有力部隊
馬關附近進出

精酒原料甘藷
六百町增反容易
千貫の收穫があれば一反步で八十圓の收入

敵司令部と車輛軍猛爆
陸の荒鷲秋山部隊

眞岡稅調戰
八候補者を豫選
更に正補三名を選ぶ

宋家灣堅陣粉碎
わが三者一體の攻擊

那須北部洋服商
組合結成發會式擧行

製材の初檢查

昭和13年10月4日（火）朝刊2面（第18011号）　この日の紙面は、栃木県庁舎竣工式の記事のほか、日中戦争下ということもあり、本社特派員による戦況を伝える記事が多く見受けられる。興味深い記事として、最下段に掲載された「謹告」と題された広告。広告主が召集され検査を受けるも結果不合格となり、受け取った餞別金「九百五円」を「各種公共団体」の活動資金として寄付したことを報告している。

"縣廳舍"竣工式

きのふ嚴かに行はる

縣廳舍竣功式は三日午前十時より内庭に於て擧行された

參列者 内務省より内務大臣代理數藤書記官、笠井師團長、久保、高田、小平、松村、岡田、木村、坪山、江原貴衆兩院議員、縣會議員、市町村長、各種團体長、工事關係者[illegible]等一千餘名列席

先づ竣功祭は大塚[illegible]宮司に依つて修祓降神獻饌祝詞奏上玉串奉奠撤饌昇神と祭事が[illegible]に執行され午前十時五十分祭員退職し引續き竣工式に移り午前十一時菊地官房主事の開會の辭に始まり一同宮城遙拜、非常時[illegible]工事事務所長の工事報告、足立知事の式辭朗讀、内務大臣代理數藤書記官の告辭があり[illegible]後別項笠井第十四師團長、久保上院議員、高田[illegible]平代議士、小平市吉代議士、菊川縣會議長、落合宇都宮市長、石塚町村長會長等の祝辭があり更に松村前栃木縣知事、[illegible]國一同、山縣三郎、前總務部長[illegible]神奈川縣知事、[illegible]利元知事、船田法制局長官、平塚元知事、宮崎岡山縣知事、杉田縣議長、群馬、茨城各知事宇佐美内務事務官等の祝電披露があり次で工事關係者戸田組を初め工藤組、宮城工業株式會社に知事より感謝狀を授與し菊地官房主事より閉式を述べたる後屋上の國旗掲揚式を擧行し次で直ちに屋上に盛大に行つたが知事の挨拶、内務省數藤書記官の祝辭があつて笠井師團長の發聲で陛下萬歲三唱、菊地議長の栃木縣萬歲を三唱して盛會裡に午後一時一同は各々[illegible]散會した

祝辭

末次内務大臣

栃木縣廳舍新築工を竣へ茲に本日を以て竣工式を擧げらる時局に栃木縣廳舍竣功の式典を擧行せらるるに列し聊か祝賀の微意を表するの光榮を得たるは欣快に堪へざるところなり 抑々本縣は關東地方に於ける雄縣にして[illegible]中樞的存在たり 縣民の之に相應しき矜持を有し縣政運營の本據たる縣廳舍の再生に關しても其の結構の雄大宏壯にして最も能率的機構に富み本邦方面に於ける優秀なる建築施設の實現を[illegible]しありしが今や眼前に其の[illegible]

極めて重大にして擧國緊張一意奉公に努むべきの秋なれば[illegible]の新營を機として全縣民益々清新の氣を振ひ一段の決意を以て各其職分に竭し相携ひて縣政の振興國運の暢伸のに寄與せられんことを竣工式に當り一言を述べて告辭とす

◇

天高くして馬肥ゆるの秋本日茲に[illegible]縣民要望の遺憾なき實現を期して欣喜措く能はざるものあるべし 本縣の偉觀之に過ぎず即ち六十[illegible]縣民の[illegible]の竣功に依り百二十萬縣民の求心的機構[illegible]更に鞏固となり縣[illegible]飛躍的伸展を招來すべきは信じて疑はざるところにして本縣廳舍竣功の意義究に大なりと謂ふべく[illegible]

寫眞は 竣工式を擧げた堂々の縣廳舍(上)と竣工祝賀場(下)

昭和11年3月31日未明の出火で本館が焼失した（95ページ参照）栃木県庁舎の竣工式が10月3日に県知事以下、内務大臣（代理）や県選出の議員など多数が出席し盛大に行われた。建築は、国分寺村（現・下野市）出身で日本女子大学校教授の建築家・佐藤功一。佐藤は群馬県庁のほか、早稲田大学大隈記念講堂（国重文）、日比谷公会堂などを手がけた。現在、栃木県庁舎「昭和館」として一部保存、見学ができる。

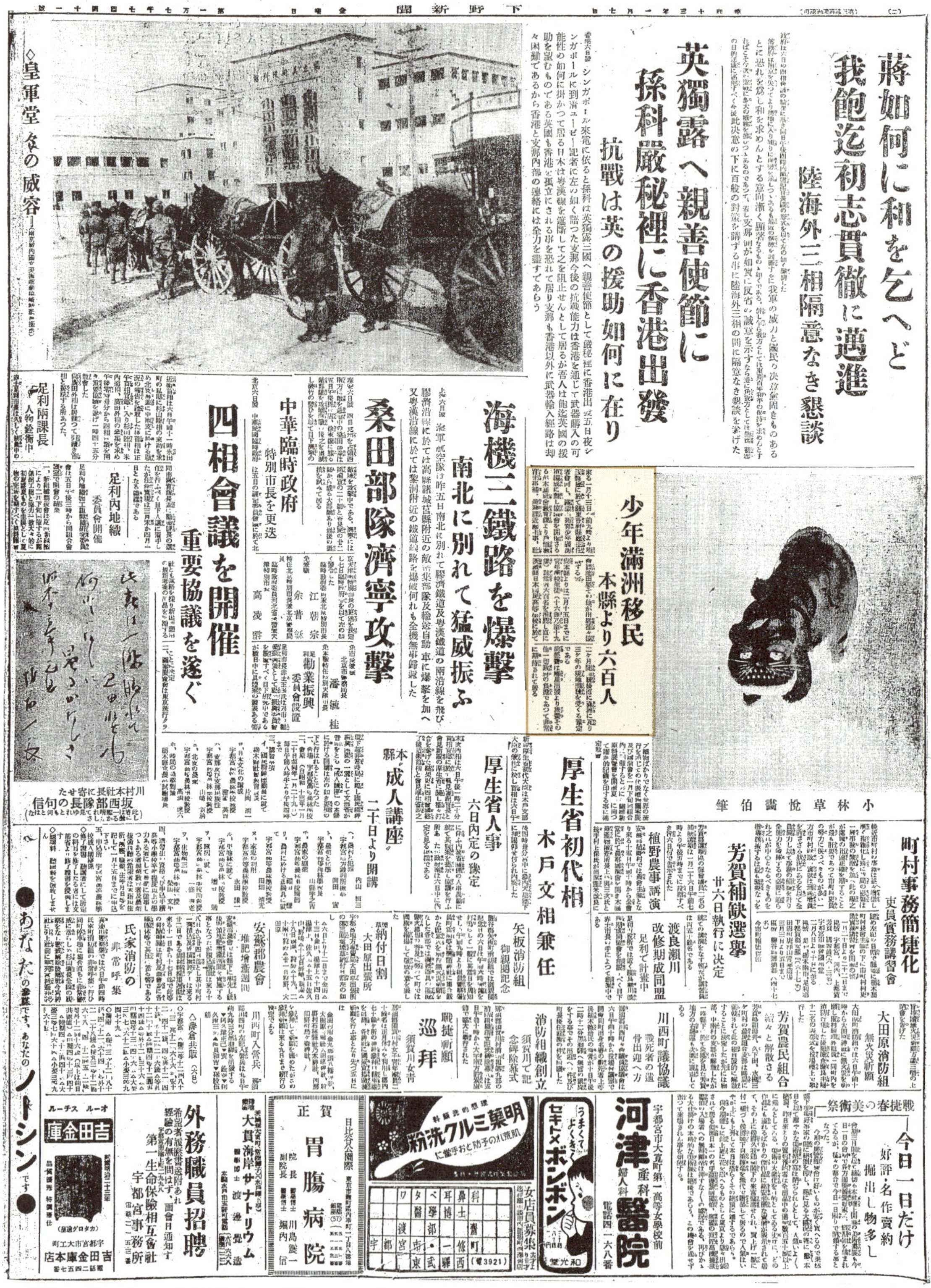
下野新聞

蔣如何に和を乞へど 我飽迄初志貫徹に邁進 陸海外三相隔意なき懇談

英獨露へ親善使節に 孫科嚴秘裡に香港出發 抗戰は英の援助如何に在り

皇軍堂々の威容

海機三鐵路を爆撃 南北に別れて猛威振ふ

桑田部隊濟寧攻撃

中華臨時政府 特別市長を更迭

四相會議を開催 重要協議を遂ぐ

足利兩課長 人物銓衡中

足利內地織 委員會開催

少年滿洲移民 本縣より六百人

小林草悦謹伯筆

坂西部隊長の句信 村木社長に寄せた

厚生省初代相 木戸文相兼任

厚生省人事 六日内定の豫定

本縣の成人講座 二十日より開講

町村事務簡捷化 吏員實務講習會

芳賀補缺選擧 廿六日執行に決定

植野農事講演

渡良瀬川改修期成同盟

矢板消防組

安蘇郡農會

氏家消防の非常呼集

大田原消防組

芳賀農民組合

川西町議協議

消防組織創立

戰捷祈願 巡拜

昭和13年1月7日（金）朝刊2面（第17741号）　見出しの「少年満州移民」とは「満蒙開拓青少年義勇軍」のこと。昭和12年12月に政府が作成した「満州青年移民実施要項」に基づいてこの月から募集を開始。小学校を卒業した数え年16～19歳の健康な男子で、父母の承諾を得たものであれば誰でも応募できた。国内で2、3カ月訓練した後、満州の現地訓練所で3年訓練し義勇隊開拓団として入植した。

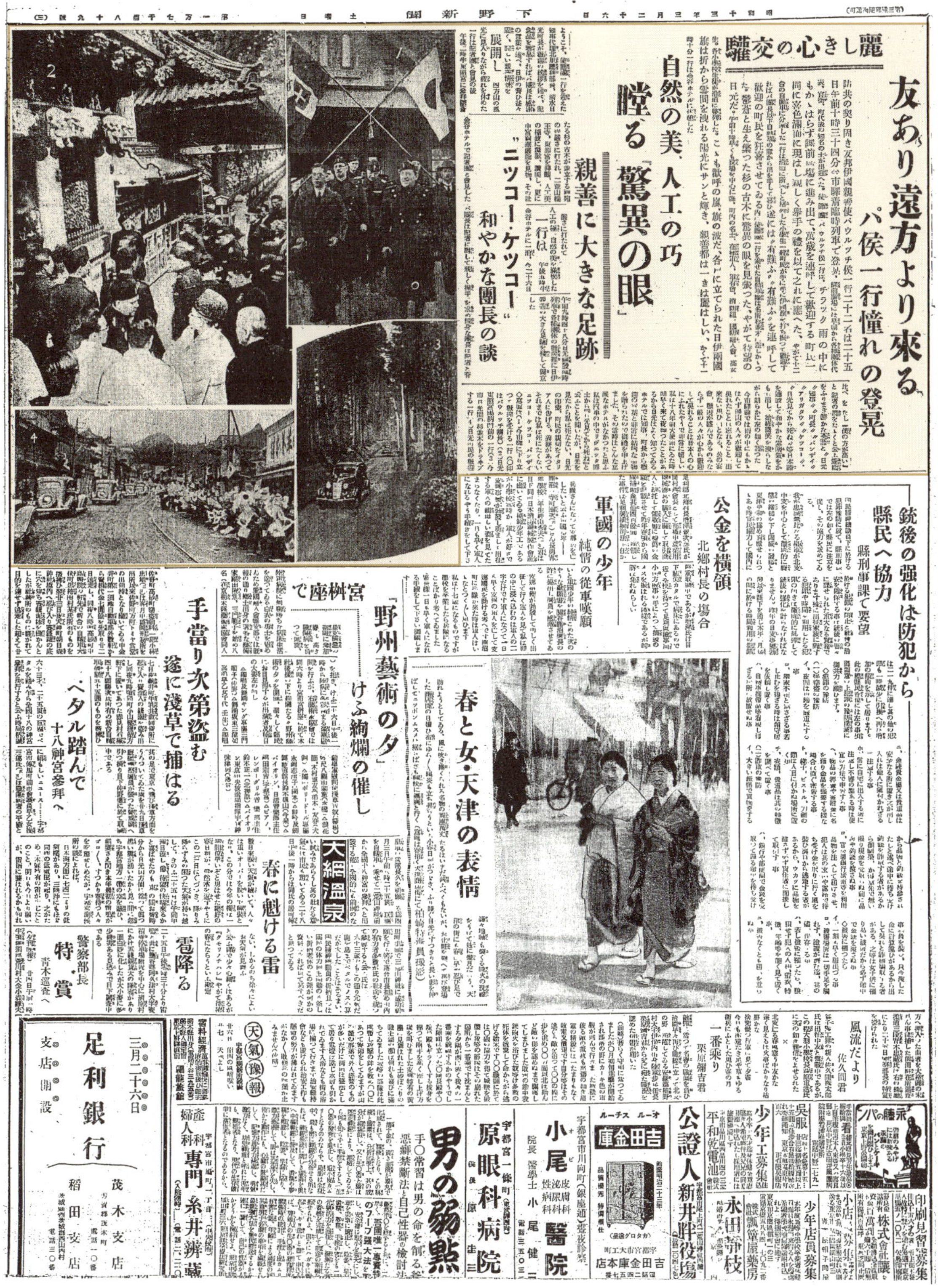
下野新聞 昭和十三年三月二十六日

友あり遠方より來る
パ候一行憧れの登晃
麗しき心の交驩

自然の美、人工の巧 瞠る「驚異の眼」
親善に大きな足跡

"ニッコー・ケッコー" 和やかな團長の談

銃後の強化は防犯から
縣民へ協力 縣刑事課で要望

公金を横領
北郷村長の場合

軍國の少年
純情の從事嘆願

「野州藝術の夕」
けふ絢爛の催し
宮桝座で

春と女・天津の表情

手當り次第盗む
遂に淺草で捕はる

ペタル踏んで
十八翀宮參拜へ

春に魁ける雷

雹降る

警察部長 特賞

昭和13年3月26日（土）朝刊3面（第17819号）　イタリア特命全権大使ジャコモ・パウルッチ・デ・カルボリ・バローネ侯を団長とする使節団22人は3月17日から4月22日までの間、東京や鎌倉、京都などを訪れた。日光へは3月25日に訪れ、東照宮のほか、例年4月まで断水のところを水道を使って落とした華厳の滝などを見学。また3月27日には、後楽園スタジアムで歓迎国民大会が開かれた。

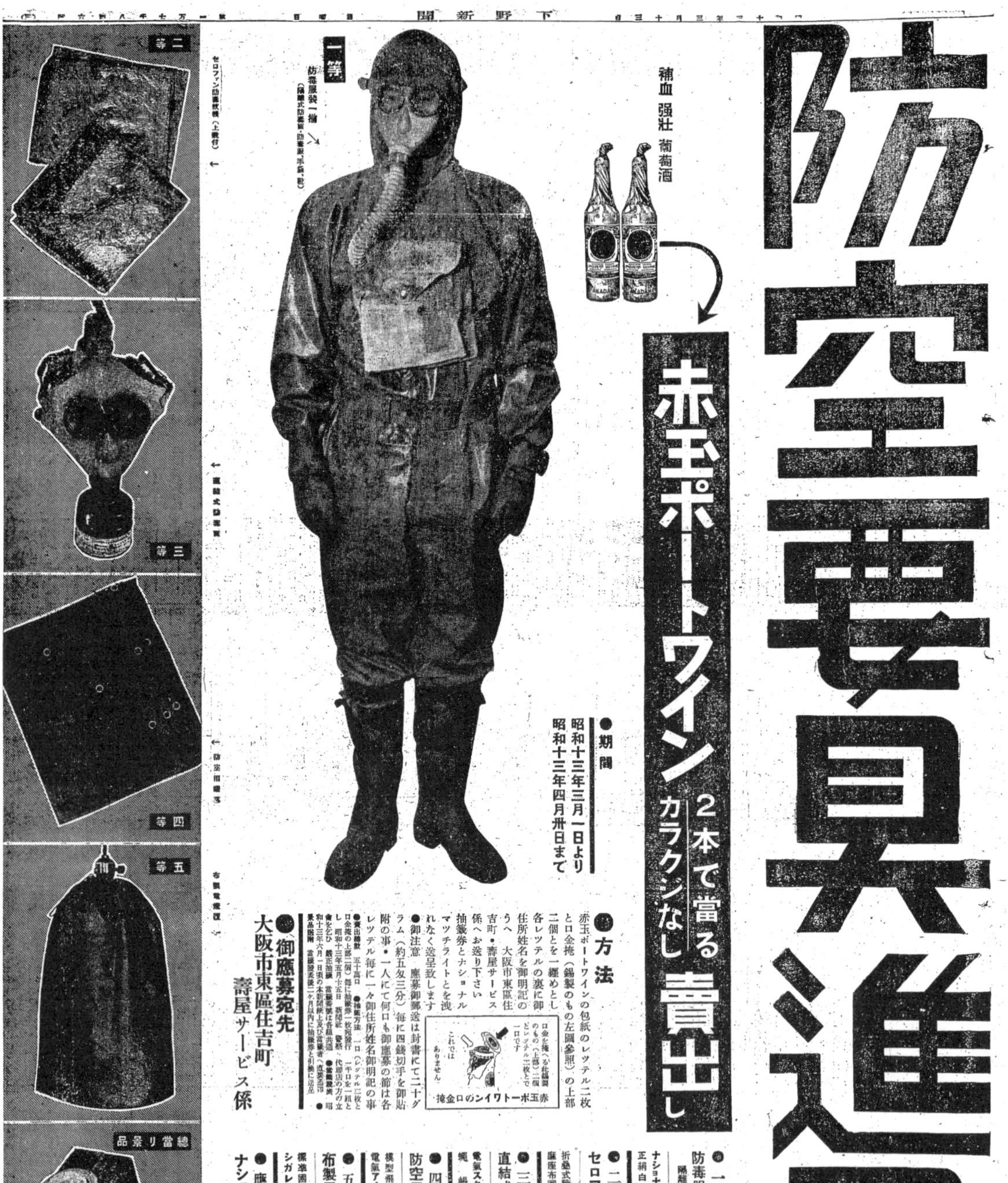

昭和13年3月13日（土）朝刊3面（第17806号）　株式会社壽屋（現・サントリーホールディングス株式会社）の主力商品「赤玉ポートワイン」を2本買うと、空くじなしの抽選券とマッチライトがもらえ、くじ抽選の結果、さまざまな防空グッズがもらえるという広告。ちなみに、ちょうどこの月、内務省警保局は「空襲の際における警備に関する件」で「原則として避難させないよう指導」する方針を通達している。

昭和13(1938)年 国家総動員法公布で総力戦体制へ

この年の流行

流行(語)	・・・を対手とせず、大陸の花嫁、買いだめ
流行歌	愛国行進曲、雨のブルース、麦と兵隊(軍国歌・ブルースが大流行)、旅の夜風、支那の夜
書物	在りし日の歌、麦と兵隊、風立ちぬ、岩波新書発刊
映画	路傍の石、綴方教室、愛染かつら、モダンタイムス
初登場	もんぺ、竹製スプーン、木製バケツなどの代用品、木炭自動車

この年の物価

ジャムパン10銭、マッチ(1包10個)12銭、岩波新書50銭、国策料理50銭、日の丸弁当7銭、天丼50銭、豆腐6銭

県内の主な動き / 国内外の主な動き

1月	**拓務省の計画で、県が満蒙開拓少年義勇軍を募集。昭和19年まで2,500人の青少年が義勇軍として渡満(渡満した人数は全国10位)** 女優の岡田嘉子と演出家の杉本良吉が樺太で国境を突破しソ連へ亡命(3日) 厚生省を設置(11日)
2月	大内兵衛や美濃部亮吉ら労農派教授を一斉逮捕〈第二次人民戦線事件〉(1日) **国防婦人会栃木県支部が結成〈会員数は約7万人〉(4日)** **栃木県が設定した国民精神総動員強調週間(17日まで)の間に市町村の大半に国民精神総動員実行委員会が設置される(11日)**
4月	国家総動員法と国民健康保険法を公布(1日)
6月	文部省通達で学生・生徒の勤労動員開始(9日)
7月	**政府が昭和15年開催予定の東京五輪の返上と皇紀二千六百年記念万博中止を決定(15日)** ※右記事参照→
9月	**日中戦争の発生によるガソリン消費節約のため、関東自動車・東武自動車・日光自動車電車間で競合路線が統合、単一線に調整される**
10月	**焼失した栃木県庁の新庁舎落成式(3日)**
11月	ドイツ全土でユダヤ人の組織的迫害起きる〈水晶の夜〉(9日)

1月、駐中ドイツ大使の仲介による日中両政府との和平交渉は、近衛首相の「対手とせず」と述べたことで(第一次近衛声明)、戦争終結の手がかりを失った。とはいえ、速戦即決で中国を打倒できると見通してか、国民はこの戦争を支持。また政府は、翌々年の東京オリンピック開催権を返上した。一方4月には、**国家総動員法**と国民健康保険法(健康保険法によって対象から外されていた農民の救済を目的とした)が公布。統制経済体制がすすみ、やがて町や村では「会」が、さらに約10軒の家を単位とした「隣組」が組織された。ここを通じて、勤労奉仕や献金、金属回収などが強制的に割り当てられた。なお栃木県内では、昭和7年に結成された国防婦人会の栃木県支部が2月に結成(会員数は約7万人)。日中戦争下の銃後の生活を支えた。

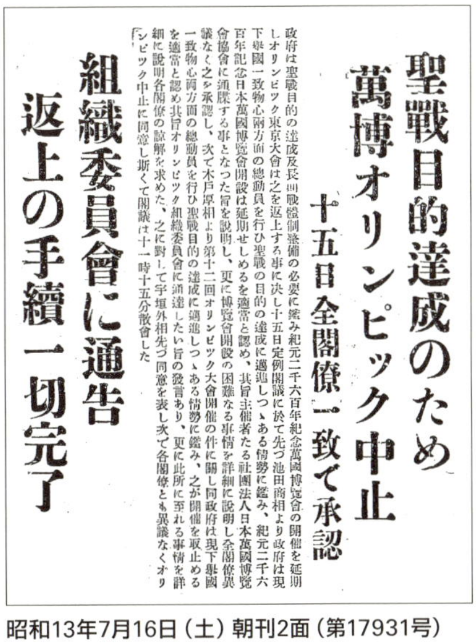

聖戰目的達成のため
萬博オリンピック中止
十五日全閣僚一致で承認
組織委員會に通告
返上の手續一切完了

政府は聖戰目的の達成及長期戰體制整備の必要に鑑み紀元二千六百年紀念萬國博覧會の開催を延期しオリンピツク東京大會は之を返上する事に決し十五日定例閣議に於て先づ池田商相より政府は現下擧國一致物心兩方面の總動員を行ひ聖戰の目的の達成に邁進しつゝある情勢に鑑み、紀元二千六百年記念日本萬國博覧會開設は延期せしめるを適當と認め、其旨主催者たる社團法人日本萬國博覧會協會に通牒する事となつた旨を説明し、更に博覧會開設の困難なる事情を詳細に説明し全閣僚異議なく之を承認し、次で木戸厚相より第十二回オリンピツク大會開催の件に關し同政府は現下擧國一致物心兩方面の總動員を行ひ聖戰目的の達成に邁進しつゝある情勢に鑑み、之が開催を取止めるを適當と認め其旨オリンピツク組織委員會に通達したい旨の發言あり、更に此所に至れる事情を詳細に説明各閣僚の諒解を求めた、之に對して宇垣外相先づ同意を表し次で各閣僚とも異議なくオリンピツク中止に同意し斯くて閣議は十一時十五分散會した

昭和13年7月16日(土)朝刊2面(第17931号)

昭和14年 ● 1939

昭和14年9月2日（土）夕刊2面（第18341号） 9月1日、ドイツ軍がポーランドへ侵攻したことで第二次世界大戦が勃発。4月にドイツはポーランドとの不可侵条約を破棄。8月には独ソ不可侵条約を締結した。反共のナチス・ドイツと共産主義のソ連との条約締結は各国を驚かせ、日本はドイツとの同盟交渉を停止した。締結の背景には、独ソによるポーランド分割とソ連のバルト三国などへの領土的野心があった。

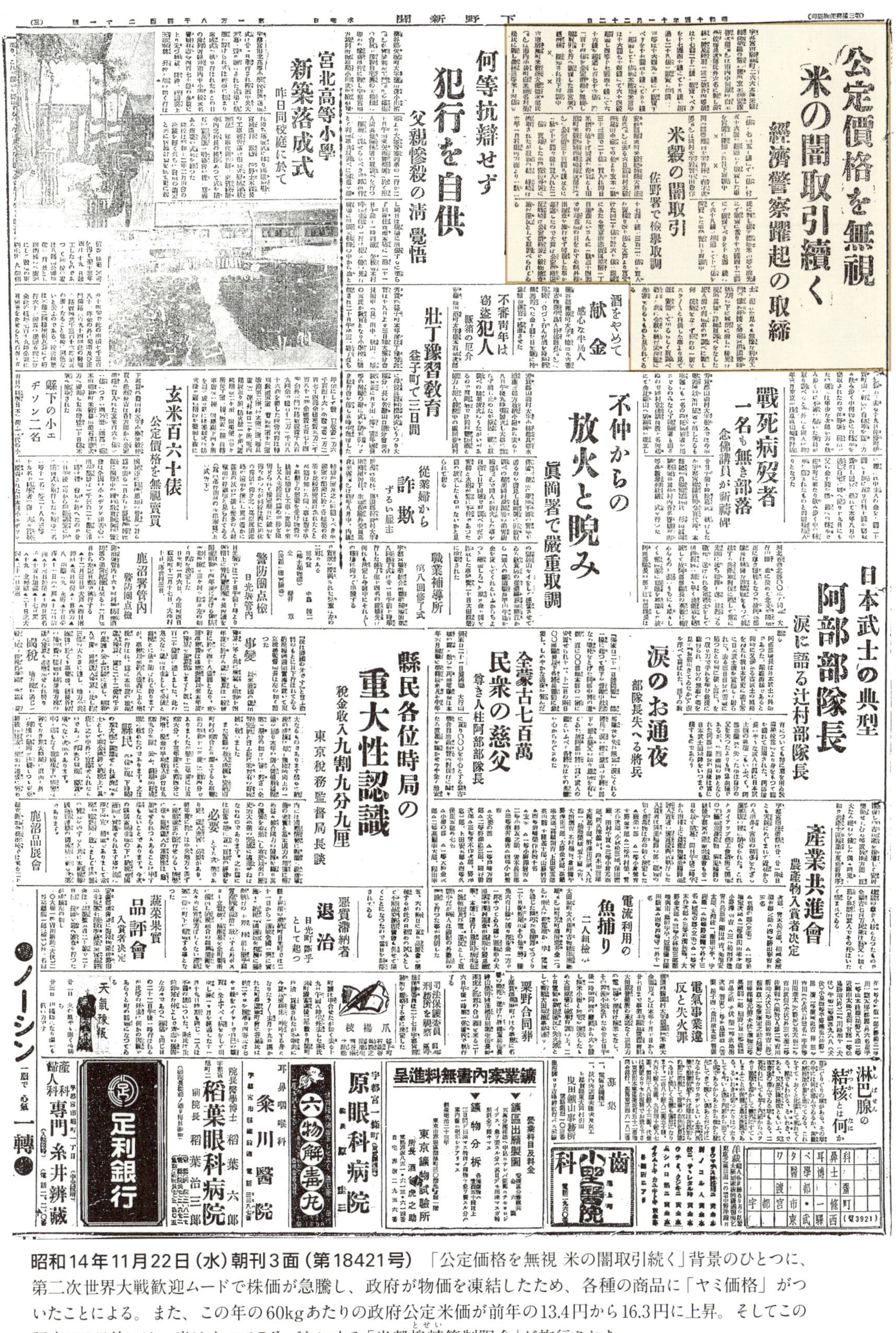
下野新聞 昭和十四年十一月二十二日 水曜日 (三)

公定價格を無視 米の闇取引續く 經濟警察躍起の取締

米穀の闇取引 佐野署で檢擧取調

何等抗辯せず 犯行を自供 父親慘殺の清覺悟

宮北高等小學 新築落成式 昨日同校庭に於て

酒をやめて 献金 感心な半島人

不審青年は 窃盗犯人 豚箱の厄介

壯丁豫習教育 益子町で三日間

戰死病歿者 一名も無き部落 念佛講員が祈禱碑

不仲からの 放火と睨み 眞岡署で嚴重取調

從業婦から 詐欺 ずるい雇主

玄米百六十俵 公定價格を無視賣買

日本武士の典型 阿部部隊長 涙に語る辻村部隊長

涙のお通夜 部隊長失へる將兵

全蒙古七百萬 民衆の慈父 尊き人柱阿部部隊長

職業補導所 第八回修了式

警防團點檢 日光署管内

鹿沼署管内 警防團點檢

縣民各位時局の 重大性認識 稅金收入九割九分九厘 東京稅務監督局長談

產業共進會 農產物入賞者決定

電流利用の 魚捕り 二人組檢擧

惡質滯納者 退治 日光町吏 として起つ

蔬菜果實 品評會 入賞者決定

電氣事業違反と失火罪

司法保護委員 刑務所を參觀

淋巴腺《りんぱせん》の 結核《けっかく》とは何《なに》か

天氣豫報

ノーシン 一服で心氣一轉

足利銀行

稻葉眼科病院

糸川醫院

六物解毒丸

原眼科病院

鑛業案內書無料進呈

東京鑛物試驗所

產婦人科 專門 糸井辨藏

小野醫院

昭和14年11月22日(水)朝刊3面(第18421号) 「公定価格を無視 米の闇取引続く」背景のひとつに、第二次世界大戦歓迎ムードで株価が急騰し、政府が物価を凍結したため、各種の商品に「ヤミ価格」がついたことによる。また、この年の60kgあたりの政府公定米価が前年の13.4円から16.3円に上昇。そしてこの記事の3日後には、米はすべて7分づきにする「米穀搗精《とせい》等制限令」が施行された。

下野新聞　昭和十四年四月二日

水難火災防止の守護神たる警防團
結成式、力強き宣誓

縣民一致協力 健全な發達を
足立本縣知事語る

大學學部生徒に軍敎を實施
四月から必須科目

東部觀光團 誘引ポスター
早くもツヽジの宣傳

出征遺家族
慰安映畫の夕

補導所修了生引張り凧
講習生就職先決定

鬼怒川溫泉から八里の山奥
三依村上三依大火

雇人拂底で農家頭痛鉢巻
芳賀郡地方農繁期に入る

急施村會

戰線勇士へ

落合少將 軍事講演

學童に呼掛け慰問袋を募集
第一回十日に締切

命令かしこみ出で行く 不眠不休火の車
壯烈な自動車隊の歌

山林中で花賭博
十八一網に

社前の廣場で建國体操を
宇都宮聯合青年團

火災の原因
子供の弄火と取灰の不始末

宮市出身勇士英靈を祀る
九日南高等小學校で

白衣の勇士が宮高農へ入學

上棟式の儘晒し雨
向田駐在所

歸鄕勇士
北京に就職

兩毛織物視察に
清水外務政務次官

佐野の種痘
日割決定

國防獻金

天氣豫報

昭和14年4月2日(日)朝刊3面(第18189号)　紙面中央部にある「学童に呼掛け慰問袋を募集」にある「慰問袋」とは、戦地にある兵士を慰め、不便をなくし、士気を高めるために日用品などを入れて送った袋のこと。また紙面左下は「森永共栄キャンデーストアー」の新築落成を知らせる広告。こちらは、大正12年4月に東京・丸ビルに開店した森永製菓の直売店で、宇都宮には昭和7年5月に開店した。

水難火災防止の守護神たる警防團

結成式、力強き宣誓

消防と防護團を一丸として新組織により茲の誕りと水難火災防止の守護神たる警防團は一日全國一齊に結成式が擧げられた宇都宮警察署ではこの日午前十時から同署樓上に管内警防團分團長並副團長召集結成式を擧げた、先づ開式の辭にはじまり宮城遙拜、辭令交附、知事訓示署長挨拶あつて後ち宣誓を爲し正午閉會した宣誓左の如し

一、常に國家奉公の精神を諒識し

一、事あるに際しては身を挺して難に赴くの覺悟を有すること

一、規律を嚴守し上長の指揮命令に服從上下一体以て事に當ること

一、上下同僚の間互に和衷協同し禮節を重んじ信義を敦くし常に行を愼み以て輿望に副ふの實を示すこと

一、職務に關し私に金品の寄付若は饗應接待を受け又は之を請求する等の所爲を爲さざること

一、職務に關し之を知たると又は他より之を聞知したることを問はず秘密を漏洩せざること退團後と雖も亦同じ

一、警防團又は團員の名義を以て政治運動に關與し又は他人の訴訟若は紛議に關與せざること

一、警防團又は團員の名義を以て營利行爲し又は商務の負擔となるが如き行爲を爲さざること

一、平素時にても召集に應じ得るの準備を整へ事を不都合なきを期すること

一、勤務中功を爭ひ又は命令なくして持場を離るゝが如き所爲を爲さざること

一、警察官吏の命令なくして他人の土地家屋又は物件を使用又は收用せざること

一、貸與品給與品等を服務以外に於て使用し又は之を他人に貸與せざること

一、警防團の器械器具其の他設備資材を職務を以てする場合の外使用せざること

一、服務中飲酒せざること

右宣誓す

縣民一致協力 健全な發達を

足立本縣知事語る

縣民各位の絶大なる御協力に依りまして本日全縣下に警防團の誕生を見るに至りましたことは誠に御同慶に堪えぬ所であります

從來消防組員又は防護團員として水火消防に又國民防空に多年獻身せられました各位に對し此の機會に改めて深く感謝の意を表すると共に此の度の警防團改組統合に深き理解を示し克く各方面の緊密協調を保って警防團結成に絶大の努力を拂はれました各位に深甚なる敬意を表する次第であります

警防團は警察の補助機關として防空水火消防其の他一切の警防事務に當る唯一の機關でありまして國土の防衞、災害の防遏に重大なる職責を有するものであります。

新に團員となられました各位は銃後に於ける自己の責任の極めて重大なるを自覺せられ一旦緩急ある時は滅私奉公の精神を發揮し上司の指揮に從って統制ある行動を爲すと共に平素に於ても十分なる訓練を行ふ必要がある次第であります。

縣民各位に於かれましても警防團に深き理解と協力を賜はり以て縣民一致の力に依りまして其の健全なる發達を期したいのであります。

警防団とは、この年の1月に制定された警防団令によって新設された、防空と消防のために警防に従事する地域団体のこと。民間の消防組織である消防組と防空機関として結成されていた防護団を統合して設置。内務省や軍部の指導によって整備され、他の団体と連携し準公務員として挙国一致体制を固めた。4月1日、全国一斉に結成式が挙行され、記事では宇都宮警察署での結成式の模様が伝えられている。

下野新聞

傷痍勇士靜養の鹽原療養所竣工
厚生大臣を迎へ今日開所式
輝く風光明媚の境地

近代化學の粹を聚めた殿堂

◇清祓式
◇開所式
◇祝賀會

宮の大都市計畫
着々と進捗
豐郷村の合併決定

冬の山景

中村の小學生
縄を綯つて國防獻金

堀米出身
戰歿者
十日慰靈祭

薄幸者
歳末慰問
足利市協議會

木炭購買券を
警察に殺倒
經濟係りで一々辯解

食事を節して
納稅の義務
感心な鹿沼の按摩さん

組合加入
協議會
今六日合合

私設質屋より
公益質屋へ
時代の波は流れる

足利の精農家が
米作座談會
來春一月中旬を期し

南犬飼村
合同葬
武勳の三勇士

花賣り獻金
附屬小學生

大麻生産者の
惡質闇取引
鹿沼署十數名檢擧

俳諧無料揮毫

校長未亡人
百圓を寄附

國防費五十圓

吏員を移轉し
修理に着手
危險な大田原役場

雀宮愛婦會
十日總會開催

農事振興會て
小作米報賞額附議

遺家族慰安
映畫會を開く

結核療養所
患者慰安會

姿愛婦總會

藤岡町公葬

歳末警戒陣
宮署非常巡査を召集

馬市て喧嘩

防空群表彰

久下田益子
臨時物價調査

女青と國婦
白衣勇士慰問

家族慰安の
映畫會を開く

日足バス運輸
日光財源委員會協議

船生國婦總會

消防機具並に
無料で貸與

川上氏特志

淺川兵曹自爆
壯烈な戰死を遂ぐ

兩勇士無言
五日に歸還

時局に鑑み
茶代心付廢止

火の見柱寄附

館野上等兵戰死

尊い慰問金
汗の結晶

國防恤兵金
六百餘圓發送

天氣豫報

宮東寶劇場

三笠軒

學習に大切な頭の藥 ノーシン

産婦人科
レントゲン科
濱田病院
濱田産婆學校

元公證人大島俊太郎後任
公證人 城野政七郎

産婦人科
醫學士 西川於菟六

パイロットインキ
とび拔けて品質優良
携帶便利な固形インキ

ぢ藥物無痛簡易療法
原回生堂

耳鼻咽喉科
肛門科
原醫院

胃腸病院
日比谷公園際

内科
小兒科
大栗醫院
醫學博士 大栗

眼科
吉澤眼科醫院

神經病科
精神病科
青山腦病院

昭和14年12月6日（水）朝刊3面（第18435号）　この日、傷痍軍人塩原温泉療養所（現・栃木県医師会塩原温泉病院）が塩谷郡塩原町（現・那須塩原市）に開所。レントゲン室やマッサージ室など、最新の医療用器具を揃えたと記事は伝えている。また「宮の大都市計画」という記事では、宇都宮市と豊郷村との合併を「明年早々実現の運び」と書いているが、実際は昭和29年の昭和の大合併時であった。

英靈神祭る日 若葉陽光に映ゆ きのふ宇都宮招魂祭

六千の學童 八幡山を中心に 剛健遠足を實施す

招魂祭寫眞説明 (上)軍隊の參拜 (中)祭主笠井中將足立知事玉串奉奠 (下)遺族の參拜

選奬さるゝ母親 育てたその子十三人 西那須野の橋本一家

母校兒童の學用品代 戰線の勇士から

町制功勞者 褒状で表彰

那須青年團 廿九日大會

奇特な局長

春の運動會 長峰公園にて

八幡山公園の八重櫻眞盛 夜の花見客で賑ふ

櫻花爛漫 足尾の天長節

官民合同運動會 親園村にて

小川煙耕組 實行組合長會

葛生の山神祭 各工場統一 從業員慰安の催物

母校へ金を 陸軍病院から

鹽原の八汐 櫻花は過ぎ

西那須野町の行事協議

水路開拓碑 記念祭を行ふ

渡良瀬河畔の櫻花に薄日洩る 足尾銅山の山神祭

合同運動會に時局物が光る 佐野健週中の呼物

健康祈願祭と團体健脚行進 二日の足尾町にて

模樣村の益子燒 寫生用教材に 東京の小學校で試用

報恩の意味で「八千木」獻木 親園村の増淵氏が

眞岡女青 敬老會 七日小學校で

田村氏の寄附

喜壽の祝にピアノ購入費 八木澤要作翁寄附

境村の火事

健康週間中 大田原町行事

武運祈願祭

天氣豫報

昭和14年5月1日(月)朝刊3面(第18217号) 4月30日、宇都宮市の栃木県護国神社で、栃木県出身の戦没者らを慰霊する「招魂祭」が行われた。午前は遺族や関係者など、午後は一般の参拝者が戦没者らの霊を慰めた。この年、内務省令により内務大臣指定護国神社となり「宇都宮招魂社」から「栃木県護国神社」と改称した。「招魂祭」という言葉は「招魂社」と呼ばれていた時の名残である。

女なれども強し 非常時軍國の母
出征の伜に秘す父親の死 娘相手に銃後を護る

有望な滿洲移民（二）
海外雄飛を望む 妙齢婦女子
拓務省に血書の志願

横綱大關以外 優勝六人目
今場所全勝の出羽湊

輝く武勲の數を 白衣に包み
五十八勇士今日歸る

市價の半値で 靴墨が出來る
眞岡農校教諭の研究

女子青年團の 擴充と强化
役員會で行事決定

スフ普及宣傳に 講演と映畫
廿八日縣教育會館で

五人の子を抱へ 奉公人相手
銃後を護る軍國の妻

身體が虚弱で 奉公出來ず
銃後に盡す坂本君

勤勞奉仕者に 助成金と金一封

三人共謀して 六百餘圓着服
茂木署で探知取調

遊興中の僞刑事
齋藤刑事に取押らる

十三日土付かず 出羽湊優勝

節約して得た金 軍事後援會に
一町三ヶ村酒商組合

働いて得た 益金献納

佐野演武始

天氣豫報

昭和14年1月25日（水）朝刊3面（第18122号）「海外雄飛を望む 妙齢婦女子」という記事は、満州へ「大陸の花嫁」を志願する女性たちのことを伝えている。この年の暮れ、満州移民政策に関する「満州開拓政策基本要綱」を日満両政府が発表。9月には、厚生省予防局民族衛生研究会が「結婚十訓」を発表。その中のひとつ「産めよ殖やせよ国のため」はスローガンとなり「大陸の花嫁」たちを後押しした。

昭和14(1939)年 第二次世界大戦はじまる

この年の流行

流行(語)	複雑怪奇、ヤミ、禁制品、生めよ殖やせよ国のため
流行歌	上海ブルース、愛馬進軍歌、父よあなたは強かった
書物	石狩川、百万人の数学、学生に与ふる書、源氏物語 26 巻
映画	兄とその妹、上海陸戦隊、土と兵隊、土、ハリケーン、望郷
モノ	四つ珠のそろばん、慰問用人形づくり、ヤミ取引が横行

この年の物価

映画館入場料55銭

県内の主な動き / 国内外の主な動き

1月	近衛文麿内閣が総辞職(4日)
3月	**県立宇都宮盲あ学校が県立ろうあ学校となり、盲部は足利盲学校に併合し県立盲学校となる(23日)**
4月	**各地の警察に消防と防空を包括した警防団が設置され結団式を行う(1日)** 映画法公布。脚本の事前検閲や洋画の制限など(5日) 米穀配給統制法公布(12日)
5月	満蒙国境で日ソ国境紛争が起こる〈ノモンハン事件〉(11日)
6月	国民精神総動員委員会がネオンやパーマ、学生の長髪禁止など決定(16日)
7月	国民徴用令公布。「白紙の召集令状」で徴用(8日) 内務・厚生両省が「朝鮮人労務者内地移住に関する件」を通達、朝鮮人強制連行が始まる(28日)
8月	独ソ不可侵条約調印(23日)
9月	独がポーランド侵略を開始。第二次世界大戦が始まる(1日) 毎月1日を興亜奉公日と設定(1日) 厚生省が「産めよ殖やせよ」などの結婚十訓を発表(30日)
11月	**コメの強制買い上げ制の実施で闇取引が続出。県令で米穀の自由取引禁止。配給統制開始** 米穀搗精《とせい》等制限令が施行。米はすべて7分づきに(25日)
12月	国際連盟がソ連を除名(14日) 映画「風と共に去りぬ」が米で公開。アカデミー賞8部門を受賞(15日) 日本政府と満州国が共同で満州開拓政策基本要綱を発表(22日)

近衛内閣総辞職で幕を開けたこの年、5月には満蒙国境で日ソ国境紛争が発生(ノモンハン事件)。この紛争の最中に独ソ不可侵条約が調印された。日独防共協定を結んでいた日本にとっては青天の霹靂で、日独同盟の締結交渉を中止し平沼騏《き》一郎《いちろう》内閣は総辞職。そしてドイツがポーランドを侵攻し、**第二次世界大戦**がはじまった。一方国内では、前年に施行された国家総動員法に基づく各種の勅令が公布・施行された。6月に国民精神総動員委員会が遊興営業時間の短縮、ネオンやパーマなどの禁止を決定。9月からは毎月1日を「興亜奉公日」と定め、国旗掲揚や勤労奉仕などのほか、一汁一菜、日の丸弁当など質素な食事が奨励された。また大戦歓迎ムードで株価が急騰し、政府は物価を凍結。**各種の商品に「ヤミ価格」がつき**、国民生活は総力戦体制へとシフトしていった。

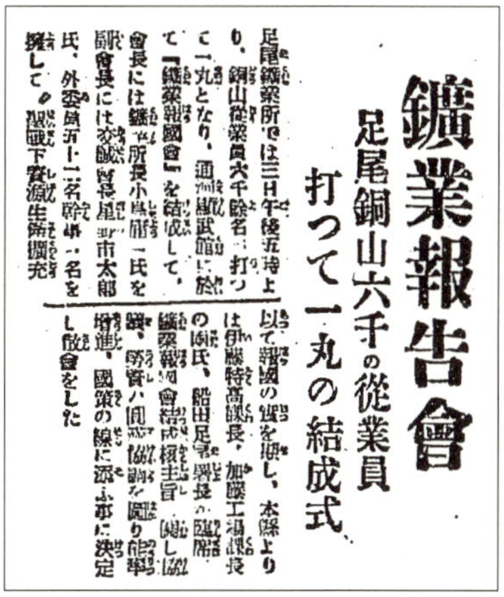

鑛業報告會

足尾銅山六千の從業員

打って一丸の結成式

足尾鑛業所では三日午後五時より、銅山從業員六千餘名が打って一丸となり、通洞武徳館に於て『鑛業報國會』を結成して、會長には鑛業所長小畑順一氏を、副會長には[illegible]市太郎氏、外委員五十二名幹事十一名を擁して。[illegible]以て報國の誠を致し、本縣よりは伊藤特高課長、加藤工場課長の兩氏、[illegible]署長の臨席[illegible]國策の線に添ふ事に決定し散會をした

昭和14年9月7日(土)夕刊1面(第18346号)

足尾銅山鉱業報国会が発足

昭和15年 1940

下野新聞　昭和十五年十月十三日　日曜日

全國民待望の新体制
翼賛會發會式
歴史的巨歩を踏出す

新體制運動の綱領は
大政翼賛の臣道實践
發會式上近衛首相挨拶

大麻代用ケナフ
大麻同樣統制實施

方面を轉換して
國力の宣傳
國際觀光局再出發

時局に即應して
農業新體制確立
本縣農民同盟の決議

夜の屋台店に
女客の姿も
節米奬勵の結果か

巨軀に包む闘志
頼もしい元氣
新泰國公使二見さん

車掌がガス中毒

共産軍を奇襲

體育部再建
帝大運動部先輩協議

燐寸と砂糖に
切符制實施
先づ六大都市と隣接區域

御心配なく
では行って來ます
建川大使颯爽と出發

戰歿者慰靈祭

郡農會評議員會

(体)(錬)(の)(秋)

昭和15年10月13日（日）夕刊2面（第18745号）　10月12日、第二次近衛文麿内閣によって挙国一致の戦時体制を推進することを目的として「大政翼賛会」が創立。左右合同、全政党が解散し加わった。当初は国民各層の有力分子を結集して軍部に対抗できる強力な国民組織をつくろうとしたが主導権争いが絶えず、やがて内務省の官僚や警察官僚が主導権を握る行政補助機関となっていった。

樺太から東京へ 奉祝文捧持継走 本縣引繼は二十五日

スキー持込禁止 年末年始の列車混雑期

大陸と内地で 新合成酒醸造

通洞青年査閲

綜合運動場に代つて 八幡山遊園地化 宮市の記念事業變更

日獨伊三國のもとに 新東亞建設誓ふ 宮市一萬五千の大行進

國民大會首相告示

向田巡査寄附

純益金を寄附

米引揚船決定

けふのラヂオ

爆撃機と軍艦では 何れが優る 權威者は五分〱の意見

寫眞(上)宮市に開催の大政翼贊並三國結盟縣民大會(下)行進

昭和15年10月14日（月）朝刊3面（第18746号） 9月27日にドイツのベルリンで締結された日独伊三国同盟と大政翼賛会創立を祝し、国民精神総動員委員会と宇都宮市の共催で行われた。記事によると、式典の後は参列者全員で宇都宮市中心部を行進。その数およそ1万5千人と伝えている。行進は栃木県護国神社で参拝したのち解散した。記事横の写真は、その時の行進の様子を写したものである。

下野新聞　昭和十五年七月十二日　金曜日　第一万八千六百五十二號　(三)

食糧政策に順應 需給機構の整備

宮市米配給は廿日頃

時局に順應し 國策の强化

十八日中等校長會議

天皇皇后 両陛下に 鄭重な御禮

關東一齊に 家畜週間 十一日から

手當り次第に 窃盗を働く

不良青年栃木署取調

川西町の 砂糖配給 準切符の袋制

草刈競技會

中村久保農場に開催

河原を開墾して 代用品栽培

栃木高女時局對策

米切符配給制 足利市は二三日中に

川西署管内 節米協議 十一に開會

足利市の 傳染病 患者二十六名

手辨當て勞力奉仕 田植の手傳 部落民何れも感謝

川西署て 衛生圖案 各所に配付

物言はぬ戰士織綾號 抜群の勳功

陸相から勳章と彰状

葭田上等兵 戰傷病死

佐中プール 水泳大會

佐野體育協會開會式

借金を踏倒 遊興 發見して御用

白衣の大使に 金百圓 佐野の根津さん

九十名の割當に 希望者僅に二十名

大貫海岸に開く海の家

淺吉を取調

足利郡市の 田植 十五六日終了

菓子値下 足市にて

映畫會入場者から 金二十圓

縣代表十三名

青年團滿洲視察團

塩原に 醫院 十日から開設

出生兒激增

縣統計課の調査成る

節米座談會 湖組合にて

娛樂機關に 指導的 健全制を取入

國防獻金

前半愚圖つき 後半高溫多照

七月中旬の產業氣象

大麻害虫栗螟蛾

惡疫防止に 衛生懇談會

家族拓致の爲

開拓團員五名歸國

市内中等校 風紀問題

臨時總會で 役員選擧

酷熱百四度 南京の新記錄

夏休み中の 行事 足利實踐校

各地だより

繭素を普及

手榴彈で 戰傷 荒井上等兵

保險契約者 に茶菓の慰安

天氣豫報

昭和15年7月12日（金）朝刊3面（第18652号）　昭和13年4月公布の国家総動員法（114ページ参照）により、この年の6月から県内各市町村で米と麦の割当配給制となり、生活必需品も配給制となった。この紙面では、宇都宮市に米穀需給調整委員会を設置し、市内に住む個人や各種事業者への配給量が決まったことを伝えている。配給方法は切符制ではなく通帳制に変更、10日分以上の配給は認められなかった。

下野新聞

帝國陸軍内地兵備に
劃期的大改變を斷行
北東、中、西四軍管區に區分

聯隊區司令部は
―縣廳所在地に移轉す―

興亞青少年練成
三泊四日間共同合宿
宮市教育會の試練

夏尚寒し
（鬼怒上流風景）

近衛公けふ歸京か
政府待機の姿勢
速かに公の決意打診

歐洲情勢の變轉に對處
政府重要協議
四相會議へ藏相參加

蘭印と外交々渉に
酒匂大使派遣に決定

大小粿麥價格決定

バルカンの形勢一變
愈獨伊に傾く
將來獨伊對ソの競爭へ

歐洲大戰波長

銘仙聯盟側
休機を決議
奢侈禁止適用對策

佐野も休機
申合せか

精米麥共作所
二十万圓を投じて
足利米卸組が設立

各地だより

書いても・・ノーシン

昭和15年7月13日（土）朝刊2面（第18653号）　華美な装飾品を規制する「奢侈《しゃし》品等製造販売制限規則（七《しち》・七《しち》禁令）」は織物の産地である足利・佐野にとって大打撃だった。紙面では、これを受けて足利織物同業組合も加盟する銘仙連盟が休機を決議。足利織物同業組合としての具体的な態度を決めること、またこの禁令の適用を受けていた佐野内地絹織物工業組合も休機の申し合わせをする予定と伝えている。

昭和15年2月7日（水）朝刊3面（第18497号）　紙面中央左側の「矢板農学校、就職者の半数が満州か支那へ」という記事は、県立矢板農学校（現・県立矢板高校）をこの年に卒業する就職内定者45人のうち25人が満州か中国での就職であること、残り20人は軍需工場や営林署、長男で家業を継ぐ人たちであると伝えている。卒業生たちは希望と期待を胸に秘め、新天地へと羽ばたいていった。

悠久二千六百年 皇基彌々堅し

奉祝式典の盛儀に参列の 榮に浴した山縣知事感激

皇后陛下より 切花の菊花を

宇都宮高崎水戸松本 陸軍病院長に御下賜

お囃も賑々しく 繰出た山車四台

晝は旗行列、夜は提灯行列

世紀の奉祝を中心 多彩な絢爛繪卷

喜びの日の宇都宮

空に日章旗 地に萬歳の歡聲

奉祝一色に塗潰さる

街を流る火の波

この夜の提灯行列

國立種馬所 奉祝遠來

轡を並べて

東亞新秩序の建設 先づ體力を

競技參加代表宣誓

足利慶祝の喜び

舞妓三百の旗行列

紀元二千六百年奉祝式典

縣會議事堂にて擧行

光榮に感泣

主人は草葉の蔭で

白相少佐未亡人慶子さん 感激の涙で語る

神宮の聖火迎へ 奉祝体育會

栃木市の記念式典

緑映ゆる常盤木 白黄紫香る菊花

二千六百年の陽は昇る

黒羽川西の 奉祝振

旗行列提灯行列 山車見出し

旗行列

鹿沼の奉祝日

生徒も參加

下館の豪商

闇取引で嚴重取調

鍛錬馬の奨勵に

綜合成績優秀馬に 知事から賞状交付

巡回商工相談所開設

矢板町役場で

七合の火事

金子曹長

壯烈な戰死

茸狩に出て行方不明 白骨となり發見

下伊佐野のおみね婆さん

川西警主催で 奉祝体育會

黒羽第一位で

當歳駒品評 入賞

賞品を授與

西那須奉祝

三校の旗行列

天氣豫報

昭和15年11月11日(月)朝刊3面(第18773号) 11月10日、神武天皇即位から2600年を記念し、内閣主催の「紀元二千六百年式典」が宮城外苑(現・皇居外苑)で行われた。この日は全国各地で記念式典が開催され、宇都宮市でも盛大に式典が開催。長引く戦争による物資不足で接待も簡素化された。行事終了後、大政翼賛会による「祝ひ終つた さあ働かう!」の標語ポスターが一斉に貼られた。

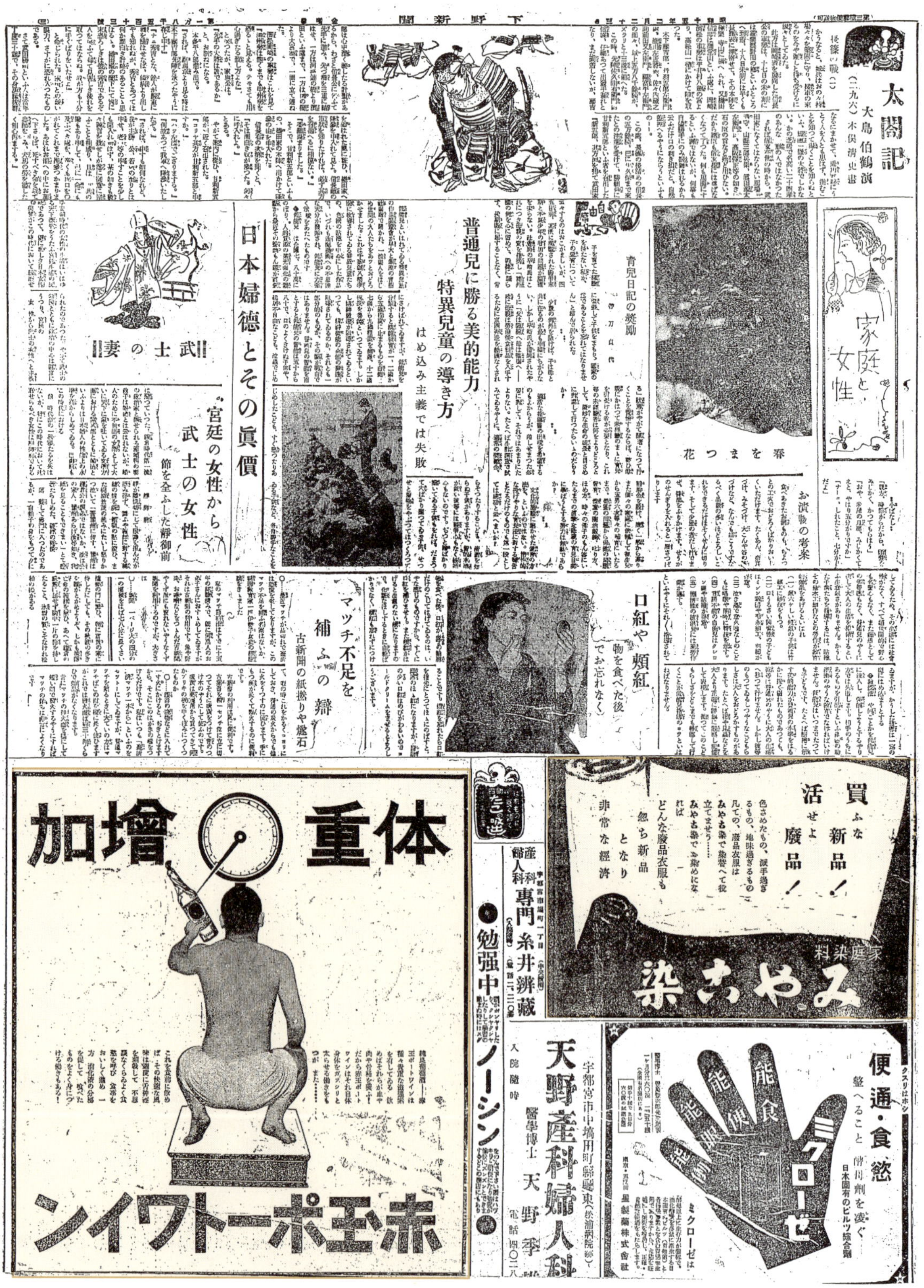

昭和15年2月23日(金)夕刊3面(第18513号)　広告は効能を重視したコピーが多く見られるようになった。たとえば、この紙面に掲載の「家庭染料 みやこ染」は「買うな新品! 活せよ廃品!」をキャッチフレーズに「どんな廃品衣料も忽ち新品」と商品の効能をアピール。一方、壽屋の「赤玉ポートワイン」はその栄養価に着目し、「種々滋強素を有している」など、身体に効能があることをアピールしている。

昭和15（1940）年 新体制運動推進と大政翼賛会

この年の流行

流行（語）	大政翼賛会、八紘一宇、バスに乗り遅れるな、ぜいたくは敵だ
流行歌	紀元二千六百年、湖畔の宿、蘇州夜曲、月月火水木金金
書物	如何なる星の下に、夫婦善哉、鹿鳴集、オリンポスの果実
映画	支那の夜、小島の春、燃ゆる大空、民族の祭典（独）、駅馬車（米）
モノ	砂糖、マッチ、味噌、醤油、木炭など切符制実施、日の丸弁当、小西六、国産初カラーフィルム発売

この年の物価

カレーライス20～30銭、そば15銭、中華そば16銭、缶詰牛肉170g48銭、やきとり10銭、豆腐6銭、納豆10銭

県内の主な動き / 国内外の主な動き

1月	**栃木県産業報国連合会が発会（20日）**
2月	衆議院議員の斎藤隆夫の「反軍演説」。翌3月7日に衆議院を除名（2日） 朝鮮総督府が名前を日本人式に改める「創氏改名」の受け付けを開始（11日）
3月	**国防婦人会栃木支部による銃後援護活動の雑誌「下野国婦」が創刊** 内務省が洋風の芸名の改名を命令〈芸名統制令〉（28日）
6月	**翌年1月まで市町村ごとに米と麦の割当配給制が始まる。配給方法は通帳制と切符制の2通り。これ以後生活必需品は軒並み配給制に**
7月	社会大衆党が解党（6日） 奢侈《しゃし》品等製造販売制限規則発布、翌7日施行（七・七禁令） **第二次近衛文麿内閣成立（22日） ※右記事参照→**
8月	国民精神総動員本部が戦時標語「ぜいたくは敵だ！」の立て看板を東京市内のいたるところへ配置 立憲民政党が解党。これで全既成政党が解党（15日）
9月	独空軍がロンドンを猛爆撃（7日） 日独伊三国同盟調印（27日）
10月	大政翼賛会が発足（12日） **栃木県内各地で大政翼賛会の県・市町村民大会が開催される（13日）**
11月	**栃木県産業報国会が創立** 「紀元二千六百年記念式典」開催（10日）
12月	**県会議事堂で大政翼賛会栃木県支部結成（1日）**

「紀元二千六百年」を迎え、各地で祝賀行事が行われた。祝祭ムードが漂う一方、総力戦体制は人々の生活に暗い影を落としていった。夏頃から、米や麦の**割当配給制**が各地で実施され、7月には**奢侈《しゃし》品等製造販売制限規則**が施行され（七《しち》・七《しち》禁令）「ぜいたくは敵」になった。7月に第二次近衛内閣が成立。26日に閣議決定した「基本国策要綱」に対する松岡洋右外務大臣の談話で「大東亜共栄圏」が使用されてから流行化した。9月には日独伊三国同盟が調印、10月には**大政翼賛会**が発足し、各地で祝賀行事が行われた。政界では、2月に衆議院議員の斎藤隆夫（立憲民政党）が日中戦争に対する根本的な疑問と批判を提起するも（反軍演説）、翌月には衆議院を除名。8月の立憲民政党が解党した原因のひとつとなり、大政翼賛会へと流れ込んでいった。

後継内閣組織の大命
近衛文麿公に降下せん
公今拂曉輕井澤より歸京

昭和15年7月18日（木）夕刊1面（第18658号）

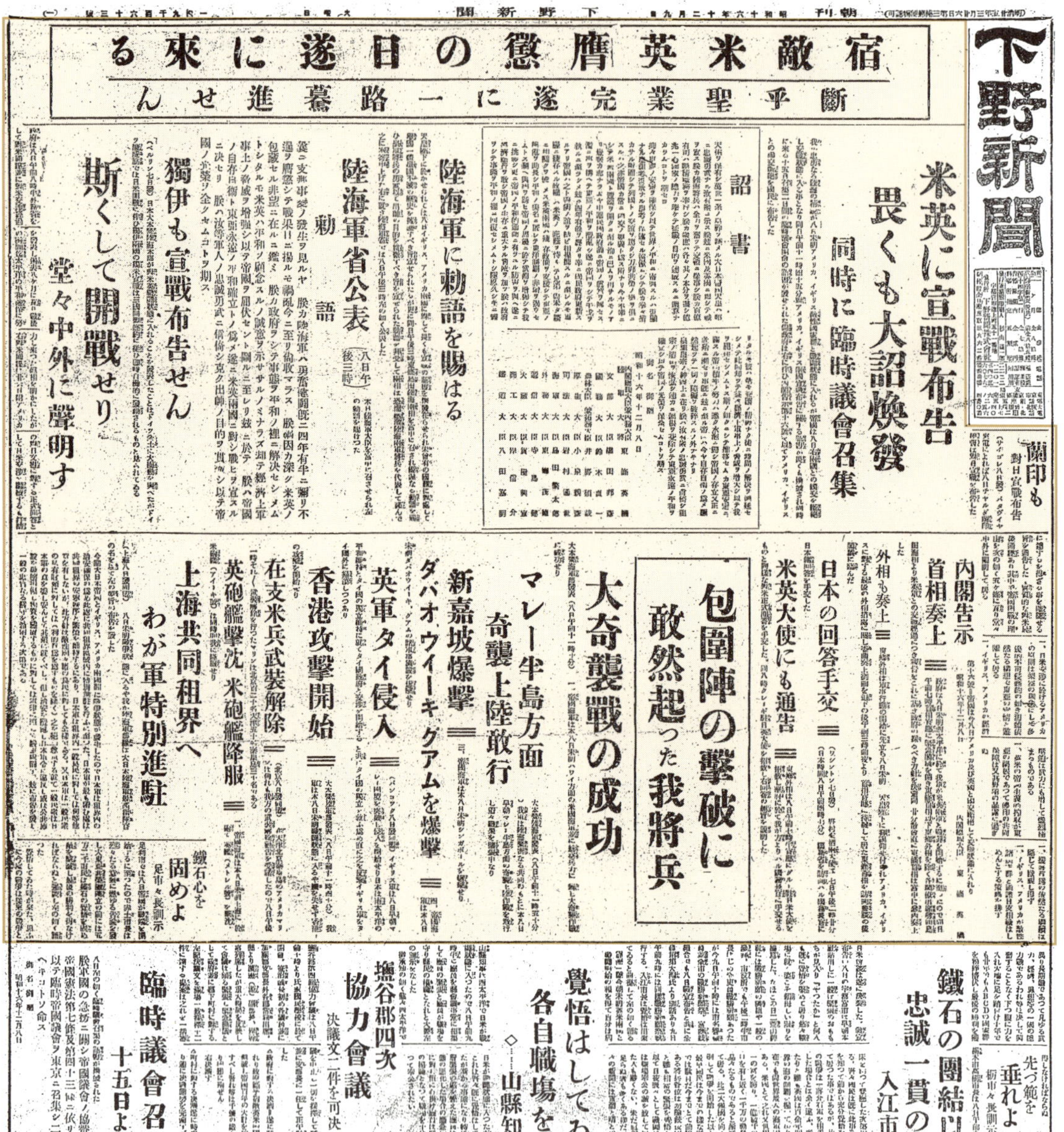

下野新聞

宿敵米英膺懲の日遂に來る

斷乎聖業完遂に一路邁進せん

米英に宣戰布告

畏くも大詔渙發

同時に臨時議會召集

詔書

陸海軍に勅語を賜はる

陸海軍省公表

獨伊も宣戰布告せん

斯くして開戰せり 堂々中外に聲明す

蘭印も對日宣戰布告

内閣告示

首相奏上

外相も奏上

日本の回答手交

米英大使にも通告

包圍陣の撃破に敢然起った我將兵

大奇襲戰の成功

マレー半島方面奇襲上陸敢行

新嘉坡爆撃

ダバオ・ウイーキ・グアムを爆撃

英軍タイ侵入

香港攻撃開始

在支米兵武裝解除

英砲艦撃沈 米砲艦降服

上海共同租界へ わが軍特別進駐

鐵石心を固めよ 足市々長訓示

先づ範を垂れよ 栃市々長訓示

鐵石の團結以て忠誠一貫の覺悟 入江市長は語る

覺悟はしてゐた 各自職場を守れ 山縣知事の訓示

鹽谷郡四次協力會議 決議文二件を可決

臨時議會召集 十五日より二日間

翼賛縣支部 十日常務員會開催

食糧増産協議 大内村農事共勵會

明年度米穀生産見込

佐藤宮市議 辭表を提出

貯蓄增強實施運動協議

昭和16年12月9日（火）朝刊2面（第19163号） 12月8日午前2時（日本時間。以下同）、日本軍はイギリス領マレー半島へ上陸開始。午前3時、ハワイ真珠湾を空撃。午前4時すぎ、野村・来栖両大使がアメリカのハル長官に最後通牒を手交、イギリス・アメリカが対日宣戦を布告しアジア・太平洋戦争がはじまった。紙面見出しの「大詔渙発《たいしょうかんぱつ》」とは、天皇が広く国民に言葉を告げ、詔勅を内外に発布するの意。

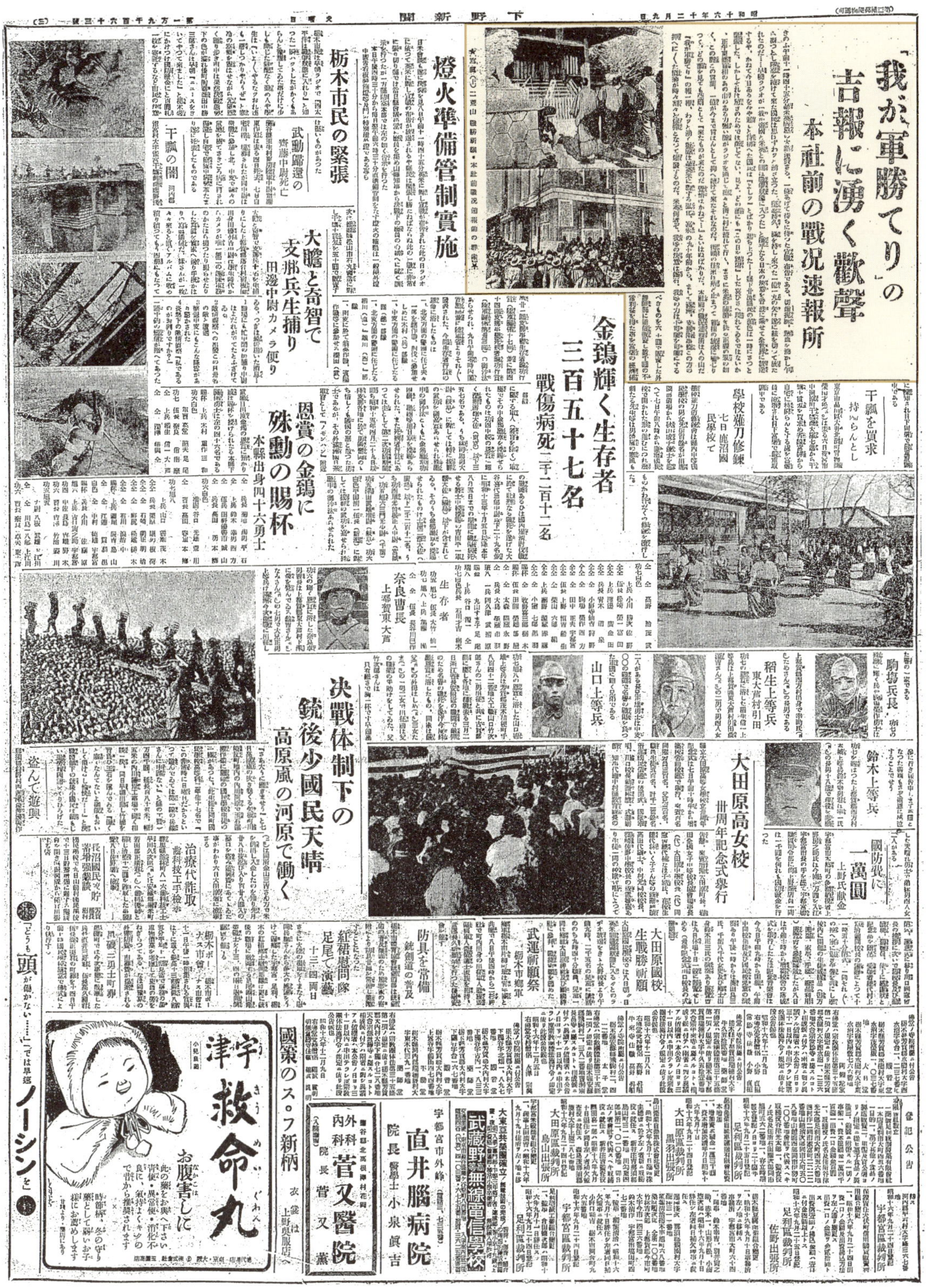
下野新聞

「我が軍勝てり」の吉報に湧く歓声

本社前の戦況速報所

燈火準備管制實施

栃木市民の緊張

金鵄輝く生存者 三百五十七名

戦傷病死二千二百十二名

大膽と奇智で支那兵生捕り

田邊中尉カメラ便り

恩賞の金鵄に殊勲の賜杯

本縣出身四十六勇士

決戦体制下の銃後少國民天晴

高原嵐の河原で働く

大田原高女校

卅周年記念式擧行

駒場兵長

鈴木上等兵

稲生上等兵

山口上等兵

國防費に一萬圓

上野氏獻金

干瓢を賞求

學校薙刀修錬

武運祈願祭

大田原國校生戦勝祈願

防具を常備

紅裙慰問隊

治療代詐取

盗んで遊興

昭和16年12月9日（火）朝刊3面（第19163号） マレー半島への進攻、ハワイ真珠湾の奇襲成功に国内が沸き立つ中、下野新聞本社前の戦況速報所には多数の群衆がかけつけた（記事写真）。また宇都宮二荒山神社では戦勝祈願をする女性たちの様子を写した写真も掲載。記事にある「米英何者ぞ、我等の決意は鉄石 我等の決意は不可能を可能にする」という言葉に、当時の異様な熱気と興奮が伝わってくる。

下野新聞

朝刊　昭和十六年十二月十日

皇軍の捷報相次ぐ

敵の虚を衝いた
新嘉坡上陸作戦
タイ侵入に熱中した英軍作戦の裏を掻く

シンガポール引續爆砕

イバ空襲の戰績
敵機九十六機撃墜（比島）

香港の崩壊近し（市民動搖）

比島當局の暴虐
邦人二萬五千名拘禁

パラワン島爆撃（比島）

マニラ震ひあがる

米國敗戰を認む
布哇周邊修羅地獄

獨ソ戰線
靜止狀態に入る

眞珠灣襲はる（米大統領の悲しき發表）

ミッドウエー急襲（格納庫燃料庫炎上）

航空母艦猛爆（ダバオを空襲）

パナマ運河非常警戒

拿捕船舶八萬噸に上る

米運送船撃沈公表

聖旨を奉戴して
難局を突破せよ
山縣知事縣民に告諭

縣戰時事務分掌
四部に分け編成

詔書捧讀式
知事再び廳員に訓示

皇土に敵の機影を見ず

租界の權益處理
支那派遣部隊發表

宇都宮市青年團

日本は正當防衛だ
米大統領の挑戰雜誌獨紙

米大統領大狼狽
ホワイトハウス略式

七政府宣戰布告
米國
英國
濠洲
キューバ
ハイチ、ホンジュラス
メキシコ

史上未曾有の
奇蹟的大成功
祝電殺到

明年度戰時豫算
九日閣議で決定發表

祝電
南方指揮官に

時局對策
懇談會

縣支部

昭和16年12月10日（水）朝刊1面（第19164号）　アジア・太平洋戦争の開戦を知らせる第一報の翌日朝刊では、マレー半島に上陸後、いわゆる「マレー作戦」遂行の報道を掲載。見出しの「新嘉坡」はシンガポール、「布哇」はハワイのこと。「皇軍の捷報《しょうほう》相次ぐ」「米大統領大狼狽」「史上未曾有の奇蹟的大成功」などの見出しに、開戦第一報の余韻未だ冷めやらぬ雰囲気が紙面から伝わってくる。

朝刊　昭和十六年十二月十五日　下野新聞　月曜日　第一万九千百六十九號　(一)

下野新聞

野州官民の機關紙

國策順應
一縣一紙の建前成る
洵に慶賀に堪へず
山縣本縣知事の挨拶

戰時下國内体制の强化は一つに國論を統一して一億國民をして鐵石の信念と凡ゆる困苦缺乏に耐ゆるの覺悟を堅持せしめねばなりませぬ、茲に於て政府は輿論指導機關たる新聞紙を整理統合し國論を統一すると共に、一面用紙の節約を圖る爲め今回一縣一紙の根本方針を明示し其の實現を期すること〻相成つた次第であります。

仍て本縣に於ても其の國策に順應し、茲に下野新聞をして本縣の代表紙たらしむべき方針を決定し、近く之が實現を見ることとなり現下重大時局に際し國論統一上洵に慶賀に堪へませぬ

然し乍ら此の國策實現の爲めには現に在する縣内數紙の新聞紙が其の尊き犧牲と相成るのでありますが、幸ひ各紙共克く時局を理解せられ欣然之に贊意を表されましたことは洵に私の欣快措く能はざる所でありまして其の犧牲的精神に對し深甚なる敬意を捧ぐる次第であります。

尙下野新聞に於きましては、今後益其の使命の重大なるに鑑み、新なる決意と工夫を以て眞に國家の要求する方策を實踐する爲め、其の有する機能を遺憾なく發揮し、我が曠古未曾有の重大時局に對處する縣民の指導機關として名實共に間然する所なき地方報導機關紙としての使命達成に邁進せられ、國家並に縣民の絶大なる期待に副はるる樣全社員各位の奮起を切望して已まぬ次第であります。茲に下野新聞の更生に際し一言希望を述べて祝意を表する次第であります。

米英擊滅縣民大會
けふ午後一時 縣廳構内廣場にて

賀贊欄

縣民の聲
皇國民の錬成と家庭教育の振興(上)
長澤末次郎

戰時生活相談
燈火管制の注意
營業許可制とは?

社告
下野新聞社

食糧增産に邁進
米麥品種と作付
兩統制規程愈決定

農會欄

縣農會米麥品種統制規程

農會役職員
戰勝祈願と誓ひ
けふ增産對策協議

薪の縣外移出は
知事の許可を要す
縣内配給の圓滑を考慮

縣報

昭和16年12月15日(月)朝刊2面(第19169号)　内務省と情報局を中心に新聞資本の統合と言論統制の一環としてすすめられた新聞統制のひとつに「一県一紙」があった。昭和12年の時点で日刊の新聞社がおよそ1,200社あったのが、昭和17年には55社に統合された。栃木県内では、昭和17年1月1日に下野新聞へ統合。6,800部あった下野新聞の部数は、統合後およそ21,300部となった。

下野新聞

皇后陛下、春陽浴び
多摩陵御參拜後
親しく白衣勇士見舞

早春の日光探勝
佛印代表一行と通譯
松岡外相の御曹子等

体位向上のハイキング

商工會議所
新役員
卅一日選任

盟邦及び南方へ示す
日本産業映畫
文化振興會で完成

推薦態度
疑義に
城戸氏の見解

農業勞働機械化
小型トラクター耕耘
上都賀農會で實演會

愛林デー
大田原營林署

宇都野の火事
一戸三棟燒

夜業に草履
益金を國防費

梵鐘獻納に就て（下）
瓦全生

柳原用水の草分
物故功勞者の慰靈祭

詐欺容疑者
貳岡署へ引渡

鹿沼の種痘

藝能聯盟
第一回表彰
松本幸四郎丈

新機構大綱
會長へ答申

鐵といふ鐵は
總べて回收
役所の門公園の柵も

興亜奉公日二荒山參拜

戰病歿勇士
卅二柱の英靈招魂祭

懐爐灰工場
一棟全燒

黎耕競技會
西那須入賞者

鱒漁の解禁
鹽原の箒川一日から

松岡外相訪伊
ローマのオスチア驛着
驛頭市民熱誠な歡迎

アフガニスタン
經濟使節團
九日日光探勝に登晃

那須分鄕第二次
本隊員十六名出發

集荷を一元化
配給制度を圓滑に

農産物行商組
六百五十名の組合

母校に寄附

安・足蠶糸祭

朝顔無代配布

宇都宮組合銀行
手形交換高

昭和16年4月2日（水）夕刊2面（第18914号）　日中戦争以降から続く物資不足で、武器生産に必要な金属資源も不足していた。この年の8月に国家総動員法に基づく金属回収令が公布されるが、それ以前から政府声明で不要の金属類回収を呼びかけ、官公庁や職場、愛国・国防両婦人会などの手で実施されていた。記事見出しの「鉄といふ鉄は総べて回収」は文字通り、あらゆる鉄が回収されていたことを示している。

昭和16年9月21日(日)朝刊3面(第19085号) 9月20日、芳賀郡清原村(現・宇都宮市)にあった宇都宮陸軍飛行場に宇都宮陸軍飛行学校が開校した。開設は前年10月施行の宇都宮陸軍飛行学校令(勅令第577号)による。同校の修業年限は1年で、陸軍少年飛行兵になる男子に飛行機の基本操縦教育を行っていた。開校式当日は式典の後、飛行演習を披露。さまざまな妙技で大勢の観客を驚かせた。

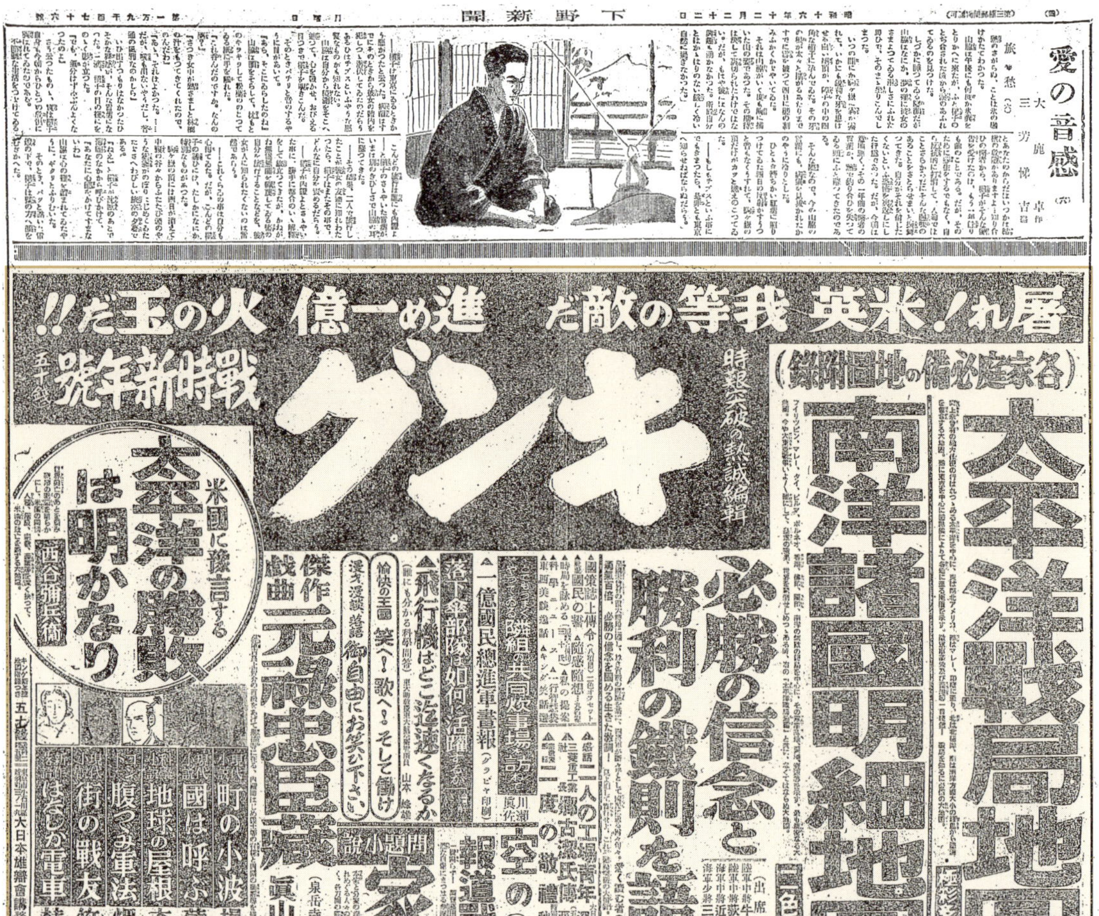

下野新聞

愛の音感（六）

屠れ！米英 我等の敵だ 進め一億 火の玉だ!!

戦時新年号

キング

時局突破の熱誠編輯

（各家庭必備の地図附録）

太平洋戦局地図

南洋諸国明細地図

二色印刷

必勝の信念と勝利の鉄則を語る

米国に豫言する 太平洋の勝敗は明かなり

一億国民総進軍画報

落下傘部隊は如何に活躍するか

飛行機はどこ迄速くなるか

愉快な王国 笑へ！歌へ！そして働け

漫才 漫談 落語 御自由にお笑ひ下さい

傑作戯曲 元禄忠臣蔵（泉岳寺の場） 真山青果

問題小説 家

空の報道戦士

町の小波 堤千代

國は呼ぶ 菊池寛

地球の屋根

腹つゞみ軍法

街の戦友 竹田敏彦

大日本雄辯會講談社

屠れ 米英 我等の敵だ 進め一億 火の玉だ！

胃腸・栄養・脚気

錠剤 わかもと

わかもと本舗

婦人科 内科 糸井醫院

毛をはやす新療法

内臓外科 牛田外科醫院

整形外科 レントゲン科専門 松岡病院

皮膚科 泌尿器科 天谷醫院

甲子金庫

原肛門病科

外科 一般 整形外科 山本醫院

内科 小兒科 荒井病院

昭和16年12月22日（月）朝刊4面（第19176号） 広告は大日本雄辯會講談社（現・講談社）発刊の雑誌『キング』。当時を代表する総合大衆誌である。「屠れ！米英 我等の敵だ　進め一億 火の玉だ!!」と煽るコピーや戦時総動員体制下に即応した記事が散見されている。中でも、付録の「太平洋戦局地図」と「南洋諸国明細地図」は、連日新聞などで報道される日本軍の戦況を視覚的に補完していた。

昭和16(1941)年 アジア・太平洋戦争はじまる

この年の流行

流行(語)	ABCD 対日包囲網、産業戦士
流行歌	戦陣訓の歌、さうだその意気、森の水車、のんき節
書物	次郎物語、人生論ノート、智恵子抄、路傍の石
映画・舞台	戸田家の兄妹、馬、江戸最後の日、次郎物語、勝利の歴史、スミス氏都へ行く、李香蘭日劇公演
モノ	プラスチック歯ブラシ、防空ずきん、もんぺ、ゲートル、配給

この年の物価

そば16銭、とんかつ30銭、公衆電話5銭

県内の主な動き / 国内外の主な動き

2月	**社会奉仕活動などを通して国策へ協力するため県青少年団が結成(27日)**
3月	**県立栃木高等女学校で県下初の女子軍事訓練実施(4日)**
4月	国民学校が発足(1日) 日ソ中立条約をモスクワで調印(13日) 米国ハル国務長官と野村駐米大使との日米交渉開始(16日)
5月	**横川村(現・宇都宮市)に県立花嫁学校を設置**
6月	独ソ開戦〈宣戦布告なし〉(22日)
9月	**ガソリン使用禁止で乗合馬車が登場(1日)** ナチス・ドイツがポーランドのアウシュビッツ収容所で毒ガスの使用開始(3日) **陸軍宇都宮飛行学校が開校(20日)** **栃木県農業協会が結成(27日)**
10月	尾崎秀実とリヒャルト・ゾルゲをスパイ嫌疑で逮捕〈ゾルゲ事件〉(15・18日) 第三次近衛文麿内閣が総辞職。**東條英機内閣成立(18日) ※右記事参照→**
11月	**宇都宮市で全国初の銅鉄類特別回収を実施(10日)** ハル米国務長官、日本側の最終打開案(乙案)を拒否し「ハル・ノート」を示すも、大本営政府連絡会議はハル・ノートを最後通牒と判定、交渉打ち切りへ(27日)
12月	日本軍がハワイ真珠湾を空撃。英米が対日宣戦を布告〈アジア・太平洋戦争はじまる〉(8日) 閣議で対米英中戦を「大東亜戦争」と呼称(12日) **一県一紙の国策に従い、下野新聞が県の代表紙となる(15日)**

中国戦線が膠着状態のまま、いよいよ本格的な総力戦体制に入った。4月には日ソ中立条約を調印。同じ頃、米ハル国務長官と野村駐米大使との間で日米国交調整交渉がはじまるも、松岡外相がハル長官の提案に不満を示し、強硬修正案を提示。交渉は難航した。国内では、10月に第三次近衛内閣が総辞職し東條英機内閣が成立。11月、ハル国務長官が日本側の最終打開案(乙案)を拒否しハル・ノートを提示。27日に大本営政府連絡会議でハル・ノートを最後通牒と判定し交渉は打ち切りへ。そして12月8日午前2時(日本時間)、日本軍はマレー半島に上陸開始。午前3時(日本時間)、ハワイ真珠湾を空撃。英米が対日宣戦を布告した(**アジア・太平洋戦争のはじまり**)。12日には、閣議で対米英中戦を「大東亜戦争」と呼ぶことを決定した。

東條新内閣に
課せられた任務重大
不動國策遂行を待望

戰時的性格を飛躍的に明確化した東條新内閣は、組閣の大命降下後、僅に十五時間餘りで組閣工作を完了した、新内閣が國策遂行の方途に關し、既に意見の一致を見ずして總辭職した第三次近衞内閣の跡を承けて出現したものであるだけに、その課せられた使命と任務は極めて重大なものである。即ち新内閣の使命は世界情勢と緊密化せる歐洲大戰の渦中にあつて我が不動の國策たる(一)支那事變の完遂と(二)東亞共榮圏の確立とに向つて一路邁進するにあり、その任務は國策遂行の前途を明確化すると共に國論一致の實を具現して活潑なる統制統一體となつた戰時政治を行ふにあり、具體的には大本營、政府連絡會議の積極的活用を始め、政治、經濟、文化等あらゆる部内に於ける臨戰新體制確立に關する戰時強化の急速實行、就中(一)確立すべき戰時經濟新體制に關聯、行政機構の全面的改革(二)戰時食糧政策の實施(三)翼贊會の改組強化により日本國家經濟の再編成の實行(四)戰時下國民生活確保等にあり、斯くて東條新首相の國策遂行の強靱性との緊密なる連絡の下に戰時内外國策を強力に遂行するものと期待される

昭和16年10月19日(日)朝刊1面(第19112号)

紀元二千六百二年　昭和十七年六月十一日（木曜日）　下野新聞　第一万九千三百四十六號

皇軍斷乎米洲に上陸を敢行
雄渾の大作戰敵進攻據點攻略

アリューシャン列島の諸要點を占領戰果擴大中
ミッドウエー島も強襲す

【大本營發表】（六月十日午後三時卅分）東太平洋全海域に作戰中の帝國海軍部隊は六月四日アリューシャン列島の敵據點ダッチハーバー並に全列島一帯を急襲し四日夕五日の兩日に亘り反覆これを攻撃せり、一方同五日洋心の敵根據地ミッドウエーに對し猛烈なる強襲を敢行すると共に各方面に増援中の米國艦隊を捕捉猛攻を加へ敵海上及び航空兵力並に重要軍事施設に甚大なる損害を與へたり、更に同七日以後陸軍部隊と緊密なる協同の下にアリューシャン列島の諸要點を攻略し目下作戰續行中なり

空母二撃沈、百卅四機撃墜
米海空兵力を殲滅
我方空母一喪失　空母一巡一大破

現在までに判明せる戰果左の如し
（一）ミッドウエー方面（イ）米航空母艦インタープライズ型一隻及びホーネット型一隻撃沈（ロ）彼我上空において撃墜せる飛行機凡そ百廿機（ハ）重要軍事施設爆砕
（二）ダッチハーヴァー方面（イ）撃墜せる飛行機十四機（ロ）大型油槽船一隻撃沈（ハ）重油槽群二槽ケ所大格納庫一棟爆破炎上
（三）本作戰における我が方損害（イ）航空母艦一隻喪失、同一隻大破、巡洋艦一隻大破（ロ）未歸還飛行機卅五機

ダッチハーバー港
日本攻撃の重要根據地

ミッドウエー襲はる
米軍發表

空母、飛行機喪失す
米司令官報告

反英分子を連日處刑
印度戒嚴令數州に擴大

勝利の日まで戰抜く
ガイダ氏 伊國の決意表明

日滿華提携して米英勢力を撃滅
豬外交部長放送演説

金溪縣に進出

一兵餘さず敵殲滅
怒江西岸の蔣軍完掃

敗戰拱手傍觀
余漢謀と李漢魂の暗鬪

陷落目捷
セバストポリ

海外短信

貯蓄報國

水田の畦道を行く軍旅と〇〇部隊—浙江戰線にて—（陸軍省檢閲濟）

昭和17年6月11日（木）朝刊1面（第19346号）　6月5日から7日にかけて、アメリカ軍飛行場のあるミッドウェー島を日本海軍が空襲。アメリカ海軍の迎撃に遭い、航空母艦4隻と艦載機約300機を一挙に失い敗北。アメリカ軍に主導権を握られ、アジア・太平洋戦争のターニングポイントとなった。紙面では、10日午後3時30分大本営発表として「ミッドウエー島も強襲す」と見出しに書かれている。

昭和17年9月5日（土）朝刊1面（第19432号）　この年の6月末からドイツ軍は、ソビエト連邦領内の工業都市・スターリングラード（現・ヴォルゴグラード）の攻略を開始。8月にはスターリングラード市街へ侵攻。紙面の時点では陥落目前だったが、ソ連の大反撃にあい、翌年2月にドイツ軍は降伏した。死者の数が両軍合わせておよそ200万人余にのぼり、人類史上屈指の凄惨な戦いとなった。

昭和17年10月14日（水）朝刊3面（第19470号）　10月14日、戦没者たちの霊を慰める「招魂式」が東京・九段の靖国神社で行われた。栃木県内からは、この日に祀られる栃木県内出身の戦没者262柱の遺族たちが集まった。記事では、参列した遺族たちのエピソードが紹介されている。この2日後の16日、靖国神社の臨時大祭に天皇・皇后両陛下が参拝、玉串を捧げた。

昭和17年12月8日(火)朝刊1面(第19525号)　アジア・太平洋戦争(138ページ参照)がはじまってちょうど1年。この日の1面は「大東亜戦一周年」を記念した紙面である。「大東亜戦」とは、開戦直後の閣議で決まった対米英中戦の呼称。また詔書の右に書かれている「承詔必謹《しょうしょうひっきん》」とは、聖徳太子の憲法十七条の第3条にある言葉で、「天皇の命令に従いなさい」という意。

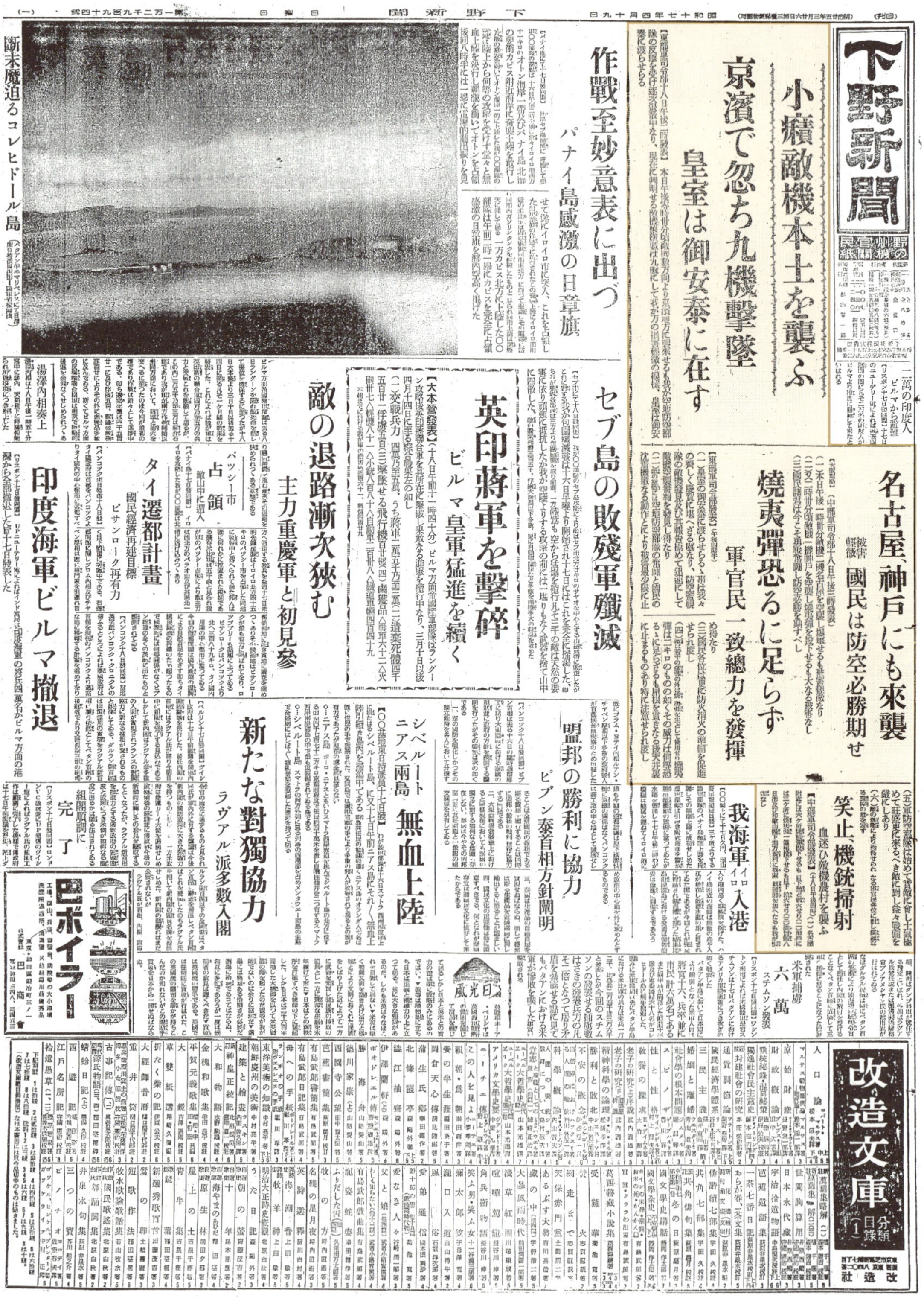

下野新聞　昭和十七年四月十九日　日曜日　第一萬九千二百九十四號

小癪敵機本土を襲ふ
京濱で忽ち九機撃墜
皇室は御安泰に在す

名古屋、神戸にも來襲
被害輕微　國民は防空必勝期せ

燒夷彈恐るに足らず
軍官民一致總力を發揮

笑止、機銃掃射
血迷ひ敵機農村を襲ふ

我海軍イロイロ入港

作戰至妙意表に出づ
パナイ島感激の日章旗

セブ島の敗殘軍殲滅

英印蔣軍を撃碎
ビルマ皇軍猛進を續く

敵の退路漸次狹む
主力重慶軍と初見參

盟邦の勝利に協力
ピブン泰首相方針闡明

シベルート　ニアス兩島　無血上陸

新たな對獨協力
ラヴアル派多數入閣

タイ遷都計畫
國民經濟再建目標　ピサンローク再有力

パッシー市占領
敵山中に遁入

組閣順調に完了

印度海軍ビルマ撤退

湯澤内相奏上

二萬の印度人ビルマから避難

米軍捕虜六萬
スチムソン發表

斷末魔迫るコレヒドール島

昭和17年4月19日(日)朝刊1面(第19294号)　4月18日、米陸軍ドゥーリットル中佐率いるB25爆撃機16機が空母から発進。茨城県から侵入し、爆撃機の大半は東京、川崎、横須賀、名古屋、四日市、神戸を爆撃した。「ドゥーリットル空襲」とも呼ばれ、アメリカ軍による初の日本本土空襲となった。なお、見出しの「忽ち九機撃墜」との大本営発表を掲載しているが、実際は1機も撃墜できなかった。

下野新聞 昭和十七年四月十九日 日曜日

總理無言の教訓 生きた縣民座右の銘

人間味あふる 總理の朝の探策

デマを飛すな

空襲と選擧運動 午後六時演説會中止

尊い體驗語る

勞力經費を省く 安足兩郡共同催靑

十六キロ踏破 宇實生の體位鍛錬

不良靑年

醬油味噌特配

忠魂慰靈祭

"銘仙"座談會の意嚮 足織組殿岡理事長齎す

玉糸指定割當 足織工組で業者へ通知

奉仕の聖鍬振ふ 上都賀農報推進隊

道路愛護觀念昻揚 山邊町六部落總動員

結核ノ

液乳ブラク

宇津 救命丸

昭和17年4月19日(日)朝刊3面(第19294号) 4月17日夕方、宇都宮市へ到着した東條英機首相は翌18日に県庁および陸軍航空廠《こうくうしょう》宇都宮支廠等を視察。正午に宇都宮陸軍飛行学校から飛行機で水戸へ向かった。水戸へ向かう上空で、ドゥーリットル隊(150ページ参照)の1・2番機と遭遇、東條が搭乗した飛行機の真正面、約30km地点を1番機が、3分遅れで2番機が20km地点で横切ったという。

下野新聞　昭和十七年十一月二十五日　水曜日

御仁慈を遺族に傳達　廿九日から五ヶ所で

その名も縣食糧營團　百四十万圓で設立決る

筆頭は一戸五百貫　看板までどしどし應召

松原氏寄附の水槽成る

鐵工場に殉職

來月七日に農民大會

記念式と慰靈祭　兵制七十周年に宮市で

栃木で一萬人の皆行軍

回收に爲職應援

安蘇郡學童の繩ない始る

錫貨一萬二千枚を獻金

知事さん圍んで常會　宿郷町　一齊常會の異色

轉業垂範の榮　廣田氏商相から表彰

杉本氏が羊羹の闇

益子陶業合同へ

漫画

男女工員募集

柔道の"活"は一打　イーストの一瓶は—　病衰體を蘇へらせ　疲れぬ健體を造る

新鮮イースト

毛をはやす新療法

大活菊人形開園　ながめ遊園地

ニキビ

稲葉眼科病院

昭和17年11月25日（水）朝刊3面（第19512号）　この年の2月、食糧（主に米）の安定した需給と価格の安定を目的に「食糧管理法」が制定。食糧の生産・流通・消費について政府が介入して管理することを定めた。これを受けて、11月24日に栃木県食糧営団の設立が決まった。記事によると、出資金は140万円で半分は食糧営団の全国組織である中央食糧営団で、残りは民間側で出資すると報じている。

昭和17(1942)年 「欲しがりません勝つまでは」

この年の流行

流行(語)	欲しがりません勝つまでは、愛国百人一首
流行歌	空の神兵、明日はお立ちか、新雪、婦系図の歌、南の花嫁さん
書物	姿三四郎、無常といふ事、わが闘争
映画	父ありき、マレー戦記、ハワイ・マレー沖海戦、西遊記
モノ	衣料品が切符制、味噌、醤油の切符配給制、金属回収令、英語の会社名を日本語名に変更

この年の物価

豆腐7銭、映画館入場料80銭

県内の主な動き / 国内外の主な動き

1月	毎月8日を大詔奉戴日と定める(8日)
2月	**栃木県内でもみそ・しょうゆ、衣料の切符制開始(1日)** **※右下記事参照↘** 愛国・国防・連合婦人会を統合して大日本婦人会が発足(2日) 米国政府が太平洋岸居住日本人の強制退去を決定(19日)
4月	米のB25が東京などを初空襲。**そのうちの1機が宇都宮市東南方上空を仙台方面に向け通過、県下に最初の空襲警報が発令(18日)**
5月	**済生会宇都宮診療所(現・済生会宇都宮病院)が開所** **日光精銅所が国家総動員法に基づき重要事業場の指定を受け、生産に関する一切の事項が厚生大臣の管理下に移される**
6月	ミッドウェー海戦で日本大敗を喫する(5日)
7月	**昭和天皇が陸軍宇都宮陸軍飛行場で演習視察(21日)**
8月	米で原爆製造「マンハッタン計画」開始(13日) 独軍がソ連のスターリングラード猛攻撃を開始(22日)
10月	日本軍がガダルカナル島上陸開始(3日) 政府指定重要物資は強制買い上げと決定(15日)
11月	閣議で中国人の強制連行を決定(17日) 「欲しがりません勝つまでは」など「国民決意の標語」決定(27日)
12月	**食糧管理法に基づき栃木県食糧営団が設立(24日)** 大本営がガダルカナル島から撤退を決定(31日)

この年の5月までに日本軍は、東南アジアと中・南部太平洋の広大な地域を占領し連合軍を圧倒。アジア・太平洋戦争開戦を熱狂的に支持した多くの国民はつかの間の戦勝ムードに浸っていた。その一方で、3月に東京で初の空襲警報発令が、4月には**米軍のB25爆撃機が日本本土を初空襲**し、戦勝ムードに冷や水を浴びせた。これに面子を完全につぶされた海軍は、前哨基地の確保を目的に**ミッドウェー島攻略作戦**にでるも大敗を喫した。以後、戦局は少しずつ厳しくなっていった。国内では、1月に興亜奉公日に代わって毎月8日を大詔奉戴日《たいしょうほうたいび》と定め、必勝祈願、職域奉公などが義務づけられた。11月には、大政翼賛会と大手新聞社3紙が公募した「国民決意の標語」で「欲しがりません勝つまでは」など10の標語を選出。国民はさらなる耐乏生活を強いられた。

衣料品の切符制
いよいよ今日から
必要の最少限度に
疑易い點
味噌も醬油も
今日から配給制實施

昭和17年2月1日(日)朝刊3面(第19217号)

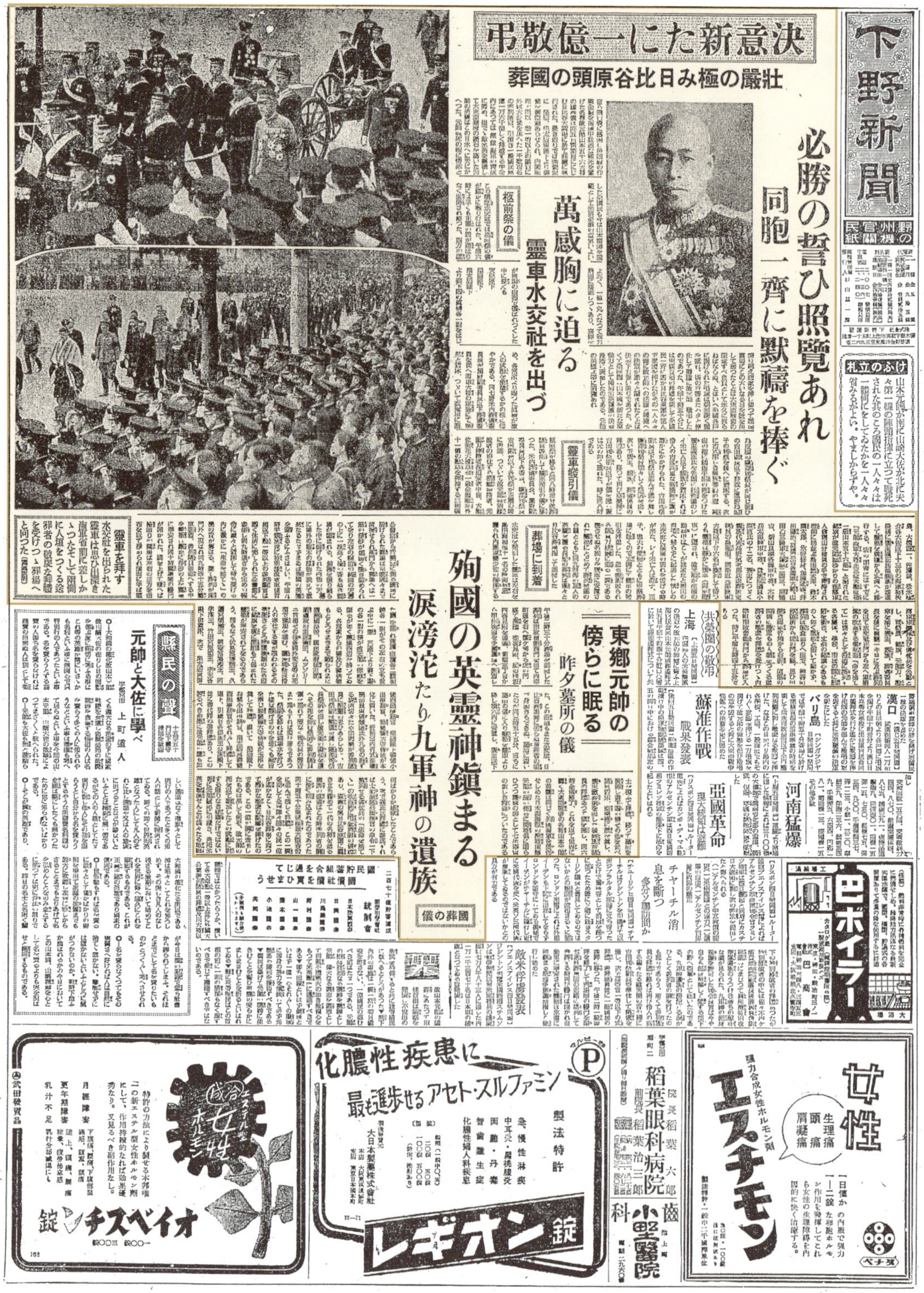
下野新聞

壯嚴の極み日比谷原頭の國葬

決意新たに一億敬弔

必勝の誓ひ照覧あれ

同胞一齊に默禱を捧ぐ

萬感胸に迫る

靈車水交社を出づ

柩前祭の儀

靈車發引ノ儀

葬場に到着

靈車を拜す

殉國の英靈神鎭まる

涙滂沱たり九軍神の遺族

東郷元帥の傍らに眠る

昨夕墓所の儀

國葬の儀

けふの立札

山本元帥が南に山崎大佐が北に夫々第一線の陣頭指揮に立つて戰死された其のころ國民の一人々々は一體何をしてゐたかを一人々々省みるがよい。やましからずや。

縣民の聲

元帥と大佐に學べ

蘇淮作戰

戰果發表

上海

漢口

バリ島

河南猛爆

亞國革命

チャーチル消息を斷つ

敵米俘虜發表

昭和18年6月6日（日）朝刊1面（第19703号）　4月18日、連合艦隊司令長官の山本五十六が南太平洋ソロモン諸島ブーゲンビル島上空でアメリカ軍戦闘機に撃墜され戦死した。その死は1カ月以上隠され、5月21日に公表、多くの国民に衝撃を与えた。6月5日、日比谷公園で国葬が営まれ、以後、「元帥の仇はキット打つぞ」「元帥の仇は増産で」という国民の士気を高めようとする戦時標語がつくられた。

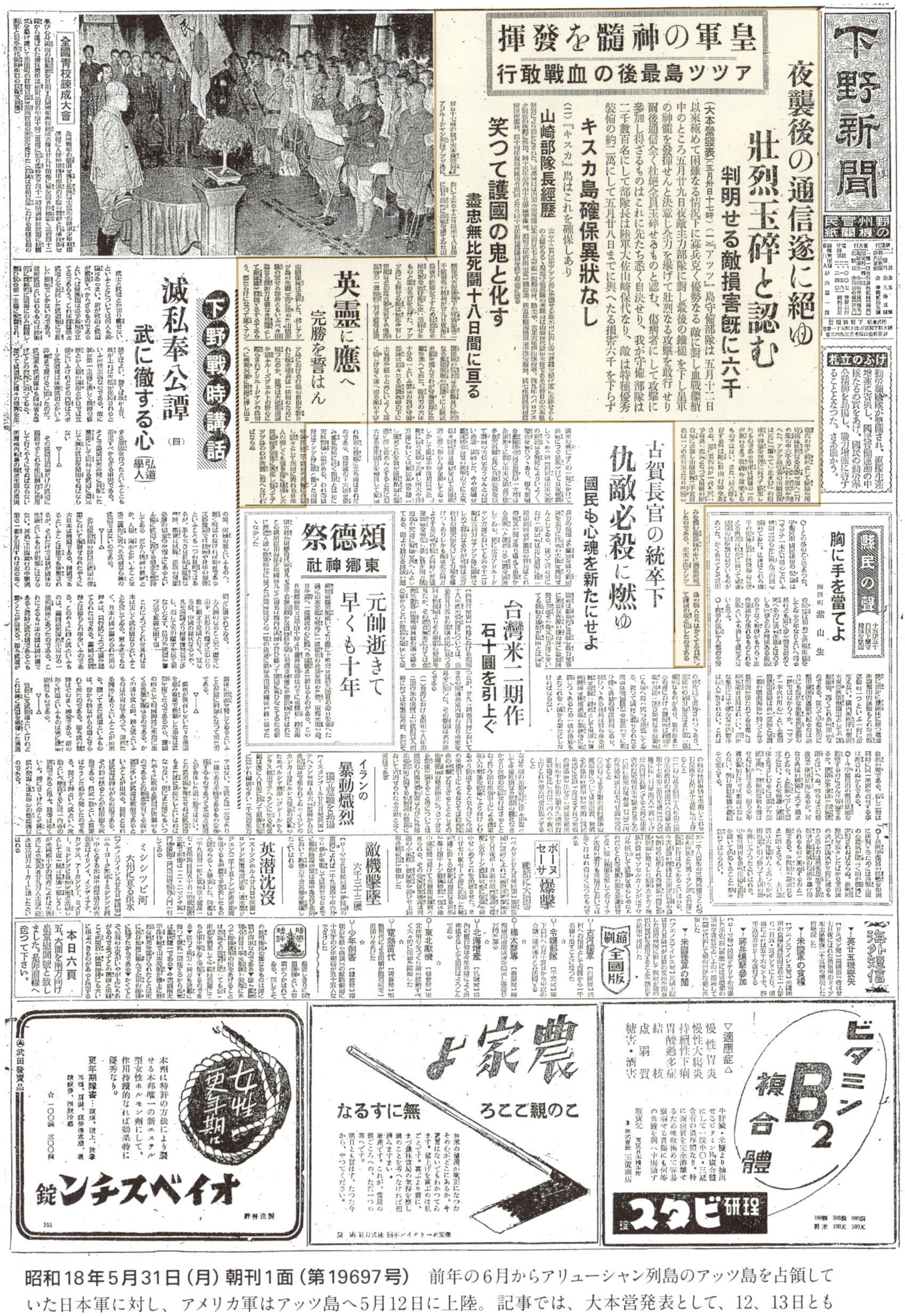

下野新聞
皇軍の神髓を發揮
アッツ島最後の血戰敢行
夜襲後の通信遂に絶ゆ
壯烈玉碎と認む
判明せる敵損害既に六千
【大本營發表】（五月卅日十七時）（一）『アッツ』島守備部隊は五月十二日以來極めて困難なる情況下に寡兵克く優勢なる敵に對し血戰繼續中のところ五月廿九日夜敵主力部隊に對し最後の鐵槌を下し皇軍の神髓を發揮せんと決意し全力を擧げて壯烈なる攻撃を敢行せり爾後通信全く杜絶全員玉碎せるものと認む、傷病者にして攻撃に參加し得ざるものはこれに先だち悉く自決せり、我が守備部隊は二千數百名にして部隊長は陸軍大佐山崎保代なり、敵は特種優秀裝備の約二萬にして五月廿八日までに與へたる損害六千を下らず
（二）『キスカ』島はこれを確保しあり
キスカ島確保異狀なし
山崎部隊長經歷
笑つて護國の鬼と化す
盡忠無比死闘十八日間に亘る
英靈に應へ
完勝を誓はん
古賀長官の統率下
仇敵必殺に燃ゆ
國民も心魂を新たにせよ
頌德祭
東郷神社
元帥逝きて早くも十年
台灣米二期作
石十圓を引上ぐ
下野戰時講話
滅私奉公譚（四）
武に徹する心
弘道學人
全國青校錬成大會
縣民の聲
胸に手を當てよ
イランの暴動熾烈
敵機擊墜
英潛沈沒
ミシシッピ河
ボーヌ セーサ 爆擊
縮刷 全國版
本日六頁

昭和18年5月31日（月）朝刊1面（第19697号）　前年の6月からアリューシャン列島のアッツ島を占領していた日本軍に対し、アメリカ軍はアッツ島へ5月12日に上陸。記事では、大本営発表として、12、13日ともに上陸したアメリカ軍を「水際」で「撃滅」「撃退」したと報じているが、実際はアメリカ軍の激しい攻撃を受け、後退を余儀なくされた。日本軍は激戦の末、5月29日に玉砕。この日初めて「玉砕」という言葉が用いられた。

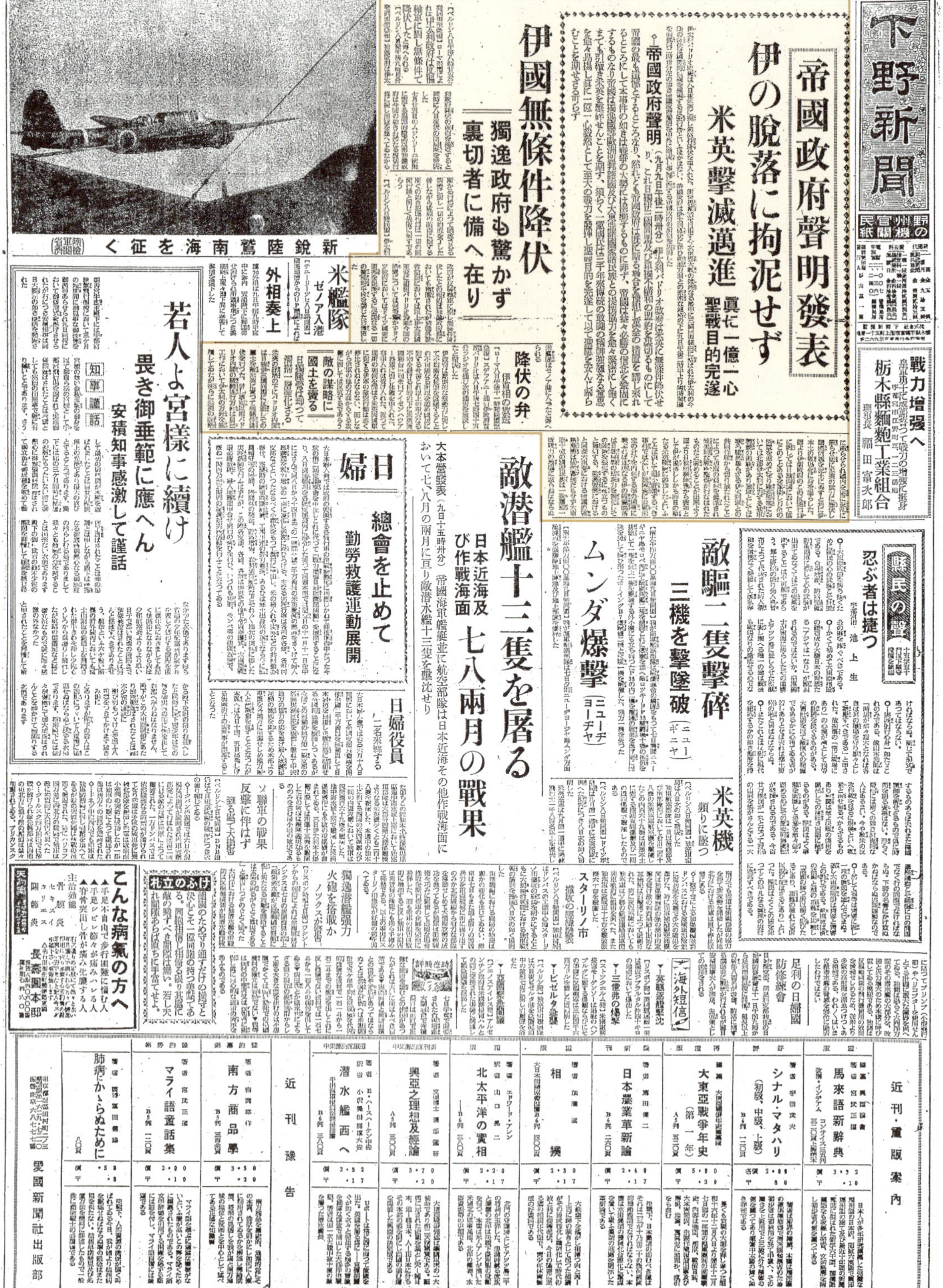
下野新聞

帝國政府聲明發表

伊の脱落に拘泥せず

米英撃滅邁進

眞に一億一心　聖戰目的完遂

帝國政府聲明（九月九日午後二時卅分）

伊國無條件降伏

獨逸政府も驚かず

『裏切者に備へ在り』

米艦隊　ゼノア入港

外相奏上

降伏の弁

敵の謀略に國土を賣る

若人よ宮様に續け

畏き御垂範に應へん

安積知事感激して謹話

知事謹話

敵潜艦十三隻を屠る

日本近海及び作戰海面　七八兩月の戰果

大本營發表（九日十五時卅分）帝國海軍艦艇並に航空部隊は日本近海その他作戰海面において七、八月の兩月に亘り敵潜水艦十三隻を撃沈せり

日婦　總會を止めて　勤勞救護運動展開

日婦役員　二名來縣する

敵驅二隻撃碎　三機を撃墜破（ニューギニヤ）

ムンダ爆撃（ニュージョーヂヤ）

米英機　頻りに臨む

縣民の聲　忍ぶ者は捷つ　池上生

戰力增强へ　栃木縣麵麭工業組合　理事長　福田富次郎

獨逸潜艦强力　火砲を搭載か

海外短信

スターリノ市

足利の日婦國防婦人會

こんな病氣の方へ

近刊・重版案内

馬來語新辭典

シナル・マタハリ（初級、中級、上級）

大東亞戰爭年史（第一年）

日本農業革新論

相撲

北太平洋の實相

興亞之理想及經綸

潜水艦西へ

近刊豫告

南方商品學

マライ語會話集

肺病にかゝらぬために

愛國新聞社出版部

昭和18年9月10日（金）朝刊1面（第19799号）　9月8日、三国同盟のひとつであったイタリア王国は連合国と休戦協定の締結を発表した。イタリアの動きを事前に察知していたドイツ軍はすぐに北イタリアに展開。翌9日、イタリア政府はローマからの避難を決め、国王らとともにローマを脱出した。紙面には「伊国無条件降伏」と書かれているが、実際の無条件降伏は11月9日だった。

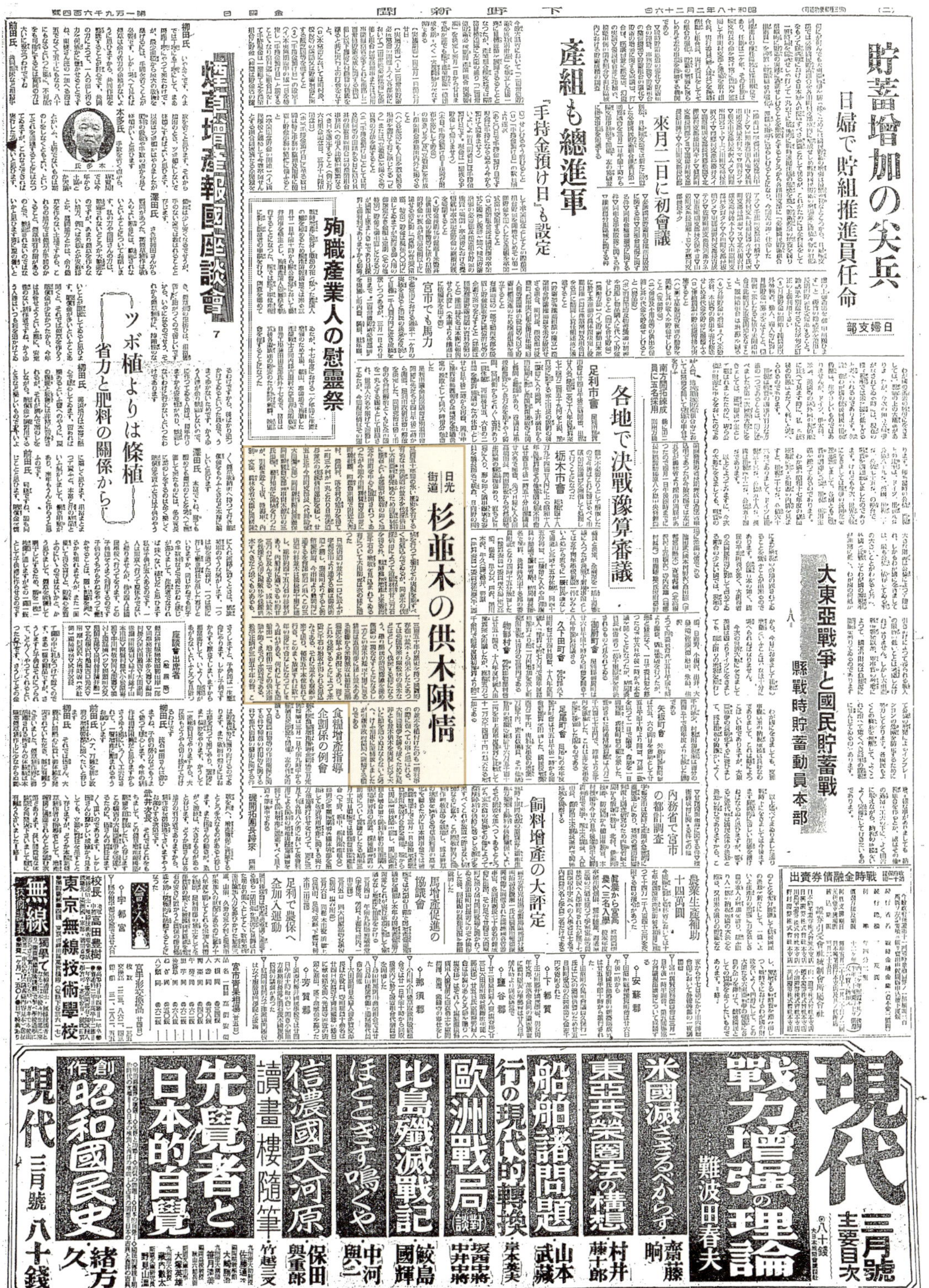
下野新聞 昭和十八年二月二十六日

貯蓄增加の尖兵
日婦で貯組推進員任命
日婦支部

産組も總進軍
『手持金預け日』も設定
來月二日に初會議

大東亞戰爭と國民貯蓄戰
縣戰時貯蓄動員本部

各地で決戰豫算審議
足利市會　栃木市會　久下田町會　矢板町會　足尾町會

南方開拓挺身員に五名採用

內務省で宮市の都計調査

農業生産補助 十四萬圓

殉職産業人の慰靈祭

宮市でも馬力

日光街道 杉並木の供木陳情

煙草增産報國座談會 7
ツボ植よりは條植
省力と肥料の關係から

飼料增産の大評定

馬增産促進の協議會

食糧增産指導 企劃係の例會

足利で農保へ 全加入運動

東京無線技術學校

昭和18年2月26日（金）朝刊3面（第19604号）　この年、大政翼賛会が中心となって全国各地で造船のための供木運動を展開。紙面にあるように、日光杉並木もその対象とされ、大政翼賛会今市支部をはじめ、各種団体が県や日光東照宮に全木伐採の陳情を行った。しかし内務省神祇院《じんぎいん》と文部省、有識者らは伐採反対の立場をとった。結果、会津西街道の老木20本が供木されたが、実際の伐採は2本だけだった。

第一万九千九百九號　木曜日　下野新聞　昭和十八年十二月三十日　（二）

部落は一家庭だ
河内郡で同憂共苦運動

供出米完納　其の後の備へ

あす迄に全縣完納
素晴らしい本縣の供米

大内の新完納

都市疎開と地方の任務
解説

"生産戰果の即時獲得"
岡本經濟部長歸廳談

縣下銀行一縣一行へ
足銀と下毛の合併申請

師走の街に敢闘
お正月の飯米配給隊

食糧の絶對確保

春肥割當決る

今度は地方集團作業
増産推進隊正月に歸縣

輸送力強化
木材薪炭

軍需増産

決戰第二年　我等かく戰へり 5
縣翼壯本部長　岡部完介

翼壯

安蘇の美田化に帝都の學徒

芳賀郡も完納

戰果あがる青少年輔導運動

會と人

常盤で玉砕勇士に感謝貯蓄

昭和18年12月30日（木）朝刊2面（第19909号）　戦争による経済統制の強化により、大蔵省（現・財務省）の政策として、地方の中小銀行の強制的な統廃合がすすめられた。栃木県では、足利銀行が大正から昭和初期にかけて14行と合併。県内最後の銀行として、宇都宮に本店を置く下毛貯蓄銀行の買収を決定。翌年3月に一県一行となった。記事は大蔵省に買収の認可申請中であることを伝えている。

昭和18年4月19日(月)朝刊3面(第19655号) 昭和初期から戦時中にかけて「神国日本」と題された本が数多く出された。中でもユニークだったのが、那須郡両郷村(現・大田原市)出身で東京在住の関谷画伯なる人物が自費出版した『神国日本 附世界地図の神秘』という小冊子。記事では、画伯は10年以上前に日本列島と世界の各大陸が「悉《ことごと》く酷似符号する点」があることを発見、その詳細を伝えている。

戰時下輸送の完璧
八社一丸の運輸會社成る

流鏑馬は中止
今日から宮市の菊水祭

決戰配給完遂の店

決戰配給完遂に總進軍

陣歿の六勇士

增産手傳ふ細い腕
感激裡に働く宮女青

滿洲建設勤勞奉仕隊報告

血みどろの修錬
岡部正夫

戰野で劍道の試合
六ヶ年振で逢ふ青柳兄弟

近く審査に着手
下野愛國百人一首

白鉢卷にモンペ姿
黒羽女青の軍事教練

新に統制組合結成
整備後の織物製工機構

戰ふ日婦の鑑
野菜の無駄を利用貯蓄

中野正剛氏自殺

三重追突

米麥を盗んで闇で賣る雇人

鬼怒川温泉で大賭博

昭和18年10月28日（木）朝刊3面（第19846号）　この頃の本紙は、最下段に横長の映画館の広告を多く掲載し、宇都宮や足利、栃木の各映画館の上映プログラムを紹介している。またこの日は、宇都宮二荒山神社の菊水祭の当日だったが、流鏑馬《やぶさめ》を「都合により中止」するという記事や足利や佐野など県内の「織物製造業」が「商工組合としての統制組合」を組織する模様という記事も掲載されている。

昭和18（1943）年 「撃ちてし止まむ」、玉砕、転進

この年の流行

流行（語）	撃ちて止まむ、元帥の仇は増産で、英米語禁止
流行歌	勘太郎月夜唄、印度の星、若鷲の歌
書物	海軍、司馬遷
映画	姿三四郎、花咲く港、無法松の一生
スポーツ	野球用語の日本語化が決定（セーフ→よし、アウト→ひけなど）
その他	上野動物園で猛獣毒殺、節米パン

この年の物価

タバコ値上げ（光18銭→30銭　金鵄10銭→15銭）、納豆12銭

県内の主な動き / 国内外の主な動き

1月	**中島飛行機宇都宮製作所が横川村（現・宇都宮市）に開所〈操業開始は翌年1月から〉**
2月	**造船用として供木運動が進められ、日光杉並木も対象とされるが世論の後押しで老木2本だけですむ** 日本軍がガダルカナル島からの撤退開始（1日）
4月	連合艦隊司令長官・山本五十六が戦死（18日）
5月	アッツ島守備隊が玉砕（29日）
7月	**大谷石材の95％が軍需用として供給することが求められる**
8月	東京都が上野動物園に猛獣の処分を指令（16日）
10月	**学生・生徒の徴兵猶予特権が全面的に停止（20日）** ※右記事参照→
11月	米・英・中首脳がカイロ会談、対日方策を検討（22日） 米・英・ソ首脳がソ連対日参戦などを協議〈テヘラン会談〉（28日）
12月	**戦時下の農業を統制・一元化するため県農会・県信用購買販売利用組合連合会に養蚕・畜産組合が吸収合併され栃木県農業会が発令** 徴兵令が19歳に引き下げられる（24日）

前年秋のソロモン諸島ガダルカナル島の攻防で制空・制海権を奪われた日本軍は、2月に島からの撤退を開始。戦死者は約2万人。その多くがマラリアや栄養失調などで亡くなり、船舶による食料や医療品の補給が断たれたことが要因だった。以後、日米の戦力格差は急激に拡大した。4月、**連合艦隊司令長官の山本五十六が戦死**。5月にはアリューシャン列島**アッツ島の守備隊が全滅**。大本営発表ではじめて「玉砕」の言葉が使われた。そして10月には学生の徴兵猶予特権が全面的に停止。出陣学徒壮行会（文部省主催）が明治神宮競技場で開かれ、NHKにより実況中継された。一方、レコードを含むジャズなどの米英音楽の演奏が禁じられ、英語の雑誌名や会社名も改名を余儀なくされた。陸軍記念日に配布された「撃ちてし止まぬ」の標語ポスターが人びとに闘争心をかき立てようとした。

決戰進撃の路啓く
無上の榮譽 男子の本懐 文相の訓示（學徒の壯行會）
敵船一撃破（ニューギニヤ）

昭和18年10月22日（金）朝刊1面（第19597号）
10月21日の出陣学徒壮行会での文部大臣による訓示文

昭和19年 ●1944

昭和19年10月27日（金）朝刊1面（第20210号）　この年の10月20日、フィリピンを占領していた日本軍は、フィリピンのレイテ島へ上陸したアメリカ軍と戦闘。当初から日本軍はアメリカ軍に押され、ジャングルへ後退、補給物資船団はことごとく沈められ、兵士たちは飢えとの戦いをも強いられた。日本軍はこの戦いに約8万4千人が参加。戦死者は7万9千人余、生存率は約5%だった。

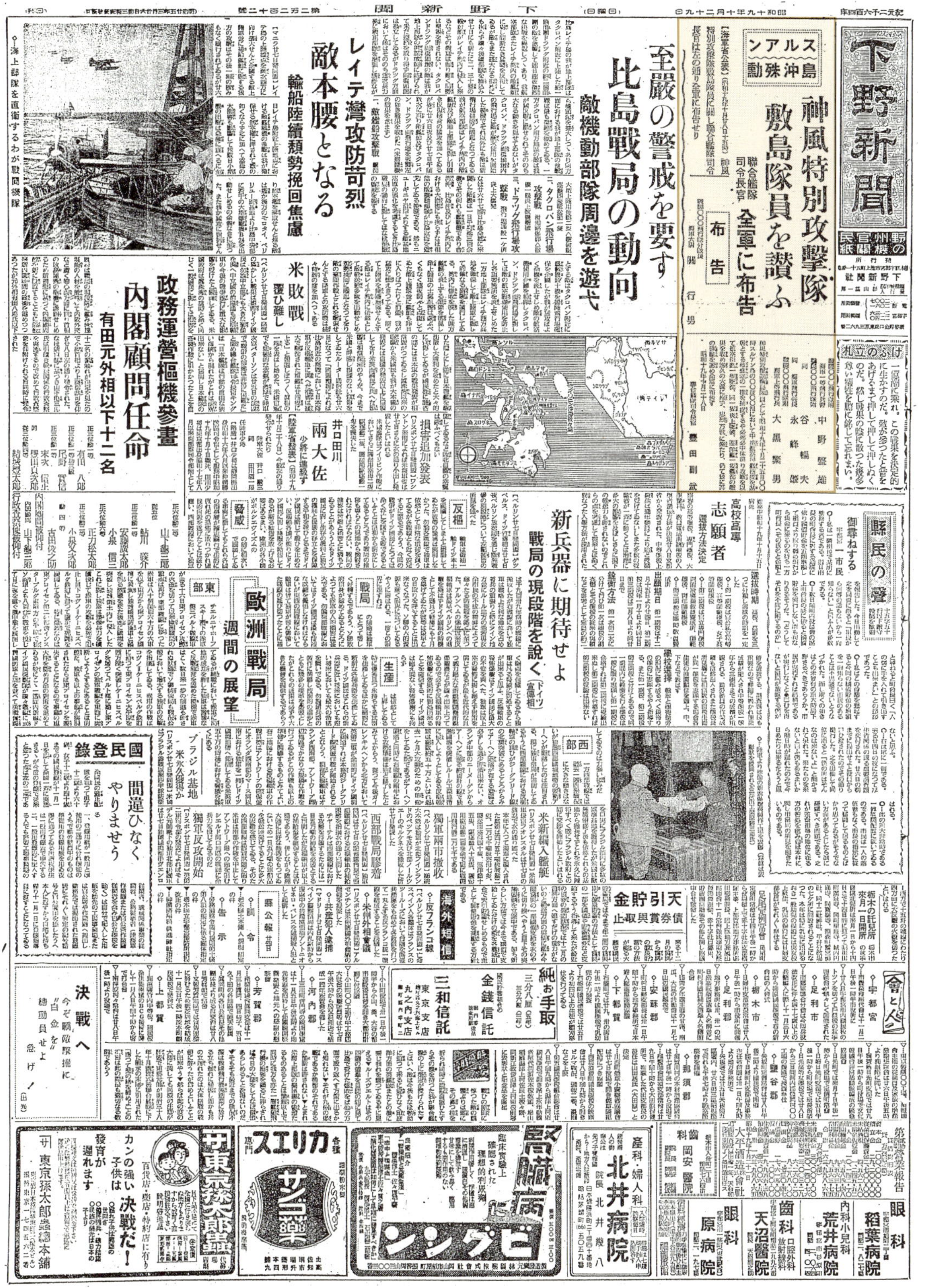

紀元二千六百四年　下野新聞　昭和十九年十月二十九日

下野新聞

野州官民の機關紙

島沖殊勲　スルアン

神風特別攻擊隊　敷島隊員を讃ふ

聯合艦隊司令長官　全軍に布告

【海軍省公表】（昭和十九年十月廿八日十五時）神風特別攻擊隊敷島隊員に關し聯合艦隊司令長官は左の通り全軍に布告せり

布告

海軍大尉　關行男

海軍一等飛行兵曹　中野盤雄

同　谷暢夫

海軍飛行兵長　永峰肇

海軍上等飛行兵　大黒繁男

昭和十九年十月二十八日

聯合艦隊司令長官　豐田副武

札立のふげ

至嚴の警戒を要す　比島戰局の動向

敵機動部隊周邊を遊弋

レイテ灣攻防苛烈　敵本腰となる

輸船陸續頽勢挽回焦慮

政務運營樞機參畫　内閣顧問任命

有田元外相以下十二名

米敗戰　覆ひ難し

損害追加發表

井口田川　兩大佐

高校高專　志願者　選拔方法決定

御尋ねする

縣民の聲

新兵器に期待せよ　戰局の現段階を説く

歐洲戰局　週間の展望

國民登録　間違ひなく　やりませう

天引貯金　債券買與取止

決戰へ

昭和19年10月29日（日）朝刊1面（第20212号）　この年の10月20日に編成された「神風特別攻撃隊」（特攻隊）。人びとが特攻隊の存在を知ったのは、この日の新聞だった。フィリピンのレイテ湾口の小島沖で特攻隊「敷島隊」（本居宣長の歌から採られた）がアメリカ海軍の護衛母艦「セント・ロー」へ体当たりし撃沈させた。敷島隊隊長・關行男大尉（死後、中佐に昇格）以下4人が記載されている。

消化不良でたえず胃腸の悪い方にトモサン

金忠輔 野村胡堂作 鴨下晁湖畫

防人精神を讃ふ（三） 宇都宮市教育課長 小林友雄

家庭 冬の決戦育児 赤ん坊の體温消失

放送塔

軍事奉公

開拓地書信

物怪の野良

縣文化報國會歌道部作品 海上日出

縣文化報國會俳句部作品

縣文化報國會詩部作品 海上日出 後藤勝一

軍神が呼ぶ 石川守三

婦人欄 私の生活統計

私たちの作品室

決戦下のお正月を迎へて

連戦連勝後押す貯蓄 初五 大島一夫

歌壇

俳壇

新年雑詠

昭和19年1月4日（金）朝刊4面（第19913号）　航空機・エンジンメーカーだった中島飛行機宇都宮製作所（現·富士重工業㈱宇都宮製作所）は、この求人募集広告記事が出た月に正式に操業を開始。「○○○」となっているのは、軍事機密の観点から敢えて伏せ字にしていた。募集広告の右横には、同社による新年の挨拶を掲載。戦闘機を製造していたメーカーだけあって、戦意を高揚させ士気を高める文言が並べられている。

昭和19年7月9日（日）朝刊2面（第20100号） 戦況が悪くなる中、東京や横浜などの大都市に住む国民学校初等科の児童たちを郊外の農山村へ移動させ、戦火から避けさせた。まず縁戚などを頼る「縁故疎開」を勧め、この年の6月に「学童疎開促進要綱」を閣議決定。学校単位での3年から6年生の集団疎開がはじまった。東京から栃木県へ、およそ1万5千人もの児童が集団疎開した。

下野新聞　昭和十九年十月三日　火曜日

援護の光に輝く勝利　けふから軍人援護強化運動

輝く厚相表彰　一兒は九段に軍人援護

晴の知事表彰　援護功勞者や傷兵・遺家族　けふ晴の知事表彰を受ける譽の人々は十一氏である

仰げ努力と功績

本社主催　保險啓蒙座談會　保險認識の徹底へ　官民協力し總加入運動

毎戸に"憤激貯金"　大宮、テニヤンの勇士に應へて

今暫し、前線へ大量　栃木高女の學校工場操業

三青少年團も表彰

多彩・各地の催し

米英兵を一刺に

"粟野號"獻納運動

興亞の三勇士

競作審査始る

武田信玄

昭和19年10月3日（火）朝刊2面（第20186号）　この年の10月1日、県立栃木高等女学校（現・栃木女子高校）内に開設した学校工場は、飛行機部品を製造する神護製作所の下請け工場として、翌20年8月20日まで稼働していた。記事は、9月30日に大本営発表されたテニアン島、大宮島（グアム島）の玉砕に触れつつ、「仇敵米英撃ちてし止まぬの気魄に燃え」と生徒たちの作業ぶりを褒め称えている。

金忠輔

文化挺身隊報告書 第四班

老兵の突撃 石川暮人

職場の進軍 佐野規魚子

化粧する娘 細谷秀樹

帝國纖維鹿沼工場 金田道三

模範工詩描 泉漾太郎

軍事奉公符

放送塔

見直せ生活まだ積める

流産

俳壇

歌壇

昭和19年1月29日（月）朝刊3面（第19938号） 紙面中央部に「文化挺身隊」という欄があり、県内の文化人が鹿沼にある工場へ行った際のレポートを載せている。執筆者はいずれも、栃木県文化報国会の関係者たちだった。石川暮人《ぼじん》は宇都宮の臨済宗妙心寺派興禅寺の住職で歌人、佐野規魚子《きぎょし》は旧制中学の教員で俳人、細谷秀樹は漫画家、泉漾太郎《ようたろう》は塩原の老舗旅館「和泉屋」の主人で詩人。

下野新聞

享樂面整備要項

料理店藝妓女給は休業

五圓以上の興業場停止

三月五日より急速實施

敵前措置實施

緊急五項目決定

萬事大衆的べ

業者も協力せよ

官廳文書物品

整備と活用要項

英印軍七師主力

大半殲滅殘敵掃蕩

印度國民軍も協力戰果

官吏休日廢止

出張制限の徹底

二百十二機大擧來襲

二日間で廿三機擊墜破

ヤルート島へ

十七機中二機を擊墜

魚雷艇八隻擊沈破

印度洋に鐵鯨は躍る

敵のお年玉か

三隻四萬噸擊沈

縣民の聲

昭和19年3月1日（水）朝刊1面（第19970号）　この年2月25日、国家総動員の実効をあげるため「決戦非常措置要綱」が閣議決定され、そのひとつ「高級享楽停止に関する具体要綱」が29日に閣議決定した。これにより、大劇場や映画館、高級料亭やカフェーや遊郭などが一斉に休業となった。紙面ではこの要綱の具体的な内容を掲載、「3月5日より急速実施」であると報じている。

昭和19(1944)年 神風特別攻撃隊初出撃

この年の流行

流行(語)	鬼畜米英、一億火の玉、一億国民武装、大和一致
流行歌	少年兵を送る歌、勝利の日まで、同期の桜、ラバウル小唄
書物	花ざかりの森、津軽、魯迅、汀女句集
映画・舞台	あの旗を撃て、加藤隼戦闘隊、日常の戦ひ、宝塚歌劇団最終公演
食べ物	雑炊食堂開設

この年の物価

白米（2等10kg）3円57銭、はがき5銭、清酒一級（1升）15円

県内の主な動き / 国内外の主な動き

1月	独が約900日間もわたるレニングラード包囲を撤退（27日）
3月	**栃木県内の商業学校6校を工業学校に転換し学校工場化** **大日本婦人会栃木県支部主催の「決戦貯蓄総決起運動」が開催（4～31日）** **下毛貯蓄銀行が足利銀行に併合（6日）** ビルマの日本軍がインパール作戦開始（8日）
5月	**栃木県内各地の中等学校・高等小学校に学校工場が設置され、生徒は飛行機の部品組み立て作業に取り組む**
6月	**国民学校初等科児童の集団疎開を決定し、東京都から栃木県に1万5千人の学童が集団疎開** マリアナ沖海戦で日本軍惨敗（19日） 北海道洞爺湖南岸で大噴火。壮瞥町の麦畑の中に昭和新山が誕生（23日）
7月	**県下各中学校・女学校の通年動員開始** サイパン島の日本軍守備隊が玉砕（9日） 東條英機内閣が総辞職（18日）。小磯国昭内閣が成立（22日）
8月	テニヤン守備隊（3日）、グアム守備隊が玉砕（11日） 沖縄の疎開船・対馬丸を米潜水艦が撃沈。児童ら1,350人死亡（22日）
10月	アメリカ軍、レイテ島に上陸〈レイテ島の戦いがはじまる〉（21日） 神風特別攻撃隊が初出撃（21日）。25日には初成果を挙げる
11月	人間魚雷・回天が米艦隊泊地へ初攻撃（20日） **B29が初めて東京を本格的に空襲（24日）** ※右記事参照→
12月	**宇都宮市内5ヵ所に国民酒場を開設** 東海地方を中心にM8.0の地震。998人が死亡〈東南海地震〉（7日）

日本軍の戦局は厳しくなる一方で、3月にビルマでインパール作戦を実行するも失敗。6月のマリアナ沖海戦では惨敗。7月にはサイパン島の日本軍守備隊が玉砕。その責任をとって東條英機内閣が総辞職し、小磯国昭内閣が成立した。10月20日に米軍はレイテ島に上陸（**レイテ島の戦い**）。翌日には**神風特別攻撃隊**が初出撃し25日に初戦果を挙げるも、米軍の対策によりその戦果は一時的なものに終わった。一方、戦況の悪化を受けて、6月に国民学校初等科児童の集団疎開が決定。**東京都から栃木県へは約15,000人の学童が集団疎開した。**しかし8月には、沖縄を出発した疎開船の対馬丸が米潜水艦に撃沈され、児童ら約1,500人死亡する出来事が起きた。そして、11月にB29が東京を初空襲。人びとは空襲の悪夢にうなされることになる。

不敵・きのふ帝都空襲
三機撃墜・我方損害輕微
大本營發表（昭和十九年十一月廿四日十七時）
本十一月廿四日十二時過ぎより約二時間に亘りマリアナ諸島より敵機七十機内外數梯團となり高々度を以て帝都附近に侵入せり、我方の損害は輕微にして戰果中現在迄に確認せるものの擊墜三機なり

昭和19年11月25日（土）朝刊1面（第20239号）

毎日新聞
下野新聞
最悪事態眞に認識
大御心に歸一し奉れ
私心去り國體護持へ
社説 大國民の態度
東郷外相奏上
滿洲國
敵琿春に突入
外蒙方面、林西へ南下
侵出を企圖
敵艦船四を屠る
六波に分れ侵入
艦上機五百五十
關東、東北に分散來襲
ソ聯參戰に浮上る延安
人材重慶に劣らず
「組織」で摑んだ九千萬
松山を銃爆撃
艦爆八十五機で來襲
起上る中小都市
焦土に燃ゆる鬪志
逞しき戰時住宅
敵を爆殺、敵機諸共
敵作戰消極化
ソ聯突如の參戰
米輿論も疑心暗鬼
敵、阿吾地に侵入
勇戰敢闘中
本土決戰
郵便年金普及強調運動
同盟世界週報

発見された下野新聞

昭和20年8月14日(火)毎日新聞朝刊1面(第24835号) 栃木1版(藤田好三氏蔵) 紙面右上の「毎日新聞」の題字の下に小さく「下野新聞」と横書きされている。7月12日の宇都宮大空襲で、下野新聞社の社屋と印刷機が被災。資本関係にあった東京の毎日新聞社に委託し発行。自力印刷を再開した10月16日付まで続いた。なお、8月1日から10月31日付紙面は下野新聞社や県立図書館に残されていない。

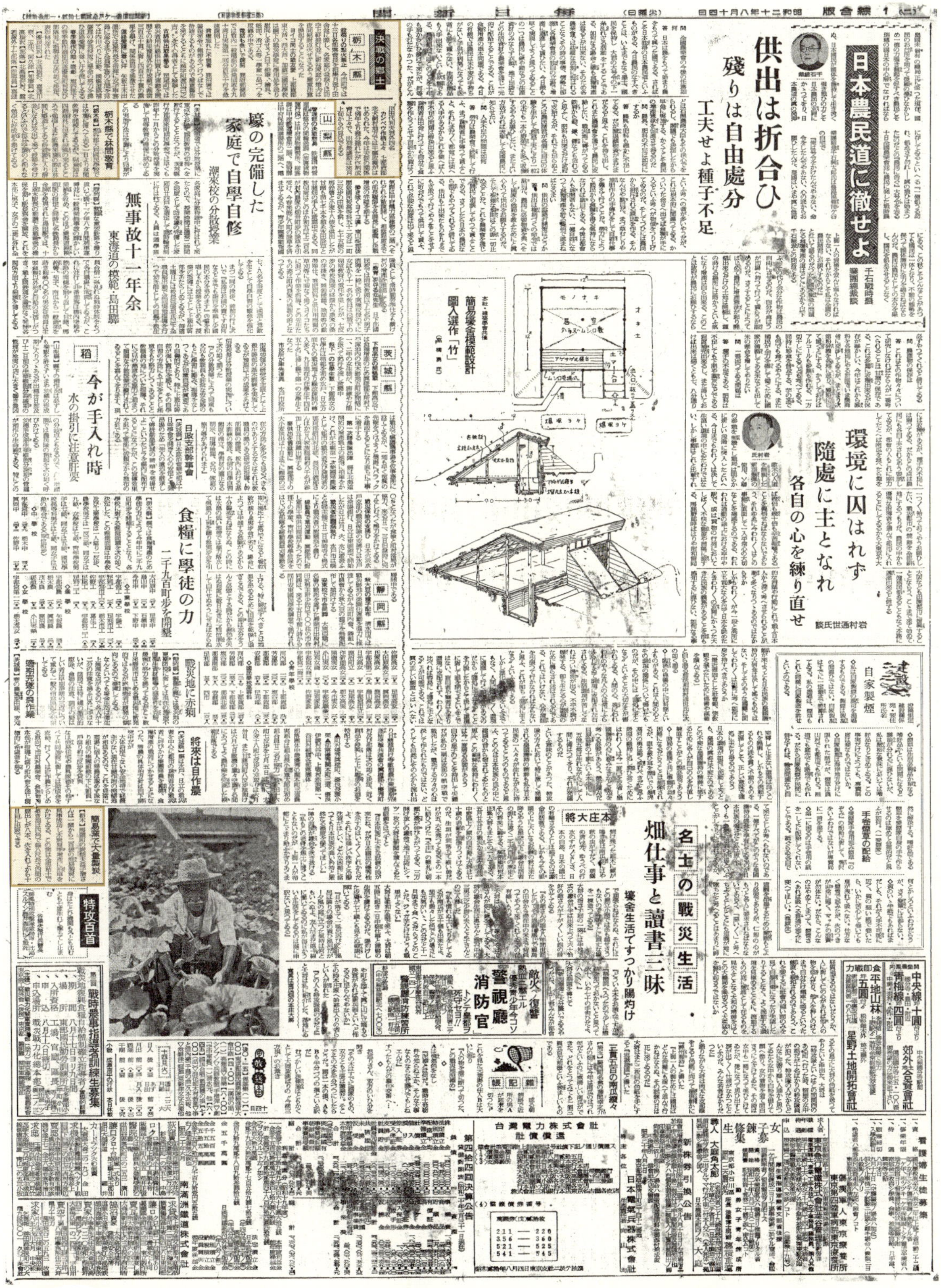

日本農民道に徹せよ

供出は折合ひ　殘りは自由處分　工夫せよ種子不足

環境に囚はれず　隨處に主となれ　各自の心を練り直せ

簡易壕舎指標設計　圖入選作「竹」

決戦の郷土　栃木縣

壕の完備した家庭で自學自修

無事故十一年余

稲　今が手入れ時　水の掛引に注意肝要

食糧に學徒の力　二千九百町歩を開墾

將來は自作農

名士の戰災生活　畑仕事と讀書三昧　壕舎生活ですっかり陽灼け

自家製煙

特攻百首

警視廳消防官

戰時農事指導員訓練生募集

台湾電力株式会社

日本電気兵器株式会社

発見された下野新聞

昭和20年8月14日（土）毎日新聞朝刊2面（第24835号）栃木1版（藤田好三氏蔵）　紙面は前日13日付の毎日新聞が土台になっており、【栃木県】と記載された記事は下野新聞社の記者が書いたものと思われる。1面は戦況を、2面は生活などの情報を中心に掲載。1面見出しの「最悪事態真に認識 大御心《おおみごころ》に帰一し奉れ」（左ページ）は、戦況がいよいよ切迫し、本土決戦が現実味を帯びてきたことを感じさせる。

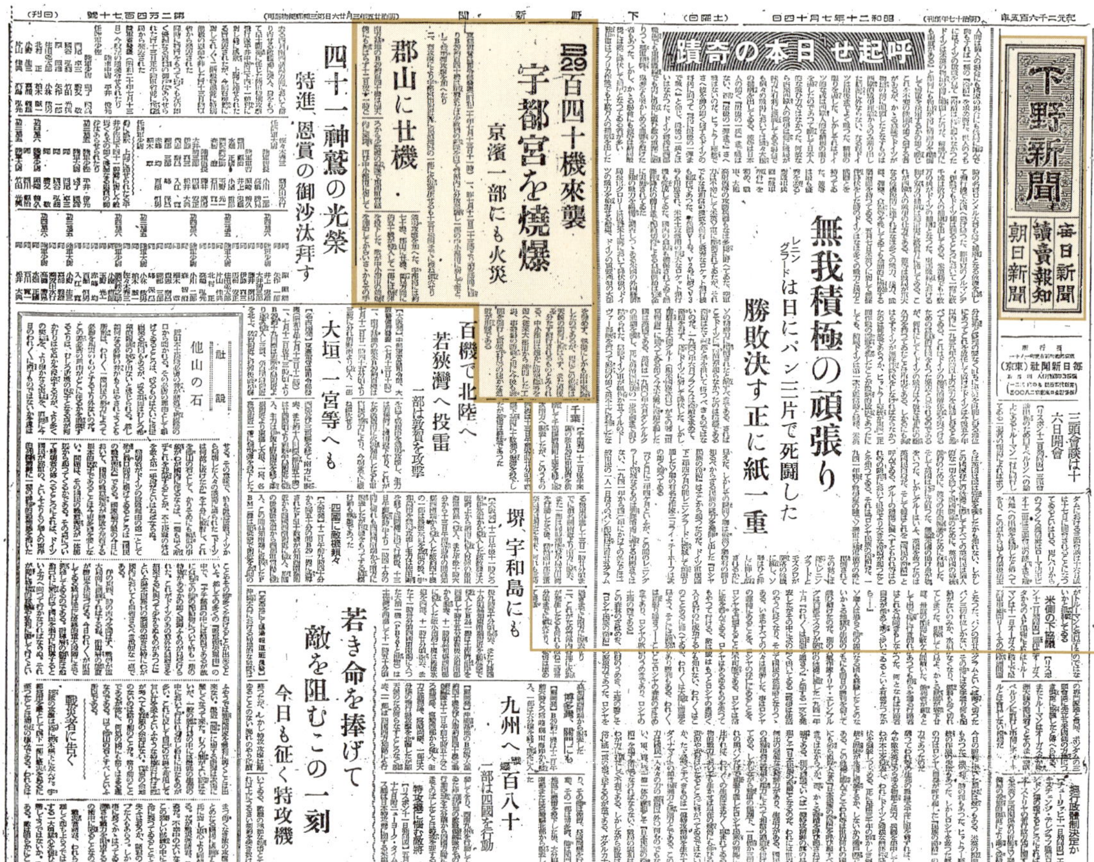
下野新聞
毎日新聞
讀賣報知
朝日新聞
昭和二十年七月十四日

呼起せ日本の奇蹟

無我積極の頑張り
レニングラードは日にパン三片で死闘した
勝敗決す正に紙一重

B29百四十機來襲
宇都宮を燒爆
京濱一部にも火災
郡山に廿機

四十一神鷲の光榮
特進、恩賞の御沙汰拜す

百機で北陸へ
若狹灣へ投雷

大垣、一宮等へも

堺、宇和島にも

九州へ延百八十
一部は四國を行動

若き命を捧げて
敵を阻むこの一刻
今日も征く特攻機

豪雨衝き據點奪取
皇軍シッタン河畔に攻勢

社説
他山の石

三頭會談は十六日開會

日本貯蓄銀行

地方連絡室

沖繩基地の空

昭和20年7月14日(金)朝刊1面(第20470号)　7月12日の宇都宮大空襲で印刷機が焼失し新聞発行ができなくなったが、毎日新聞社の協力等で翌13日のみの休刊で済んだ。被災後最初に発行されたこの日の紙面は、「下野新聞」の題字の下に「毎日新聞」「読売報知」「朝日新聞」と縦書きされている。4月から「持分《もちぶん》合同」と呼ばれる、大手3紙の県内発行分を一元的に代替発行するようになったためである。

B29百四十機來襲

宇都宮を燒爆

京濱一部にも火災

東部軍管區司令部發表(昭和二十年七月十三日十一時) 一、昨七月十二日二十三時より約三時間に亘りB29約百四十機は單機または少數機の編隊を以て管區内に分散來襲し一部の中小都市に對して主として燒夷彈攻撃を加へたり

二、右攻撃により宇都宮市附近並に京濱地區の一部に火災發生せるも十三日未明までに概ね鎭火せり

郡山に廿機

南方基地のB29約百四十機は惡天候にも拘はらず十二日夜十一時ごろから少數機の編隊で東部軍管區内に來襲、再び中小都市に對して燒夷攻撃を加へた、宇都宮には約七十機、郡山に廿機、兩毛方面に約五十機が侵入して一部には爆彈を投下した、敵が中小都市の燒爆を開始してからいさゝかもその手を弛めず、執拗にしかも雨中來襲したのであるが、更にこの燒爆は天候の如何に拘はらず、また晝夜を分たず敢行されるものとみられる、中小都市は速かに防空態勢を備へ從來大都市から疎開した工場、事業場の防衞と共に今後も疎開を强行し重要資材等の速かな疎開が肝要である

7月12日の宇都宮大空襲を伝えた第一報。宇都宮が大空襲を受けたのは、戦闘機等を製造していた中島飛行機宇都宮製作所をはじめとする軍需工場が林立していたこと、宇都宮陸軍飛行場や師団司令部などの軍の重要施設が置かれていたため、空爆の目標とされた。この空襲で死者620人、9,000戸以上が全焼。罹災者は5万人近くの数にのぼった。

昭和20年1月31日（水）朝刊2面（第20306号）　詩人で童謡・民謡作詞家の野口雨情が1月27日に疎開先の河内郡姿川村（現・宇都宮市）で亡くなったことを左下の小さな死亡記事が伝えている。雨情は数多くの童謡や新民謡をつくった。昭和18年に体調を崩し療養に専念していたが、戦禍を避けるため昭和19年に疎開。なお晩年を過ごした家は、現在、国の登録有形文化財として登録されている。

昭和20(1945)年 ポツダム宣言受諾、終戦の詔書

この年の流行

流行(語)	神州不滅、一億玉砕、ピカドン
流行歌	お山の杉の子、かくて神風は吹く、男散るなら、神風特攻隊の歌
書物	お伽草紙、一億の号泣
ラジオ	玉音放送
映画・舞台	勝利の日まで、必勝歌、そよ風、続・姿三四郎、 女の一生(杉村春子による初演)

この年の物価

白米(2等10kg)3円57銭、はがき5銭、清酒一級(1升)15円

県内の主な動き / 国内外の主な動き

1月	アメリカ軍、ルソン島リンガエン湾上陸。日本軍の敗北が決定的に(9日) ソ連軍がナチス・ドイツのアウシュビッツ強制収容所を解放
2月	米・英・ソ首脳が黒海沿岸のヤルタで会談(4~11日)
3月	米軍のB29が東京を大空襲(10日) 硫黄島の守備隊が全滅(17日)
4月	**栃木県内でも国民学校初等科を除いた学校の授業を中止し、児童・生徒を食糧増産・軍需生産に従事させる** 米軍が沖縄本島に上陸(1日) 小磯国昭内閣が総辞職。鈴木貫太郎(海軍大将)が内閣を組閣(7日) 独のヒトラーがベルリンの地下壕で自殺〈56歳〉(30日)
6月	**国民学校高等科以上の生徒による学徒隊の結成式が行われる(22日)** 沖縄戦終結(23日)
7月	**B29による宇都宮大空襲。宇都宮市・鹿沼町(現・鹿沼市)・真岡町(現・真岡市)で被害(12日)** 米・英・ソによるポツダム会談(17日) 日本に無条件降伏を迫るポツダム宣言を発表(26日)
8月	米は世界で初めて原子爆弾を広島に投下(6日) 日ソ中立条約を破ってソ連が参戦(8日) 米は長崎にも原子爆弾を投下(9日) 御前会議が開かれ、天皇は条件受諾の通知を連合国側にするよう述べ、ポツダム宣言の受諾を決定(聖断)。終戦の詔書発布(14日) 「終戦の詔書」を録音した玉音放送を正午にラジオで放送(15日)

乏しい食糧と空襲警報のサイレンに悩まされる中、3月のB29による東京大空襲で8万人以上が犠牲となった。4月には硫黄島の守備隊が全滅、米軍は沖縄本島へ上陸した。同月、小磯国昭内閣が総辞職し天皇の信任が厚い鈴木貫太郎内閣が成立。6月に終結した沖縄戦は「本土決戦」準備のための時間稼ぎの捨て石となった。7月、ポツダム宣言で米英中は無条件降伏を日本に迫るも、受諾するか否かを逡巡しているうち、8月6日に世界で初めて原子爆弾を広島、9日長崎へ投下。8日には日ソ中立条約を破ってソ連が北部満州、朝鮮、樺太を侵攻。10日の御前会議で国体護持の条件のみを付加してポツダム宣言を一旦は受諾するも、14日の御前会議で天皇の「聖断」によりポツダム宣言受諾を決定。終戦の詔書が発布され、15日正午「終戦の詔書」を録音した玉音放送がラジオで放送された。

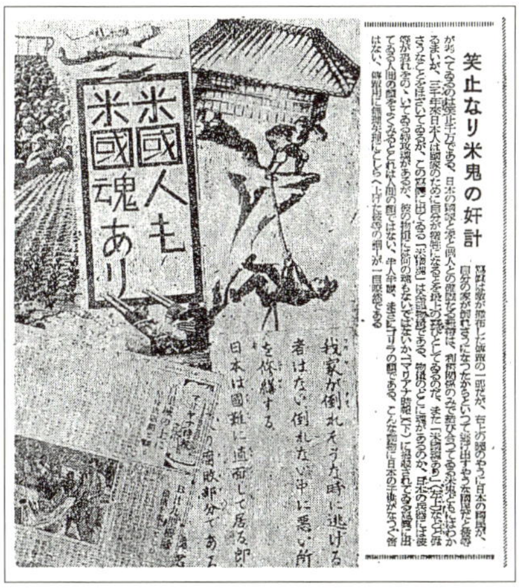
笑止なり米鬼の奸計

昭和20年7月20日(金)朝刊2面(第20476号)
アメリカ軍がB29からまいた宣伝ビラを「米鬼の奸計」と報じた

栃木県への空襲と被害

栃木県内でのはじめての空襲

日本本土がはじめて連合国による空襲を経験したのは、昭和17年4月18日の「ドゥーリットル空襲」と呼ばれる、東京や川崎、名古屋など大都市への空襲だった（150ページ参照）。栃木県内への初空襲も同じ日で、機体の不良で作戦から離脱したB25爆撃機の1機がソ連のウラジオストクへ不時着する途上、破棄するために投下した爆弾のひとつが国鉄西那須野駅付近に着弾したことだった。

県内初のB29による空襲

昭和20年に入り、B29爆撃機による日本本土空襲で栃木県内15以上の市町村で空襲の被害を受けた。県内で本格的な空襲に遭ったのは2月10日。群馬県新田郡太田町（現・太田市）を本拠とする中島飛行機をはじめとする関連工場への大規模な空襲が発生した時だった。西からの強風の影響で隣の足利郡御厨《みくりや》町百頭《ももがしら》（現・足利市百頭町）へも爆弾が落下、33人の死者と100人を超す負傷者を出した。その後、B29の編隊が宇都宮上空を通過する際、残った爆弾を投下。河内郡平石村（現・宇都宮市平出町）の平出雷電神社付近に着弾した。被害はなかったが、多くの県民にとって編隊を頭上に目撃し、空襲の被害を身近に感じた最初の出来事だった。

度重なる空襲・警戒警報の発令

2月10日と17日、アメリカ海軍グラマンF6F戦闘機16機による芳賀郡清原村（現・宇都宮市清原地区）の宇都宮陸軍飛行場への空襲以降、県内では目立った被害を出した空襲はなかった。県内の空襲を実行していたアメリカ海軍第58任務部隊（のちに38任務部隊と名称変更）が2月下旬の硫黄島作戦や4月以降の沖縄攻略作戦へ参加していたためであった。とはいえ、断続的に上空には戦闘機が飛来。空襲警報あるいは警戒警報が発令する日もしばしばあった。

県内への本格的な空襲

硫黄島の制圧、そして沖縄戦終結を経て、7月1日、アメリカ海軍第38任務部隊による日本本土各地への本格的な作戦行動を開始。7月10日には、2月中旬以降最大規模の空襲が宇都宮をはじめ県内各地を襲った。主に軍事施設を狙ったものだったが、低空で頭上を飛び、生命を容赦なく奪う艦載機の機銃掃射に空襲とともに人びとは怯えた。

7月12日の宇都宮大空襲

そして7月12日の夜。宇都宮市内は朝から雨が降り続いていた。街も人も寝静まった23時10分、B29爆撃機による焼夷弾攻撃がはじまった。警戒警報が発令される2分前だった。140分もの間、

TOPICS

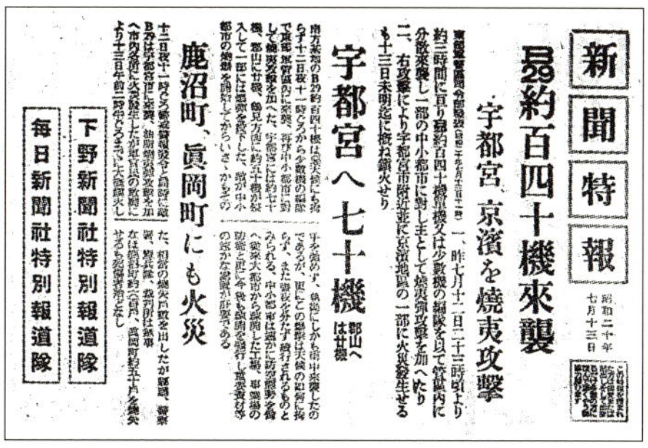

新聞特報

昭和二十年七月十三日

B29約百四十機來襲

宇都宮、京濱を燒夷攻撃

一、昨七月十二日二十三時頃より約三時間に亘りB29約百四十機單機又は少數機の編隊を以て管區内に分散來襲し一部の中小都市に對し主として燒夷彈攻撃を加へたり

二、右攻撃により宇都宮市附近並に京濱地區の一部に火災發生せるも十三日未明迄に概ね鎭火せり

宇都宮へ七十機

郡山へは廿機

鹿沼町、眞岡町にも火災

下野新聞社特別報道隊

毎日新聞社特別報道隊

宇都宮空襲の翌日、昭和20年7月13日発行の下野新聞「特報版」（個人蔵）

雨のごとく、およそ10万個の焼夷弾が容赦なく降り注いだ。その範囲は、現在の宇都宮市のうち、篠井と富屋地区を除く地域にわたっていた。

空襲が残した傷跡

宇都宮大空襲以降、7月28日と30日、8月4日、13日、14日にも空襲による被害が県内各地で発生した。幸い命は助かったものの、極度の恐怖と緊張、そして肉親や大切な人を亡くしたことへの絶望感で心身に大きな傷を残した人たちも多かった。また、宇都宮大空襲後には、貧困や衛生状況の悪さから消化器系を患う伝染病も発生。空襲は生き残った人たちへも容赦なく痛々しい傷跡を残し、忘れられない記憶として人びとの脳裡に刻まれていった。

■ 昭和20年栃木県内空襲における死傷者及び被災戸数

市・郡	町・村	日付（昭和20年）	死者（人）	負傷者（人）	全半壊家屋（戸）	備　考
足利郡	御厨町百頭	2月10日	33	100以上		中島飛行機太田製作所空爆の余波
宇都宮市		2月17日			2	空中戦で日本軍1機の墜落による
那須郡	烏山町・境村	7月7日	1		8	
足利郡	毛野村川崎	7月10日	3	3		
河内郡	横川村	7月10日	4		3	
河内郡	姿川村	7月10日	1			国鉄日光線鶴田駅構内で
塩谷郡	阿久津村	7月10日	4	2		国鉄宝積寺駅
那須郡	芦野町	7月10日	4		3	芦野町中心部
宇都宮市	市街地	7月12日	620	1,128	10,668*	宇都宮大空襲
上都賀郡	鹿沼町	7月12日	9	18	256	
芳賀郡	真岡町	7月12日	1		50	芳賀病院～県立真岡中学校付近
宇都宮市	宇都宮駅周辺	7月28日	30以上			
下都賀郡	国分寺村	7月28日	32	70以上		国鉄小金井駅
宇都宮市	市街地	7月30日	12	多数		栃木師範学校ほか
塩谷郡	阿久津村	7月30日	4	4	2	国鉄宝積寺駅、阿久津村舎
塩谷郡	氏家町	7月30日		数名		県立氏家高等女学校付近
下都賀郡	小山町	8月4日	3	4～5		国鉄水戸線小山駅
宇都宮市	雀宮村・横川村・姿川村	8月13日	8			宇都宮南飛行場ほか
那須郡	金田村	8月13日	1		4	中島飛行機大田原分工場を襲撃
那須郡	那須村	8月13日	1			立岩地区
足利市	本城	8月14日	6	若干	9	
合　計			777以上	およそ1,330以上	およそ11,000	

「とちぎ炎の記憶」（http://tsensai.jimdo.com、2015年7月5日閲覧）をもとに作成（一部修正あり）

*「宇都宮特別都市計画事業復興土地区画整理設計書」1947年（『栃木県史』史料編近現代3所収）を参照

「記憶」を風化させない

PHOTOS

～写真で見る宇都宮の今昔～

宇都宮二荒山神社前の馬場町

現在の宇都宮二荒山神社前

宇都宮二荒山神社前の馬場町（昭和35年7月）

宇都宮二荒山神社前の馬場町（昭和20年）

宇都宮市総合福祉センター付近

現在も戦災で残った御影石の門柱が残されている

旭町枝病院前（昭和35年）

旭町枝病院から旧保健所付近（現・宇都宮市総合福祉センター付近、昭和20年）

敗戦直後の焼失した宇都宮市中心街を撮影した写真家の中島みどり＝本名・儀兵衛（1897 ～ 1970）。空襲直後の昭和20年、復興へ着実に歩む昭和35年、そして現在。新聞と同様に写真もまた、時代を物語る貴重な証言者だ（昭和20年、35年の写真は、中島みどり撮影「宇都宮戦災写真集」）

池上町交差点付近

現在の池上町交差点付近

池上町交差点付近（昭和35年）

英語の道路標識が立つ東京街道池上町交差点付近（昭和20年）

馬場町大工町付近

うつのみや表参道スクエア付近からJR宇都宮駅方向を写す

馬場町大通り付近から国鉄宇都宮駅方向を写す（昭和35年）

焼け落ちた大谷石の蔵。大工町付近（昭和20年）

学童疎開

太平洋戦争下、敗色が濃くなりつつあった1944（昭和19）年夏、銃後では、“国の宝”である子どもたちを戦火から守る、学童疎開が始まった。本県が受け入れたのは1万5,905人（44年8月末）。「お国のために」を合言葉に、受け入れ側は村を挙げて疎開っ子の世話に奔走する。見知らぬ土地で1年以上に及ぶ生活。疎開っ子たちは、慢性的な飢餓感、親恋しさと闘っていた。

「別世界の子どもが来た」

1944年秋、芳賀郡中村村（現・真岡市）の中村国民学校（現・中村小）6年の野沢和夫さん（66）＝益子町塙＝は、教師の問いにすらすら答える疎開っ子たちに圧倒されていた。「自分で考えをまとめて、人前で話すなんてすごい」。学力の高さに驚くばかりだった。

中村国民学校は同年8月末、東京都牛込区（現・新宿区）の市谷国民学校（現・市ヶ谷小）の60人を受け入れた。「先生以上と思ったぐらい」の頭の良さ。色白の細身の体に、半ズボン、スカート、ズックというあか抜けた身なり。なまりのない、きれいな言葉遣い。すべてが田舎と正反対。疎開っ子は近寄りがたい存在だった。

カルチャーショックは疎開っ子も同じ。「駆けっこは地元の子にはかなわない。ぼくは東京では速かったのに」。野沢さんと机を並べた疎開っ子の北西泰久さん（66）＝東京都豊島区＝は、体力の差を悔しそうに振り返る。

はだしでの通学、ブヨに刺され膨れあがった手足、厳寒による霜焼け、一面に広がる田畑―。都会の生活習慣、風景とは全く異なる世界がそこにはあった。

「林間学校の延長のように考えていた。田舎に行けば、白いご飯をたくさん食べられるともね」。しかし、北西さんの遠足気分はすぐに吹っ飛ぶ。慢性的な飢えに苦しむ日々が始まった。

食卓に並ぶのは、どんぶりに軽く盛られた芋ご飯と一汁一菜。動物性タンパク質はごくまれだ。「絶対量が少なく、腹が減ってしょうがない」。勤労奉仕先の農家で生のカンピョウや落花生をこっそり口にしては、空腹をしのいだ。「うちに来いよ」。学校帰り、見兼ねた地元の友達が一度だけ、ごちそうに誘ってくれた。「もちや芋だったが、おいしかった」。だがシラミのたかった北西さんを気にした友達の家族は、とうとう座敷に上げてはくれなかった。

婦人会など
地元組織も総動員

疎開の受け入れは、村を挙げての一大事業だった。

市谷国民学校が寝泊まりしたのは、学校から2.5キロ離れた荘厳寺（現・真岡市寺内、終戦後は専修寺に移る）。近隣の農家から雇われた寮母や炊事婦との集団生活が始まった。「60人が暮らせるよう急ごしらえでした」。当時国民学校1年生だった荘厳寺住職の宇南山《うなやま》照信さん(60)は、台所やふろ場、棚などの整備に追われた受け入れ準備を思い出す。

信照さんの父で先代住職、故照順さん＝当時(35)＝の書いた日誌からは、疎開っ子のために奔走した姿が浮かび上がる。

『婦人会に交渉しあるいは寺有物資を放出し遠い益子に陶器の購入に努力したる』

『野菜を作る大小便人糞の清掃に幾多の労苦、言語を絶するものありき』

小作農から農産物を活用したほか、寺有地の森林を薪、炭用に伐採した。「食料はあらゆるつてを頼って確保した。持ち出しもあったようです」。照順さんは余裕のない中、盗み食いできるよう、干し芋をわざと疎開っ子の目前に置いたこともあった。

当時、農家の働き手は戦場に送り込まれ、残っているのは「女子ども」だけ。村や寺からの要請を受け、女子青年団や婦人会などの地元組織も総動員される。

「お寺に行くたびに洗濯していた」。荘厳寺の近所に住んでいた女子青年団員の村松清子さん(73)＝真岡市加倉＝も時折、奉仕に駆り出された。土日の食事の用意や掃除、疎開っ子の遊び相手。とりわけ、肌着にこびりついたシラミを殺す洗濯は欠かせない作業だった。

グツグツと沸騰する大がまで肌着を煮沸消毒した後は、縫い目に残ったシラミを丁寧に落としてやった。村松さんは言う。「『きれいにシラミを落としてあげてね』。和尚さんの何気ない言葉に思いやりを感じました」

受け入れ人数
町の人口を上回った

耕作地が少ない山間部の食料不足は、戦局の悪化とともに深刻さを増していた。

皇族も疎開した塩原町。当時の町人口約4,000人を上回る約5,100人が各旅館に受け入れられ、人口は一気に2倍以上に膨らんだ。

「きょうはどこの山に野草を取りに行こうか…」

同町福渡の「満寿屋」(現・ニューますや)に疎開していた本郷区根津国民学校(現・根津小)教諭の奥村雪枝さん(75)＝東京都練馬区。毎朝まず思いをめぐらすのは授業の段取りではなく、食料をどう確保するかだった。

「疎開っ子の食べ物は実にひどかった。道端の草に芽が出ていれば食《く》っちゃってたんだから」。配給食料の調達係だった岡本福蔵さん(83)＝塩原町下塩原＝は、疎開っ子のひもじい食生活を垣間見ていた。摘み取った野草を雑炊のささやかな具にし、昼食はサツマ芋だけ。家畜の飼料であるふすままでが、食材になった。

1945（昭和20）年春。300人を超える満寿屋の疎開っ子にはもはや動き回る力もない。部屋で寝そべるだけの日が続いていた。

少量とはいえ、配給食料は疎開っ子の生命線。岡本さんは、“国の宝”のため、食料調達に使命感を燃やした。配給されるのは本県南部や茨城県西北部といった遠隔地の食料。筑波山のふもとまでも往復約300キロ。昼夜を問わず、トラックを走らせた。

疎開っ子が飢えに苦しむ半面、軍への配給は安定していた。岡本さんは今でも憤りを隠さない。「将来の日本を背負う第2の小国民を差別するのか」。ヤミ米の検問に立つ警察とやり合ったこともしばしばだった。

夜、親恋しさから泣き出す子どもたち

「さあ、予科練の歌でお母さんたちを送ろう」

号令にも似た教師の声が芳賀郡中村村の荘厳寺の境内に響く。1944年10月、秋雨の降る静かな日。面会に来た母親たちを、みんなで元気に送り出そうという教師の配慮だった。

しかし、市谷国民学校3年の高嶺俊夫さん（63）＝東京都三鷹市＝は、教師の命に従えなかった。

「母さんの帰る姿なんて見たくない」

ひとりだけ見送りの列から離れ、便所にそっと隠れた。母親との別れを悲しんで、涙を流すところを友達に見られたくない。寂しさと強がりが交錯していた。

厳しくしつけられた疎開っ子たちは表面的には、決して弱音を吐かなかった。「泣いてはいけない」「兵隊さんの分まで内地で頑張る」。何事も耐える習慣が身に付いていた。

それでも、親を思う気持ちは抑えられない。夜の荘厳寺では、親恋しさから泣き出す疎開っ子が後を絶たなかった。「僕も帰りたいよ」。高嶺さんも日ごろの強気な言動とは裏腹に、6年生の帰京をうらやむ手紙を投函していた。

「思い出すのは嫌なことばかり。でも世の中のために隠してはならない。歴史を伝えてほしい」。こう言って高嶺さんは疎開生活の述懐をしめくくった。

「お国のために」と、親と子が強制的に引き裂かれたが学童疎開。満ち足りた現代の子どもたちに、戦時下の暮らしは想像もつかない。終戦から50余年。遠い昔の出来事だ。

学童疎開では親子の距離は物理的な遠さだった。しかし、今はどうだろうか。

塾や習い事に追いまくられる日常、かぎ付きの子ども部屋、希薄化する家族関係。親と子の心の距離は広がっている。

（『とちぎ20世紀』上巻、下野新聞社、2000年刊より）

第4章

占領から「戦後」へ

昭和20年8月～26年（1945-1951）

日本がポツダム宣言を受諾し無条件降伏をした半月後、連合国軍最高司令官（SCAP）のマッカーサーが厚木海軍飛行場へ到着。10月、ポツダム宣言執行のため連合国総司令部（GHQ）を東京に設置。連合国による日本占領がはじまった。占領形式は、GHQの指令を受けて日本政府が占領政策を実施する間接統治が採られた。GHQは戦争犯罪人の逮捕や公職追放、言論統制の一方で、非軍事化、農政や教育などさまざまな民主化政策を実施。その象徴のひとつであった労働運動が高揚するも、昭和22年の半ば頃からは米ソ冷戦の影響などによる占領政策の転換がはじまった。一方、紙不足にもかかわらず、各地で同人誌やサークル誌などが相次いで発行。また、ハリウッドやクルマ、ジャズなど、戦前からつづくアメリカ文化への憧れが花開いた。昭和26年4月、トルーマン大統領と対立しマッカーサーは更迭、日本を去った。9月にはサンフランシスコで講和会議が開かれ、多くの連合国との間の「戦争状態」が終結した。

昭和20年 1945

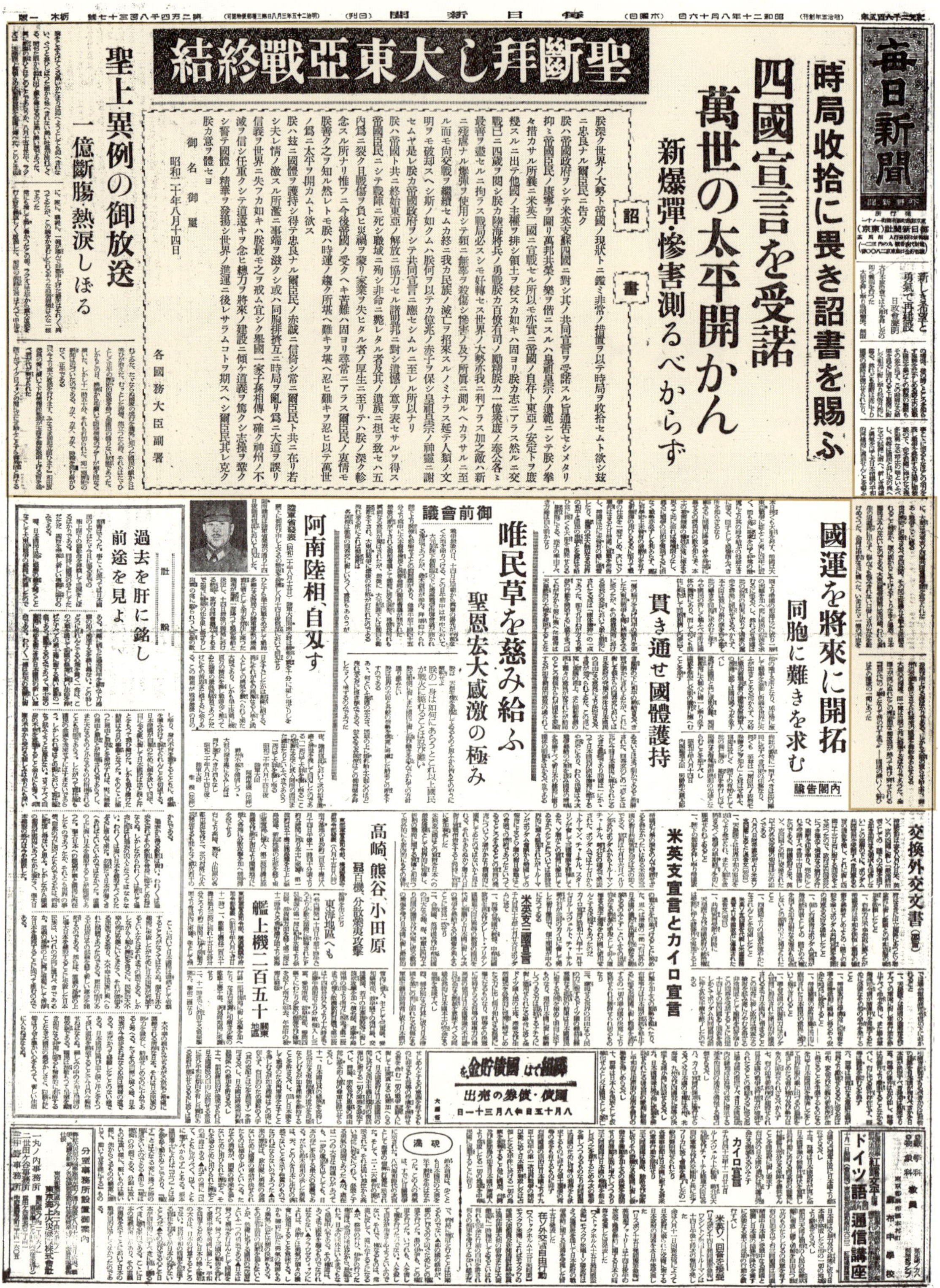

毎日新聞

聖斷拜し大東亞戰終結

時局收拾に畏き詔書を賜ふ

四國宣言を受諾

萬世の太平開かん

新爆彈・慘害測るべからず

詔書

朕深ク世界ノ大勢ト帝國ノ現狀トニ鑑ミ非常ノ措置ヲ以テ時局ヲ收拾セムト欲シ茲ニ忠良ナル爾臣民ニ告ク

朕ハ帝國政府ヲシテ米英支蘇四國ニ對シ其ノ共同宣言ヲ受諾スル旨通告セシメタリ

抑ゝ帝國臣民ノ康寧ヲ圖リ萬邦共榮ノ樂ヲ偕ニスルハ皇祖皇宗ノ遺範ニシテ朕ノ拳々措カサル所曩ニ米英二國ニ宣戰セル所以モ亦實ニ帝國ノ自存ト東亞ノ安定トヲ庶幾スルニ出テ他國ノ主權ヲ排シ領土ヲ侵スカ如キハ固ヨリ朕カ志ニアラス然ルニ交戰已ニ四歳ヲ閲シ朕カ陸海將兵ノ勇戰朕カ百僚有司ノ勵精朕カ一億衆庶ノ奉公各ゝ最善ヲ盡セルニ拘ラス戰局必スシモ好轉セス世界ノ大勢亦我ニ利アラス加之敵ハ新ニ殘虐ナル爆彈ヲ使用シテ頻ニ無辜ヲ殺傷シ慘害ノ及フ所眞ニ測ルヘカラサルニ至ル而モ尚交戰ヲ繼續セムカ終ニ我カ民族ノ滅亡ヲ招來スルノミナラス延テ人類ノ文明ヲモ破却スヘシ斯ノ如クムハ朕何ヲ以テカ億兆ノ赤子ヲ保シ皇祖皇宗ノ神靈ニ謝セムヤ是レ朕カ帝國政府ヲシテ共同宣言ニ應セシムルニ至レル所以ナリ

朕ハ帝國ト共ニ終始東亞ノ解放ニ協力セル諸盟邦ニ對シ遺憾ノ意ヲ表セサルヲ得ス帝國臣民ニシテ戰陣ニ死シ職域ニ殉シ非命ニ斃レタル者及其ノ遺族ニ想ヲ致セハ五内爲ニ裂ク且戰傷ヲ負ヒ災禍ヲ蒙リ家業ヲ失ヒタル者ノ厚生ニ至リテハ朕ノ深ク軫念スル所ナリ惟フニ今後帝國ノ受クヘキ苦難ハ固ヨリ尋常ニアラス爾臣民ノ衷情モ朕善ク之ヲ知ル然レトモ朕ハ時運ノ趨ク所堪ヘ難キヲ堪ヘ忍ヒ難キヲ忍ヒ以テ萬世ノ爲ニ太平ヲ開カムト欲ス

朕ハ茲ニ國體ヲ護持シ得テ忠良ナル爾臣民ノ赤誠ニ信倚シ常ニ爾臣民ト共ニ在リ若シ夫レ情ノ激スル所濫ニ事端ヲ滋クシ或ハ同胞排擠互ニ時局ヲ亂リ爲ニ大道ヲ誤リ信義ヲ世界ニ失フカ如キハ朕最モ之ヲ戒ム宜シク擧國一家子孫相傳ヘ確ク神州ノ不滅ヲ信シ任重クシテ道遠キヲ念ヒ總力ヲ將來ノ建設ニ傾ケ道義ヲ篤クシ志操ヲ鞏クシ誓テ國體ノ精華ヲ發揚シ世界ノ進運ニ後レサラムコトヲ期スヘシ爾臣民其レ克ク朕カ意ヲ體セヨ

御名御璽

昭和二十年八月十四日

各國務大臣副署

聖上·異例の御放送

一億斷腸 熱涙しぼる

國運を將來に開拓

同胞に難きを求む

内閣告諭

貫き通せ國體護持

唯民草を慈み給ふ

聖恩宏大感激の極み

御前會議

阿南陸相自刄す

過去を肝に銘し前途を見よ

交換外交文書

米英支宣言とカイロ宣言

高崎、熊谷、小田原

艦上機二百五十

ドイツ語通信講座

発見された下野新聞

昭和20年8月16日(木) 毎日新聞朝刊1面(第24837号) 栃木1版 15日正午、天皇陛下は10日に行われた御前会議によるポツダム宣言受託決定を受け、「終戦の詔書」を放送した。玉音放送である。紙面には、「聖断拝し大東亜戦終結」の大見出しとともに詔書を掲載。これにより、昭和16年12月8日の真珠湾攻撃から始まったアジア・太平洋戦争は終結したが、B29や艦載機による本土空襲は前日まで繰り返されていた。

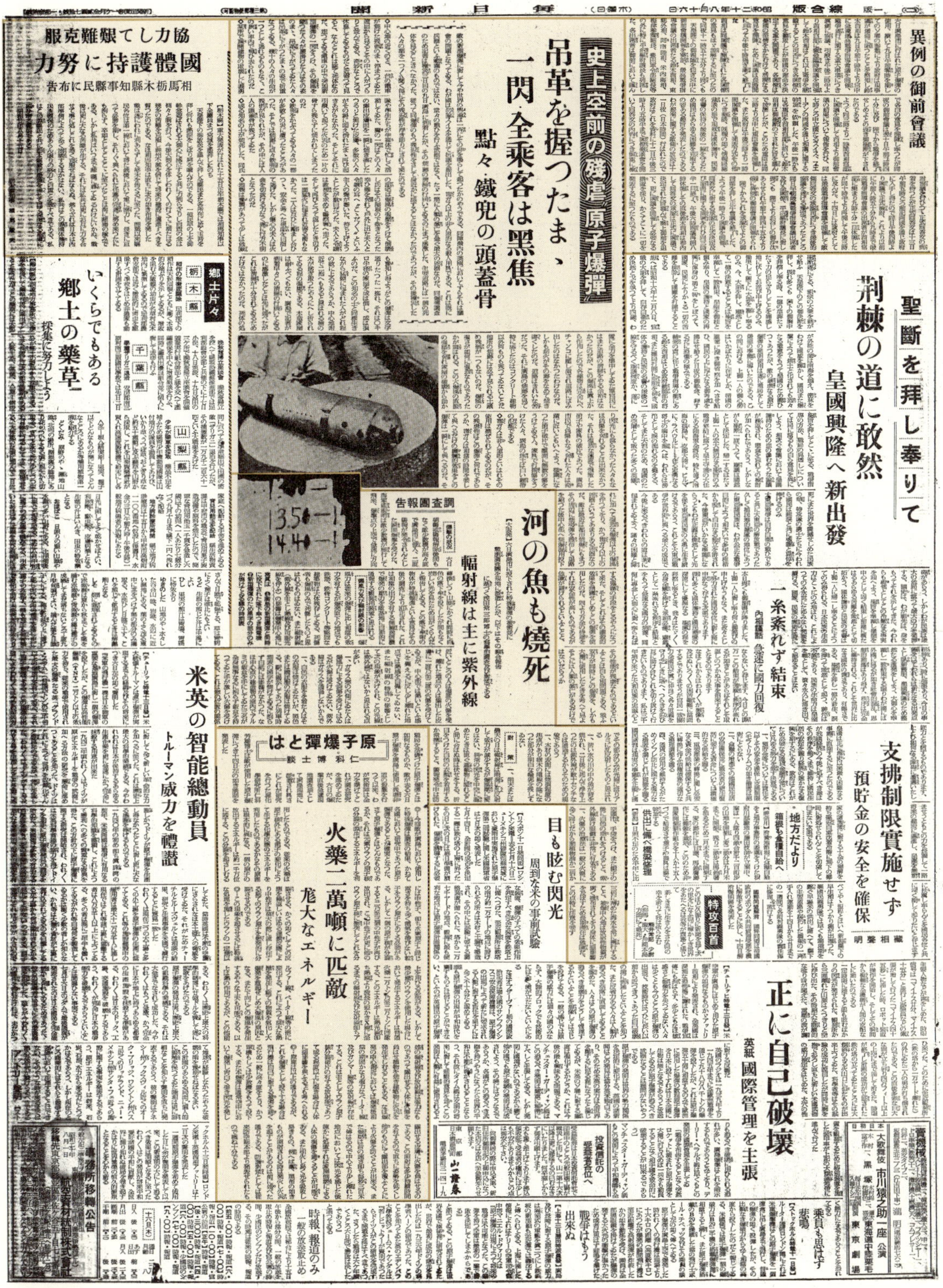

毎日新聞

異例の御前會議

聖斷を拜し奉りて

荊棘の道に敢然

皇國興隆へ新出發

一糸紊れず結束

支拂制限實施せず

預貯金の安全を確保

正に自己破壊

英紙 國際管理を主張

史上空前の殘虐原子爆彈

吊革を握つたまゝ

一閃・全乘客は黑焦

點々・鐵兜の頭蓋骨

調査團報告

河の魚も燒死

輻射線は主に紫外線

原子爆彈とは

仁科博士談

火藥二萬噸に匹敵

尨大なエネルギー

目も眩む閃光

周到な米の事前試驗

米英の智能總動員

トルーマン威力を禮讚

協力して艱難克服

國體護持に努力

相馬栃木縣知事縣民に布告

郷土片々

いくらでもある

郷土の藥草

特攻百首

発見された下野新聞

昭和20年8月16日(木) 毎日新聞朝刊2面(第24837号) 栃木1版 戦争終結を報じた裏面には、御前会議の様子や、「史上空前の残虐原子爆弾」と題した報道と調査団報告、日本における原爆開発を研究していた物理学者仁科芳雄博士による解説と、原子爆弾の被害、威力などについて多くの紙面を割いて報じている。また、左上には相馬栃木県知事による県民に向けた「国体護持に努力」を促す布告が掲載されている。

毎日新聞

昭和二十年八月十七日（金曜日）

鈴木內閣總辭職

聖斷煩はす不明に恐懼

具體的施策の實施

國民も積極的に協力

次期內閣への要望

"忠誠足らざる"を詫び奉る（宮城前）

奪ひ得ざる忠誠心

聖諭に應ふ唯一の途

新日本建設へ科學技術の振興

鈴木首相放送

全國民と一丸 强力な政治

有史以來の國難克服

作戰行動停止

マッカーサー聲明

米國軍航空隊にも

発見された下野新聞

昭和20年8月17日（金）毎日新聞朝刊1面（第24838号）栃木1版〈藤田好三氏所蔵〉 15日鈴木内閣は5カ月にして総辞職、東久邇宮稔彦内閣が成立した。鈴木首相は終戦に際し、天皇陛下にご聖断を煩わしたとその心境を語っている。また、紙面五段分を使い皇居前で玉砂利に伏して頭を垂れる人々の写真を掲載。写真説明には「忠誠心足らざるを詫び奉る」とあり、無条件降伏による慟哭の念が映し出されている。

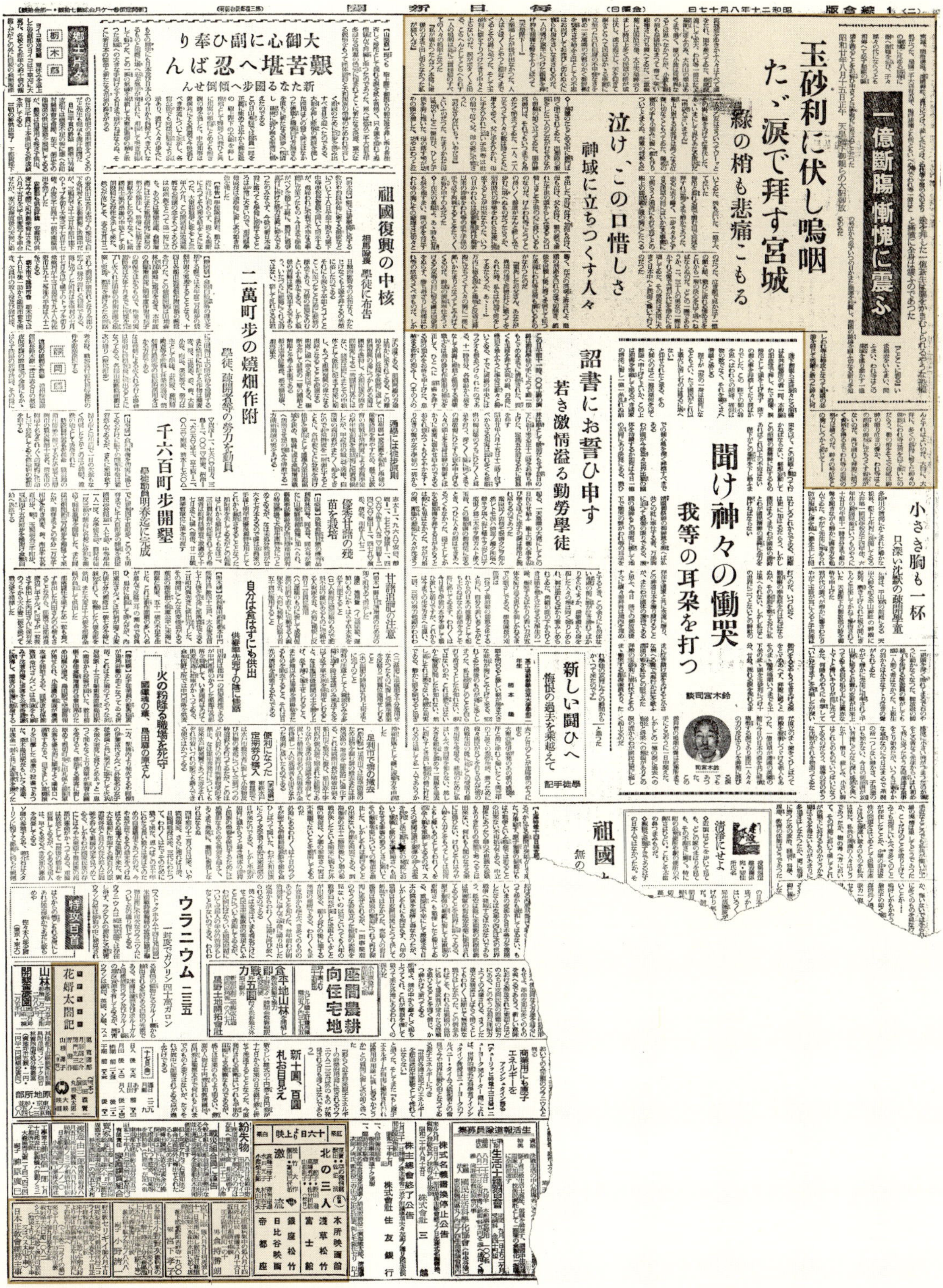

一億断腸慚愧に震ふ

玉砂利に伏し嗚咽
たゞ涙で拜す宮城
綠の梢も悲痛こもる

泣け、この口惜しさ
神域に立ちつくす人々

小さき胸も一杯
只深い沈黙の疎開學童

聞け神々の慟哭
我等の耳朶を打つ

詔書にお誓ひ申す
若き激情溢る勤勞學徒

新しい闘ひへ
悔恨の過去を乗越えて

大御心に副ひ奉り
艱苦堪へ忍ばん

祖國復興の中核

二萬町歩の燒畑作附

千六百町歩開墾

自分は食はずにも供出

火の粉降る職場を死守

ウラニウム

郷土片々

昭和20年8月17日（金）毎日新聞朝刊2面（第24838号）栃木1版〈藤田好三氏所蔵〉 紙面では1面掲載の写真を受け、「一億断腸慚愧に震ふ」の見出しのもと、皇居前で涙する人々の声を紹介している。また、「郷土片々」の栃木県の欄では、農作物供出に関する5本の短信を掲載。記事下の広告欄には、敗戦の翌16日から上映される映画広告、お悔やみ欄が並び、戦前戦後たがわず時間はたゆまなく流れていることが見てとれる。

発見された下野新聞

毎日新聞

大詔の御精神體し 難局打開せん

首相宮殿下 一昨夜御放送

大御心に絶對隨從

陸海軍部隊へ注意 愼しめ輕擧妄動

東久邇宮内閣閣僚

文相に前田多門氏

米内海相談話

新内閣初閣議

お役所統制を是正 相談づくで供出へ

農商相談 當分耐乏生活續く

特攻隊に深謝

新日本建設の途

指導層の自己反省

國民の信頼が根本

民心安定に努力

義勇隊の性格變更

各國軍隊で組織

ソ波新條約成立

発見された下野新聞

昭和20年8月19日（日）毎日新聞朝刊1面（第24840号）栃木1版　戦後もしばらくの間、題字上の発行日に皇紀が用いられていた。紙面には「紀元二千六百五年」とある。皇紀とは日本の初代天皇である神武天皇が即位したといわれる年（紀元前660年）を元年とするものである。東久邇宮稔彦《ひがしくにのみやなるひこ》内閣閣僚の写真とともに、「大御心に絶対随従」「陸軍海軍部隊に注意　慎め軽挙妄動」との見出しが目に付く。

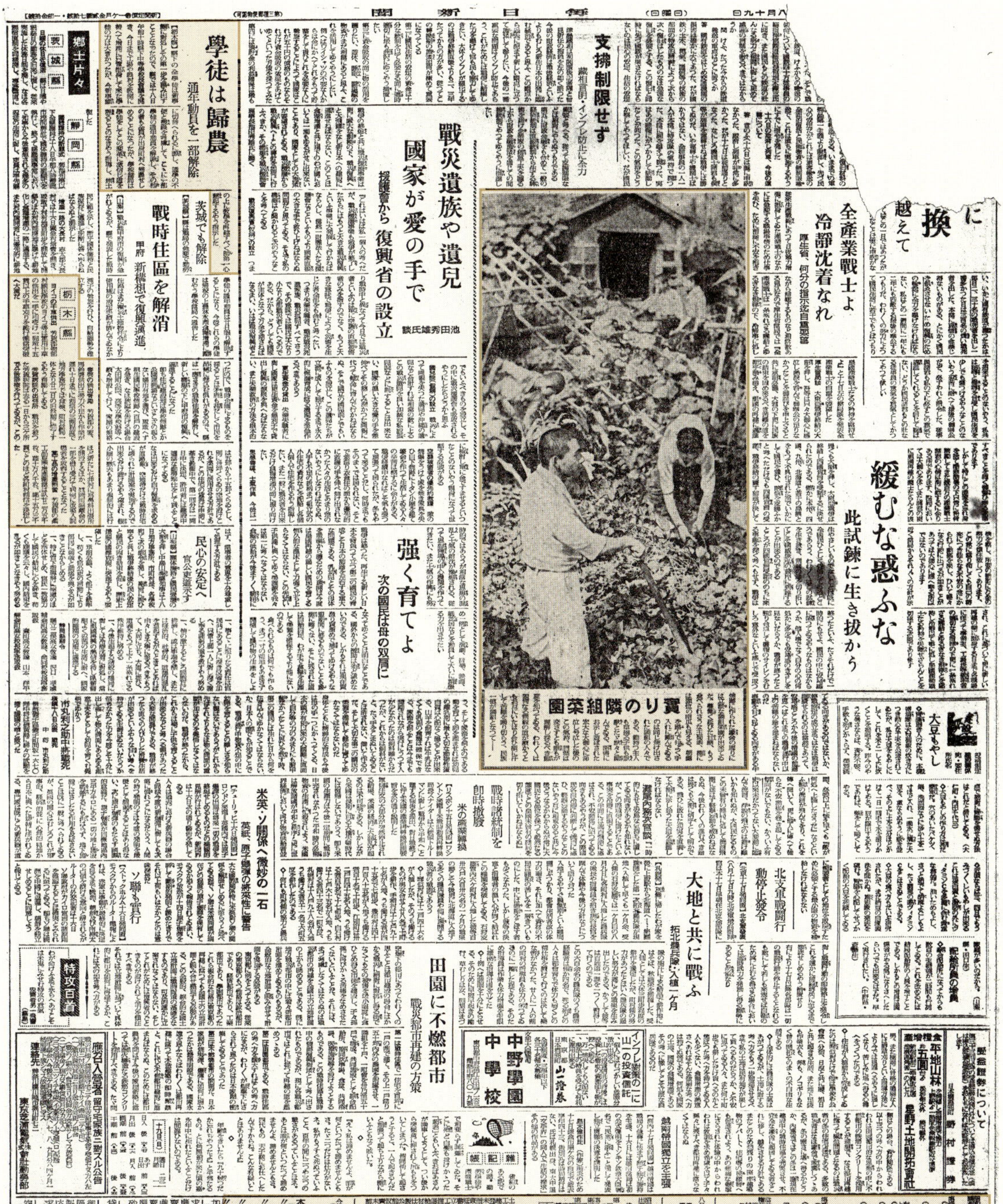

発見された下野新聞

昭和20年8月19日(日)毎日新聞朝刊2面(第24840号)栃木1版　栃木県に関わる記事は､「郷土片々」の短信と、「学徒は帰農　通年動員を一部解除」の記事のみ。焦土と化した都市部にあって、防空壕の住まいを背景にした「実りの隣組菜園」の写真と記事は、たくましく生きる人々の様子を力強く現している。また、記事下には止まることない経済活動を伝える企業の公告や本店移転謹告が並んでいる。

毎日新聞

下野新聞

紀元二千六百五年　明治五年創刊　昭和二十年八月二十二日（水曜日）

第二萬四千八百四十三號　栃木一版

斷乎・死力を盡して　輔弼の責任果さん

首相宮御放送　具體的方策あり

全權に河邊（虎四郎）中將

マニラで會談

きのふ歸京　聯合軍進駐等打合せ

河邊中將

大本營及帝國政府發表

太原附近で重慶・延安軍衝突

赤軍、奉天に入る

佛、濠、蘭、加、新西蘭も參加

越南、獨立保持を宣言

カンボヂャに新内閣

救國委員會を結成

防空終止命令

けふ午前零時を期し發せらる

暴虐原子爆彈・長崎の慘状

四里離れても瓦は飛ぶ

目を蔽ふ長崎暴爆の現状

米經濟の再轉換

トルーマン具體措置を指令

上海行動總隊司令に周佛海氏

ソ聯國際憲章を批准

行動半徑九千粁

無人機での作戰

米陸軍航空本部長　將來戰を説く

英國の住宅難對策

英炭礦公有法提案

猶太人の移住問題

世界ユダヤ人會議

ソ聯、希干渉を拒否

フランコ保身に必死

社説

食糧自給への前提

電報　小包　制限を解除

電話も個人の架設を認める

遞信事業　全面的に轉換

戰後緊急對策　企畫室

大藏省に設置　民間からも參與

世界に道義顯示

法相強調　正しき裁判行はん

昭和20年8月22日（水）毎日新聞朝刊1面（第24843号）栃木1版　敗戦から1週間が経ったこの日、マニラで行われた連合軍進駐に関する会談の模様とともに、原子爆弾による長崎の惨状が報道された。粉々に消し去られた市街地写真がその威力を物語る。中心地から四里離れた場所でも、爆風で瓦が飛んだという。また、リスボン、チューリッヒ、サイゴンなど外電により世界各地の様子を伝えている。

発見された下野新聞

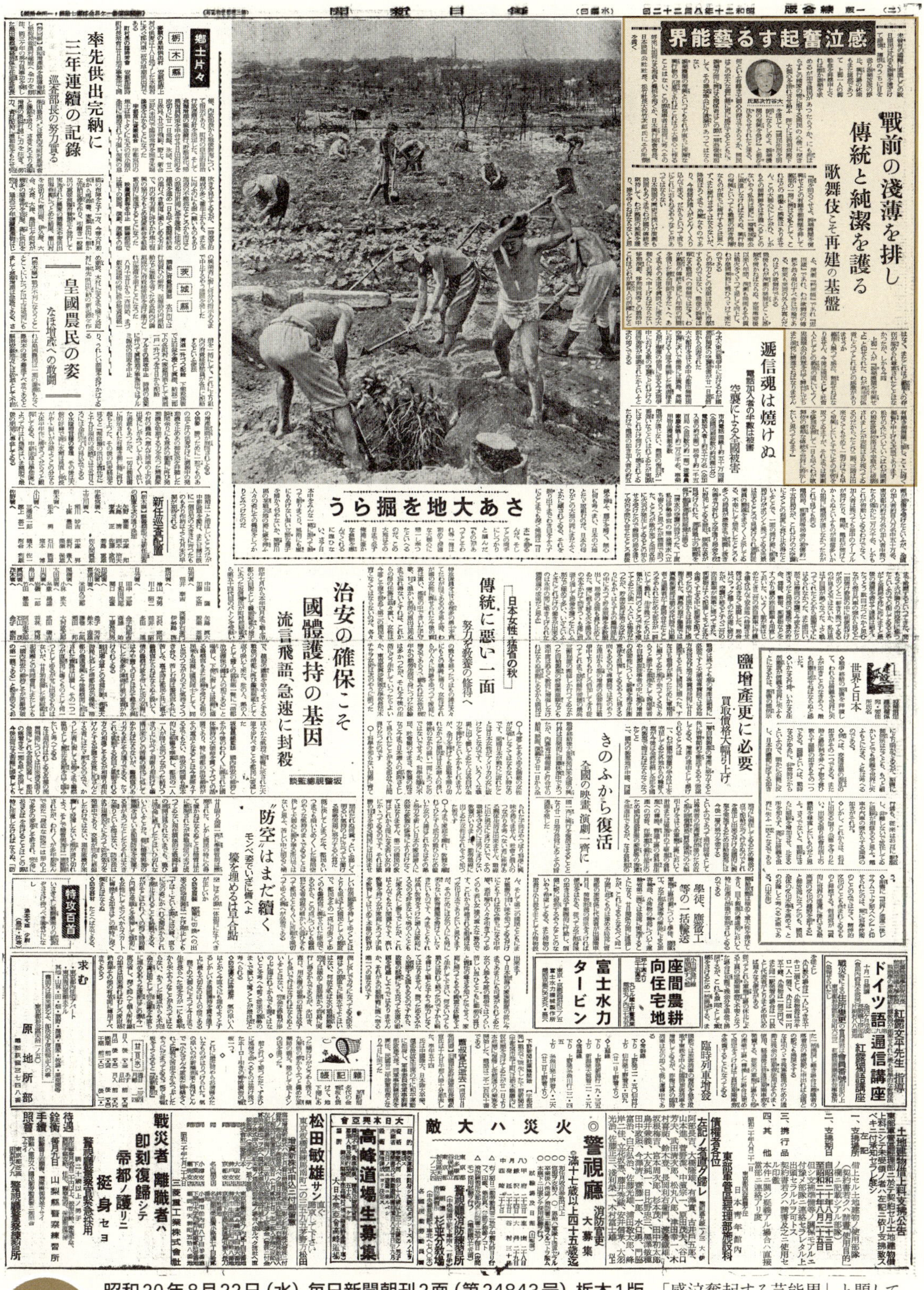

発見された下野新聞

昭和20年8月22日（水）毎日新聞朝刊2面（第24843号）栃木1版　「感泣奮起する芸能界」と題して、松竹社長大谷竹次郎が「歌舞伎こそ再建の基盤」と、その思いを語っている。大谷竹二郎は、兄・白井松次郎とともに松竹を創業した実業家。昭和初期に浅草公園六区興業街を開発、発展させた人物としても知られる。昭和30年には、歌舞伎の伝承発展の貢献が認められ文化勲章を受章した。

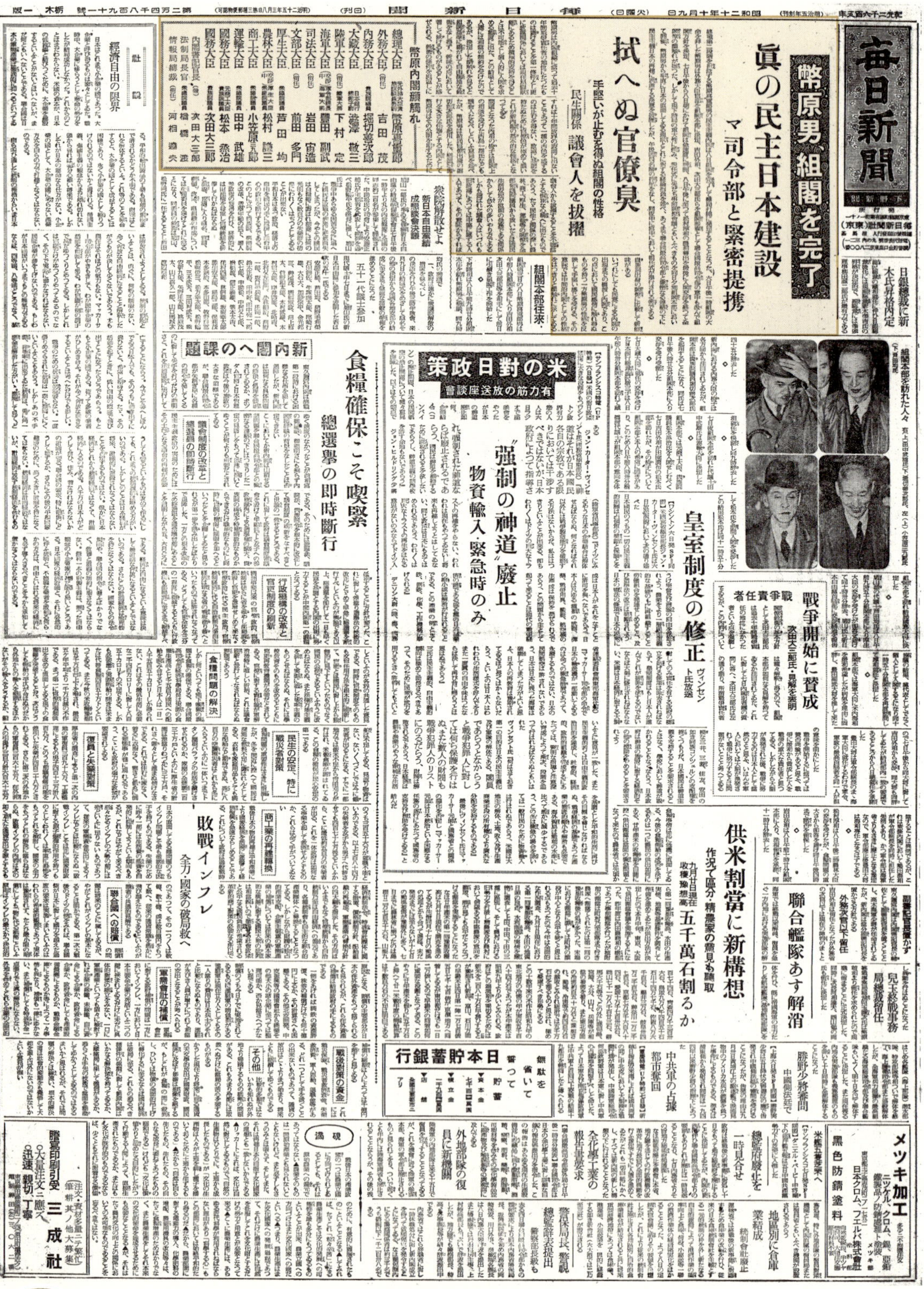

毎日新聞

幣原男、組閣を完了

眞の民主日本建設

マ司令部と緊密提携

拭へぬ官僚臭

手堅いが止むを得ぬ組閣の性格

民生問題 議會人を拔擢

幣原內閣顔觸れ

總理大臣 幣原喜重郎
外務大臣 吉田茂
內務大臣 堀切善次郎
大藏大臣 澁澤敬三
陸軍大臣 下村定
海軍大臣 米內光政
司法大臣 岩田宙造
文部大臣 前田多門
厚生大臣 芦田均
農林大臣 松村謙三
商工大臣 小笠原三九郎
運輸大臣 田中武雄
國務大臣 松本烝治
國務大臣 次田大三郎
內閣書記官長 次田大三郎
法制局長官 楢橋渡
情報局總裁 河相達夫

社說 經濟自由の限界

新內閣への課題

食糧確保こそ喫緊

總選擧の即時斷行

米の對日政策

有力筋の放送座談會

"強制の神道"廢止

物資輸入・緊急時のみ

皇室制度の修正

戰爭責任者

戰爭開始に贊成

供米割當に新構想

五千萬石割るか

聯合艦隊あす解消

敗戰インフレ

日銀總裁に新木氏昇格內定

日本貯蓄銀行

メッキ加工

発見された下野新聞

昭和20年10月9日(火)毎日新聞朝刊1面(第24891号)栃木1版　東久邇宮稔彦内閣は、GHQによる「政治的民事的宗教的自由に対する制限撤廃の覚書」交付に抗して5日に総辞職。代わって幣原喜重郎内閣が成立した。蔵相には日銀総裁の渋澤敬三が就任。「真の民主日本建設」を掲げ、マッカーサー司令部と緊密な連携を取ると報じられた。また、戦争責任者の追究や、軍隊廃止の一環として連合艦隊解消の記事が掲載されている。

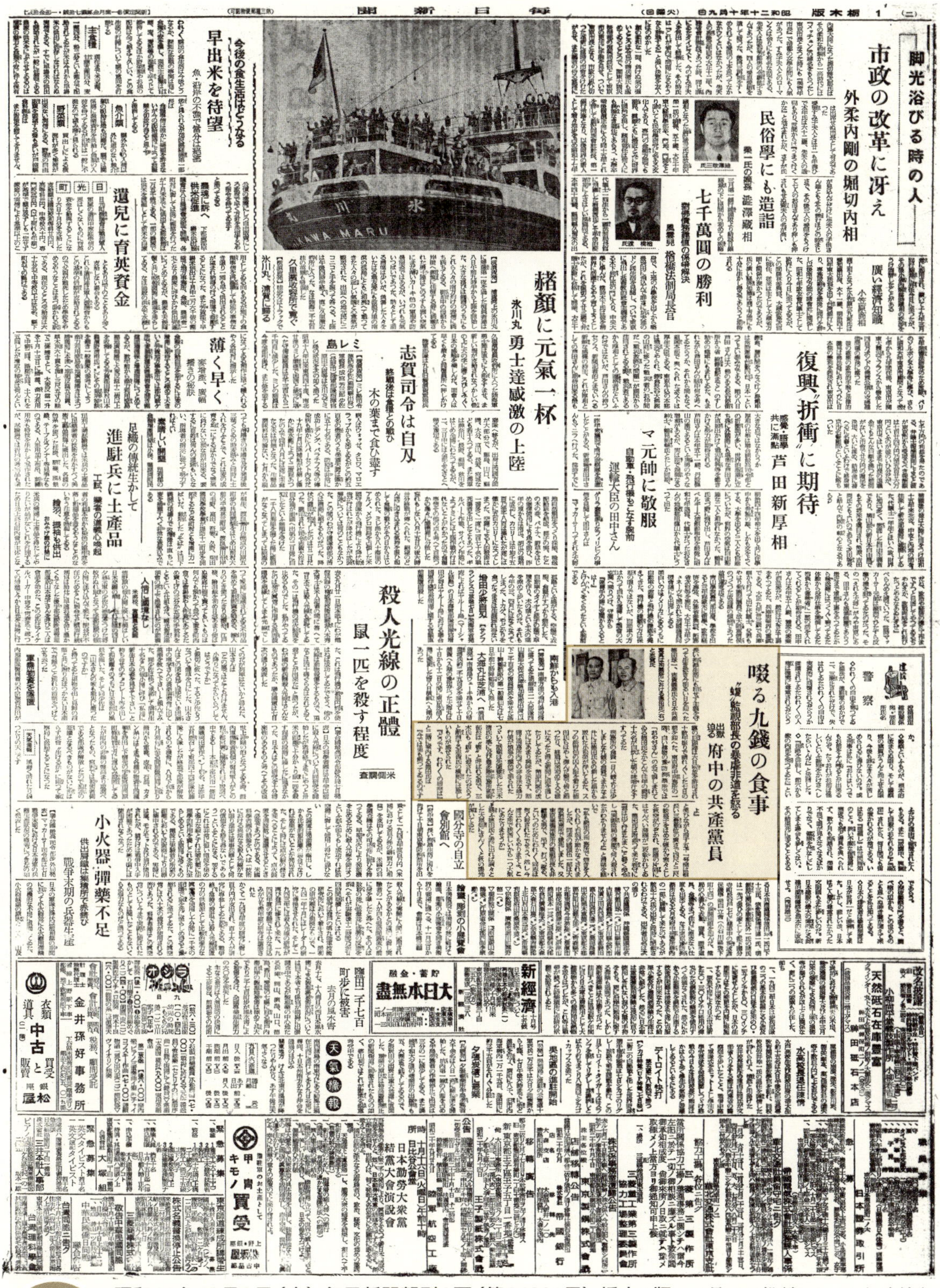
脚光浴びる時の人

市政の改革に冴え 外柔内剛の堀切内相

民俗學にも造詣 澁澤藏相

七千萬圓の勝利 楢橋法制局長官

廣い經濟知識 小笠原商相

復興"折衝"に期待 感覺・語學共に滿點 芦田新厚相

マ元帥に敬服 自動車・飛行機もこなす腕前 運輸大臣の田中さん

氷川丸 勇士達感激の上陸

ミレ島 志賀司令は自刄 終戰後は食糧との戰ひ 木の葉まで食ひ盡す

殺人光線の正體 鼠一匹を殺す程度 米側調査

今後の食生活はどうなる 早出米を待望

遺兒に育英資金

薄く早く

進駐兵に土産品 足袋の傳統生かして

嗄る九錢の食事 出獄迫る府中の共産黨員

國分寺の自立

小火器、彈藥不足

昭和20年10月9日（火）毎日新聞朝刊2面（第24891号）栃木1版　10月10日投獄されていた政治犯3,000人が釈放された。その前日の紙面には、「出獄迫る府中の共産党員」との見出しとともに府中刑務所で獄中18年を過ごした徳田球一、志賀義雄の写真が掲載されている。13日には治安維持法が、11月21日には治安警察法が廃止。徳田は12月に開催された共産党第4回大会で書記長に就任した。

発見された下野新聞

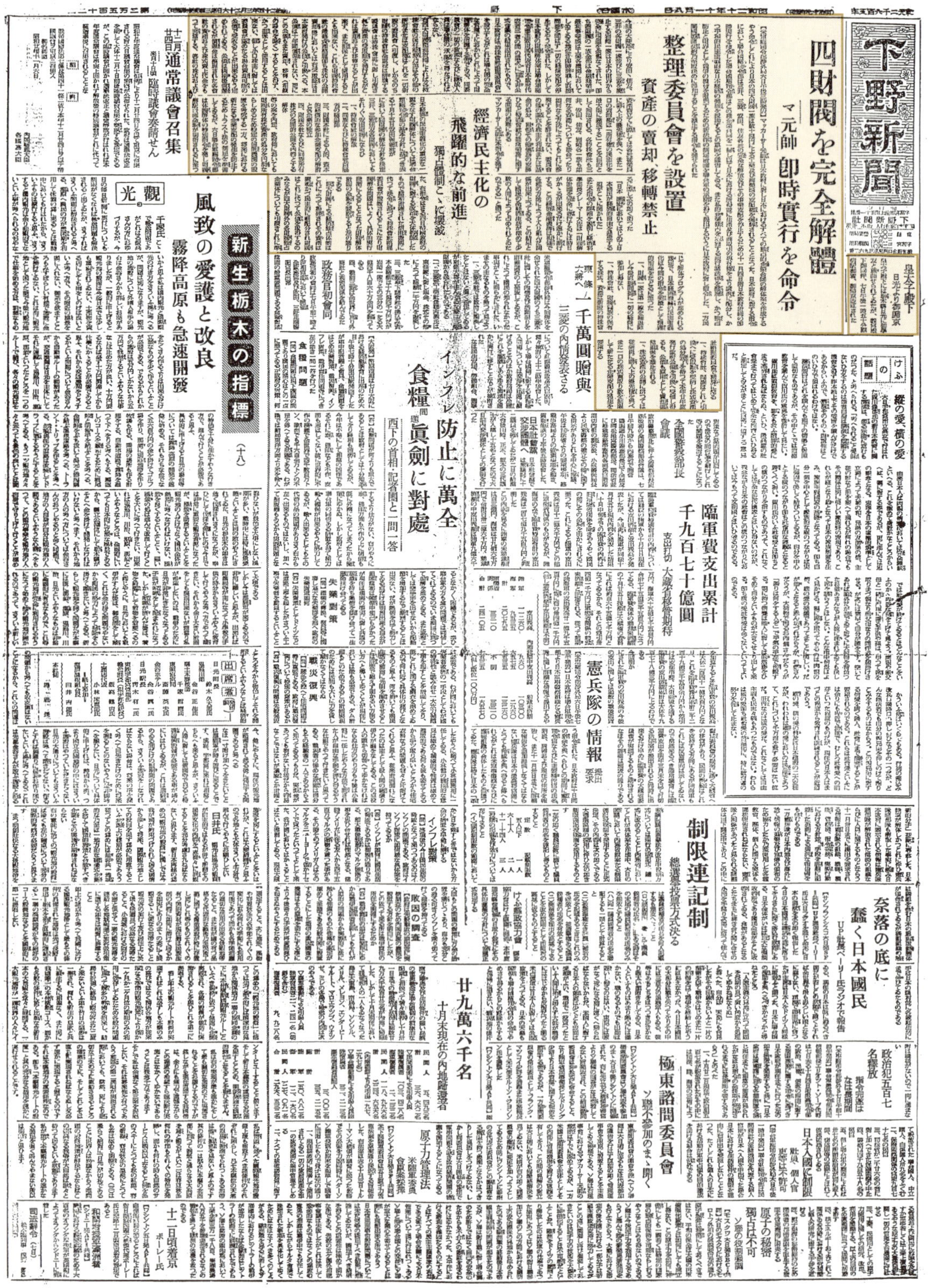
下野新聞

四財閥を完全解體
マ元帥 即時實行を命令

整理委員會を設置
資産の賣却、移轉禁止

經濟民主化の飛躍的な前進

皇太子殿下 日光より御歸京

一千萬圓贈與

臨軍費支出累計 千九百七十億圓

憲兵隊の情報

インフレ防止に萬全
食糧問題 眞劍に對處

廿九萬六千名

新生栃木の指標

風致の愛護と改良
霧降高原も急速開發

觀光

通常議會召集

制限連記制

極東諮問委員會

奈落の底に 蠢く日本國民

政治犯五百七名釋放

原子力管理法

昭和20年11月8日（木）1面（第20512号）　米政府は日本を軍国主義に駆り立てたものとして「産業および金融の大結合体」と指摘。これを受け日本政府は三井本社、安田保善社、住友本社、三菱本社の4大財閥の自主的解体計画案を回答、11月6日にGHQが覚書を公表した。しかし米の実際の狙いは日本の産業力抑制と経済の対米従属だった。題字下には皇太子殿下が疎開先の日光から帰京したと報道。皇室関連の記事は小さく掲載された。

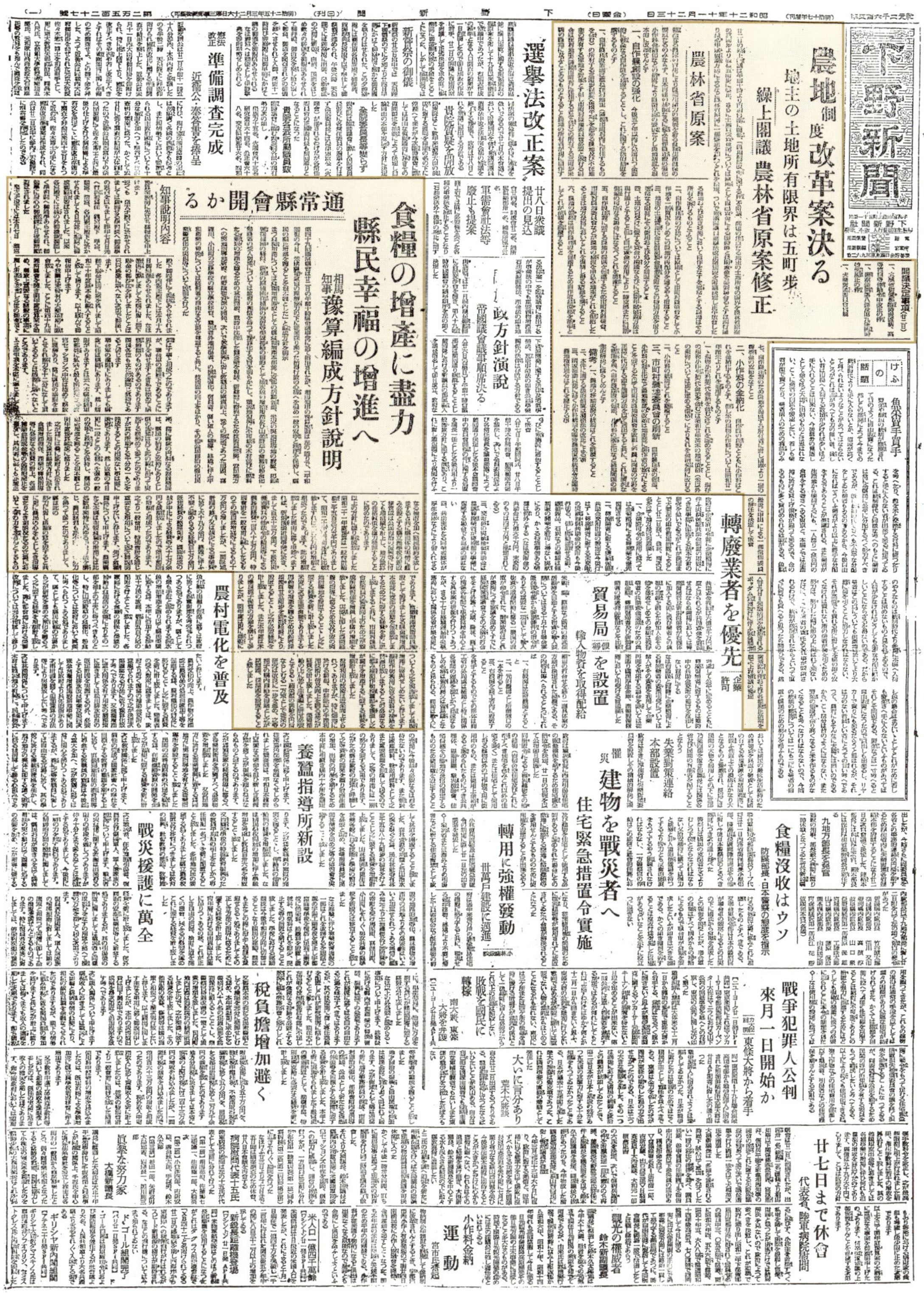

昭和20年11月23日（金）1面（第20527号） 11月12日に戦後初の県議会が開かれ、官選知事の相馬敏夫が食糧増産、戦災者の救済にむけて所信表明。16日には栃木県戦後対策処理対策委員会が戦後処理に踏み出した。トップ記事にある農地改革では寄生地主制の解体が進んだ。翌年10月21日には第2次農地改革法が公布され小作地の8割を解放。本県でも昭和27年までに5万2,478町歩が21万8,201戸の耕作農民に売り渡され多くが自作農となった。

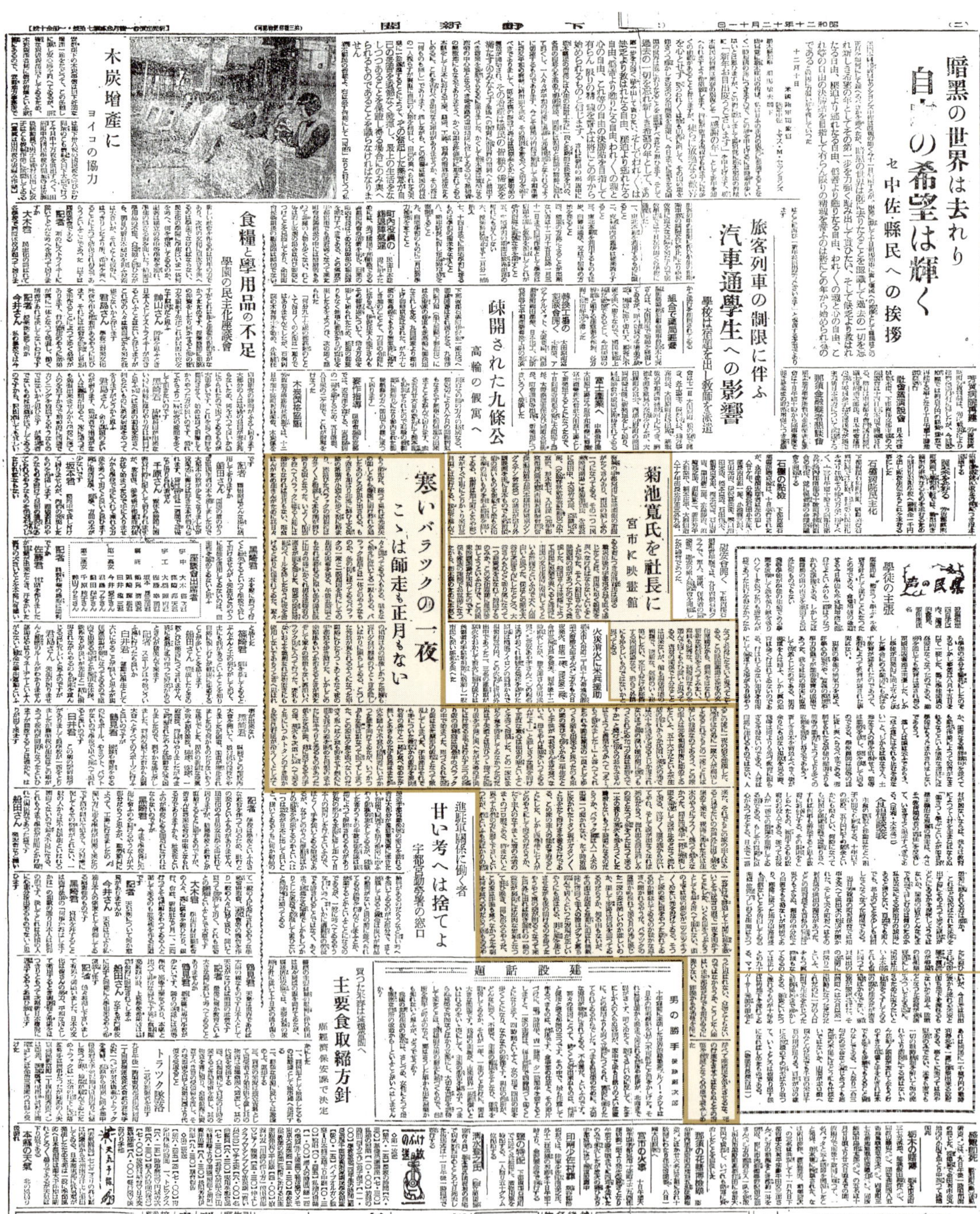

下野新聞　昭和二十年十二月十一日

暗黒の世界は去れり
自由の希望は輝く
セ中佐・縣民への挨拶

旅客列車の制限に伴ふ
汽車通學生への影響
學校は宿舎を出し教師を派遣

疎開された九條公
高輪の假寓へ

菊池寛氏を社長に
宮市に映畫館

寒いバラックの一夜
こゝは師走も正月もない

進駐軍關係に働く者
甘い考へは捨てよ
宇都宮勤勞署の窓口

主要食取締方針

木炭増産に
ヨイコの協力

食糧と學用品の不足
學園の民主化座談會

建設談話

年末事故防止期間

新事務所開設

女子要員募集

昭和20年12月11日（火）2面（第20545号）　戦時中、河内郡古里村下岡本（現・宇都宮市下岡本）に妻と娘ら家族４人を疎開させていた作家・菊池寛は、「お世話になった栃木県のために」と宇都宮市の映画館設立に尽力。市民講座「下野文化夏期大学」を開設するなど、本県復興を文化面から支えた。菊池は大正12年に文藝春秋社を創設。昭和10年には芥川賞·直木賞も設立した。疎開先の「岡本家住宅」は現在、国指定の重要文化財となっている。

雨具もなく震へる莚小屋
一日僅か一食の學童
宇都宮戦災校の衣食住調査

昭和20年12月22日（土）2面（第20556号）　簗瀬国民学校、今泉国民学校の学童衣食住調査結果。両校合計で戦災者911人。バラック住まい637人、うち壕住まいが409人、新築は100名足らず。寝具不足659人、電燈無391人、食糧不足1,147人などだった。

寒いバラックの一夜
こゝは師走も正月もない
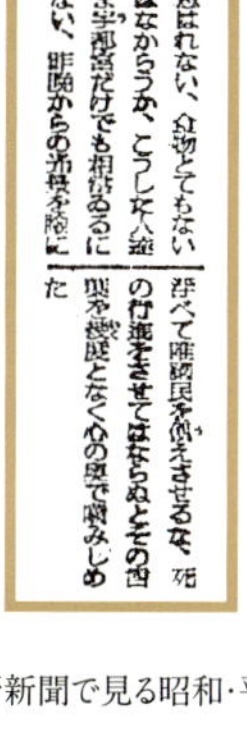

焼土化した宇都宮市では翌年の1月までに市営・自営含め2,285戸の住宅が建てられた。しかし、実際にはバラック住まいや防空壕を一部改良した壕舎住まいが、約2,000戸も残った状態だった。本紙でも戦後初の年の瀬に「寒いバラックの一夜」を過ごす宇都宮市のある一家の様子を掲載。食糧難と物資難、厳しい住宅事情にあえぎながら「師走も正月もない」生活を送る姿が描かれている。

下野新聞　昭和二十年十二月十五日（土曜日）

縣民の見る警察の姿
酷いことをしたものだ
警保局で警察の民主化を計畫

町村行政に干渉
足利郡知事の暴言

有力者を總檢擧
出たものは執行猶豫一件

嘘の特高情報

雨中で麥の移植
警官に監視されつつ

安蘇木材業者の協議
地本社解散後の行かた
主眼は復興木材供出

戰災宮市民に對し
衣料製品の特別配給

南海の孤島で生還
靖國の英靈郷間君
比島の敗戰を物語る

鹽谷郡下供米は
甚だもつて低調振り

敗戰は軍閥の無鐵砲
ジエームスジブラツクモア少佐
縣立栃木中學で熱弁を振ふ

自由選擧は民主制の基礎

民の聲

特攻隊を組織して
農加工品の大増産に

數學物象 英語講座

眼鏡・時計

石臼製粉機

いちごの苗

珠算

昭和20年12月15日（土）2面（第20549号）　国体護持のために共産・社会・無政府主義者らの取り締まりに当たった特高（特別高等警察）が、10月4日のGHQによる人権指令により、治安維持法とともに廃止された。一方で9月10日発令の「言論および新聞の自由に関する覚書」により、GHQによる検閲がはじまっていた。紙面では、戦時下における警察の暴挙や情報操作を掲載。それまでは取材も許されない内容だった。

昭和20（1945）年 無条件降伏とGHQによる占領

この年の流行

流行（語）	進駐軍、バラック、銀めし、復員、ヤミ市、DDT
流行歌	リンゴの唄、みかんの花咲く丘、かえり船
書物	日米会話手帳、文学人の態度、旋風二十年
ラジオ	真相はかうだ、紅白音楽試合（紅白歌合戦の前身）
映画・舞台	ユーコンの叫び（戦後初の洋画）
モノ	第1回宝くじ（1枚10円）

この年の物価

米（1升）70円、上野―青森間鉄道旅客運賃20円、都電20銭、ヤミ市（おでん、ライスカレー、しるこ等）5～10円

県内の主な動き / 国内外の主な動き

8月	「終戦の詔書」を録音した玉音放送を正午にラジオで放送（15日） 連合国最高司令官マッカーサー元帥が厚木海軍飛行場に到着（30日）
9月	米艦隊ミズーリ号で日本の代表が降伏文書に署名（2日） 連合国最高司令官総司令部（GHQ）が東條英機らを第一次戦犯指名（A級戦犯）で逮捕指令（11日）
10月	ポツダム宣言執行のためGHQを東京に設置（2日） **連合国軍約6,000人が進駐、足利・栃木・大田原にも分駐（7日）** マッカーサー、憲法改正や婦人解放など5大改革を要求（11日） 世界平和を維持する機関として国際連合が正式に発足（24日）
11月	GHQが三井、三菱、住友、安田などの財閥解体を命令（6日） **栃木県戦後処理対策委員会が食糧増産・戦災地復興などの戦後処理に踏み出す（16日）** 国際法で戦争犯罪を裁くニュルンベルク国際軍事裁判はじまる（20日）
12月	近衛文麿公爵、A級戦犯に指名され服毒自殺〈54歳〉（16日） 選挙法改正で20歳以上の男女に投票権が与えられる（17日） B・C級戦犯の裁判が横浜地裁で開始（18日） 労働者の団結権や争議権を守る労働組合法が公布（22日） 農地調整法改正が公布〈第一次農地改革〉（29日）

無条件降伏後の8月30日、連合国軍海軍最高司令官マッカーサー元帥が厚木海軍飛行場に到着した。3日後には東京湾に停泊中の米戦艦ミズーリ号上で重光外相と梅津参謀総長が降伏文書に調印。マッカーサー元帥は東京に連合国総司令部（GHQ）を設置し、日本の民主化に乗り出した。10月7日、米軍大佐が栃木県庁を訪れ、同11日に連合国占領軍170人が宿舎設営のため宇都宮市に進駐。同14日から16日には約6,000人が進駐し、足利・栃木・大田原にも分駐する。県政は進駐軍軍政部の指揮下におかれた。同時期、GHQにより秘密警察の廃止、女性解放などの5大改革が指令された。**11月16日には、栃木県戦後処理対策委員会が食糧増進・戦災地復興などの戦後処理に踏み出す。**占領軍の間接統治のもと、農地改革が推進され、県内でも多くの自作農が生まれた。

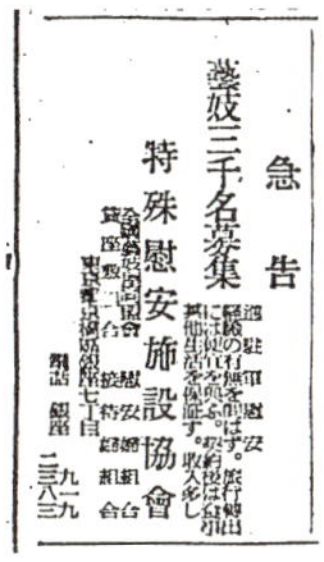
急告
特殊慰安施設協會

← 昭和20年11月17日（土）
2面（第20521号）

時代を映す当時の求人広告

昭和20年11月19日（月）
2面（第20523号）↓

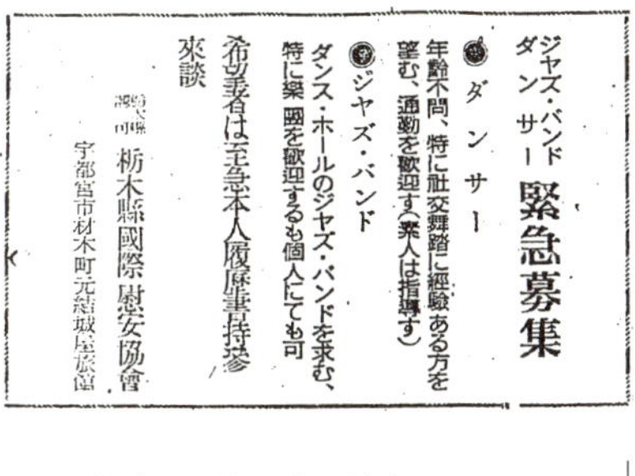
ジャズ・バンド
ダンサー 緊急募集
●ダンサー
年齢不問、特に社交舞踏に經驗ある方を望む、通勤を歡迎す（素人は指導す）
●ジャズ・バンド
ダンス・ホールのジャズ・バンドを求む、特に樂團を歡迎するも個人にても可
希望者は至急本人履歴書持參來談
栃木縣國際慰安協會
宇都宮市材木町元結城屋旅館

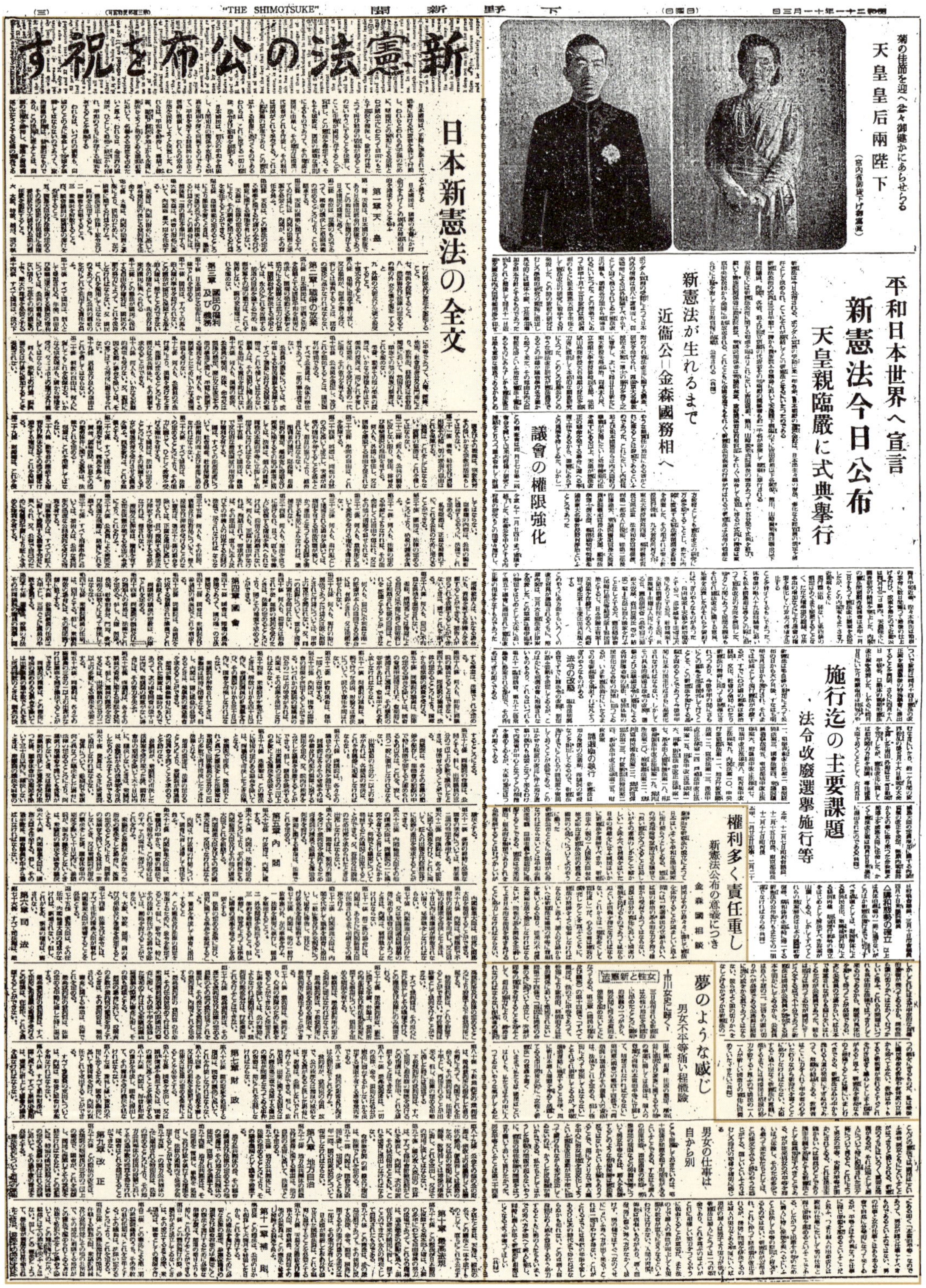
（三）　"THE SHIMOTSUKE"　下野新聞　（日曜日）　昭和二十一年十一月三日

新憲法の公布を祝す

日本新憲法の全文

菊の佳節を迎へ益々御健かにあらせらる
天皇皇后両陛下
（宮内省御貸下げ御写真）

平和日本世界へ宣言
新憲法今日公布
天皇親臨厳に式典挙行

新憲法が生れるまで
近衛公＝金森國務相へ

議會の權限強化

施行迄の主要課題
法令改廢選擧施行等

權利多く責任重し
新憲法公布の意義につき
金森國相談

夢のような感じ
男女不平等補い程度

男女の仕事は自から別

昭和21年11月3日（日）朝刊3面（20870号）　ポツダム宣言受諾後、日本政府は憲法改正の法的義務を負うこととなり、GHQ監督のもとで「憲法改正草案要綱」を作成。紆余曲折を経た新憲法案は、この年の5月16日の第90回帝国議会の審議を経て一部修正を受けた後、この日公布された。紙面には、新憲法全文のほか、金森徳次郎憲法担当国務大臣や婦人運動家の市川房枝のコメントが掲載されている。

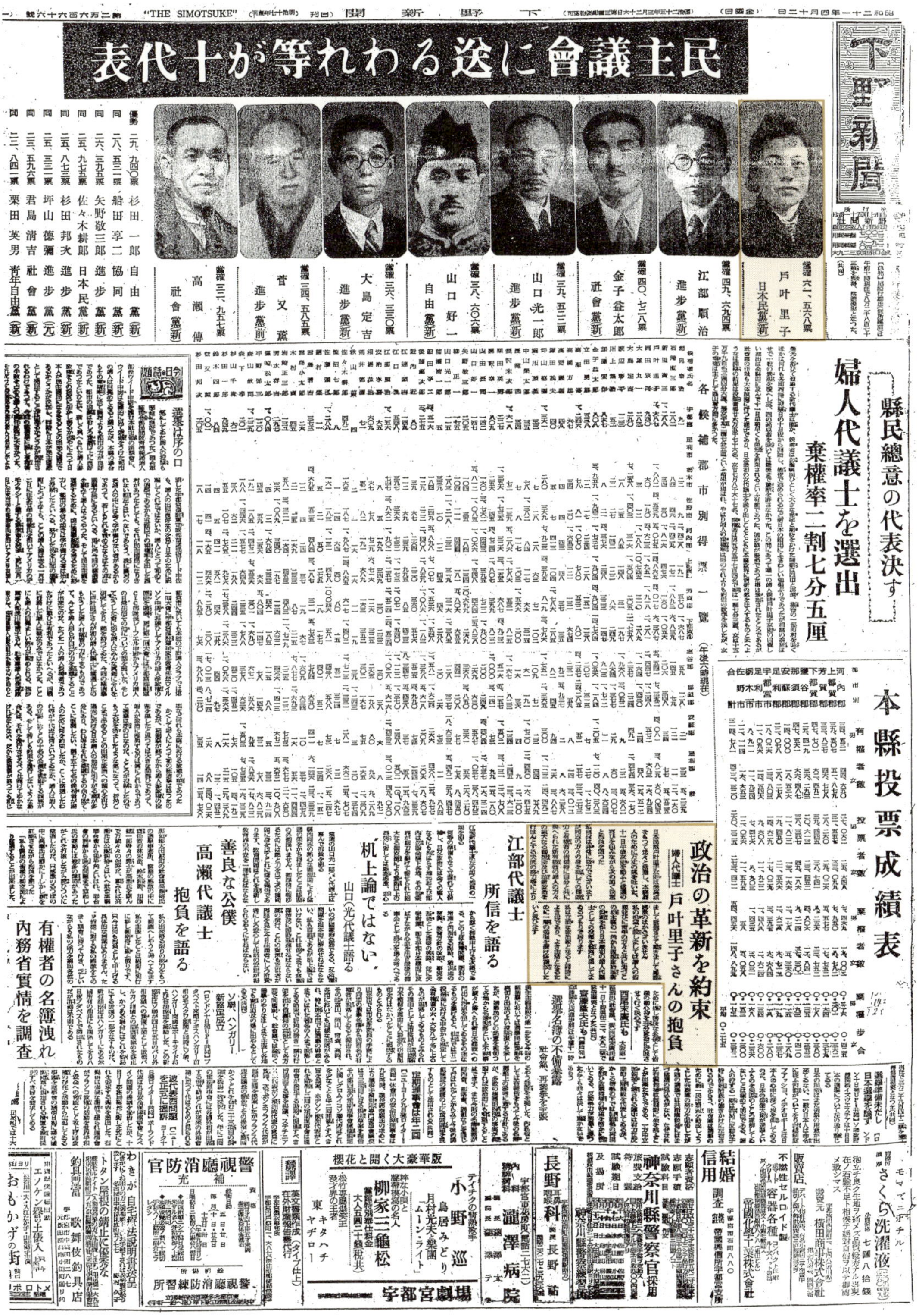

昭和21年4月12日（金）1面（第20666号） 4月10日、女性に参政権が認められた戦後初の衆院選が行われ、本県では日本民党の戸叶里子（のちに日本社会党に合流）がトップ当選。公職追放で出馬資格を失った田沼町（現・佐野市）出身の夫・武に説得されての出馬で、県内唯一の女性候補だった。選挙は全県1区、3名連記制。全国で39人の女性代議士が誕生した。戸叶はその後11回の当選を重ね、女性の地位向上に奮闘。政界に名を響かせた。

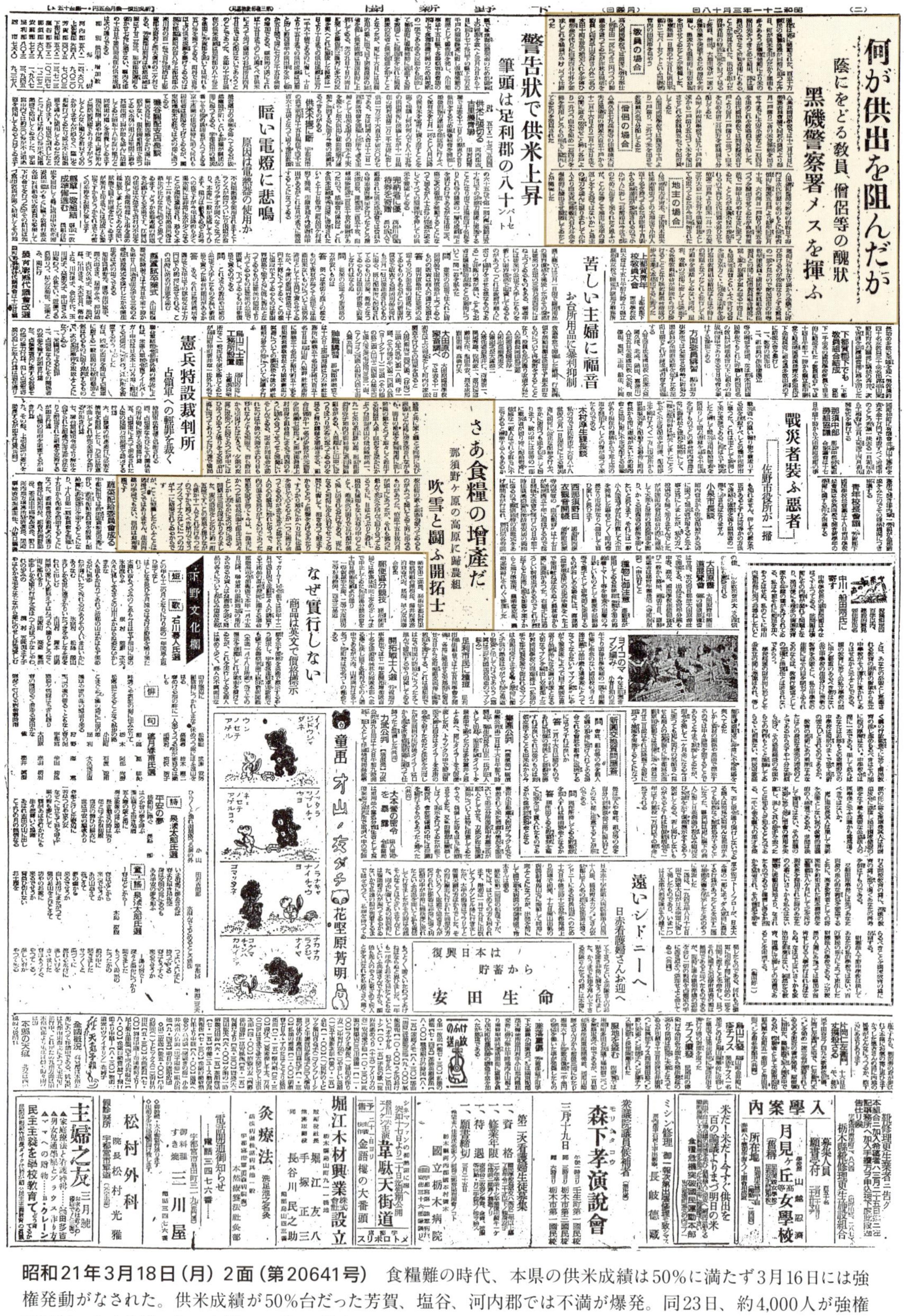

何が供出を阻んだか
陰にをどる教員、僧侶等の醜状
黒磯警察署メスを揮ふ

教員の場合

僧侶の場合

地主の場合

警告状で供米上昇
筆頭は足利郡の八十パーセント

暗い電燈に悲鳴
原因は電熱器の使用か

苦しい主婦に福音
台所用品に暴利抑制

戦災者装ふ悪者
佐野市役所が一掃

さあ食糧の増産だ
那須野ヶ原の高原に帰農組
吹雪と闘ふ開拓士

憲兵特設裁判所
占領軍への犯罪を裁く

なぜ実行しない
商品は英文で価格標示

遠いシドニーへ
日赤看護婦さんお迎へ

下野文化欄

童画　オ山ノ友ダチ　花堅原芳明

昭和21年3月18日（月）2面（第20641号）　食糧難の時代、本県の供米成績は50%に満たず3月16日には強権発動がなされた。供米成績が50%台だった芳賀、塩谷、河内郡では不満が爆発。同23日、約4,000人が強権発反対の集会を開いた。本紙では「何が供出を阻んだか」と題し消費者側の問題行動を報道。また紙面中央では那須開墾の実情を取材。外地からの引揚者、軍需工場閉鎖による失業者、復員軍人などが帰農化し開拓者となった。

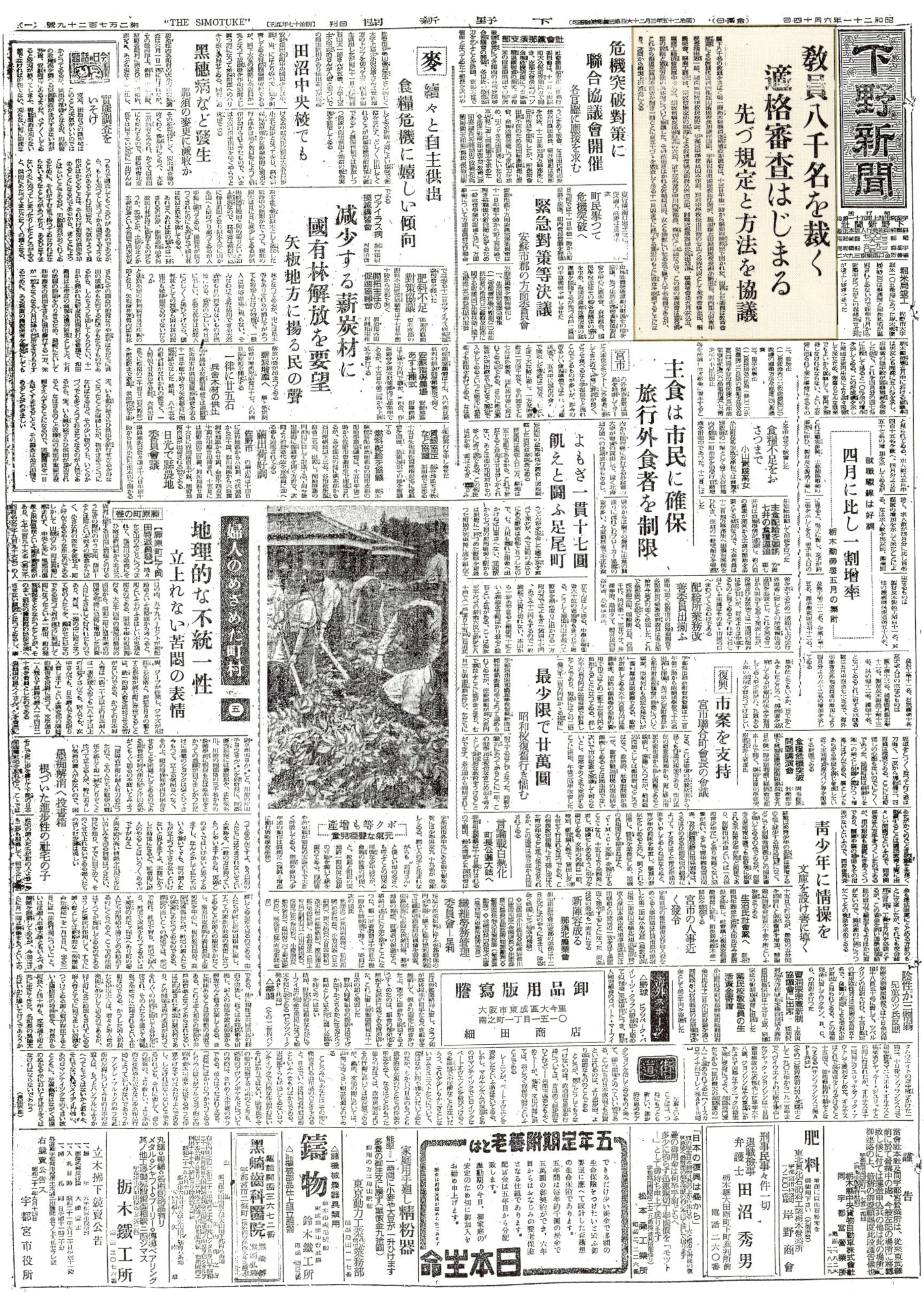
下野新聞

教員八千名を裁く 適格審査はじまる 先づ規定と方法を協議

主食は市民に確保 旅行外食者を制限

危機突破対策に 聯合協議會開催 各官廳に應援を求む

緊急對策等決議 安蘇市郡の方面委員會

町民挙つて危機突破へ

四月に比し一割増率 就職戦線は好調 栃木勤労署五月の集計

麦 續々と自主供出 食糧危機に嬉しい傾向

田沼中央校でも

減少する薪炭材に 國有林解放を要望 矢板地方に揚る民の聲

黒穂病など發生 那須の麦作に減収か

よもぎ一貫十七圓 飢えと闘ふ足尾町

最少限で廿萬圓 昭和桜復舊行き悩む

市案を支持 宮市聯合町會長の会議

青少年に情操を 文庫を設け善導

婦人のめざめた町村 (五) 地理的な不統一性 立上れない苦悶の表情

根づいた進歩性の社宅の子

謄寫版用品御 大阪市東成區大今里南之町一丁目一五一〇 細田商店

五年定期附養老保険 日本生命

鑄物 栃木鐵工所

黒崎歯科醫院

肥料 岸野商會

刑事民事々件一切 退職検事 弁護士 田沼秀男

家庭用手廻し精粉器 東京動力工業

立木拂下競賣公告 宇都宮市役所

昭和21年6月14日(金) 1面(第20729号) 前年10月22日、GHQは軍国主義・超国家主義による教育を禁じた。同30日には「教育及教育関係官の調査、除外、認可に関する件」で同主義者の教職追放、調査機構設置などを指令。この年の5月7日には勅令「教職員の除去、就職禁止及復職等の件」(教職追放令)を公布した。これを受けて、6月に栃木県教育適格審査委員会が設置され、同13日協議に入った。8,916人中、不合格者5人、保留者78人。

下野新聞

養蠶技術の高度化へ
蠶糸業輸出へ復元
躍增産 縣民の新使命

新日本建設の詔書賜ふ
國民の進むべき方途を昭示

詔書

「天皇制」方向を明示

産業開發へ土木事業
"織都佐野"の責務
前途を約すもの「市民」

漆器を大量生産

"新鋭"舊人絶對反對
鄕土愛に目覺めた士
議會に如何なる人士を望むか

民主主義を指導
マ元帥聲明を發表

食糧對策を決定

日本管理理事會ソ聯代表

下野婦人クラブ設立

中國引揚邦人
無資無職者優先

被告、原告に平等

日本改造

荊棘の道

平和の新年を迎へ新日本建設に邁進

烏山地區醫師會

烏山青果市場

田澤化學工業株式會社 烏山製作所

昭和21年1月4日（金）1面（第20569号） 元旦に天皇が官報にて発表した詔書（人間宣言）の全文。記事では当該詔書の後半部「朕ハ爾等國民ト共ニ在リ（私はあなたたち国民と共にいる）」「單ナル神話ト傳說トニ依リテ生ゼルモノニ非ズ（単なる神話と伝説とによって生まれたものではない）」を抜粋して解説。自ら神格を否定したと解釈される部分があるが、詔書内に「自分は人間である」という文言はない。

時代はめぐる縣下産業面
軍需から平和産業
再出發の各工場の新陣容

昭和廿一年の天氣

黒潮を追つて金華山沖の捕鯨

正月七草採集會
關本平八先生主催の
五日北六日南國民學校

七草の雜炊の起源

地理、歴史、修身廢止
軍國主義 國家主義 理念の拂拭
マ司令部 新教育計畫命令

下野文化欄

短歌

詩

童話

出るは無慮數十萬
さすが平和のお正月
昨日の宇都宮の盛り場

輝く新年を迎へて

良心的な國家再建
生産人は教養を高め
山内工場長

農業經營の改善
今年こそ農村生活確立
小堀慶造

生きる希望に努力
青年による青年團とし
鈴木日出子

徳義即文化昂揚
本年の再建文化は
石川守三

まづ個性の完成
安藤精一

昭和21年1月3日（木）2面（第20568号） 戦中は陸軍機専用組み立て工場として操業していた旧中島飛行機宇都宮工場（終戦直後に富士産業㈱と改称、現・富士重工業㈱宇都宮製作所）など、県内16の軍需工場が賠償指定工場として進駐軍に接収された。本紙では再出発を遂げた旧中島飛行機工場内を取材し様子を伝えた。中央の写真は金華山（宮城県）沖の捕鯨風景。戦後の食糧難時代、日本人の貴重なタンパク源だった。

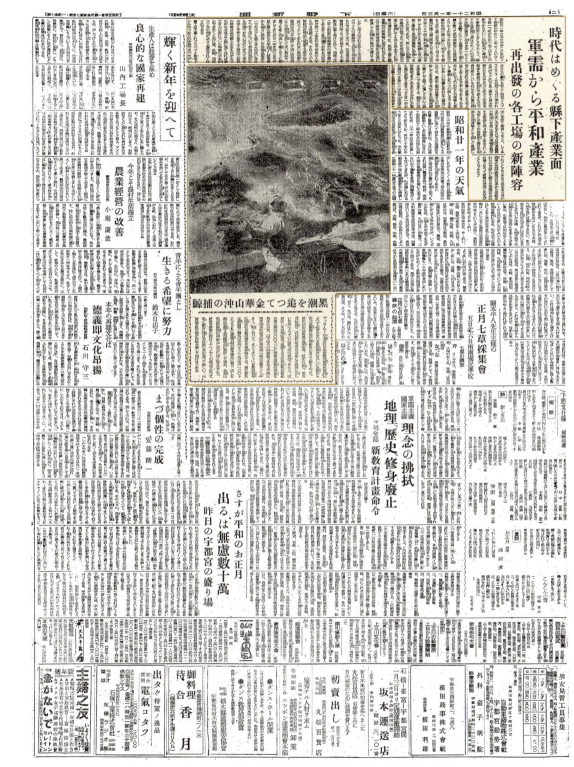

復興祭の警備萬全

宇都宮署から防犯警告

一般市民の協力を要望

期待される名犬ベック君

冷たい世の中に 美しく咲いた慈悲の花

今度は衣類配給

宇都宮市復興祭プログラム

宮復興をスケッチする

松井被告入院 證據提出續く

食糧難の不安 復興阻害の因 マ元帥六月報告

金融緊急措置令の波紋

以下には影響なし 不當利得業者には痛手 佐市の事業、商店界に聞く

親子三人心中か 失業を苦に家出

姉弟二人が燒死 怪しい宮町の火事

來れ！朝鮮同胞諸君！

稻葉眼科

横堀電氣商會

平和染

山歸來

中華料理 光華

乙女の湖 LAC AUX DAMES

第一東宝

三橋マーケット

廉賣

三川屋

昭和21年8月13日（火）2面（第20789号） 復興が進む中、8月14日から宇都宮市で復興祭が行われた。プログラムによると、期間全日にわたり八幡山公園で花火が打ち上げられ、バンバ歌舞伎座跡で素人相撲が開催。宇都宮城跡では18、19日に自転車競走が行われた。その他、盆踊り大会、映画の割引サービス、演芸会など多彩な企画が繰り広げられた。また期間中は警察犬8頭も警備に当たると報じた。絵は「池上画伯の宮市復興」。

昭和21(1946)年 天皇の人間宣言と日本国憲法公布

天皇の「**人間宣言**」で始まったこの年、GHQの民主化方針に基づき11月3日に**新日本国憲法が公布**された。それに先駆け、前年12月17日の改正衆議院議員選挙法公布で女性の国政参加が認められたことにより、4月10日、戦後初の総選挙が行われ、多くの女性が立候補した。栃木県では**戸叶里子がトップ当選**。全国で39人の女性代議士が誕生した。戦後処理が進められる中、県内では、1月に旧中島飛行機宇都宮工場など**県内16の軍需工場が賠償指定工場として進駐軍に接収**される。さらに6月、軍国主義者・国粋主義者の教職追放と退役軍人の教職従事を停止するため、**栃木県教育適格審査委員会を設置**。8月には**宇都宮市で復興祭**も行われた。民主化が進む中で、インフレと深刻な食糧難が国民を襲い、**米供出反対運動**や闇市が増加した。

この年の流行

流行(語)	あっそう、愛される共産党、カストリ、ニューフェイス
流行歌	リンゴの唄、悲しき竹笛、東京の花売娘、かえり船
書物	愛情はふる星の如く、完全なる結婚、サザエさん連載開始
映画	わが青春に悔いなし、キュリー夫人、カサブランカ
スポーツ	第一回国民体育大会が開催
ラジオ	のど自慢素人音楽会、英語会話、話の泉、街頭録音

この年の物価

白米(2等10kg) 20円11銭、ラーメン20円、初任給(小学校教員300～500円、公務員540円)、映画館入場料1円

県内の主な動き / 国内外の主な動き

1月	**旧中島飛行機宇都宮工場など県内16の軍需工場が賠償指定工場としてGHQに接収** 昭和天皇の詔書が官報より元旦に発布〈人間宣言〉(1日) **食糧危機突破を目指し「栃木県協同組合運動促進協議会」開催(25日)**
2月	米国で世界初のコンピューターENIAC完成(15日) 昭和天皇が横浜・川崎を皮切りに全国巡幸をスタート(19日) 戦争責任者に対する公職追放令交付(28日)
3月	新円切り替えにより旧円の流通禁止。月500円が標準生活費(3日) チャーチルがソ連を「鉄のカーテン」と非難(5日)
4月	**戦後初の総選挙で栃木県選出の戸叶里子ら39人の女性代議士誕生(10日)**
5月	11年ぶりにメーデー復活(1日) 極東国際軍事裁判(東京裁判)がはじまる(3日) 第一次吉田茂内閣成立(22日)
6月	東京裁判のキーナン首席検事が「天皇を裁かず」と言明(18日)
7月	南太平洋のビキニ環礁で、米が原爆の公開実験(1日)
8月	第1回国民体育大会開催(9日)
10月	ニュルンベルク国際軍事裁判で独のゲーリングら絞首刑判決(1日) 第二次農地改革法公布。小作地の8割を解放(21日)
11月	**栃木県教育会図書館が県立に移管、栃木県立図書館となる** 日本国憲法公布(3日)
12月	シベリアからの引き揚げ第一陣の船が舞鶴港へ入港(8日) 仏がベトナムのハノイを攻撃、第一次インドシナ戦争はじまる(19日) **国立栃木・宇都宮両病院が合併し、国立病院と改称(20日)**

昭和21年1月1日(火) 1面(第20566号)
『多岐多難な新年』と題された漫画

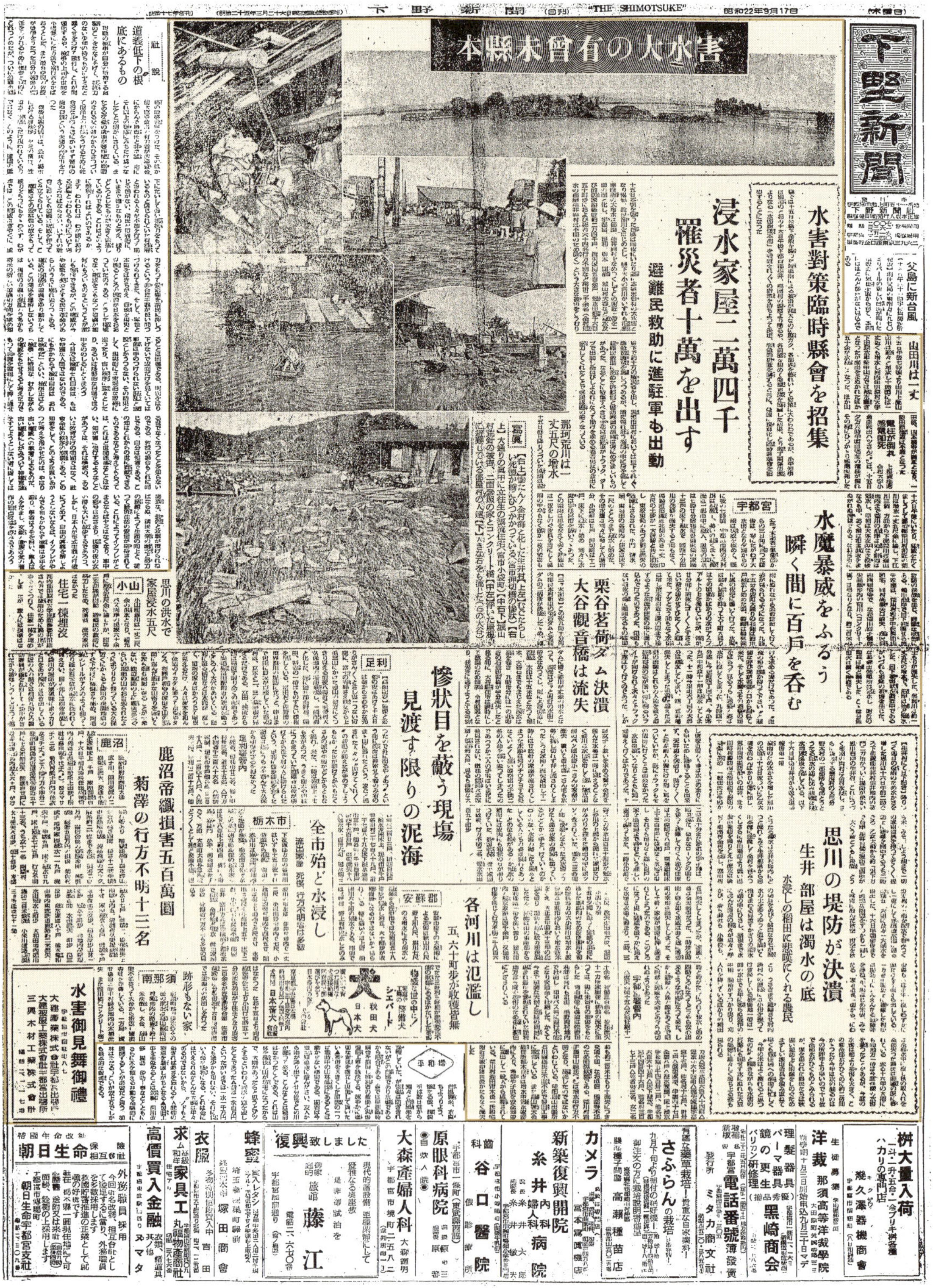

昭和22年9月17日（木）1面（第21186号） 9月8日に発生したカスリーン台風が関東・東北で猛威をふるった。総死者 1,077人。県内には14、15日に襲来。死者361人、行方不明者76人、負傷者549人、家屋倒壊1,432戸、浸水44,610戸、橋流失215カ所。写真は【上】生井村（現・小山市）【上左】宇都宮市押切橋【右上】宇都宮市大通り【中右下】城山村荒針（現・宇都宮市大谷周辺）【中左】部屋村（現・栃木市藤岡町）【下】大谷石流失の様子。

昭和22年4月7日（月）1面（第21023号） 4月5日新憲法下にて初の知事・市町村選挙が行われ、翌6日、小平重吉（写真上）が県内初の公選栃木県知事に就任。小川喜一前知事に大差をつけての当選だった。8年間の在任中、カスリーン台風や今市地震（225ページ参照）など自然災害が相次いで襲いかかり、復興に奔走。いろは坂、五十里ダムなど大型事業を次々に手掛けた。そのひとつ、栃木県総合運動公園には敷地南側に小平の銅像が建つ。

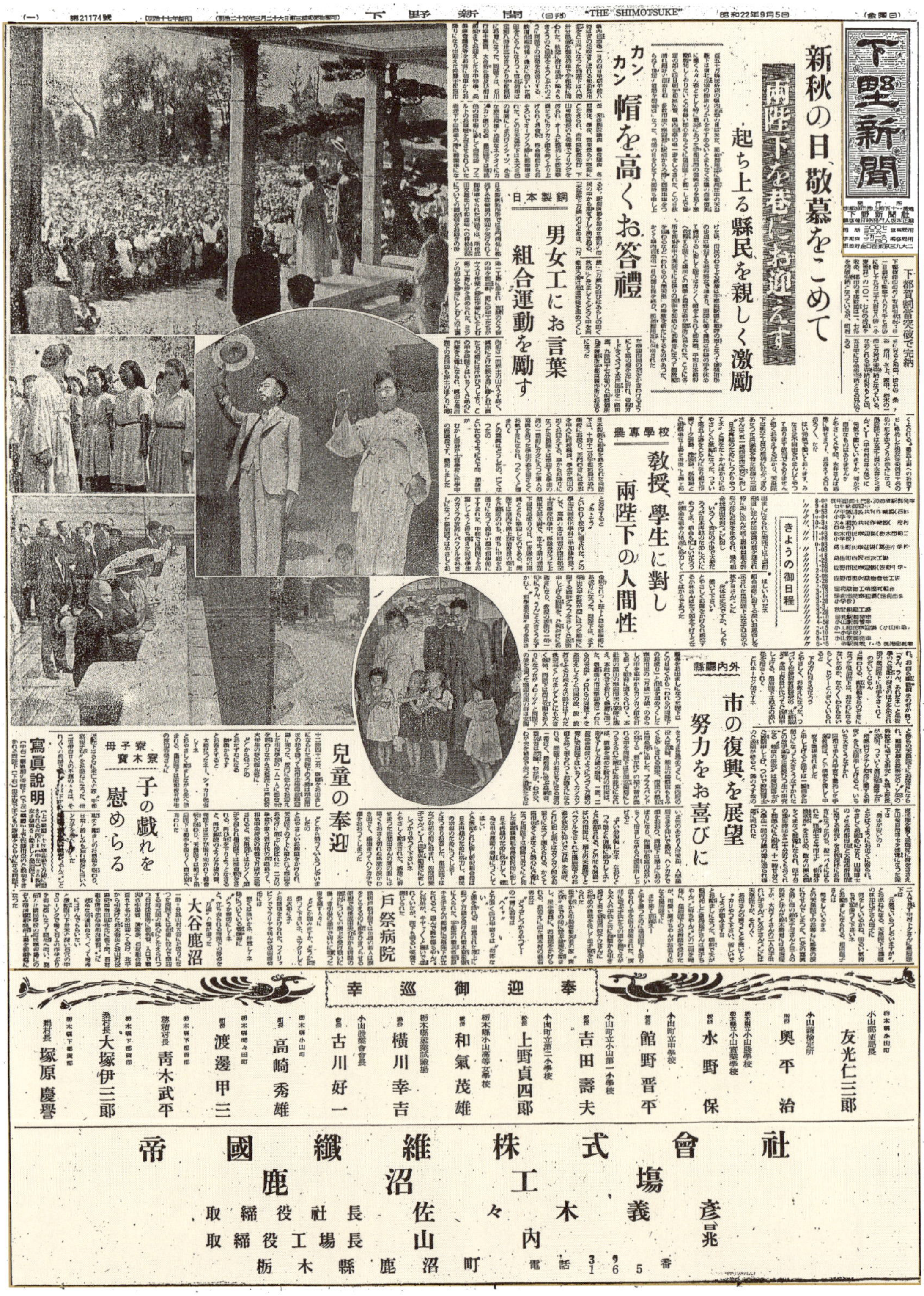

(一) 第21174號 (明治十七年創刊) (明治二十五年三月二十六日第三種郵便物認可) 下野新聞 (日刊) "THE SHIMOTSUKE" 昭和22年9月5日 (金曜日)

下野新聞

新秋の日、敬慕をこめて

両陛下を巻いてお迎えす

起ち上る縣民を親しく激勵

カンカン帽を高くお答禮

日本製鋼

男女工にお言葉 組合運動を勵す

下都賀割當突破で完納

校學專農

教授、學生に對し 兩陛下の人間性

きょうの御日程

外内廳縣

市の復興を展望 努力をお喜びに

兒童の奉迎

寮子 寮木 賓母

子の戯れを 慰めらる

戸祭病院

大谷鹿沼

寫眞說明

奉迎御巡幸

栃木縣小山町 小山郵便局長 友光仁三郎

小山繭檢定所 所長 奥平治

栃木縣立小山農學校 栃木縣立小山實業學校 校長 水野保

小山町立中學校 校長 館野晋平

小山町立小山第一小學校 校長 吉田壽夫

小山町立第二小學校 校長 上野貞四郎

栃木縣小山高等女學校 校長 和氣茂雄

栃木縣蠶業試驗場 場長 横川幸吉

小山農業會 會長 古川好一

栃木縣小山町 町長 高崎秀雄

栃木縣間々田町 町長 渡邊甲三

栃木縣下都賀郡 穂積村長 青木武平

栃木縣下都賀郡 桑村長 大塚伊三郎

栃木縣下都賀郡 絹村長 塚原慶譽

帝國纖維株式會社

鹿沼工場

取締役社長 佐々木義彦

取締役工場長 山内晁

栃木縣鹿沼町 電話 3 9 1 6 5番

昭和22年9月5日(金) 1面(第21174号) 前年「人間宣言」をした天皇は(204ページ参照)、直接国民を慰め、復興努力を励ますため、全国各地を巡幸していた。9月4日には「東北巡幸の疲れを休める間もなく、本県巡幸の第一歩をしるされた」。本県では4、5、6日と8日の4日間の日程だった。本紙は「われらの人間天皇」を盛大に迎え、感激に沸く県民の姿を連日1面で報道した。紙面は巡幸1日目、宇都宮に御到着された際の様子。

第21175號　下野新聞　"THE SHIMOTSUKE"　昭和22年9月6日　（土曜日）

下野新聞

幸巡内縣

【第二日】

縣南産業人を激勵
巷に陛下・國民の繫り

"やさしい天皇"のお聲を身近に

干瓢の専門的お尋ね（石橋）

麻作りご覧（國府）

追いすがる人々
栃木の老人みんな泣く

石灰・機織ご滿足（葛生佐野）

戦災孤児の母にもなりたい
皇后陛下の御歌

三内親王さまきのうご歸京

明るく働け（鹿沼でお言葉）

社説
官公廳の窓口を民主化せよ

陛下、隱退藏物資にご關心

きょうの御日程

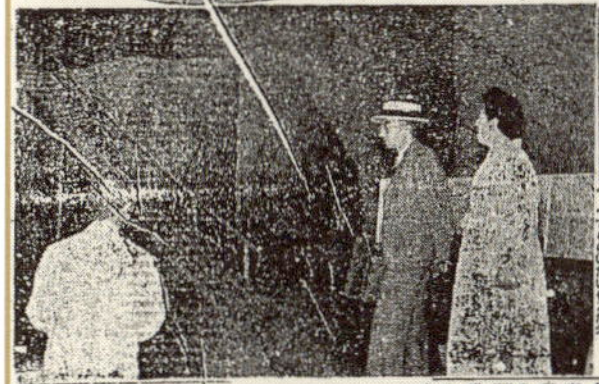

巡幸グラフ

昭和22年9月6日（土）1面（第21175号）　巡幸2日目は分刻みのスケジュールで、石橋から栃木、葛生、佐野、足利、小山へ訪れた。各地で本県産業をご覧になり、働く人々や遺族を激励された。3日目は清原と日光の古河電気工業㈱日光精銅所を巡幸。4日と8日は皇后陛下もご一緒だった。この後は甲信越、北陸、中国地方にご出発された。巡幸期間中は連日記事下に奉迎の名刺広告が掲載された。

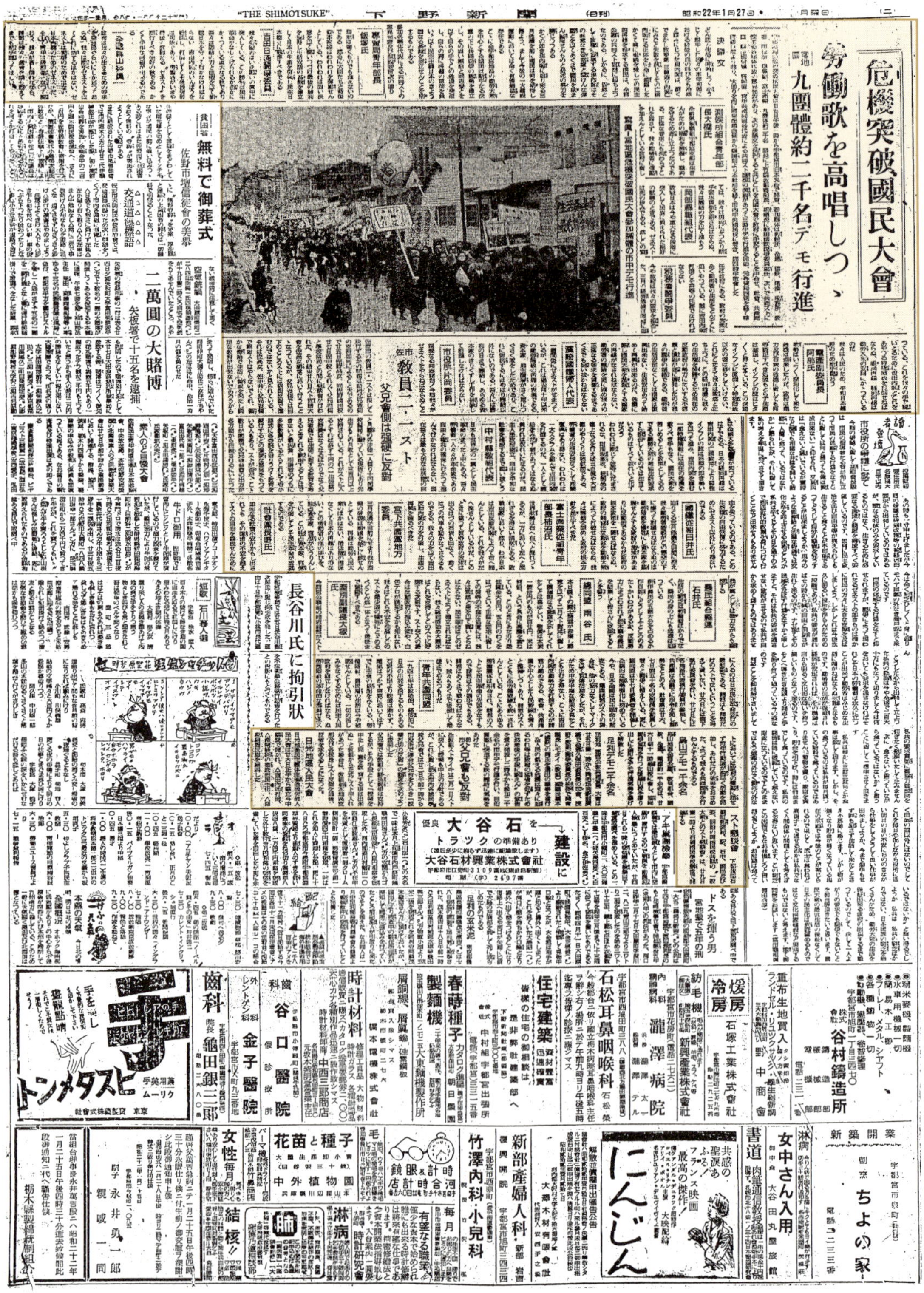

"THE SHIMOTSUKE" 下野新聞 昭和22年1月27日 月曜日 (二)

危機突破國民大會
勞働歌を高唱しつゝ
宇都宮地區 九團體約二千名デモ行進

決議文

寫眞＝宇都宮地區危機突破國民大會參加團體の市中デモ行進

無料で御葬式
佐野市壇信徒會の美擧

交通道徳標語

二萬圓の大賭博
矢板署で十五名を逮捕

佐野市 教員ニ・一スト
父兄會側は強硬に反對

長谷川氏に拘引状

ドスを揮う男

優良大谷石を 建設に
トラック の準備あり
大谷石材興業株式會社

手を ヒビ・アカギレの手に トンメタスヒ
ムーリック

齒科

時計材料

製麵機

春蒔種子

住宅建築

石松耳鼻咽喉科

瀧澤病院

煖房 冷房 石塚工業株式會社

谷村鑄造所

花苗と種子

結核

淋病

竹澤内科・小兒科

新部産婦人科

にんじん フランス映画

書道

女中さん入用

新築開業 ちよの家

昭和22年1月27日（月）2面（第20954号）　職員・公務員を中心に約400万人の労働者が賃上げ要求のため立ち上がった。1月18日には全官公庁共闘委が「2月1日ゼネスト」を宣言。打倒・吉田茂内閣をスローガンに、全国で危機突破大会を開き約30万人が参加した。県内でも宇都宮地区危機突破国民大会が開かれ「労働歌を高唱しつゝ」9団体2,000人が市中デモ行進を行った（写真）。しかし同31日、マッカーサーの命令で中止となった。

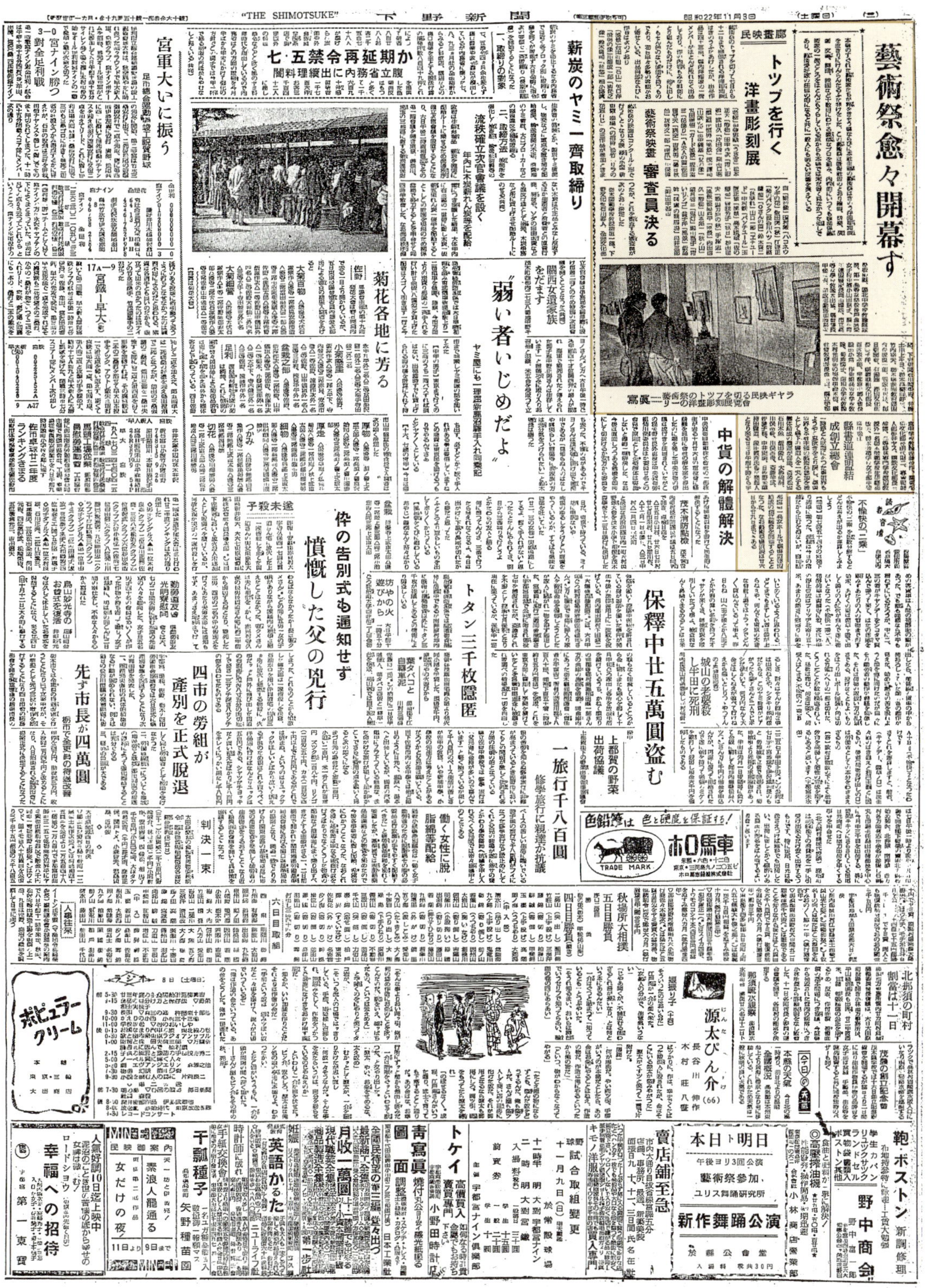

昭和22年11月8日（土）2面（第21237号） 11月7日から12日の6日間、第1回県芸術祭が宇都宮市で開催された。絵画、演劇、舞踊、映画など多彩なプログラムが組まれ、「民映ギャラリーの洋画彫刻展覧会（写真）」では県内一流作家の43作品が展示された。現在では毎年7月から11月に開催されており、平成27年度で69回目を迎える。全国で3番目に古い歴史を持ち、毎年約2万人が参加する県内最大規模の文化の祭典となっている。

"THE SHIMOTSUKE" 下野新聞 昭和22年1月11日 (土曜日) (二)

戸祭御前は詐欺漢 稼いだり一千萬圓

五十萬圓御殿の主 幽靈會社々長の豪勢も夢

捕虜處刑の審理つづく

超過供米に特配 報奬麗草の府縣割當決る

煙草値上は六、七月ごろに 「朝日」を増産して特價品に

三ケ年の死亡者 病死者のトップは腦溢血

南極捕鯨船 七日までに三頭

香水放出許可

震災地へ建築材

今市 宇都宮市 省營バスの開設 今市町では實現を期待

大衆は映畫館へ 正月にひく五百圓生活

音で魚を獲る 世界最初の漁業法完成

栃女増築費募集を中止

震災地へ寄附

東輝ランプ

平和第2年の新春を迎え經濟再建に協力しましょう

日本化工株式會社 西那須野工場

鏡台・針箱専門卸 鈴木三郎商店

新築落成開店 お待ち兼の中村始めました 料理 中村

男子事務員採用

男女交際法

近火御見舞御禮 鬼怒川温泉

セントラル映畫劇場

昭和22年1月11日(土)2面(第20938号)　国民の貧窮生活が続くなか、1月9日宇都宮市戸祭の通称「戸祭御前」なる人物が詐欺容疑で逮捕された。印刷用紙の斡旋をタネに、豆腐1丁1円の時代に総額1,000万円以上を荒稼ぎしていた。この事件は犯人の豪邸と手口を指して「タヌキ御殿」と呼ばれ、話題をさらった。本紙は同6月から連載企画「名刑事捕物帳」のなかで戸祭御前の“タヌキぶり”を暴いた。写真は犯人と豪邸。

昭和22(1947)年 二・一ゼネスト中止命令

この年の流行

流行(語)	アプレゲール、額縁ショー、集団見合い、不逞の輩
流行歌	啼くな小鳩よ、夜のプラットホーム、夜霧のブルース
書物	肉体の門、播州平野、堕落論、斜陽、青い山脈、新宝島
教育	当用漢字・現代かなづかいの固定教科書、ローマ字教育
映画	戦争と平和、アメリカ交響楽、石の花、第七のヴェール
モノ	国鉄運賃、郵便、電気、新聞、酒、たばこなど値上げ

この年の物価

酒（一級）2月＝43円→4月＝119円→8月＝132円、タバコ（ピース）4月＝30円→11月＝50円、豆腐1円

県内の主な動き / 国内外の主な動き

1月	**栃木県連合青年団結成（14日）** 全官公庁共闘委が「二・一ゼネスト」を宣言。しかし31日にマッカーサーの命令で中止へ（18日）
3月	トルーマン米大統領がソ連封じ込めと共産勢力拡大阻止の「トルーマン・ドクトリン」を発表（12日）
4月	新学制開始。小学校、中学校が発足、6･3制や男女共学が基本（1日） **新憲法下初の知事・市町村選挙。小平重吉が県内初の公選知事に（5日）** **※右記事参照→** 労働基準法公布〈9月1日施行〉（7日） 枢密院と皇族会議を廃止（30日）
6月	初の社会党首班・片山哲内閣が成立（1日）
8月	広島市で初の平和式典を挙行（6日） 国連原子力委員会が広島・長崎の放射能による遺伝子影響の長期調査を行うと発表（31日）
9月	**天皇・皇后両陛下が栃木県庁など県内を巡幸〈8日まで〉（4日）** **カスリーン台風が関東・東北で猛威（14日）**
10月	改正刑法公布。姦通罪と不敬罪を廃止（26日）
11月	**第1回県芸術祭を宇都宮市で開催（7日）**
12月	警察法公布。国家地方警察と自治体警察の2本立てに（17日） 改正民法公布。結婚の自由や男女平等を規定（22日） 内務省を廃止（31日）

4月5日新憲法下にて初の知事・市町村長選挙が行われ、翌6日、**小平重吉が県内初の公選知事に選ばれた**。5月3日には日本国憲法が施行される。新しい法制度も徐々に整備され、娯楽や笑いも徐々に息を吹き返していた。そんな中、前年から全国巡幸を続けていた**天皇・皇后両陛下が、9月4日から8日まで県内を巡幸**。待ち望んでいた県民は各地で盛大に歓迎した。喜びも束の間の同14日、**カスリーン台風**が関東・東北で猛威をふるう。死者・行方不明者1,529人を出した大型台風は、県内でも足利市で死者215人を出すなど大きな爪痕を残した。国内では、1月に約400万人の労働者が賃上げ要求のため「**二・一ゼネスト**」を宣言。全国で危機突破大会を開くが、1月31日、マッカーサーの命令であえなく中止された。

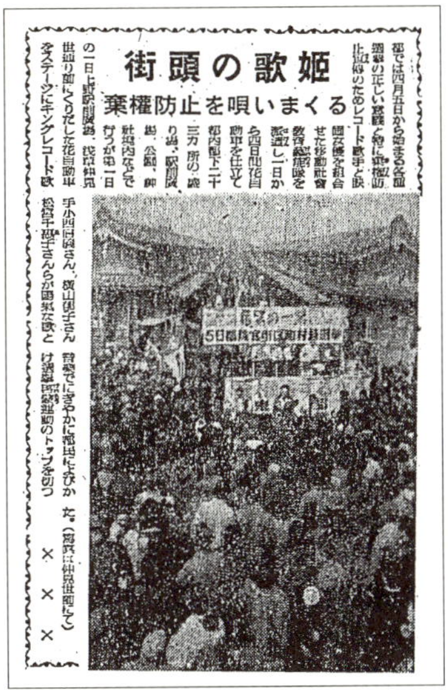

街頭の歌姫

棄権防止を唄いまくる

昭和22年4月3日（木）2面（第21019号）

GHQによるメディアへの検閲

検閲実施までの経緯

昭和20年8月14日、日本はポツダム宣言を受諾、翌15日には天皇による終戦の詔書がラジオを通じて国民へ宣布され、日本は連合国に敗戦した。その半月後の8月30日、連合国軍最高司令官（SCAP）ダグラス・マッカーサーが厚木海軍飛行場へ到着。アメリカ中心の連合国側による日本占領の第一歩が刻まれた。

日本占領の実施にあたって、最初に行われたことのひとつがメディアに対する検閲体制の整備だった。実はアメリカは戦争終結後の日本占領を見越して、日本敗戦前の5月には日本での民間検閲実施を確認し、7月には計画案を作成していた。検閲の実施に当たっては、マッカーサーとともに上陸したドナルド・D・フーバー大佐を隊長とするCCD（民間検閲局）が実働部隊として、9月1日に横浜で活動を開始、11日に公的に活動をはじめた。ポツダム宣言の執行と日本政府へ政策等の指令を出していたGHQ(連合国総司令部)が東京に設置されたのが10月2日。日本を実質占領していたアメリカ側がメディア対策をいかに重要視していたかがわかる。

GHQによる検閲の実態

CCDによる検閲は、新聞や雑誌、書籍などの活字メディアのほか、電信・電話や郵便などの通信、ラジオや映画、街頭での紙芝居にも検閲を行っていた。それだけではなく、地方のみで発刊されたものから同人誌やミニコミ誌、学校で発行された会報などの出版物も検閲の対象だった。検閲は発行前の「事前検閲」と発刊後すぐに検閲を受ける「事後検閲」があった。当初、事前検閲が前提だったが、地方から発行される新聞や雑誌などの多くは、最初から事後検閲だった。

では実際どのような方法で検閲していたのだろうか？ 雑誌の場合で見てみよう。まず発行届と検閲願をCCD傘下で各地区にあるプレス・映画・放送課（PPB）へ提出。創刊号は必ず事前検閲だったので（後に事後検閲へ移行）、完成品と同じゲラ刷り2部を提出しなければならなかった。部分的な「発禁」や「削除」、「語句の訂正」があれば、これら指示はゲラに書き込まれ、CP印（検閲通過印）を押して、1部は出版社（者）に返却され、1部は後日チェックのためPPBに保管された。処分通達書や指示どおりに修正した出版物はすぐに1部を再提出し、PPBは保管のゲラとの異同を検査した。その後継続して発刊する際、PPBより特段の指示がない場合のみ事後検閲となった。その際、発行の度に1部をPPBへ提出すればよかった。

提出した雑誌や新聞などが全数全量もれなく検閲された訳ではなく、ランダムな抜き取り方式で検閲を受けていた。また地方発行のミニコミ誌など少部数発行の場合は発行後、発行地管轄のPPBへ検閲用に1部を提出した。

なお、本紙も当然ながらCCDによる検閲を受けていた。本紙の場合は事後検閲だったが、当時の検閲資料を所蔵・管理している米メリーランド大学ホーンベイク図書館のゴードン・W.プランゲ文庫に残されている資料を見ると（国立国会図書館憲政資料室マイクロフィルム）、ところどころ検閲者による傍線や囲みなどのチェックが書かれている。しかし具体的に処分を下されることはなかった。

このように、検閲はかなりシステマチックに進めていったことがわかる。多くのメディアが事後検閲に移行してからも、基本的な検閲工程は変わらないものの、事務作業の軽減化と予算の削減などの理由から検閲の簡略化が進んだ。

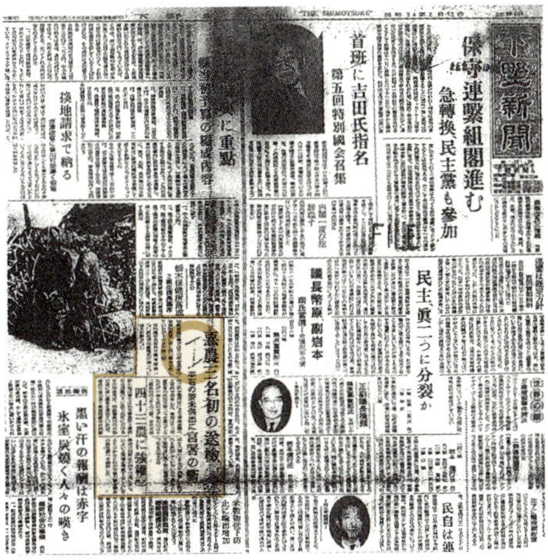
THE SHIMOTSUKE
下野新聞
保守連繫組閣進む
急轉換、民主黨も參加
首班に吉田氏指名
第五回特別國会召集
民主、眞二つに分裂か
議長幣原、副岩本
黒い汗の報酬は赤字
氷室、炭燒く人々の嘆き

昭和24年2月12日（土）1面（21694号）部分
見出し左に書き込まれた「I」とは"Information"の略。検閲時に検閲者がチェックのため書き入れていた（メリーランド大学 ゴードン・W.プランゲ文庫蔵）

巧みなメディア統制

間接統治という方法で日本の占領政策の頂点に君臨したGHQ。戦前の日本でも情報局による検閲は実施されていたが、ここまで大規模かつ徹底的なメディア検閲は実施してこなかった。GHQ、つまりマッカーサーがここまで徹底的にメディア統制を実行した背景には、アメリカ流の民主主義をこの国に根付かせるためだった。そのミッションを完遂するため、メディアのコンテンツ統制に長けていたCCDと日本人の世論操作や意識改革などの宣伝工作を行っていたCIE（民間情報教育局）をマッカーサーは巧みに使い分けた。CIEが日本のメディアが新憲法の保証する自由な編集活動を行っているとの印象を国内外に与える戦術をとりつつ、CCDが実行していたメディアの検閲によって、日本人の意識や行動から世論を見極め、アメリカが行う占領政策に都合のいいよう戦略的に世論を誘導していった。

検閲を行っていることを口外することは固く禁じられていた。しかし、検閲が行われていることを知っていた人たちが少なからずいたにもかかわらず、結果として検閲によるメディア統制と日本人に対するメディアを通じての意識改革は功を奏した。そして、昭和24年10月31日にCCDと傘下のPPBは廃止され、検閲は終了した。

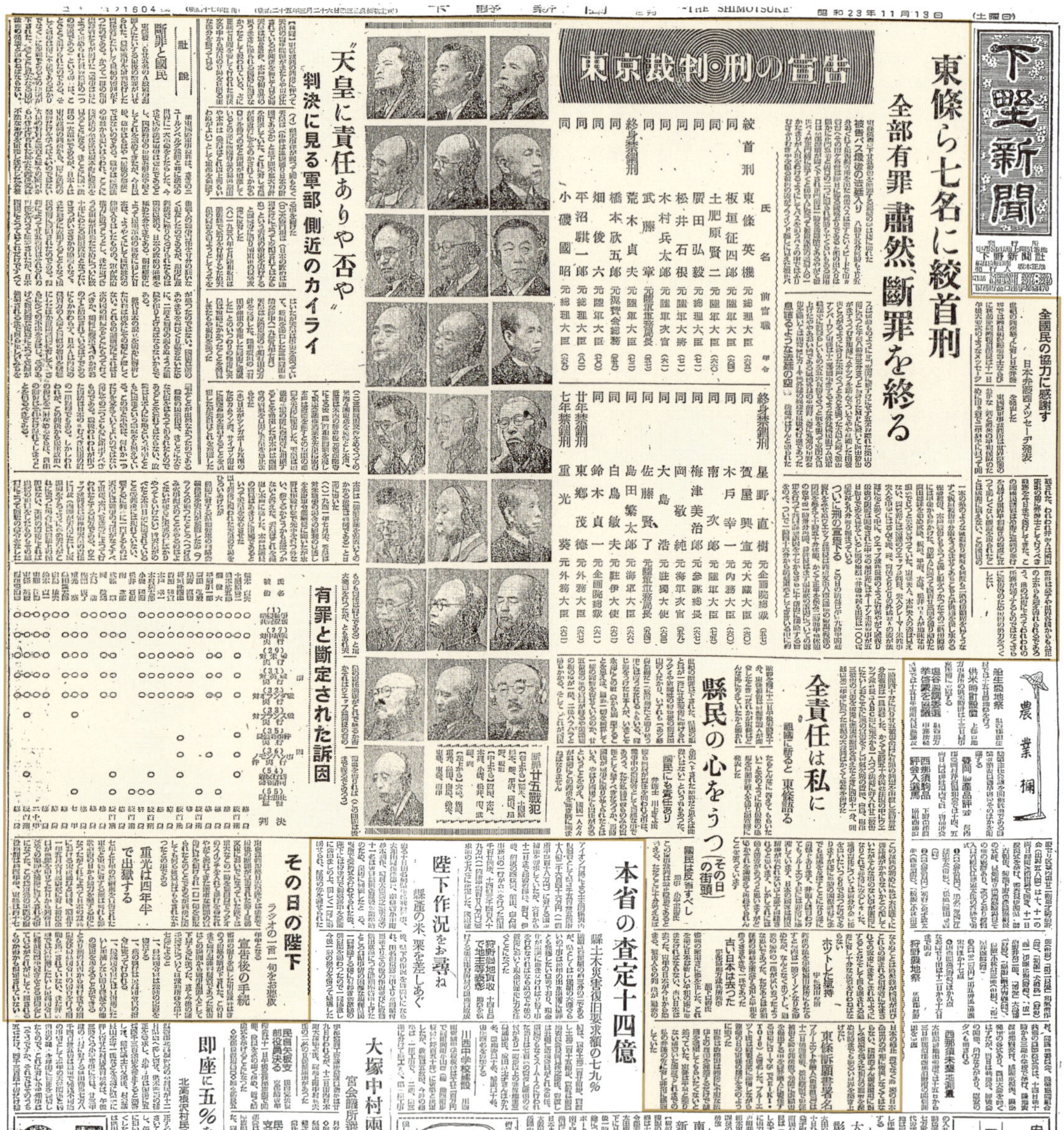

昭和23年11月13日(土) 1面(第21604号) 昭和21年5月3日に始まった極東国際軍事裁判が、11月12日に判決の日を迎えた。結果は東條英機(写真左下から2人目)ら絞首刑7人、終身禁固16人、有期刑2人。A級戦犯25人全員の有罪が確定した。東條は敗戦直後の昭和20年9月11日、拳銃自殺を図るも失敗していた。"勝者の裁き"で天皇の免責を問われるなか、日本の指導部たちが犯した戦争犯罪が裁かれた。

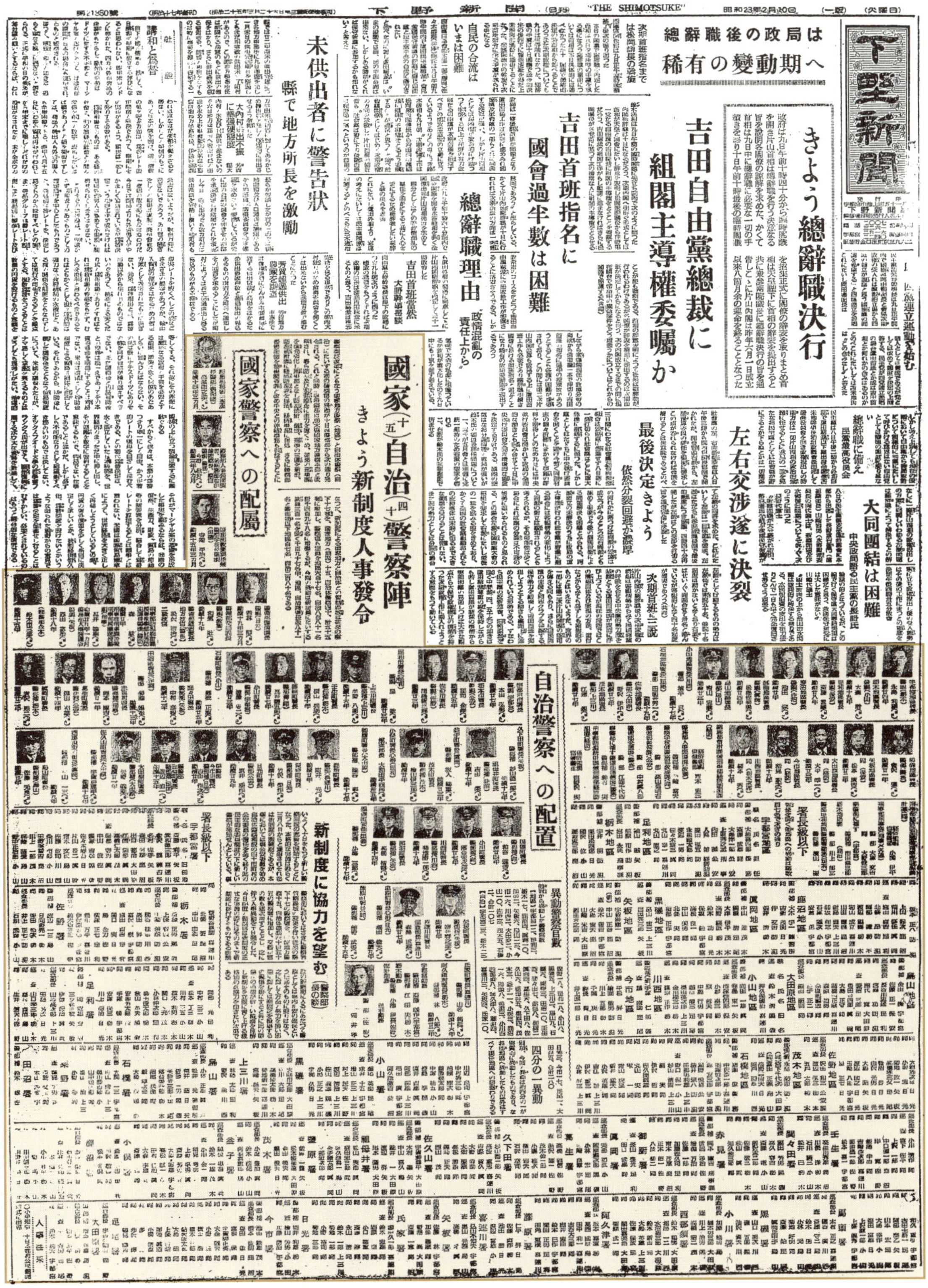

昭和23年2月10日(火) 1面(第21330号)　前年12月公布の警察法で、国家地方警察および自治体警察が誕生。警察民主化のため、米シティポリスなどを参考に立案された。本紙は当日付で発令された国警の人事異動を発表。1年後の3月には「新しい警察について」の座談会を開き、同5日から6日間連載した。しかし同組織は、財政難や広域連携不足など諸問題から、昭和29年新警察法により廃止。警察庁と都道府県警察に再編成された。

下野新聞　昭和23年5月3日（月曜日）

ぐんとふえた離婚、家事審判所の"窓"に見る新憲法

家事審判室

根強し"古い""家"の観念　新憲法一年民主化未だし

男女の共学共遊 —一條中學の新憲法風景—

警察　留置も48時間だけ　取調中に煙草やお茶も接待する

裁判所　民主的な審判　検事と弁護人と同等

宇工高に凱歌　野球

"赤旗"はソ連旗とみなす　故意か、不注意か、軍政部で真相調ぶ

メーデー　一番静粛だつた　ア司令官声明書を発表

憲法施行一週年記念

昭和23年5月3日（月）3面（第21411号）　昭和22年に施行された学校教育法の下で、学校制度は6-3-3-4制を基本とする単線型に改められ、本年からは新制高等学校が発足。旧制中等学校は新制高等学校へ転換され、全国的に公立校の男女共学化が進んだ。本紙では、本県の共学化の現状を掲載。高校の大半が男女別学のままだが、氏家高等女学校で男子が5人程度在籍していると紹介。中学では新しく共学風景が見られるようになったと伝えた。

"THE SHIMOTSUKE" 下野新聞 (日刊) 昭和23年3月12日 (金曜日) (2)

無くなるか宮のお堀
市で緑地化等を計画

元三笠宮邸を開放

武装化は侵略ではない

ナタで滅多切り
土地問題から地主を

何が配給される

日本製粉の再建を要望

登録はしたが

學生の列車妨害
線路工夫が事前に發見

桑村の強盗逮捕に懸賞金

老夫婦殺し犯人脱走
三分後高橋検事宅で捕る

父子で盗む

荒川村民生委員

佐野厚生薬園の入場札を差押え

室田院長の銅像建設

新聞記者の誇張

新手の空巣

佐市の火事

姿村の火事

ラジオ

ベルト モーター 鐵 銅 はカネヤマ

煙草巻紙

大バザー

キモノ洋服金銀買入

急募

福引パーテー

英語辞典

國語辞典

古着問屋 宮川衣裳店

昭和23年3月12日(金)2面(第14670号)　宇都宮城は、3重に廻る堀と土塁で囲まれ東西・南北ともに約1km近い大きな城郭をもつ名城だった。しかし、宇都宮市の市街地計画により、明治期に外堀と中堀が次々と埋め立てられ、昭和21年には城跡の遺構が撤去された。当年には、不衛生という理由から、最後まで残った三ノ堀(内堀)を埋め立て公園化する計画が浮上。これにより300余年続いた城の名残は完全に消し去られた。

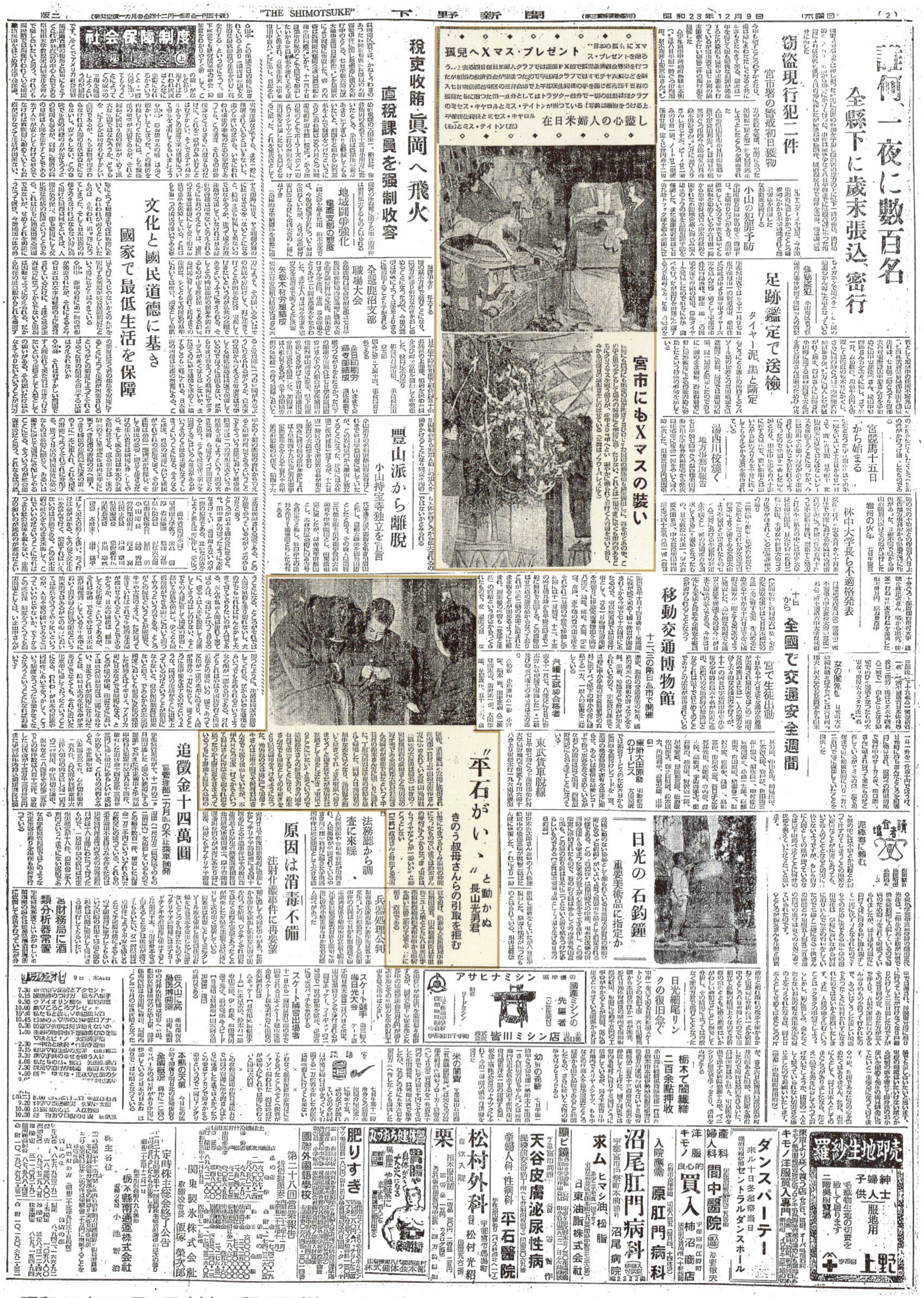

二版 "THE SHIMOTSUKE" 下野新聞 (第三種郵便物認可) 昭和23年12月9日 (木曜日) (2)

詐欺、一夜に數百名 全縣下に歳末張込、密行

窃盗現行犯二件 宮市署の警戒初日獲物

小山の犯罪予防

足跡鑑定で送検 タイヤー泥、縣と断定

宮競馬十五日から始まる

林中大学長ら不適格発表

湯西川校焼く 地方事務所報告

十二日から全國で交通安全週間

宮で生徒出動

移動交通博物館 十二、三の兩日宮市で開催

汽罐士試験合格者

東野大田原驛のサービス

東武貨車脱線

孤兒へXマス・プレゼント 在日米婦人の心盡し

宮市にもXマスの装い

税吏収賄・眞岡へ飛火 直税課員を強制収容

地域闘争強化 電産支部の態度

全逓鹿沼支部 職場大会

矢板木材労組結成

全日印刷労縣支部結成

豊山派から離脱 小山持宝寺独立を宣言

社会保障制度 座談会(上)

文化と國民道德に基き 國家で最低生活を保障

"平石がいゝ"と動かぬ長山光男君 きのう叔母さんらの引取を拒む

法務廳から調査に來縣

兵器処理公判

原因は消毒不備 注射化膿事件に再要望

追徴金十四萬圓 宮管理部二カ月間の不正乗車摘発

宮財務局に酒類分析器常置

日光の石釣鐘 重要美術品に指定か

日光細尾リンクの復旧急ぐ

讀者會壇 泥棒君に頼む

アサヒナミシン 國産ミシンの先驅者 皆川ミシン店

昭和23年12月9日(木) 2版2面(第21630号) クリスマスで日本中が賑わいをみせる中、本紙では、12月4日に在日米婦人クラブが戦災孤児救済のため銀座で募金活動を行い、7日台東区三井倉庫で4,500人の孤児にトラック1台分のプレゼントを贈ったことを紹介。その下には商戦にわく宇都宮市内に飾られた大きなツリーの写真を掲載。左下では疎開先の平石村(現・宇都宮市)で戦災孤児となった子どもが帰京を拒む様子を伝えた。

昭和23(1948)年 東京裁判結審

この年の流行

流行(語)	鉄のカーテン、斜陽族、サマータイム、てんやわんや
流行歌	東京ブギウギ、異国の丘、湯の町エレジー、憧れのハワイ航路
書物	人間失格、ビルマの竪琴、この子を残して、復活
映画	酔いどれ天使、肉体の門、アパッチ砦、旅路の果て
衣食住	いかり肩のフレアコート、男性はアロハシャツとリーゼントスタイル、ホッピー爆発的ヒット

この年の物価

うな重250円、カレーライス50円、とんかつ100円、豆腐8円、納豆5円、公衆電話1円、映画館入場料40円

県内の主な動き / 国内外の主な動き

1月	帝国銀行椎名町支店で12人毒殺され18万円が強奪〈帝銀事件〉(26日) インド独立の父・ガンジーが、ヒンズー教徒に暗殺される(30日)
2月	沢田美喜が混血児養護施設エリザベス・サンダースホームを開設(1日) 社会党首班の片山哲内閣が総辞職(10日)
3月	**栃木県市町村公安委員会設置。自治警察発足** **県選出の衆院議員・船田亨二氏が国務大臣に(10日)** **※右下記事参照 ↘**
4月	昭和電工による融資をめぐる贈収賄が問題化〈昭和電工事件〉(27日)
5月	イスラエルが独立を宣言。アラブ諸国が反攻〈第一次中東戦争〉(14日)
6月	福井でM7.1の大地震。3,769人が死亡(28日)
7月	ロンドン五輪開幕。日独招待されず(29日)
8月	ロンドン五輪と同日開催の日本水泳選手権1,500m自由形で古橋広之進、橋爪四郎が世界新(6日) 帝銀事件容疑者として画家・平沢貞通を逮捕(21日)
10月	昭和電工事件で芦田均内閣が総辞職(7日)
12月	警視庁が前首相・芦田均を昭和電工事件で逮捕(7日) 国連総会で「すべての人間は生まれながら自由で尊厳と権利について平等である」とする世界人権宣言採択(10日) **栃木県総合運動場(現・県総合運動公園)起工式が行われる(25日)**

昭和21(1946)年5月3日から続いていた極東国際軍事裁判は、11月12日、**東條英機らA級戦犯の有罪が確定**して結審した。軍事国家体制の完全な幕引きとなった。県内では**市町村公安委員会自治警察が発足**。GHQ主導によって市民の手による民主的な警察を目指して各市町村に設置された組織だった。4月1日には**新制高等学校が発足**。後の高等学校の基盤となった。9月14日には、前年に続きアイオン台風が県内を襲来。国外では、36年にわたる日本の支配から解放された朝鮮半島の独立がなされ、ソ連とアメリカが冷戦を深めていた。国内では、GHQ肝いりで成立した史上初の社会党政権・片山内閣がわずか9カ月で崩壊。アメリカの政策方針は明らかで、敗戦によって国際情勢から切り離されていた日本は、否応なく再び世界の流れに組み込まれていく。

久し振りで縣人大臣
船田さん遂に入閣内定

期待は大きい

昭和23年3月10日(水) 2版2面(第21359号)

昭和24年 1949

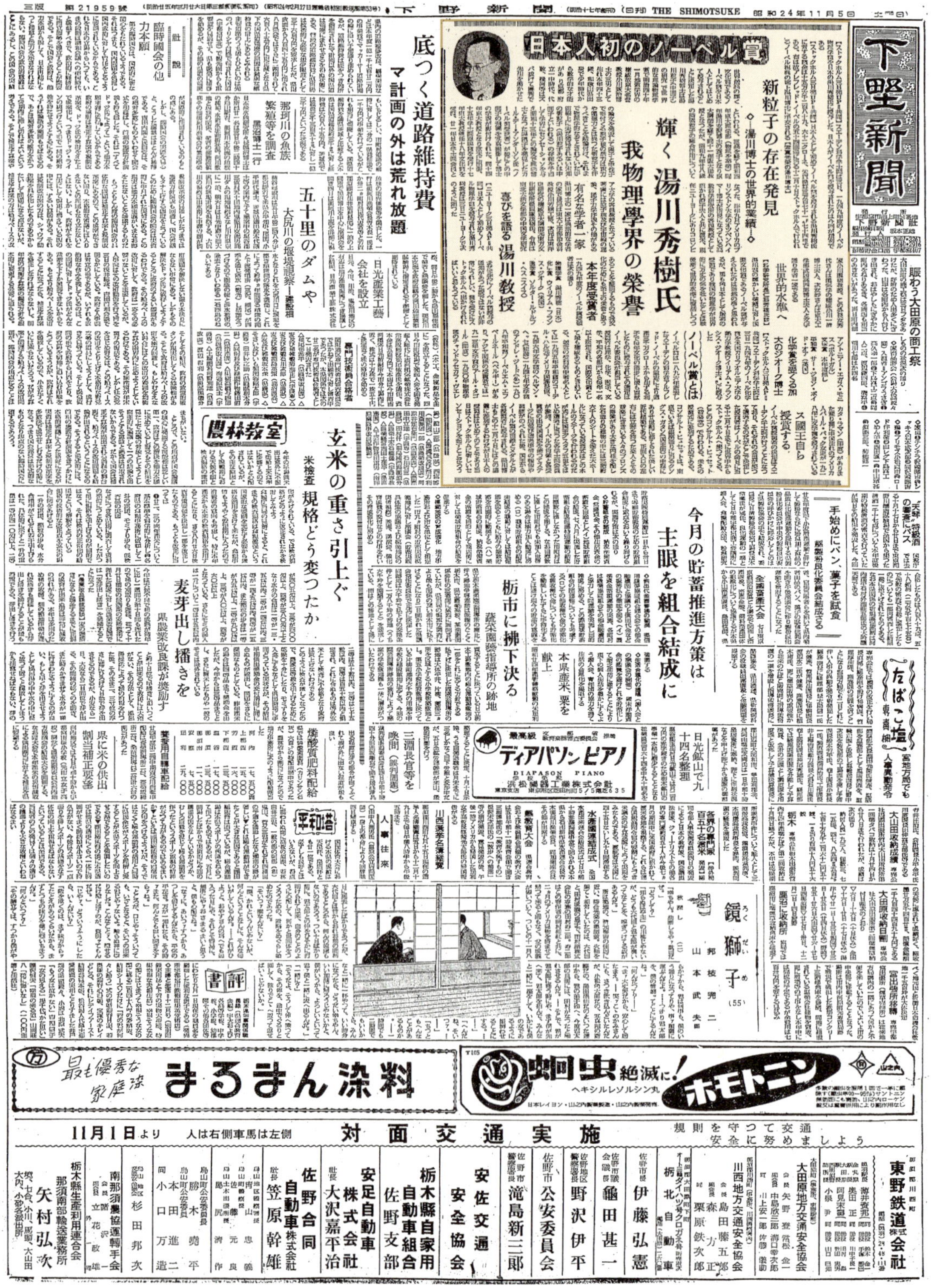

昭和24年11月5日（土）1面（第21959号）　11月3日に北欧から届いた「湯川秀樹ノーベル物理学賞受賞」のニュースは、敗戦の痛手を受けた日本人に、大きな自信と希望を与えた。この明るい話題を本紙も囲み記事で紹介。湯川博士の談話や経歴を伝え「ノーベル賞とは」という解説も行った。博士の「中間子理論」は物理学上の画期的な功績で、物理学志望者の増加にも寄与。また核兵器廃絶を訴え、平和運動にも活躍した。

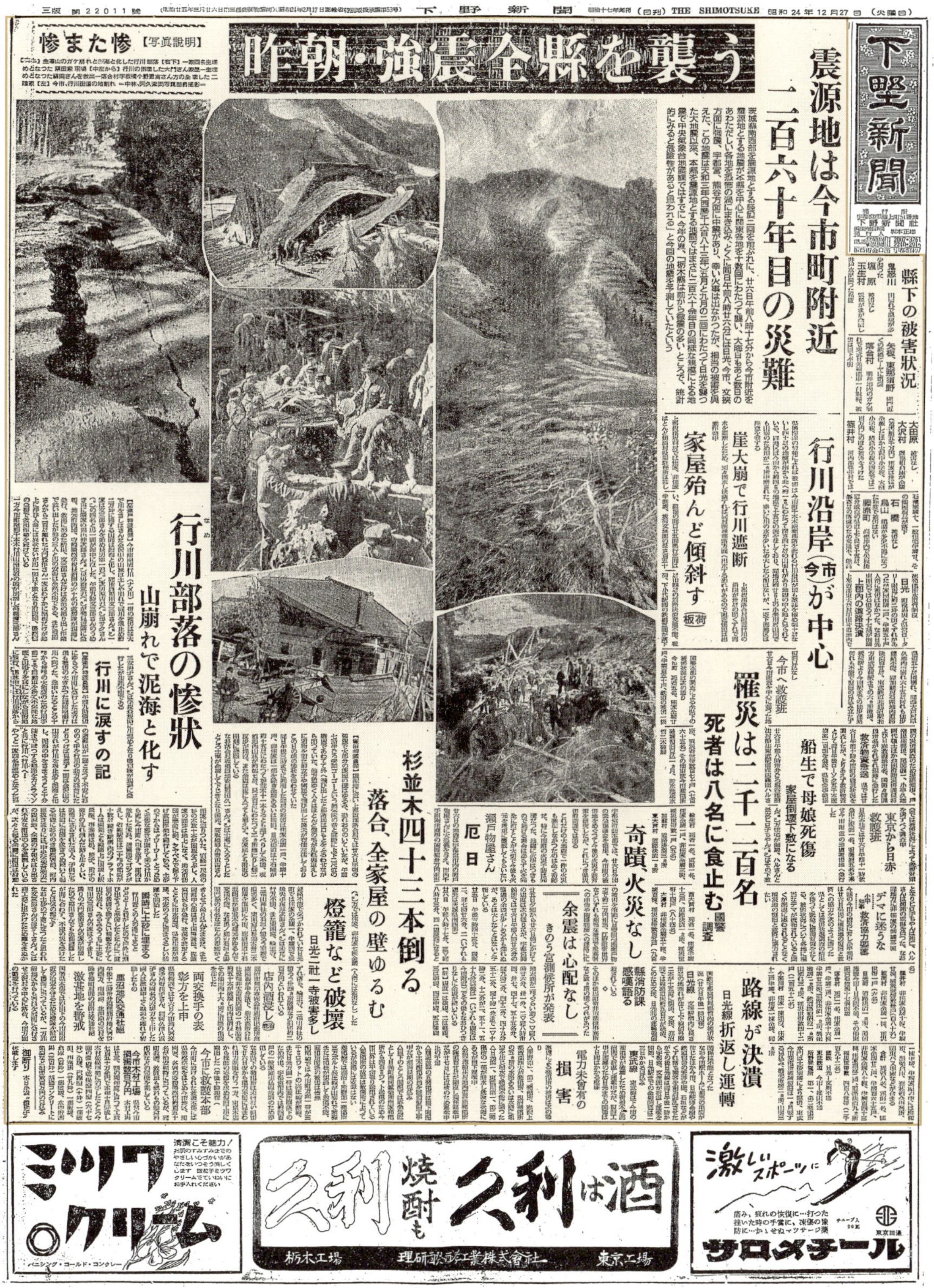
三版 第22011號 下野新聞 THE SHIMOTSUKE 昭和24年12月27日（火曜日）

昨朝・強震全縣を襲う

震源地は今市町附近
二百六十年目の災難

茨城縣南西部を震源地とする軽震二回を前ぶれに、廿六日午前八時十七分から今市附近を震源地とする地震が本縣を中心に関東各地を十数回にわたつて襲い、大晦日もあと数日のあわただしい各地を恐怖の渦にまき込み、とくに同日午前八時廿六分には日光、今市、文挾方面に強震、宇都宮、熊谷方面に中震があり、幸い火事は出なかつたが、相当の被害を與えた、この地震は天和三年（西暦千六百八十三年）五月と九月の二回にわたつて日光を襲つた大地震以來、本縣を震源地とする地震ではまさに二百六十余年目の同様な規模による地震で中央氣象台地震課ではすでに今年の夏、「栃木縣は前から微震の多いところで、統計的にみると危険性があると思われる」と今回の地震を予測していたという

惨また惨【写眞説明】

行川沿岸（今市）が中心
崖大崩で行川遮断
家屋殆んど傾斜す（板荷）
今市へ救護班
罹災は二千二百名
死者は八名に食止む 國警調査
船生で母娘死傷 家屋倒壊下敷になる
縣下の被害状況
東京から日赤救護班
デマに迷うな 救済協力懇審
路線が決潰 日光線折返し運轉
奇蹟、火災なし 縣消防課感嘆語る
余震は心配なし きのう宮測候所が発表
瀬戸物屋さん厄日
電力未曾有の損害
行《なめ》川部落の惨状 山崩れで泥海と化す
行川に涙すの記
杉並木四十三本倒る
落合、全家屋の壁ゆるむ
燈籠など破壊 日光二社一寺被害多し
店内酒浸し
瞬時に土砂に埋まる
両交換手の表彰方を上申
鹿沼地区交通杜絶
激甚地を警戒
今市に救護本部
今市木材工場 損害数百万円
御断り

昭和24年12月27日（火）3版1面（第22011号） 3年連続の被害となる「キティ台風」からの復興途中、12月26日に今市地方で午前8時17分M6.2と午前8時24分M6.4の地震が立て続けに発生。死者10人、負傷者163人、建物の損壊は1万1,831棟にのぼり、60数カ所で山崩れが起きた。本紙第1報では、行川地区の地割れやがけ崩れ、家屋倒壊などの写真を掲載。「杉並木四十三本倒る」「行川部落の惨状」など各特派員の取材記事でその惨状を伝えた。

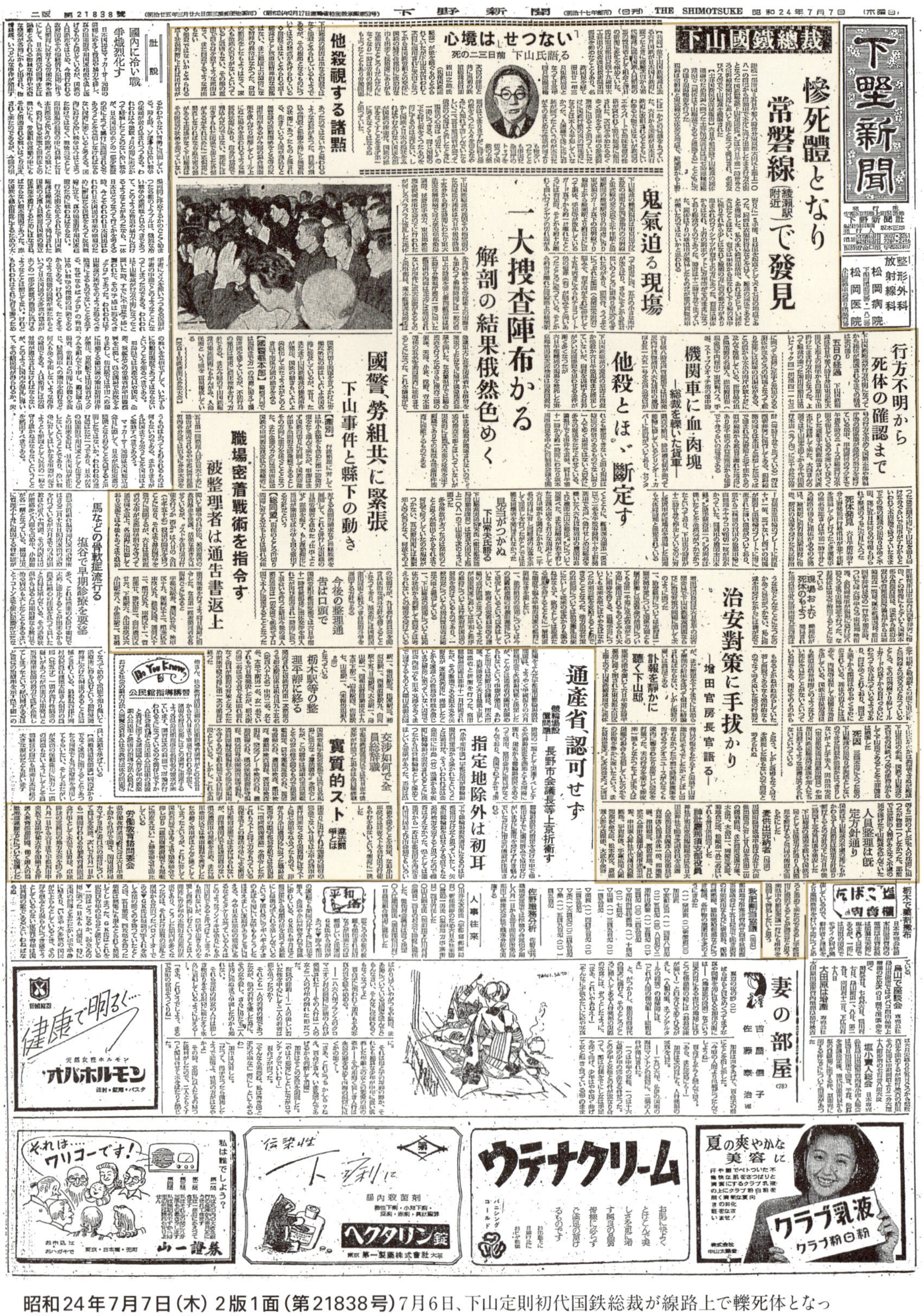

二版 第21838號

THE SHIMOTSUKE 昭和24年7月7日

下野新聞

下山國鐵総裁 惨死體となり 常磐線(綾瀬駅附近)で發見

鬼氣迫る現場

一大捜査陣布かる 解剖の結果俄然色めく

他殺とほゞ断定す

機関車に血・肉塊 ―総裁を轢いた貨車―

行方不明から死体の確認まで

心境は"せつない" 死の二三日前 下山氏語る

他殺視する諸点

國警、勞組共に緊張 下山事件と縣下の動き

職場密着戦術を指令す 被整理者は通告書返上

治安對策に手抜かり ―増田官房長官語る―

通産省、認可せず

指定地除外は初耳

實質的スト

人員整理は既定方針通り

社説 国内に冷い戦争熾烈化す

馬などの骨軟症流行 塩谷で早期診療を要望

妻の部屋 吉屋信子 佐藤泰治

昭和24年7月7日(木) 2版1面(第21838号)7月6日、下山定則初代国鉄総裁が線路上で轢死体となって発見された。下山は事件直前、3万7千人の解雇通告をしていた。その後「三鷹事件」「松川事件」とわずか1カ月間で国鉄関連3大怪事件が発生。当時ドッジ・ラインを断行していた吉田茂首相は、この件で共産党員に火の粉を被せ、労働運動を牽制。その陰で約100万人とも言われる労働者の解雇が進められた。

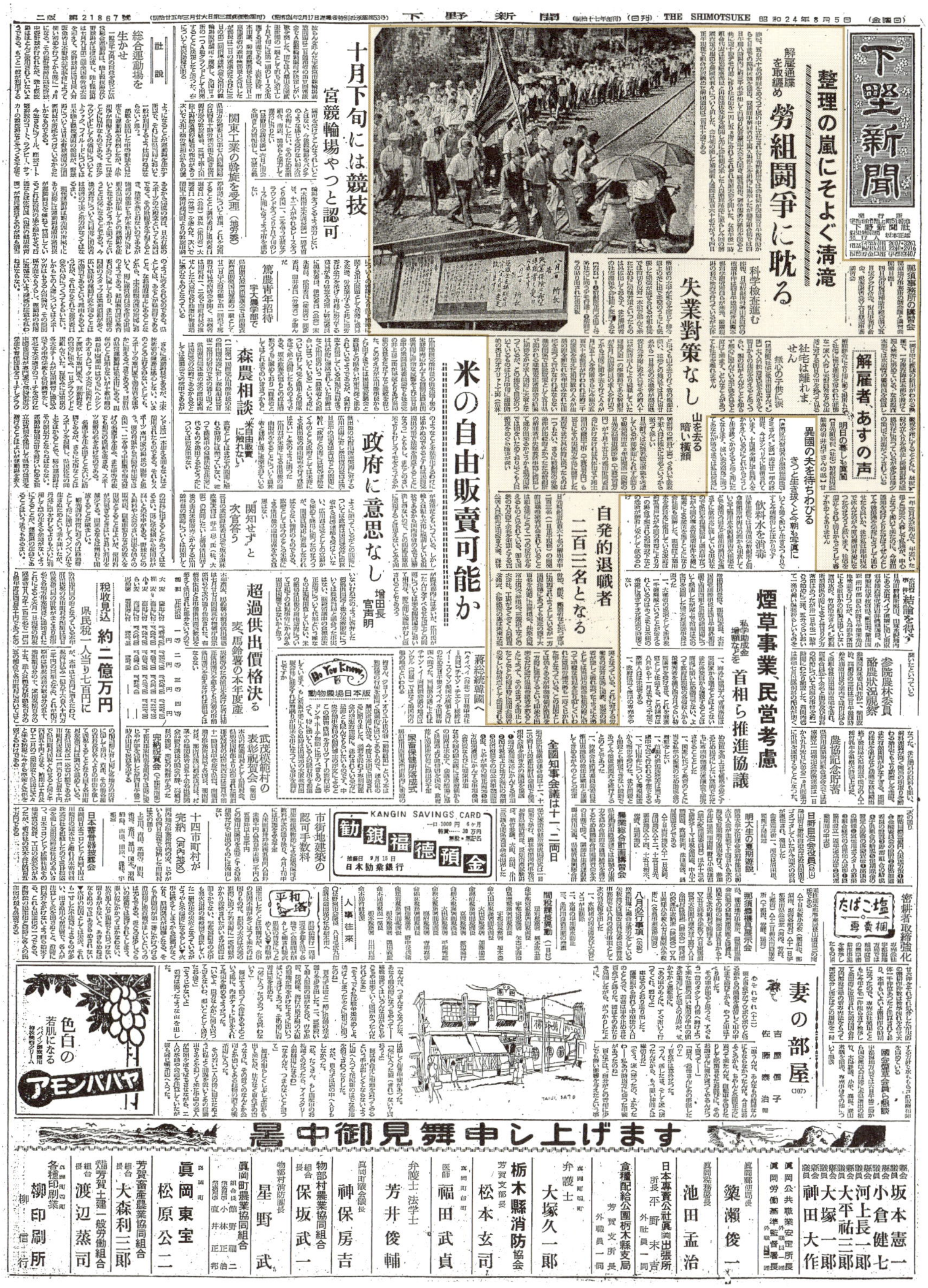

下野新聞

整理の嵐にそよぐ清滝

解雇通牒を取纏め 労組闘争に眈る

科学検査進む

失業対策なし

山を去る暗い横顔

解雇者、あすの声

米の自由販売可能か

政府に意思なし 増田長官声明

十月下旬には競技

宮競輪場やっと認可

自発的退職者 二百二名となる

煙草事業、民営考慮 首相ら推進協議

全国知事会議は十一、二両日

妻の部屋

超過供出価格決る

税収見込 約二億万円

昭和24年8月5日（金）2版1面（第21867号）　デトロイト銀行頭取J.M.ドッジにより立案された経済政策で、1ドル＝360円の単一為替レートが設定された。日本を「アジアの軍需工場」として自立させるための荒治療で、国内では輸出関係の企業は合理化を余儀なくされ、下請けの中小企業にシワ寄がいった。全国的に労働者の大量解雇が相次ぎ、本県でも8月4日、日光精銅所において540人が解雇された。写真は同社のデモ行進。

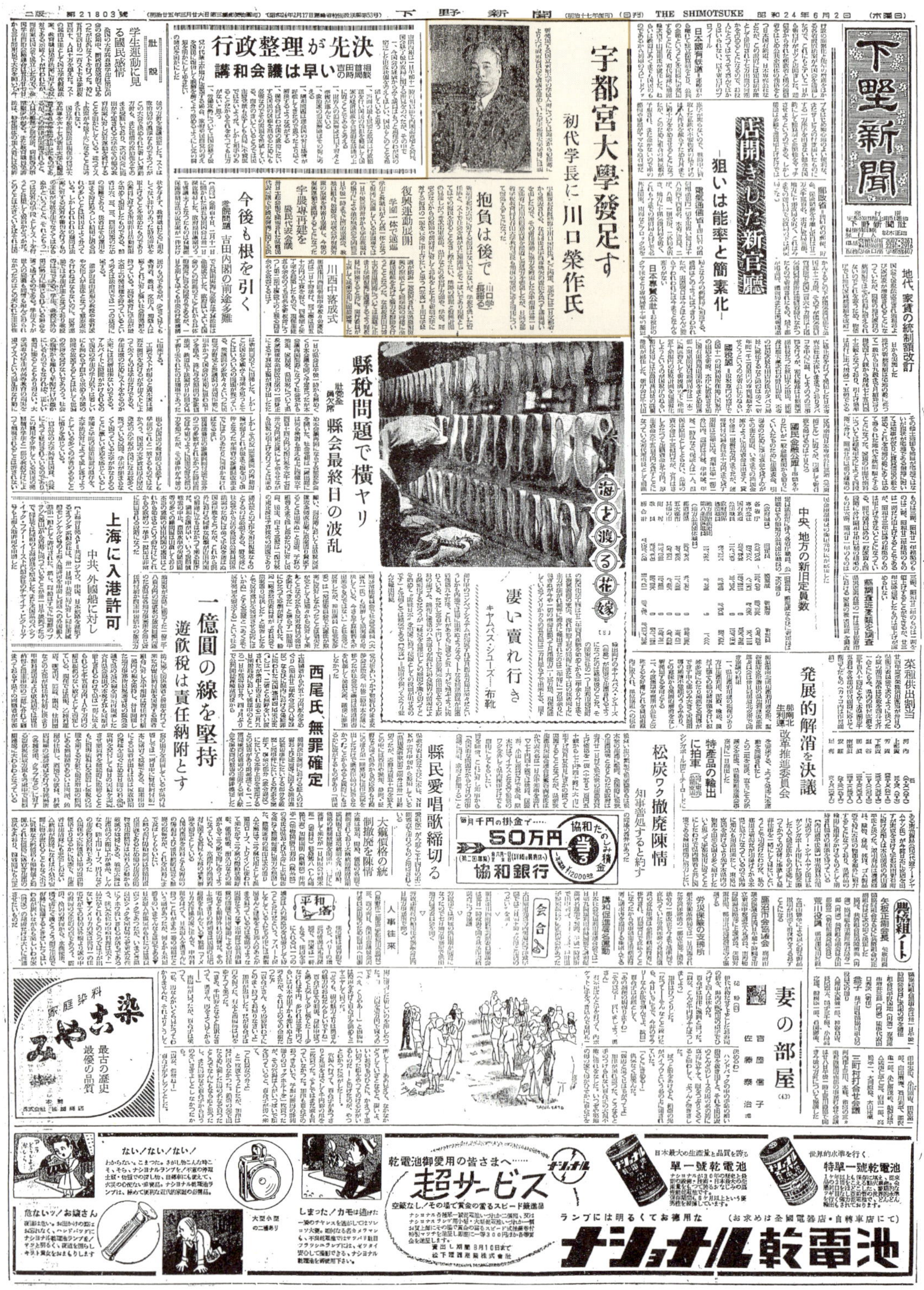

昭和24年6月2日（木）2版1面（第21803号）　5月31日国立学校設置法の施行に伴い宇都宮大学が発足した。栃木師範学校、栃木青年師範学校、宇都宮高等農林専門学校を包括しての開校で、当初は学芸学部・農学部の2学部が設置された。宇都宮高等農林専門学校は2日前に本館が全焼していた。昭和39年には宇都宮工業短期大学を包括し、工学部を設置。昭和41年には学芸学部を教育学部と改称。平成6年に国際学部が設置され現在に至る。

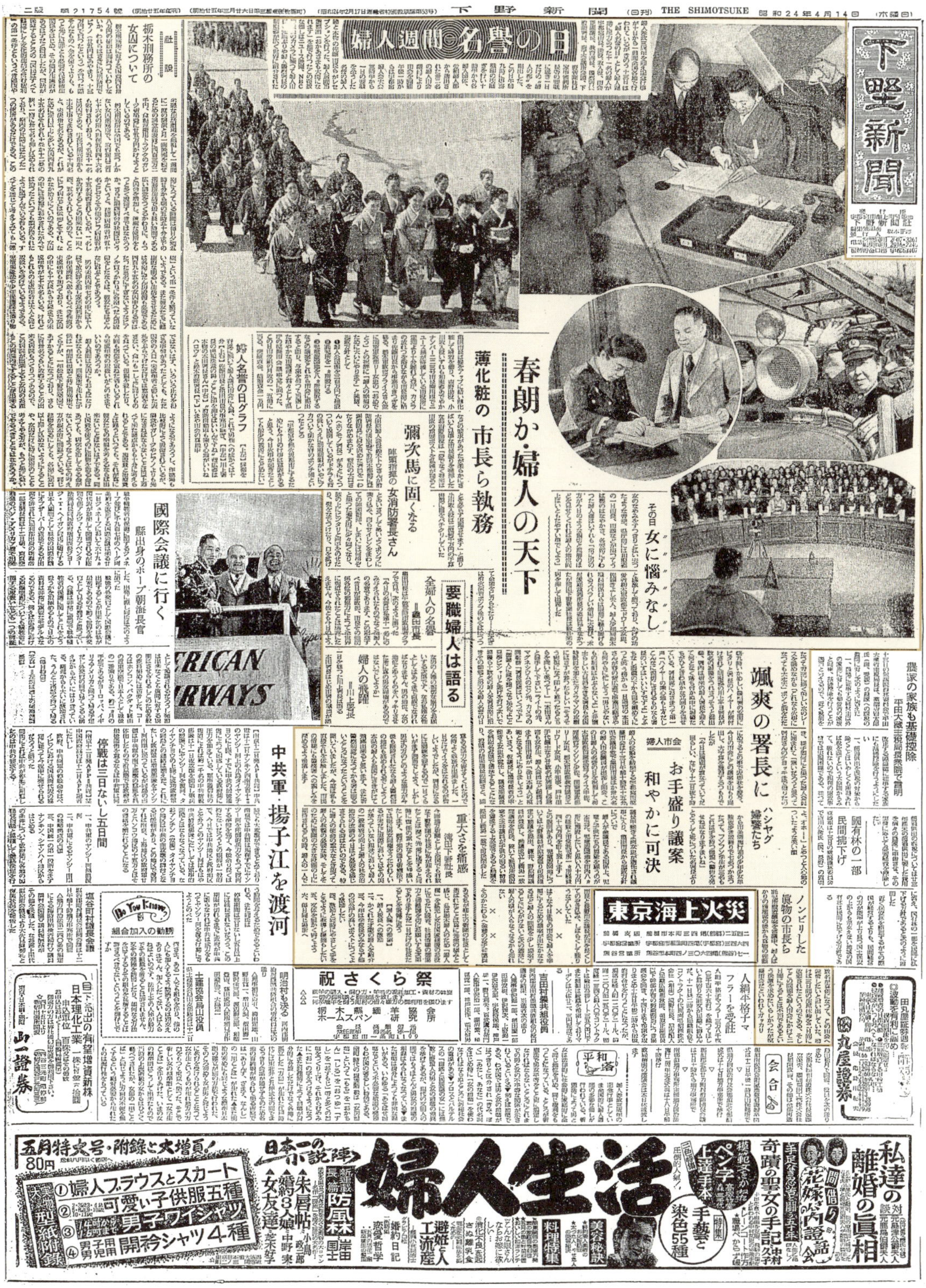

二版　第21754號　下野新聞　THE SHIMOTSUKE　昭和24年4月14日

下野新聞

社説
栃木刑務所の女囚について

婦人週間 名誉の日

春朗か・婦人の天下

薄化粧の市長ら執務

彌次馬に固くなる
陣頭指揮の女消防署長さん

婦人名誉の日グラフ

要職婦人は語る

全婦人の名誉

婦人の飛躍

重大さを痛感

その日女に悩みなし

颯爽の署長に
ハシャグ婦警たち

婦人市会
お手盛り議案
和やかに可決

農家の家族も基礎控除
平田大蔵主税局長衆院で言明

國有林の一部
民間拂下げ

ノンビリした
眞物の市長ら

人絹半格子マフラーを受註

國際会議に行く
縣出身のボーブ朝海長官

中共軍・揚子江を渡河

停戦は三日ないし五日間

吉田村農共組役員

祝さくら祭

平和塔

会合

昭和24年4月14日（木）2版1面（第21754号）　女性が初めて参政権を行使した昭和21年4月10日を記念し、この日から1週間「婦人週間＝名誉の日」が始まった。女性の自主性や地位向上を図るため、労働省がこの年から設けた。県内でもさまざまな啓蒙活動が行われ、本紙では写真グラフでその様子を紹介。11人の婦人が1日宇都宮市長、消防署長、下野新聞社長などに就任し「婦人の都」を展開した。なお、50年目にあたる平成10年からは「女性週間」と改称された。

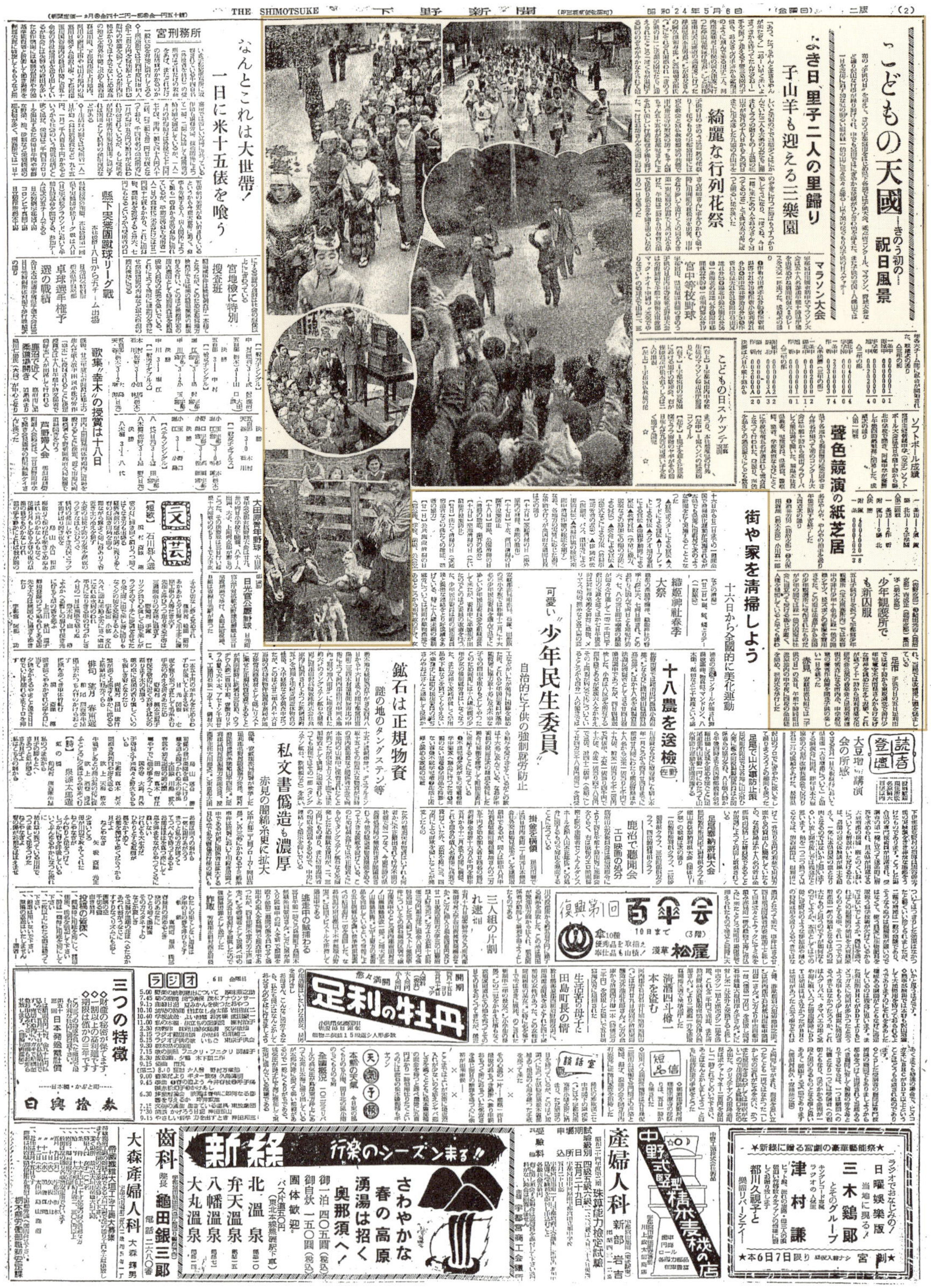

THE SHIMOTSUKE 下野新聞 昭和24年5月6日 (金曜日) 二版 (2)

こどもの天國—きのう初の…祝日風景

よき日、里子二人の里帰り 子山羊も迎える三樂園

綺麗な行列花祭

マラソン大会

宮中等校野球

こどもの日スケッチ

ソフトボール成績

聲色競演の紙芝居

少年観護所でも新囚服

街や家を清掃しよう 十六日から全國的に美化運動

織姫神社春季大祭

十八農を送検（佐野）

可愛い"少年民生委員" 自治的に子供の強制就労防止

鉱石は正規物資 謎の地のタングステン等

私文書偽造も濃厚 赤見の闇綿糸更に拡大

足尾で山火事防止策

足尾奉納将棋大会

鹿沼で聴聞会 エロ映画の処分

掛金を横領

三人組の片割れ逮捕

逃走中の賊捕わる

清酒四斗樽一本を盗む

生活苦の母子に田島町長の情

大豆増産講演会の所感

なんとこれは大世帯！ 一日に米十五俵を喰う 宮刑務所

宮地検に特別捜査班

縣下実業團蹴球リーグ戦 本社後援十八日から五チーム出場

卓球選手権予選の戦績

歌集"幸木"の授賞は十八日

鹿沼で近く柔道場開き

文芸

投稿の皆様へ

ラジオ 6日 金曜日

昭和24年5月6日（金）2版2面（第21776号）　この年から制定された「こどもの日」には、県下各地で盛りだくさんな行事が繰り広げられた。本紙では「菜の花ぐもりの子供の日スケッチ」と称してその様子を特集。子どもたちの1日を情景たっぷりに伝えた。写真は【右上】マラソン大会、【右下】里子の歓迎会、【左上】宇都宮仏教徒の花まつり、【左中】宇都宮市バンバの紙芝居コンクール、【左下】前日生まれた9匹の子ヤギを抱く里子と園児。

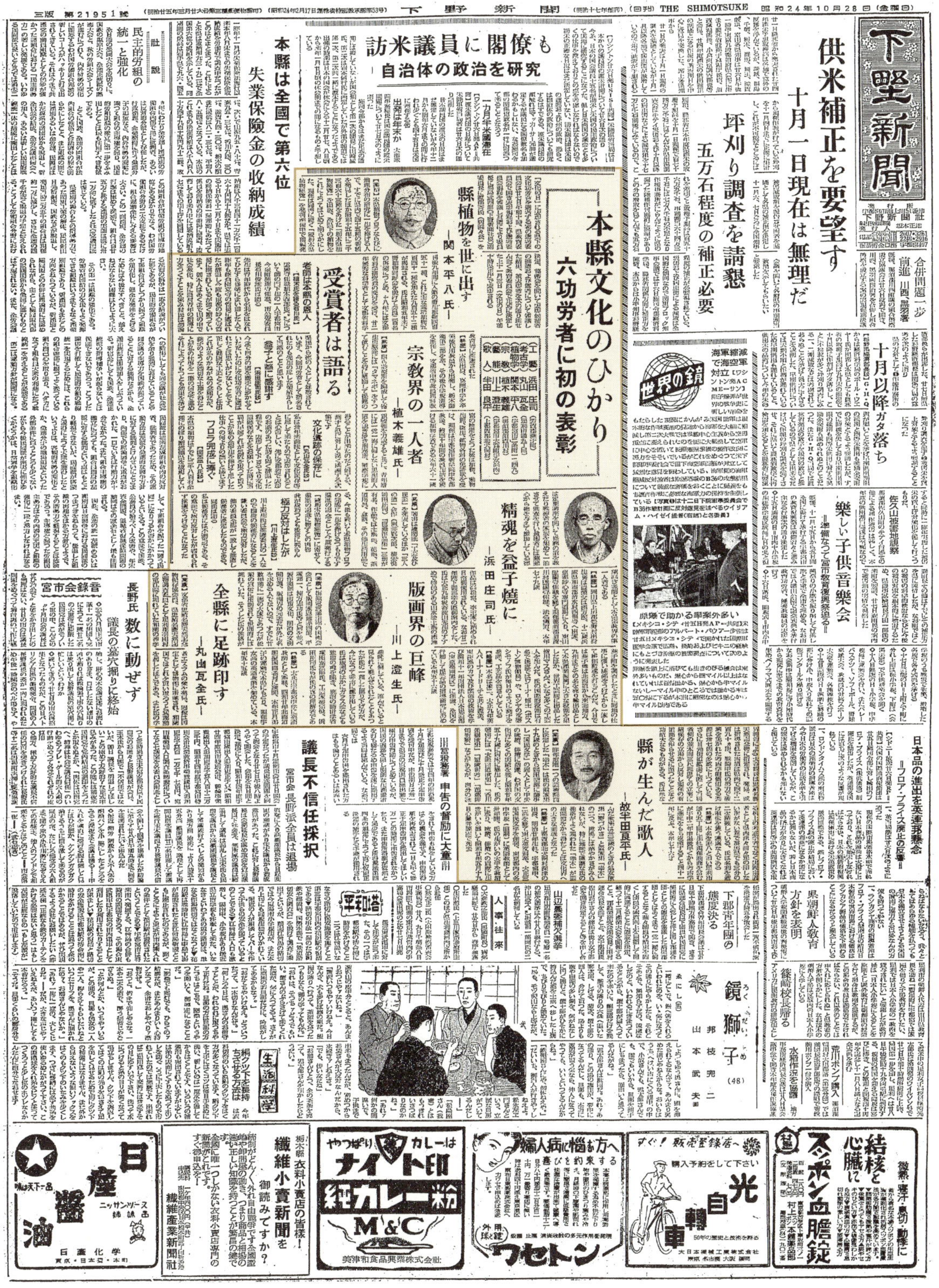

下野新聞

THE SHIMOTSUKE 昭和24年10月28日（金曜日）

供米補正を要望す

十月一日現在は無理だ

坪刈り調査を請懇

五万石程度の補正必要

訪米議員に閣僚も

自治体の政治を研究

本縣は全國で第六位

失業保険金の収納成績

本縣文化のひかり

六功労者に初の表彰

受賞者は語る

縣植物を世に出す

—関本平八氏—

宗教界の一人者

—植木義雄氏—

精魂を益子焼に

—浜田庄司氏—

版画界の巨峰

—川上澄生氏—

全縣に足跡印す

—丸山瓦全氏—

縣が生んだ歌人

—故半田良平氏—

世界の鏡

十月以降ガタ落ち

楽しい子供音楽会

日本品の進出を英連邦懸念

宮市会録音

長野氏 数に動ぜず

議長不信任採択

鏡獅子 (48)

昭和24年10月28日（金）3版1面（第21951号） 11月3日文化の日に、第1回県文化功労賞の表彰が行われた。これに先駆け、10月27日に県教育委員会にて、当時の本社社長・福島武四郎を委員長に選考委員会が開かれた。その結果、濱田庄司（陶芸家）、丸山瓦全（郷土史家）、関本平八（植物学者）、植木義雄（雲巌寺第58代住職）、川上澄夫（版画家）、半田良平（歌人）の6人が選ばれた。本紙では各受賞者の経歴と談話を掲載した。

THE SHIMOTSUKE　下野新聞　昭和24年7月10日　(日曜日)　総合版　(2)

第二回全國勤勞者陸上競技大会 第一日

働く者の力走、練技
郷土選手中田孃ひとり氣を吐く

男子トラック

男子フィールド

女子トラック

女子フィールド

【写真説明】第一日

第一日總得点

下山事件 必死、背後關係洗う 徐々解決點へ

謎の人物、替玉か 捜査線を乱すために

古澤組、猛打を發揮 群馬優勝チームを降す

阪急、巨人を取る

キャンデー冷い戦争騒ぎ

ダットサンで給水隊も出る

一寸待てが氣にかかる

雇女と妻を殺傷

情味深いご質問 秩父宮妃殿下三葉園訪問

また列車に投石

有害食用クリーム

原料香水 オリヂナル
姿なき装身具!

お肌の榮養に…
資生堂 スキンローション

産婦人科

稲葉眼科病院

天谷皮膚科泌尿科

洋裁 生徒募集

買入

御挨拶

リードのアイスクリーム ¥15.00

カメラ

毎日晝夜共藝題が変ります
女剣戟王 小松みどり一座
会場 公会堂

ミカクカレー
即席カレー粉
東京・荒川 第一カレー食品有限会社

犬本

昭和24年7月10日(日)総合版2面(第21841号)　前年12月に起工式を行った宇都宮市西川田の県営球場(現・栃木県総合運動公園野球場)が、7月9日に完成・運用を開始した。これを受けて翌10日から2日間、第2回全国勤労者陸上競技大会が開催された。真新しい施設の中、都道府県対抗で100m走(写真下)などの熱戦が繰り広げられ、約3万人の観衆がスタンドを埋めて声援を送った。写真上は大会に花を添えた2,000人のマスゲーム。

昭和24（1949）年 湯川博士日本人初のノーベル賞

この年の流行

流行（語）	駅弁大学、竹馬経済、ワンマン、アジャパー、自転車操業
流行歌	青い山脈、銀座カンカン娘、長崎の鐘、悲しき口笛
書物	仮面の告白、きけわだつみのこえ、菊と刀
映画	青い山脈、痴人の愛、晩春、哀愁、「ターザン」シリーズ
モノ	ビヤホールやアドバルーン復活、お年玉付き年賀はがき
衣食住	洋裁学校ブーム、ロングスカート

この年の物価

封書8円、たばこ（ゴールデンバット）15円、カレーライス80円、そば15円、中華そば23円、やきとり50円

県内の主な動き / 国内外の主な動き

1月	法隆寺金堂内陣が全焼、国宝壁画が焼失（26日）
3月	GHQ経済顧問のドッジ公使が「ドッジ・ライン」発表（7日）
4月	**半田良平の遺歌集『幸木』が日本芸術院賞受賞** **強権発動で供出未納農を一斉摘発（8日まで261人に）** 1ドル360円の単一為替レートを実施（25日）
5月	**宇都宮大学が宇都宮高等農林専門学校、栃木師範学校、栃木青年学校を包括して学芸学部・農学部の2学部で開学（31日）**
7月	国鉄常磐線・綾瀬駅付近の線路で国鉄総裁・下山定則のれき死体を発見〈下山事件〉（6日） 国鉄中央線・三鷹駅構内で無人電車が暴走し6人が死亡〈三鷹事件〉（15日）
8月	**日光精銅所560人の大量解雇（4日）** **全逓に人員整理通告。県下で250人（11日）** 古橋広之進が全米水上選手権1500m自由形で世界新記録。米国の新聞で「フジヤマのトビウオ」と呼ばれる（16日） 東北本線の金谷川-松川駅の間で列車が脱線転覆し乗務員3人が死亡〈松川事件〉（17日） **9月1日にかけて本県全域をキティ台風が襲う（31日）**
10月	中華人民共和国が成立。主席は毛沢東、首相は周恩来（1日）
11月	湯川秀樹にノーベル物理学賞授与（3日） **濱田庄司（陶芸）川上澄生（版画）らが第1回県文化功労者に選出（3日）**
12月	**マグニチュード6.2と6.4の今市地震発生（26日）**

湯川秀樹がノーベル賞を受賞したこの年、県内では**第1回県文化功労者の発表、県立野球場の完成、**女性校長の誕生など、人々に希望を与えるニュースが相次いだ。一方で、8月31日から9月1日にかけて3年連続の大型台風となるキティ台風が県下全域を襲う。その復興も道すがら、12月26日には**今市地方でマグニチュード6.2と6.4の地震が発生。**死者・負傷者173人、建物の損壊は1万1,831棟にのぼった。国外では10月に中華人民共和国が誕生。米ソ対立が一段と緊迫するなか、国内では民主自由党の吉田茂内閣が、米主導の経済政策ドッジ・ラインを実施。1ドル=360円の為替ルートが設定された。その影響で全国的に**労働者の大量解雇**が相次ぎ、労働運動は過激さを増したが、**下山事件**などの発生により、退潮を余儀なくされた。

第四回 國民体育大会 第四日
大田原女高（ソフトボール）優勝
宇高（サッカー）堂々決勝へ進む

昭和24年11月3日（木）3版2面（第21957号）
第4回国民体育大会でソフトボールの部優勝した大田原女子高の活躍の記事

昭和25年 1950

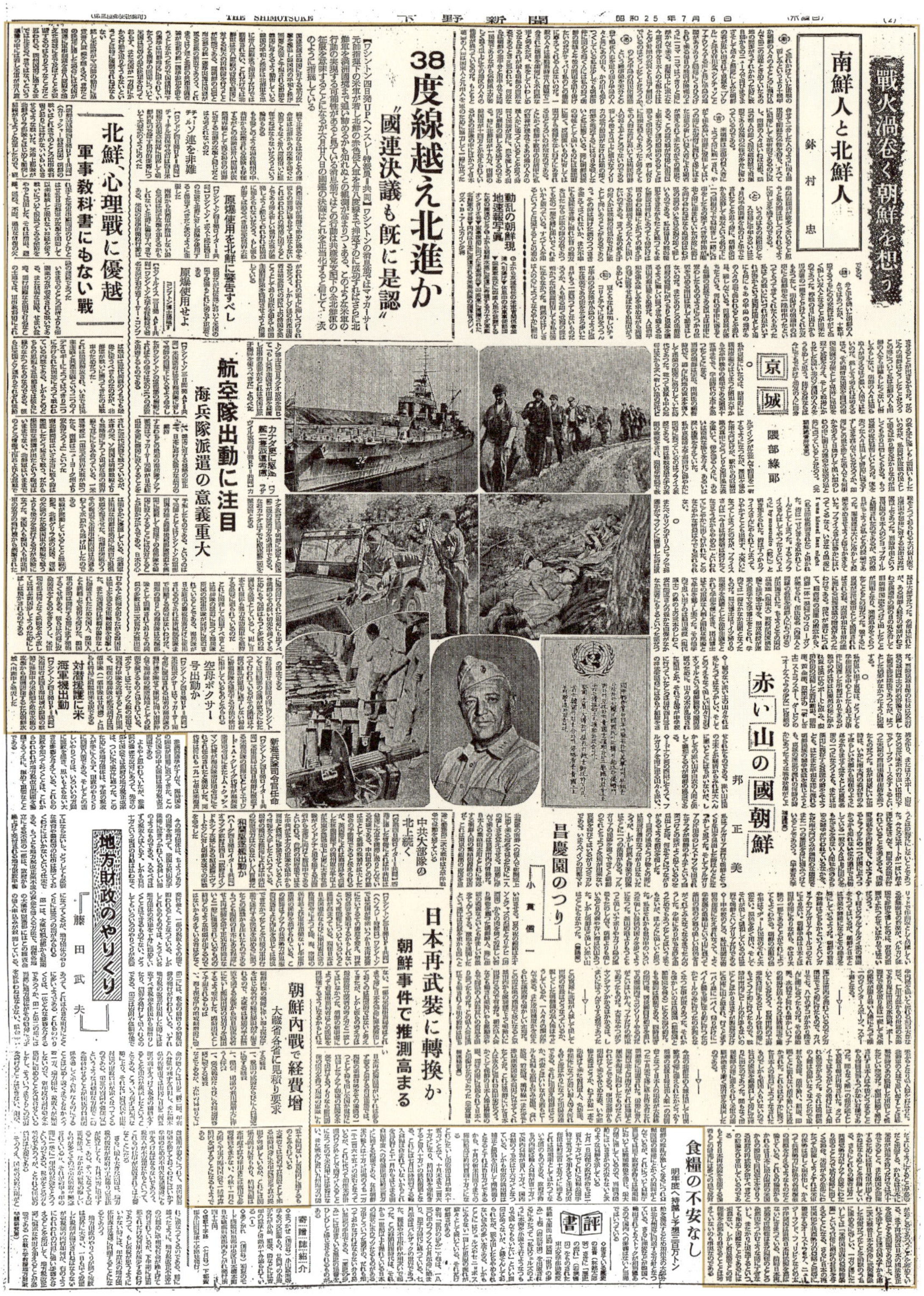

THE SHIMOTSUKE 下野新聞 昭和25年7月6日

戦火渦巻く朝鮮を想う

南鮮人と北鮮人
鉢村忠

38度線越え北進か
"國連決議も既に是認"

航空隊出動に注目
海兵隊派遣の意義重大

北鮮、心理戦に優越
軍事教科書にもない戦

原爆使用を北鮮に警告すべし

空母ボクサー号出動か

対潜援護に米海軍機出動

京城

赤い山の國朝鮮
邦正美

昌慶園のつり

中共大部隊の北上続く

日本再武装に転換か
朝鮮事件で推測高まる

朝鮮内戦で経費増
大蔵省各省に見積り要求

地方財政のやりくり
藤田武夫

食糧の不安なし

書評

昭和25年7月6日（木）3版2面（第22201号） 6月25日に北朝鮮が韓国との軍事境界線である38度線を越えて侵攻。朝鮮戦争が勃発した。本紙では現地速報写真で戦況を伝えた。またこの日の紙面では、大学教授など有識者4人の朝鮮にまつわる手記を掲載した。東西冷戦の文脈の中で、米軍主体の国連軍の基地となった日本では、軍事物資調達や米兵の個人消費が増加。ドッジ・ラインで息苦しい日本産業界に朝鮮特需が沸き上がった。

昭和25年10月27日(金)3版1面(第22314号) 朝鮮戦争の影響下、GHQは占領直後の非軍事化・民主化政策の“逆コース”をたどるように、国内の社会主義運動を取締まるようになった。7月18日に「アカハタ」の発行停止を皮切りに、7月24日には新聞協会代表に共産党員と同調者の追放を勧告。国内に“アカ狩り旋風”が荒れ狂うなか、本県でも遂に、10月25日パインミシンで共産党員7人が解雇される初のレッドパージが行われた。

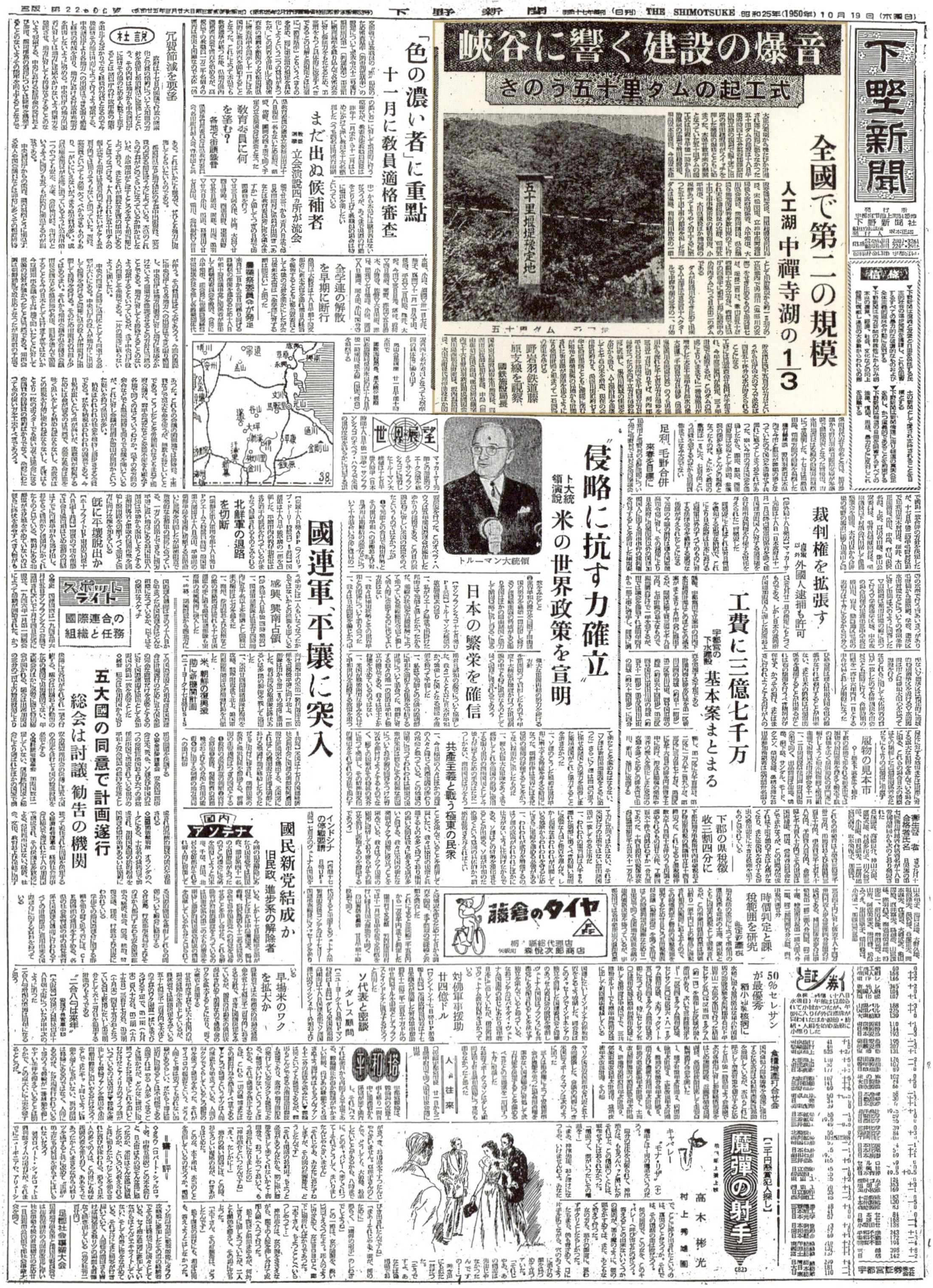

THE SHIMOTSUKE 昭和25年(1950年)10月19日(木曜日)

下野新聞

峡谷に響く建設の爆音

きのう五十里ダムの起工式

全國で第二の規模

人工湖 中禪寺湖の1/3

「色の濃い者」に重點

十一月に教員適格審査

まだ出ぬ候補者

"侵略に抗す力確立"

トルーマン大統領演説 米の世界政策を宣明

日本の繁栄を確信

トルーマン大統領

國連軍平壌に突入

五大國の同意で計画遂行 総会は討議、勧告の機関

工費に三億七千万

裁判権を拡張す 外國人逮捕も許可

藤倉のタイヤ

魔弾の射手

昭和25年10月19日(木)3版1面(第22306号)日本初の堤高100m級大型ダム「五十里ダム」が9月に着工。10月18日起工式が行われた。毎年のように氾濫する鬼怒川治水のため、大正期から建設計画が持ち上がっていたが、立地問題や戦争による中断で頓挫していた。建設は米国技術に頼らず、あえて貧弱な国産機械を使用。昭和31年8月29日に完成するまでの6年間で、当時最先端を誇った米国を凌ぐほどの建設技術力が培われた。

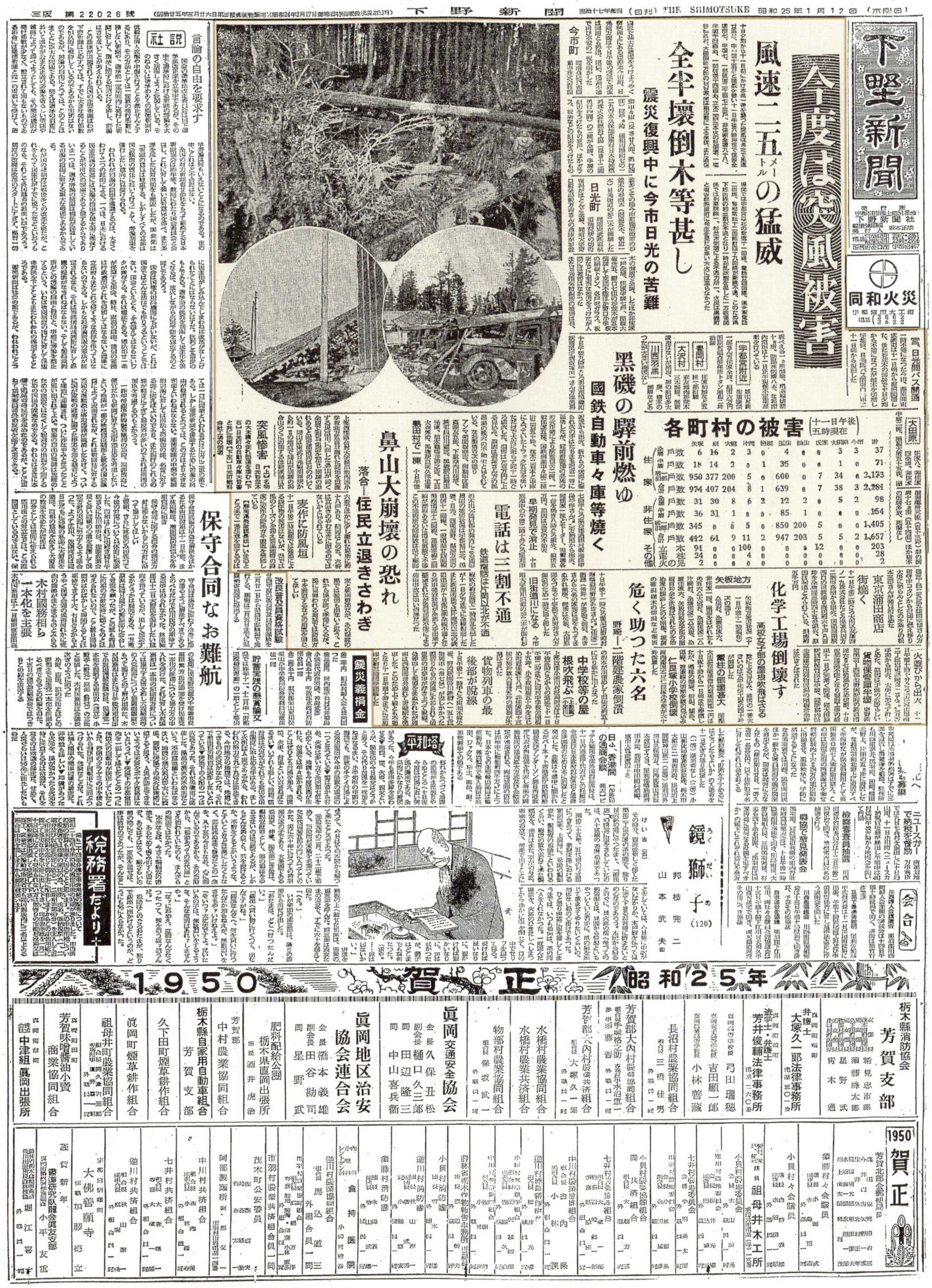

昭和25年1月12日（木）3版1面（第22026号） 1月10日夕刻から11日にかけて、県北で風速25m、中心部で15mの突風被害が発生。矢板、玉生、泉を中心に、家屋全半壊108棟、一部破損2,281棟。日光杉並木（写真上）など208本が倒木し、黒磯駅前では火災も発生した。約2週間前に大地震に襲われた（225ページ参照）今市町と日光町（ともに現・日光市）では一晩中、断水・停電・通信不通となった。

下野新聞
早くも千名を突破
警察予備隊受付始まる
既婚 未婚が半々
来月初めに試験
對日講和促進せん
ハリマン特使の訪日で
和平解決望みなし
米新鋭部隊投入
戦略攻勢に成功
縣都一のモダン校舎
堅牢本位の資材を使用
種麥の消毒に注意
縣で農機具の巡回修理
最高は女中さん
魔弾の射手
暑中御見舞申上げます

昭和25年8月14日（月）2・3版1面（第22240号） 警察予備隊（のちの陸上自衛隊）が8月10日、GHQの警察予備隊令により設置された。本県では13日一斉に隊員の募集を開始。安佐（現・佐野市）30人、真岡地区40人、栃木地区80人など、初日だけで1,000人を超える志願者が殺到した。職業別では無職者が半数を占めたが、会社員や元軍人もいた。大半は高等小学卒で旧制中学卒は少数だった。11月には雀宮に宇都宮駐屯所が開設された。

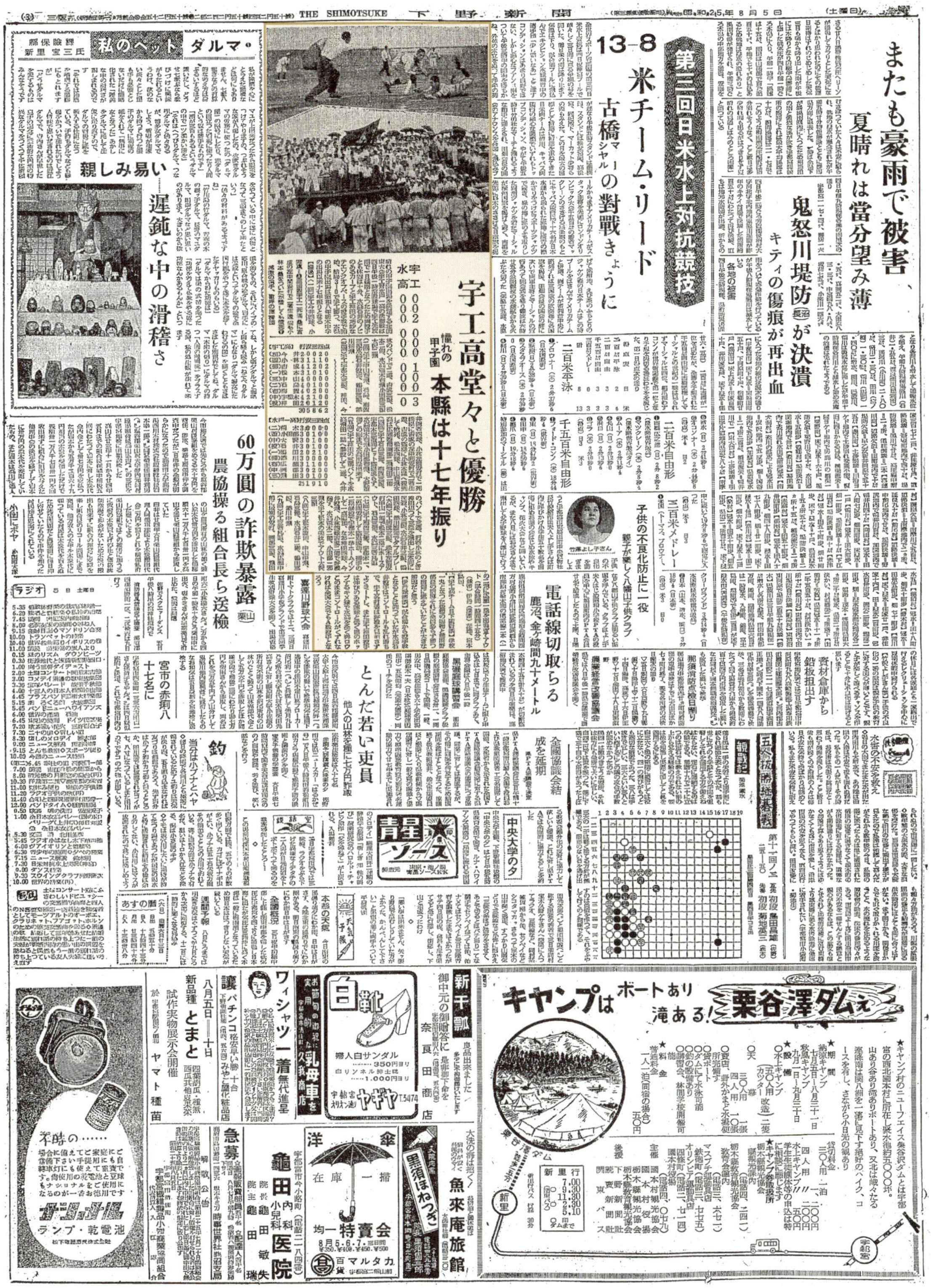

THE SHIMOTSUKE 下野新聞 昭和25年8月5日（土曜日）

またも豪雨で被害、夏晴れは當分望み薄

鬼怒川堤防（長沼）が決潰

キティの傷痕が再出血

各地の被害

第三回日米水上対抗競技

13–8 米チーム・リード

古橋マーシャルの對戦きょうに

二百米平泳 / 千五百米自由形 / 二百米自由形 / 三百米メドレー

宇工高堂々と優勝

憧れの甲子園 本縣は十七年振り

宇工	002	000	100	3
水高	000	000	000	0

喜連川野球大会

私のペット ダルマ

郵便保険課 新里宝三氏

親しみ易い……遅鈍な中の滑稽さ

60万圓の詐欺暴露

農協操る組合長ら送検（栗山）

小山にボヤ

子供の不良化防止に一役

親子が楽しく八幡山子供クラブ

竹澤よし子さん

電話線切取らる

鹿沼、金ヶ崎間九十メートル

那須消防点検日割り

資材倉庫から鉛板担出す

とんだ若い吏員

他人の山林を種に七万円詐取

宮市の赤痢八十七名に

全國協議会結成を延期

中央大学の夕

釣 当分は小ブナとハヤ

ラジオ 5日 土曜日

水害の不安を救え

五段抜勝継碁戦

昭和25年8月5日（土）3版3面（第22231号）夏の甲子園出場をかけた北関東大会決勝戦が8月4日県営球場で行われ、宇都宮工業高校と水戸一高が対戦した。当時関東ブロックの予選「地区枠」は4校で、本県は北関東の群馬県代表、茨城県代表と枠を争い敗退を続けていた。しかし本年、壮絶な投手戦を制し宇工が完封勝利。栃木県勢として実に17年ぶりに甲子園出場を決めた。なお、全都道府県の出場が恒例化するのは昭和53年以降。

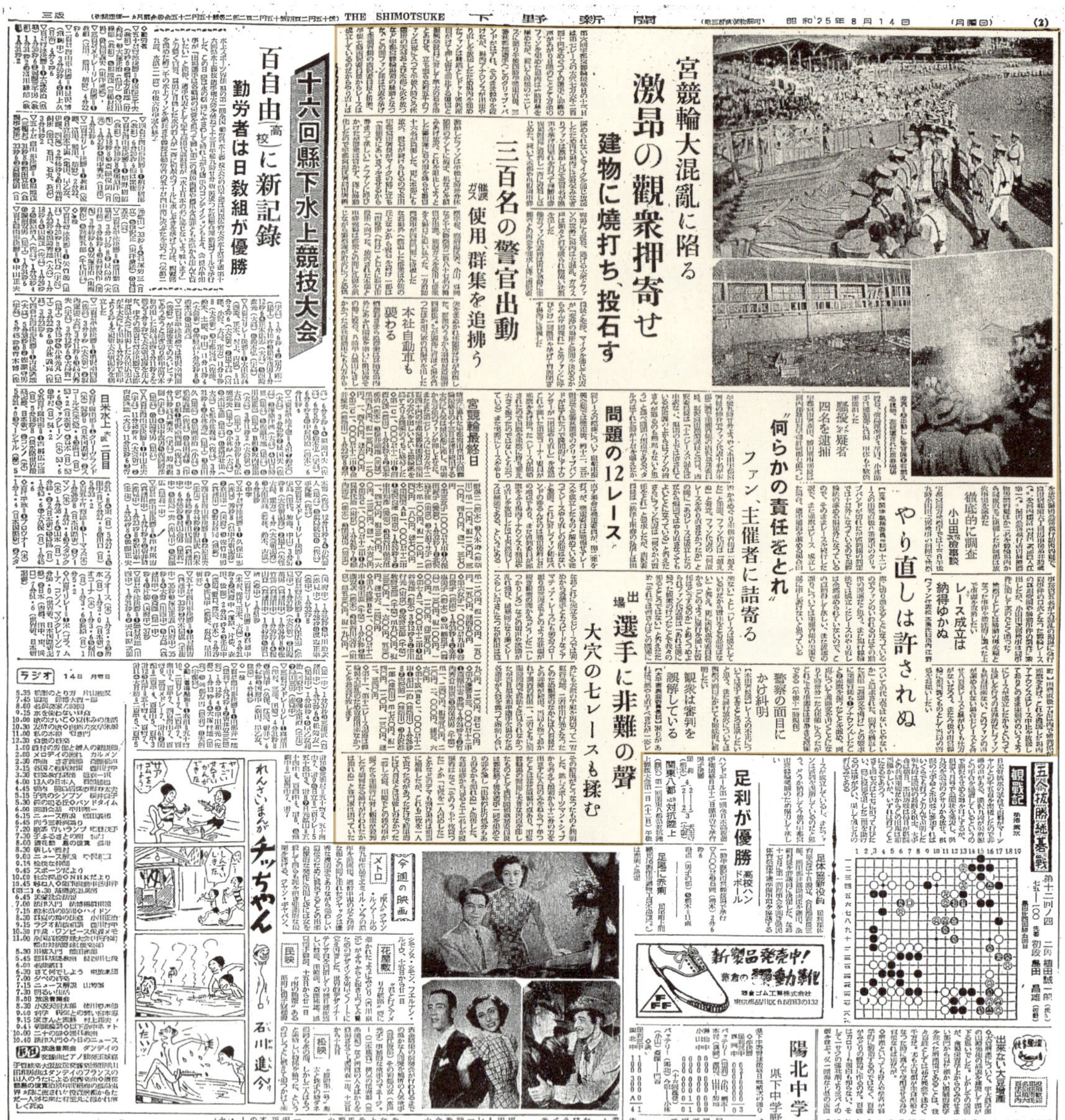
三版 THE SHIMOTSUKE 下野新聞 昭和25年8月14日 (月曜日) (2)

宮競輪大混乱に陥る
激昂の観衆押寄せ
建物に焼打ち、投石す

三百名の警官出動
催涙ガス使用、群集を追拂う
本社自動車も襲わる

"何らかの責任をとれ"
ファン、主催者に詰寄る

やり直しは許されぬ
徹底的に調査
レース成立は納得ゆかぬ

問題の12レース

出場選手に非難の声
大穴の七レースも揉む

十六回縣下水上競技大会
百自由(高校)に新記録
勤労者は日数組が優勝

足利が優勝 高校ハンドボール

陽北中学に栄冠
県下中学野球大会幕閉ず

れんさいまんが チッちゃん 石川進介

昭和25年8月14日(月) 3版2面(第22240号) この年3月26日に開設された宇都宮競輪場で、初の暴動騒ぎが起こった。8月13日のレースで大穴が出たことをきっかけに、その後のレース運営への不満から観衆が大量投石。暴徒化した約5千人は休憩所や本部に放火、連勝車券売場付近に押し寄せ投石を繰り返した。警察官16人が負傷し、騒動鎮圧に287人の警察官を動員。全国で初めて催涙ガス弾を使用し群衆を追い払う事態となった。

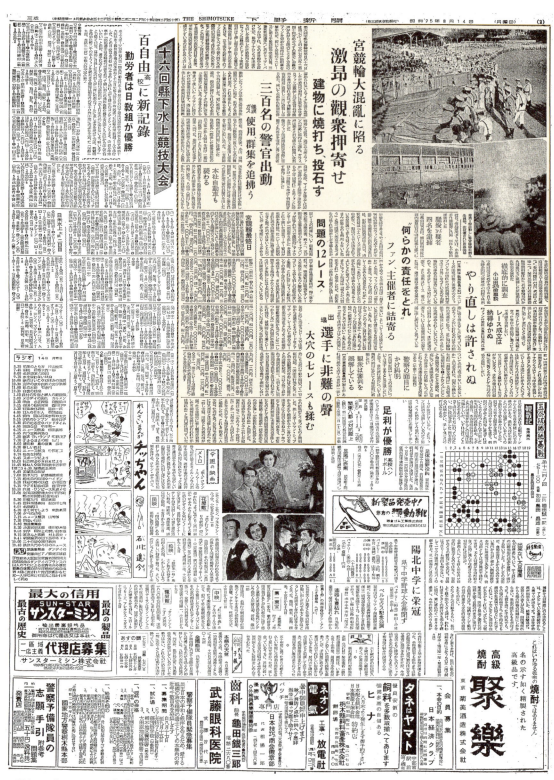

昭和25(1950)年 朝鮮戦争ぼっ発とレッドパージ

この年の流行

流行(語)	オー、ミステイク、つまみ食い、とんでもハップン、金へん・糸へん、特需景気、レッドパージ、アルサロ、チラリズム
流行歌	夜来香、桑港のチャイナタウン、買物ブギ、東京キッド
書物	細雪、武蔵野夫人、チャタレイ夫人の恋人、文学入門
映画	また逢う日まで、羅生門、乙女の性典、白雪姫、自転車泥棒
その他	山本富士子第1回ミス日本に選出、女性の平均寿命60歳を超える(女性61.4歳、男性58歳)

この年の物価

ラーメン25円、豆腐12円、納豆8円

県内の主な動き / 国内外の主な動き

2月	米国のマッカーシー上院議員が国務省内に57人の共産党員がいると演説。「マッカーシー旋風(アカ狩り)」がはじまる(9日) GHQが沖縄に恒久的基地建設を発表(10日)
4月	山本富士子が初めての「ミス日本」に選ばれる(22日)
6月	朝鮮戦争勃発(25日)
7月	京都・金閣寺が全焼(2日) ※右下記事参照↘
8月	警察予備隊令公布(10日)。23日に第一次入隊 **宇都宮競輪場で大穴が出て、その後のレース運営への不満から観衆が投石・放火。鎮圧に全国で初めて催涙ガス弾を使用(13日)** IOC実行委員会が日本とドイツのヘルシンキ五輪参加を承認(29日)
9月	**五十里ダム着工**
10月	**ボクシングのピストン堀口が神奈川県内で列車にはねられ死亡〈36歳〉(24日)** **パインミシンで7人解雇。本県で民間初のレッドパージ(25日)**
11月	公務員のレッドパージはじまる **栃木県労政課の調べで鉄道、郵政、電通、専売など県内64人がレッドパージで労働組合から追放**
12月	地方公務員法公布。争議行為を禁止(13日)

6月25日に**朝鮮戦争が勃発**し、38度線全域に渡り韓国軍・北朝鮮軍が全面的な戦争状態に入った。米軍主体の国連軍の基地となった日本では、軍事物資調達や米兵の個人消費のため、総額35億6千万ドルにものぼる「朝鮮特需」が発生。敗戦後どん底にあった日本経済は息を吹き返した。そんな中、国内では日本共産党員とその同調者を追放する動きが活発化。県内でも10月25日に**パインミシンで7人が解雇され、県内初のレッドパージが行われた**。一方、3月26日には区画・道路整備の財源確保のため八幡山に**宇都宮競輪場が開設**され、8月には**栃木県から17年ぶりに宇都宮工業高校が甲子園出場を決めた**。9月には県中央を流れる鬼怒川の氾濫を防止すべく、大正期からの悲願であった**五十里ダムの建設が着工**されるなど、郷土復興が着実に進められた。

國寶金閣寺全焼す
重要美術品も悉く灰に

【京都発】二日午前三時七分京都市上京区金閣寺町金閣寺で有名な鹿苑寺山内の国宝三層楼金閣寺から出火、京都全市の消防署より自動車ポンプが駆付け消火に努めたが遂に国宝金閣寺を全焼同五十分鎮火した

国宝金閣寺の全焼により同建物内に安置された足利義満座像、[illegible]作三尊仏、阿弥陀観世音、勢至菩薩、中国伝来といわれる夢窓国師、[illegible]大師、大元禅師像(以上何れも鎌倉時代作)および金閣楼上の[illegible]等国宝重要美術品は灰燼に帰した

寺僧林を指名手配

昭和25年7月3日(月) 3版2面(第22198号)

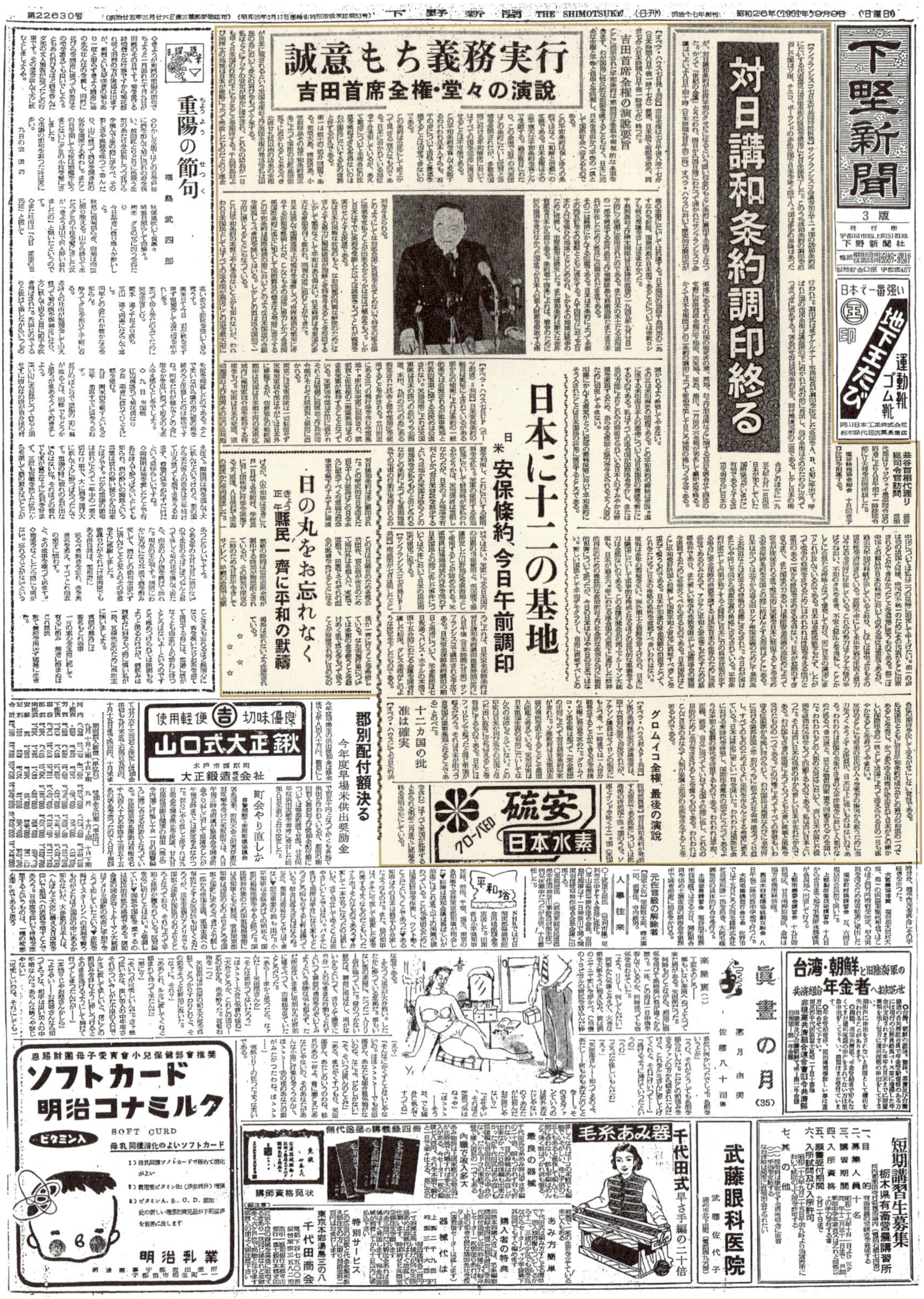
第22630号 下野新聞 THE SHIMOTSUKE (日刊) 昭和26年(1951年)9月9日(日曜日)

下野新聞 3版

対日講和条約調印終る

誠意もち義務実行
吉田首席全権・堂々の演説

吉田首席全権の演説要旨

日本に十二の基地
日米安保條約、今日午前調印

日の丸をお忘れなく
正午 縣民一齊に平和の黙禱

十二カ国の批准は確実

グロムイコ全権、最後の演説

重陽《ちょうよう》の節句《せっく》
福島武四郎

郡別配付額決る
今年度早場米供出奨励金

町会やり直しか

昭和26年9月9日(日) 3版1面(第22630号) 9月8日、吉田茂首相らの全権委員によりサンフランシスコ対日講和条約が調印された。中国をはじめ東側諸国などを欠いた単独講和という中で、48カ国が署名。これにより米を中心とした連合国との戦争状態が終結。日本は主権を回復した。同時に日米安全保障条約が結ばれ、米軍が継続して日本に駐留することとなった。本紙は9日当日付にて、正午一斉に平和の黙とうを捧げると伝えた。

第22686号　下野新聞　THE SHIMOTSUKE（日刊）　昭和26年（1951年）11月4日（日曜日）

下野平和号★今ぞ郷土の大空へ

講和条約の締結を祝い本社が贈る画期的な空の壮挙〝下野平和号〟の郷土訪問飛行は昨三日菊花かおる文化の日、百五十万県民待望のうちに決行した。P・O・A・SのC－46卅五人乗豪華旅客機に小平県知事始め市長、代議士、県議、実業家、観光関係者など、いずれも平和栃木建設の跡を空から大観しようとの意欲に燃えた県下の各層代表者七十名を招待、午後一時から三回に亘り羽田国際空港を離陸、野州平野を心ゆくまで飛翔し各地で知事の県民に贈るメッセージとラッキー・カード廿万枚を機上から撒いて地上の歓声に応えた。

錦の山河を一望に

湧上る縣民の歓呼浴びて

〝日光山は深いねェ〟搭乗記

大した資源だ 搭乗者の感想

好計画に十分な感謝

人文字で大歓迎

ビルにも街にも人、人、人

子供のように大喜び

公民館も近く完成

社説　戦争犠牲者の援護は社会保障的に

下野平和号郷土訪問飛行歓迎御礼　下野新聞社

昭和26年11月4日（日）2版1面（第22686号）　11月3日、文化の日に「下野平和号」による郷土訪問飛行が行われた。同機は46人乗り。小平知事はじめ県内各界代表など70人が招待され、午後1時から3回に分けて羽田空港を離陸。県内全域を約1時間飛行した。上空からは県民のメッセージとラッキーカード20万枚が撒かれ、地上は歓声に沸いた。抽選で読者3人も招待したが、第1回飛行では茨城県上空で飛行するハプニングも起きた。

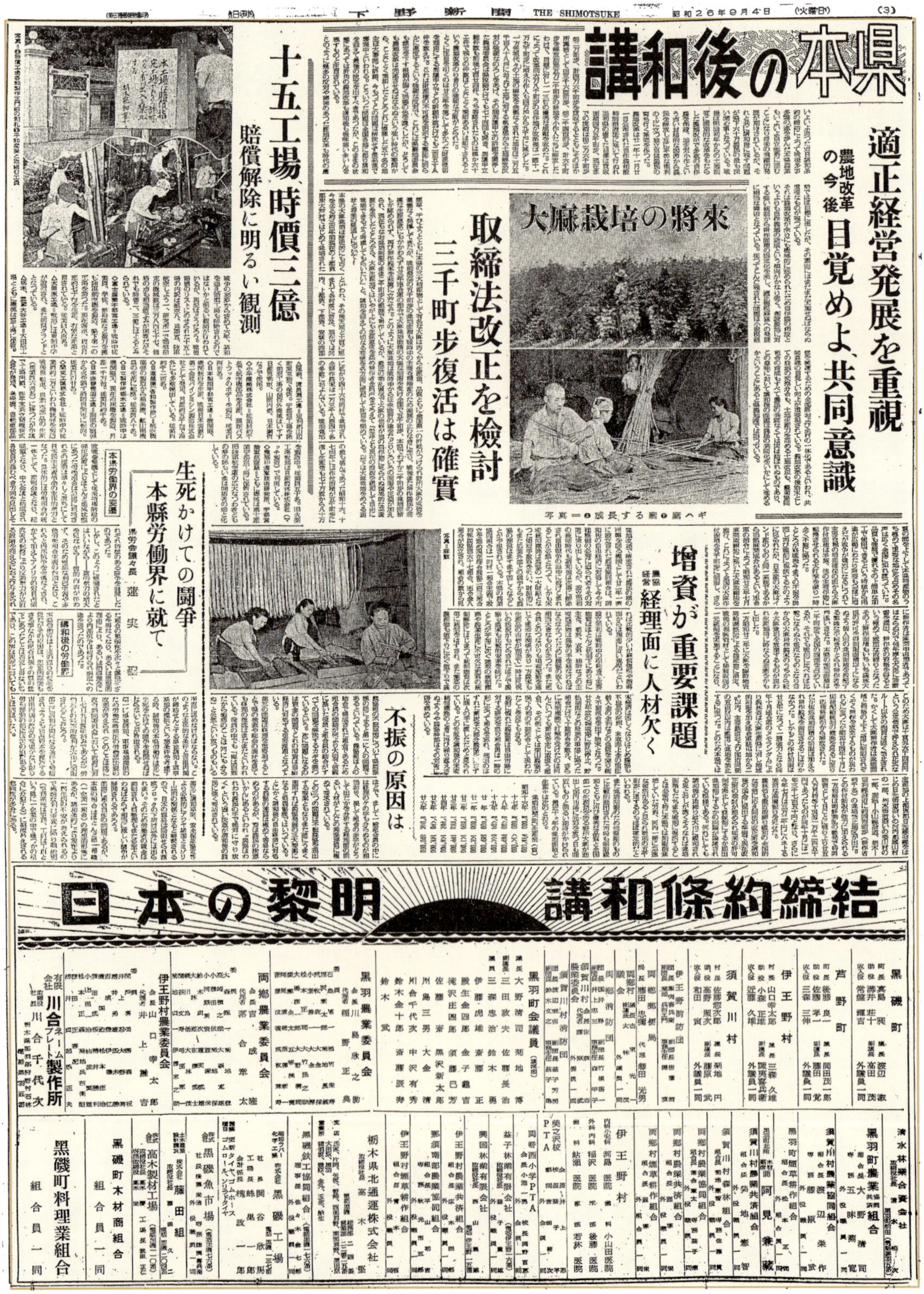

下野新聞 THE SHIMOTSUKE 昭和26年9月4日（火曜日）（3）

講和後の本県

適正経営発展を重視
農地改革の今後
目覚めよ、共同意識

取締法改正を検討
三千町歩復活は確實

大麻栽培の將來

十五工場、時價三億
賠償解除に明るい観測

増資が重要課題
農協経営 経理面に人材欠く

生死かけての闘争
本縣労働界に就て

不振の原因は

日本の黎明　講和條約締結

黒磯町　芦野町　伊王野村　須賀川村　黒羽町會議員　黒羽農業委員會　両郷農業委員會　伊王野村農業委員會　川合プレート製作所

黒羽町農業協同組合　黒磯工場　栃木県北通運株式会社　藤田組　高木製材工場　黒磯町木材商組合　黒磯町料理業組合

昭和26年9月4日（火）3版3面（第22625号）　本紙では講和条約を前に、主権回復後の県民は政治、経済、文化の各方面にわたり何を成すべきなのか、9月4日付で座談会記事を特集した。上掲3面では農地改革を取り上げ、機械的に造成された自作農地の交換分合、土地改良、協同組合の育成に対し「講和後の課題は農民の共同化」という県農地課の談話を紹介した。また条約により解除される賠償工場の展望についても掲載した。

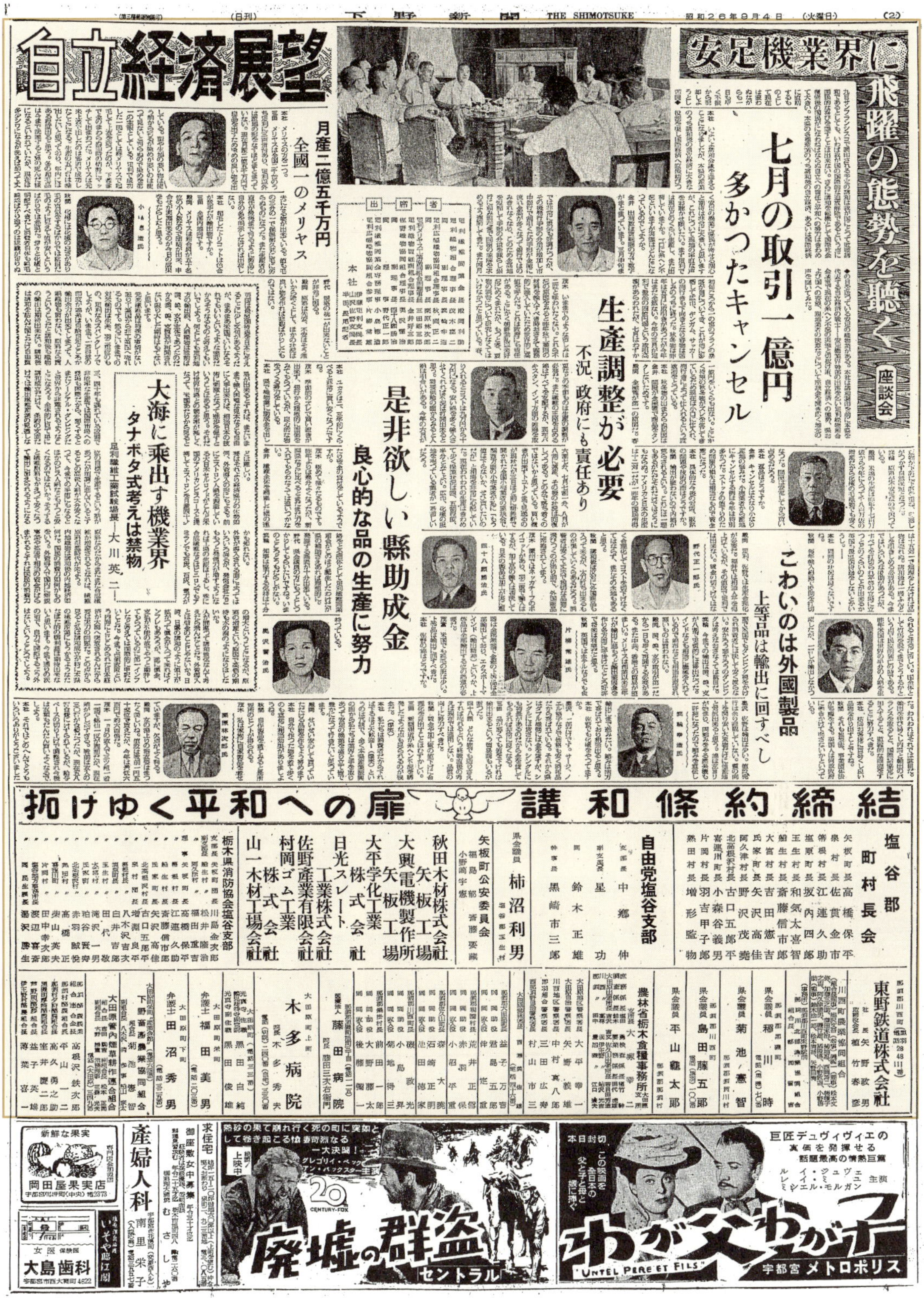

昭和26年9月4日（火）3版2面（第22625号）　上掲2面が座談会記事。本県産業のうち、講和後の自立経済、国際経済に直結する足利・佐野地方の織物を取り上げ、業界代表12人に語ってもらった。その中で「機業の自立はまず良心的な製品を生み出すことで、県当局も企業発展のための積極的指導が望ましい」など、活発な意見が交わされた。また、下段には「日本の黎明」「拓けゆく平和の扉」と題し、自治体や各種団体、企業の名刺広告を多数掲載した。

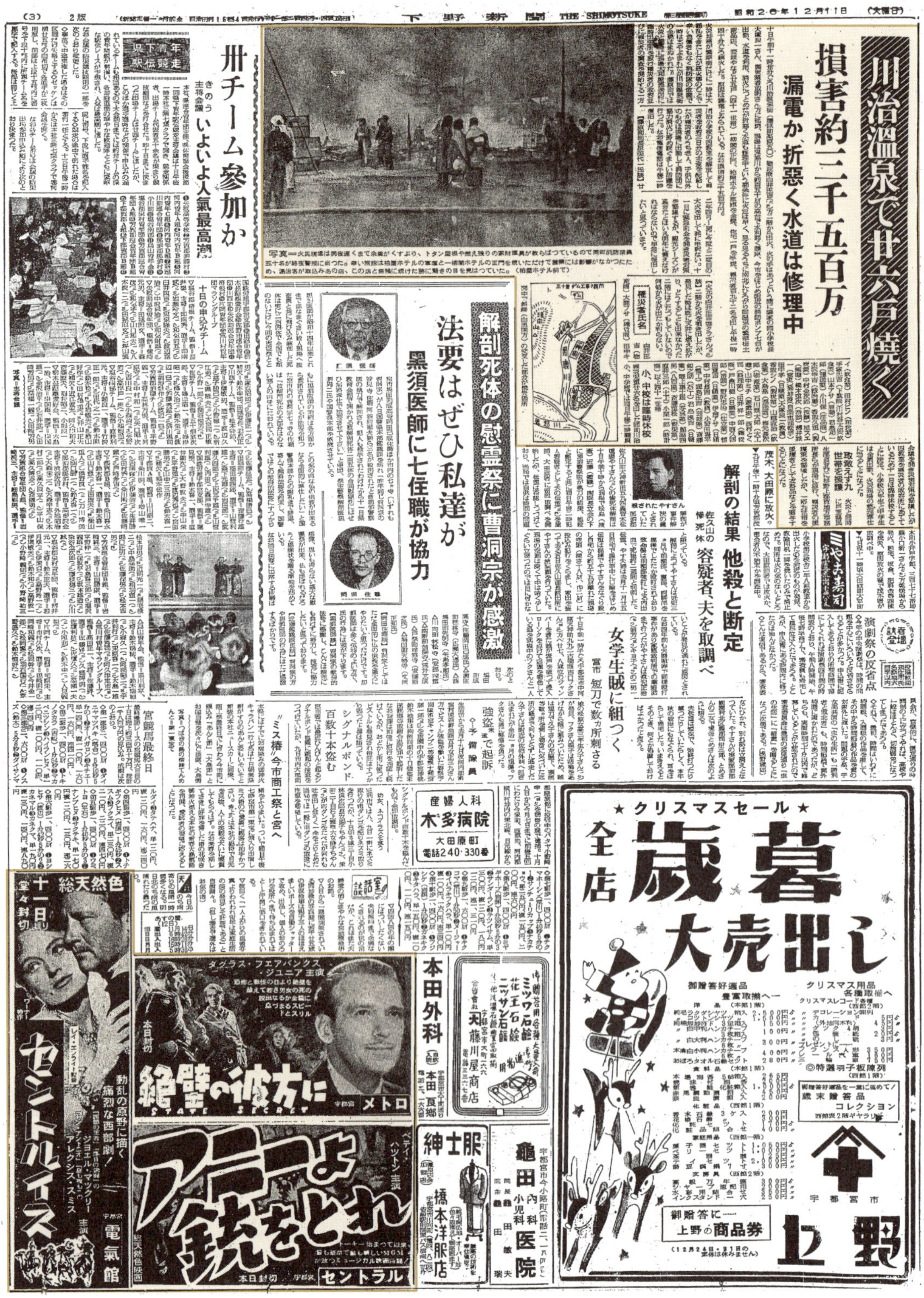

（3）　2版　下野新聞　THE SHIMOTSUKE　昭和26年12月11日　（火曜日）

川治温泉で廿六戸焼く

損害約三千五百万

漏電か、折悪く水道は修理中

写真＝火災現場は雨夜遅くまで余燼がくすぶり、トタン屋根や燃え残りの家財道具が散らばっているので両町消防団員五十名が終夜警戒に当つた。幸い旅館は柏屋ホテルの車庫と一柳閣ホテルの正門を焼いただけで営業には影響がなかつたため、湯治客が取込みあの店、この店と無残に焼けた跡に驚きの目を見はっていた。（柏屋ホテル前）

解剖死体の慰霊祭に曹洞宗が感激

法要はぜひ私達が

黒須医師に七住職が協力

解剖の結果　他殺と断定

佐久山の惨死体　容疑者、夫を取調べ

女学生賊に組つく

宮市　短刀で数ヶ所刺さる

卅チーム參加か

きのう主将会議　いよいよ人氣最高潮

県下青年駅伝競走

昭和26年12月11日（火）2版3面（第22723号）　12月10日午前1時半頃、高台の民家より出火。火は川治温泉の繁華街に広がり、25戸41世帯、一柳閣ホテルの正門、柏屋ホテル車庫が全焼。住宅1戸を半焼し、被災者192人、3,500万円の損害を出した。写真は柏屋ホテル前。縦書きが主だった写真説明が横書きで書かれている。左下には洋画の広告。県内でも戦前から続くアメリカ文化への憧れが花開いたことが見て取れる。

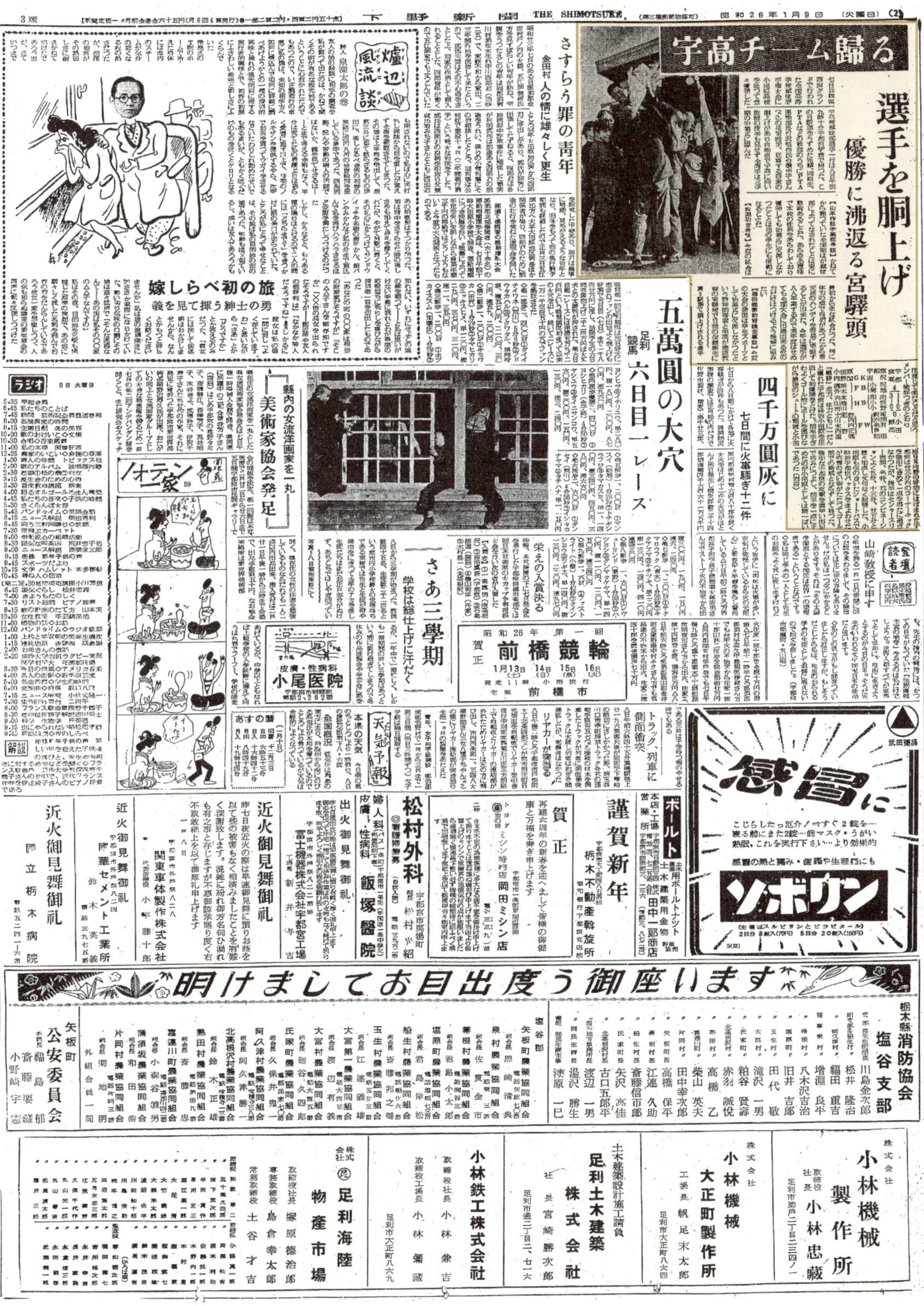
3版 下野新聞 THE SHIMOTSUKE 昭和26年1月9日 (火曜日) (2)

宇高チーム帰る

選手を胴上げ 優勝に沸返る宮驛頭

四千万圓灰に 七日間に火事騒ぎ十二件

五萬圓の大穴 足利競馬六日目一レース

さすらう罪の青年 金田村人の情に雄々しく更生

爐辺風流談

嫁しらべ初の旅 義を見て揮う紳士の男

県内の女流洋画家を一丸 美術家協会発足

さあ三學期 学校は総仕上げに汗だく

栄えの入賞決る

トラック、列車に側面衝突

ラジオ

ノオテンキ一家

昭和26年 第一回 前橋競輪 1月13日(土) 14日(日) 15日(月) 16日(火) 主催 前橋市

小尾医院

松村外科

謹賀新年 栃木不動産斡旋所

賀正 岡田ミシン店

近火御見舞御礼

感冒に ソボリン

明けましてお目出度う御座います

栃木県消防協会 塩谷支部

矢板町公安委員会

小林機械製作所

小林機械 大正町製作所

足利土木建築株式会社

小林鉄工株式会社

足利海陸物産市場

昭和26年1月9日（火）3版2面（第22387号） 1月7日、第29回全国高等学校サッカー選手権大会で宇都宮高校が優勝を果たした。決勝戦は兵庫県西宮グラウンドで行われ、対戦相手は神奈川県の小田原高校、4－0の圧勝だった。現在の高校選手権は大正7年に毎日新聞主催で大阪にて始まった「日本フートボール優勝大会」が前身。当時は関西校のみで行われていたが、大正15年の第9回大会から全国での地区予選制となった。

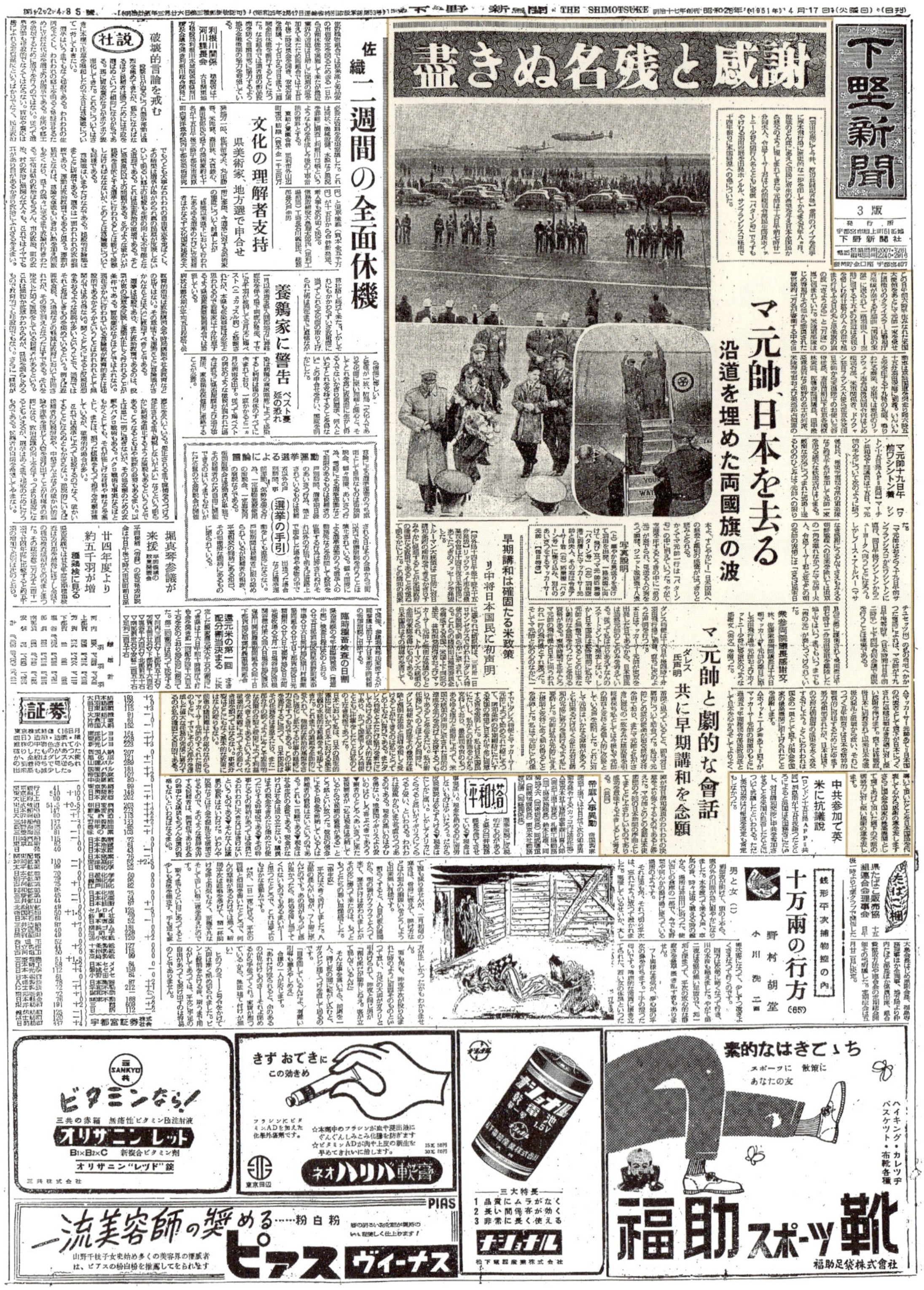

下野新聞 3版

尽きぬ名残と感謝

マ元帥、日本を去る
沿道を埋めた両国旗の波

佐織 二週間の全面休機

社説 破壊的言論を戒む

文化の理解者支持 県美術家、地方選で申合せ

養鶏家に警告

早期講和は確固たる米政策 リ中将日本国民に初声明

マ元帥と劇的な会話 ダレス氏声明 共に早期講和を念願

中共参加で英米に抗議説

十万両の行方 (65) 野村胡堂

平和塔

証券

昭和26年4月17日（火）3版1面（第22485号） 前年秋の中国軍介入から朝鮮戦争の状況は一変。その対応を巡りトルーマン大統領と真っ向から対立したマッカーサー元帥は、4月11日に突然罷免される。翌日には後任のリッジウェイ中将が来日、全権の引継ぎを行う。4月16日、米への帰国便「バターン号」が待つ羽田空港の沿道には、約20万人が詰め掛けた。占領地に「尽きぬ名残と感謝」を残し、マッカーサーは日本を去った。

昭和26（1951）年 占領から独立へ

この年の流行

流行（語）	「老兵は死なず、ただ消え去るのみ」、ノー・コメント
流行歌	高原の駅よさようなら、野球小僧、雪山讃歌、泉のほとり
書物	浮雲、山びこ学校、抵抗の文学、新・平家物語、三等重役、モノの見方について、ニッポン日記、風と共に去りぬ
映画	カルメン故郷に帰る、愛妻物語、黄色いリボン、バンビ
ラジオ	第１回紅白歌合戦を放送
モノ	日本初 LP レコード、500 円札登場、パチンコ大流行

この年の物価

封書10円、あんぱん10円、うな重300円、映画館入場料80円

県内の主な動き / 国内外の主な動き

1月	NHKが第１回紅白歌合戦を放送（3日） **第29回全国高校サッカー選手権大会で宇都宮高が優勝（7日）**
4月	**トルーマン大統領に解任されたマッカーサー元帥が帰国（16日）** **※右記事参照 ↘**
6月	**文化財保護法施行、東照宮陽明門など８建造物が国宝に再指定（7日）**
7月	第１回朝鮮休戦協議が開城ではじまる（10日）
8月	**阿久津村（現・高根沢町）で県下初の住民投票が行われ、自治警察の阿久津村署の廃止決定（21日）**
9月	民放ラジオが放送を開始（1日） サンフランシスコ講和条約調印。日米安全保障条約調印（8日） 黒澤明監督の映画「羅生門」がベネチア国際映画祭で日本映画初のグランプリを獲得（10日）
10月	共産党が51年テーゼを採択。「武装闘争」へ（16日）
11月	京大自治会同学会が天皇の京大訪問の際に公開質問状を準備、「平和を守れ」を大合唱（12日） 厚生省が平均寿命は男60歳、女64歳と発表（27日）
12月	**藤原町（現・日光市）の川治温泉で出火、繁華街26戸全焼（10日）**

県内は1月7日、**第29回全国高校サッカー選手権大会で宇都宮高校が優勝**するという快挙で始まった。朝鮮半島では戦火が広まり冷戦が激化する中、4月8日、トルーマン大統領との対立により突然解任された**マッカーサー元帥が日本を去った**。そして9月8日、**サンフランシスコ講和条約に調印**。東側諸国、インド、ユーゴスラヴィアなどを欠いた単独講和という中で、同時に日米安全保障条約が結ばれ、日本は西側の一員として冷戦渦巻く国際社会へ歩み出すこととなる。9日正午、県内では家庭、職場などで平和への祈りをこめて黙とうが捧げられた。このほか講和条約締結を記念して多彩な行事が開催され、11月3日の文化の日には「**下野平和号**」による郷土訪問飛行が行われた。日本が、独立国として平和への第一歩を踏み出した年であった。

策を衷心支持せず
大統領声明を発表

"マ元帥声明"問題に劇的措置
ト大統領、マ元帥を罷免
三（国連軍 連合国 米極東軍）司令官の職解く

【ワシントン十一日発UP至急報＝共同】トルーマン大統領は十一日マッカーサー元帥に対し△連合国最高司令官△国連軍最高司令官△米極東軍ならびに米極東陸軍総司令官の職をすべて解任する旨の命令を直接通告した。

後任はリッジウェイ中将

【ワシントン十一日発UP至急報＝共同】マ元帥の後任はリッジウェイ中将に決定した。
写真＝（上）ト大統領（中）マ元帥（下）リッジウェイ中将

マ元帥眉一つ動かさず

対日講

昭和26年4月12日（木）2・3版1面（第22480号）

サンフランシスコ講和条約

TOPICS

西側と東側の「冷戦」、そして「朝鮮戦争」勃発

第二次世界大戦後は、アメリカを中心とする西側諸国とソ連を主軸にする東側諸国との対立が深まり、「冷戦」と呼ばれる新たな戦争を危惧する状態だった。一方、朝鮮半島では38度線を挟んで、南北それぞれにアメリカとソ連が占領。昭和24年には、中国共産党が中華人民共和国を建国、ソ連と近づき、西側諸国との関係がギクシャクしていく。そんな状況の中、同年9月にはアメリカ・イギリスの外相会談にて、対日講和の促進に関する合意が成立、翌25年4月には、アメリカ国務長官顧問でのちの日米安全保障条約の生みの親とも言われたダレスが対日講和条約締結の責任者となった。

そして6月に朝鮮戦争が勃発。ソ連の許可を得て朝鮮人民軍（北朝鮮）が韓国に侵攻した。一方、日本ではアメリカ・ソ連による冷戦状況を見越して、7月8日にマッカーサーは警察予備隊7万5千人の創設と海上保安庁8千人の増員を吉田茂首相に命じた。すでに民主化・非軍事化を推し進める方向とは異なる「逆コース」と呼ばれる現象が起きていた。朝鮮戦争勃発は、当初予定されていた第一次世界大戦後ドイツに課された「ヴェルサイユ型」の懲罰的な講和構想を、言わば「冷戦型」講和へと決定づける大きな契機となった。

サンフランシスコ講和条約

こうして敗戦から6年後、昭和26年9月8日、サンフランシスコ講和条約が調印され、翌年4月28日に発効、「昭和二七年条約第五号」として公布。連合国諸国との戦争状態が終結した。

講和会議自体に参加した国は52カ国。参加国のうちソ連、ポーランド、チェコスロバキアをのぞく49カ国が対日講和条約に署名した。また講和会議に参加したものの、出席しなかった国はインド、ビルマ、ユーゴスラヴィアであった。日本は朝鮮の独立を承認し、台湾、千島列島・南樺太の請求権を放棄した。また、沖縄・奄美諸島・小笠原諸島はアメリカの信託統治下に置かれた。

日本国内においても全面講和と単独講和に世論は別れていたが、結局のところ国連中心主義的な全面講和は成立せず、「自由主義国家の一員」への参入を早める単独講和となった。また同日、日米安全保障条約も締結。「日米同盟」の土台がこの時本格的に築かれた。日本はこの時点で自衛手段を持っておらず、その防衛のため米軍配備の施設を提供し、日本国内およびその付近にアメリカの軍隊が維持された。自主と協調のジレンマが顕在し、ことに沖縄は主権を日本に残し、施政権をアメリカが持った。今に至る基地問題がここにある。

米軍の本県進駐

敗戦に追い打ちをかけるような「米軍進駐」の報。初めて占拠される国民は不安と恐怖におののいた。「国は一体どうなるのか」「婦女子は外を歩くな」。間もなく、占領軍はやって来た。宇都宮市内の縦横に走り抜けるジープ、そしてブルドーザー。圧倒的な物量と最先端の装備に県民は目をみはった。そして何より米軍兵士の紳士的な態度とおおらかさに驚きを隠せなかった。戦後の混乱のまっただ中、彼らは1年間、栃木の地にとどまり、復興への歩みを見守った。

空襲で焼け野原になった宇都宮を、米兵が威風堂々と行進していた。

1945（昭和20）年10月上旬。駐留する本隊に先駆け、軍都の情勢を探る先遣隊の一行だ。大砲、戦車などの車両に従う米兵の服装はぱりっとしていて、清潔感にあふれていた。

第一高等女学校（現・宇都宮女子高）2年の平山隆子（69）＝埼玉県岩槻市西原台二丁目、旧姓・福田＝は、現在の江野町にあった家業のパン屋の倉に身を潜めていた。

「米軍が進駐してきたら、何が起こるか分からない」と、宇都宮消防団副団長を務める父・富次郎＝故人、当時（35）＝は自決用にと青酸カリを用意していた。恐る恐る倉の窓から一行をうかがった隆子の目に映ったのは、それまで教わってきた「鬼畜」には程遠いスマートな欧米人だった。「何てきれいな人たちなんだろう」。くたびれた身なりの日本軍兵士を見慣れてきた乙女は、米軍人への不安や恐れをいつしか忘れていた。

「なんで戦争したんだろう」

「米軍が占領軍としてやってくる」。敗戦直後の県内は恐慌に襲われていた。45年8月20日付で帝国在郷軍人足利郡連合分会長が出した「事態急変に対する問解案」には「敵進駐後、婦女子に対し暴行することは無いか」との問いに対し「無いとは言わないが敵の指令部等に於いては必ずや軍紀、風紀を取り締まる機関等があると思う　若し暴行を迫られたならば断じて日本婦人の面目を損せざる如く敢然死を以て対抗した彼等に『日本婦人犯し難し』の感を深刻ならしむべきである」と、悲壮な覚悟が連ねられている。

さらに同年9月17日付の山前村（現・足利市）の村長名の「回覧板徹底方依頼」では、「特に婦女子は無闇に笑顔をつくらず、厳然たる態度でいること」「服装を正しくし、モンペを着用すること」「女の一人歩き、夜間の外出は絶対に慎み、婦女子のみの留守居は戸締を厳にし特に隣組と連絡を密にすること」などと注意を喚起していた。

先遣隊の宇都宮到着から約2週間後

の福田家。バラックに建てたふろのかまにまきをくべていた祖母が、腰を抜かしたように「あー、あー」と奇声を発して母屋に飛び込んで来た。父と叔父が飛び出して見ると、カービン銃を下げた2人の米兵が立っていた。家族は急いで倉に逃げ込んだが、2人とも笑っている。

父と叔父は辞書を引きながら片言の英語で目的を米兵に尋ねた。「危害を加えに来たのではない。ただ遊びに来たのさ」と握手を求める。様子をうかがっていた家族はやっと倉から出てきた。ヘンリーとボブと名乗る2人はともに軍曹だった。その日以来、米兵たちはバラックの福田家に足繁く訪れることになる。

夕方になると、4、5人ずつグループになって入れ代わり立ち代わりやって来た。土間にいすを置いてサロンのようにした主人の心遣いも、人気を呼んだ理由だった。

隆子と、長男で宇都宮中学（現・宇都宮高）1年の輝《あきら》（67）＝宇都宮市駅前通り3丁目、富貴堂代表取締役＝は「イート（食べる）?」「オーケー?」などの単語を並べ、身ぶり手ぶりを交えながらアメリカ人との会話を楽しんだ。

「GI（米兵）はチョコレートやたばこ、ガム、そしてチーズやコンビーフなどの入った携帯食をくれた。彼らの物の豊かさに驚かされた」。富次郎も隆子も輝も「これじゃ日本は負けるはずだわ」と痛感した。隆子は、焼失を免れたタンゴのレコードをかけ、倉のフロアでGIと一緒に踊ったりもした。

富次郎は持っていた4、5本の日本刀を惜しげもなく、米兵にプレゼントした。「彼らが本国に帰ったとき『日本人はいい人だ』と言われるようにしなくては」。父は子どもたちに、歓待の理由をこう説明していた。

「毎日が映画俳優と話しているようだった」と懐かしむ隆子は「たばこを吸う時も、くしゃみをする時も、必ず『失礼』と言うマナーには感心した。日本の中しか知らなかった私の視野が広くなり、『外国だから、日本だから』という境界はなくなった」と、感受性豊かな思春期の体験を今も大切にしている。

ラジオから流れてくるジャズをGIと一緒に聞いていた輝は「米兵には、日本人への敵愾心《てきがいしん》は全く感じられず、非常にフレンドリーな付き合いができた」。「なんで、こんな人たちと戦争をしたんだろう」とショックだった。輝は1960（昭和35）年、ジャズサロン「マニア」を開店する。宇都宮のジャズの草分けとなる開店の背景には、15年前の進駐軍との交流がある。

民主化推進の一方、市民とも交流

45年10月中旬までに本県に進駐した米軍は約4,500人。宇都宮市在住の歴史研究家米山和也（65）は、進駐軍の目的を「治安維持、軍国主義の一掃、民主化―の三本柱」と見る。「敗戦時の混乱の回復に当たったのは表面的には日本だが、陰で動かしていたのは進駐軍」とし「軍国主義が消えた時点で、日本・栃木の行政や教育などの民主化に乗り出した」と分析する。

4,500人のうち大多数を占める戦隊部隊は警察の役割を担い、治安維持のため町に出た。この兵士たちも1946（昭和21）年7月、米国人など約50人で組織する軍政部の発足をもって引き揚げる。「米兵とのトラブルは全然なかったわけでもないが、表面には出なかった」という米山は、その理由を「新聞、雑誌を検閲し、進駐軍に不利な記事をチェックしていたから」と明かす。

政治、教育、福祉など各課を設けた軍政部は県内の官庁や学校などをつぶさに回り、連合国総司令部（GHQ）の指示を忠実に守っているかを監察した。

ただ、軍政部はGHQの方針を完全に実行していたわけではなく、各都道府県で対応に微妙な差も出た。教育を例に取れば、男女共学を進めるGHQの方針を西日本の各自治体は厳格に守ったが、東日本は男女別学の伝統を残した。米山は「地域住民の意思を尊重する姿勢も見えた」と軍政部の柔軟性も指摘した。

しかし、県知事はいたものの、軍政部の指示はやはり絶対だった。『栃木県政史第一巻』（1956［昭和31］年刊）には「軍政部のジープが路傍で乞食をひとり発見すると、直ちに県庁に収容・保護を指示してきた」という記述がある。また、戦後の食糧不足による「闇市場」について、初代司政官のセッションズ中佐は「最も悪性なる障害物は闇市場にある。この犯罪社会は一般民衆に害を与え、商人または仲買人として働く物のみを益し、しかも彼等は他に何の才能も無き無驥《むき》の輩だ」と、着任して初めての教書を知事に送っている。

ソフトムードで県民に接しつつも、健全な市場経済の構築や民主主義の浸透には一歩も引かぬ進駐軍の決意が見て取れる。

本県に進駐した兵士は重大な任務の一方で、米国人特有のおおらかさを日々振りまいていた。46年4月14日には宇都宮市の八幡山で「桜と娘」と題し、カメラを愛好する市民との「競写会」に興じてもいる。

進駐から1年後、福田家の人々は総出で、撤収する兵士たちを宇都宮駅から見送った。彼らは既に占領軍ではなく、親しい友人たちになっていた。

（『とちぎ20世紀』下巻、下野新聞社、2001年刊より）

占領の終わり、そして高度成長期へ

昭和26年9月に締結されたサンフランシスコ講和条約で、日本はアメリカをはじめとする連合国諸国との戦争状態を終結させた。そして翌27年4月には条約が発効され、主権を回復し、GHQはその役目を終えて解体、日本は独立国家として再スタートした。昭和30年には民主・自由両党が解党し、自由民主党を結党（保守合同）。翌31年の経済企画庁発表の『経済白書』で、国民所得が第二次世界大戦前の最高水準（昭和15年）に達し、日本の復興が終了したことを意味した一文「もはや『戦後』ではない」が流行語となり、本格的な高度経済成長期へと入っていった。

GHQ=アメリカがもたらしたのは、戦前の日本全体に漂っていた軍国主義、全体主義的なムードを払拭し、アメリカ流の民主主義を移植したこと、そして戦前から人びとのこころにあったアメリカへの憧憬などに由来する新たな消費文化の萌芽だった。これらは、大正デモクラシーで芽生えた大衆文化がしおれることなく残っており、再び芽吹き花開いたことと決して無関係ではなかった。

大正デモクラシー、世界恐慌、軍部の台頭と大陸進出の野望、そして果てもない戦争への道を歩んでいった昭和戦前期の日本。戦後、アメリカとソ連による「冷戦」状態の中、日本は朝鮮戦争による特需景気をきっかけに経済成長を遂げていった。

しかしその一方で、負の遺産も残していった。高度成長期から本格的にはじまった地域開発あるいはリゾート開発によってもたらされた自然破壊、高度経済成長が頂点を迎え、オイルショックという危機的状況を経て、バブル全盛とその崩壊が「豊かさ」という幻想を打ち砕いた。また、果てもなく広がる「郊外」で自閉する核家族が増え、若者たちは時代の流れに翻弄されながら、「格差」の二文字がちらつく現実を目の前に立ち尽くしている。

多様化する社会と家族のあり方、急速に進む情報化の流れ、ますますグローバル化する経済、平和への希求と止むことのない戦争とテロリズムの嵐。経済発展を遂げ、憲法に護られ「平和国家」と謳われてきた日本は、こうした変化に対してどのように振舞っていけばいいのだろうか。そのヒントは、歴史の1ページを織りなしてきた紙面に隠されている。

参考文献等

雨宮昭一『占領と改革』(シリーズ日本近現代史⑦)岩波新書、2008年

宇都宮市教育委員会『うつのみやの空襲』(戦災記憶保存事業報告書)宇都宮市教育委員会、2001年

随想舎[編] 卯木伸男[解説]『絵葉書が映す 下野の明治・大正・昭和』随想舎、2009年

大嶽浩良「ドーリットル空襲と栃木県(上・下)」(『クリーンライフ』74・75号所収)一般社団法人栃木県産業環境管理協会、2008・2009年

川崎庸之ほか総監修『読める年表日本史』自由国民社、2001年(改訂)

神田文人編『昭和・平成現代年表』小学館、1997年

下川耿史編『近代子ども史年表』(1926～2000 昭和・平成編)河出書房新社、2002年

下田太郎『占領期(1945～49年)栃木県内メディアに関する基礎的研究』(私家版)、2010年

下野新聞社社史編さん室『下野新聞百年史』下野新聞社、1984年

「下野」世相100年刊行委員会編『「下野」世相100年』下野新聞社、1984年

下野新聞社「とちぎ20世紀」取材班編『とちぎ20世紀』(上・下)下野新聞社、2000・2001年

週刊朝日編『値段の風俗史』(上、明治・大正・昭和)朝日文庫、1987年

高根沢町史編さん委員会『高根沢町史』(通史編Ⅱ 近現代)高根沢町、1999年

栃木県史編さん委員会『栃木県史』(史料編 近現代3)栃木県、1979年

栃木県電気局『栃木県電気局10年誌』栃木県電気局、1966年

中村政則・森　武麿編『年表 昭和・平成史』岩波ブックレット、2012年

福永文夫『日本占領史』中公新書、2014年

松岡正剛監修『増補 情報の歴史』NTT出版、1996年

山本武利『GHQの検閲・諜報・宣伝工作』岩波書店、2013年

吉田　裕『アジア・太平洋戦争』(シリーズ日本近現代史⑥)岩波新書、2007年

とちぎの空襲・戦災を語り継ぐ会『とちぎ炎の記憶』(http://tsensai.jimdo.com)[2015年7月現在]

協力者(敬称略)

宇都宮市教育委員会
国立国会図書館
栃木県立図書館
藤田好三
メリーランド大学ホーンベイク図書館

卯木伸男
川島容子
下田太郎
大門恵子
長山雅子
横山志麻

大嶽浩良

※各章末のトピックス「とちぎの20世紀をひもとく」は、弊社刊行の『とちぎ20世紀』の再録です。登場する人物や自治体名等は刊行当時のままとなっております。

下野新聞で見る昭和・平成史 I 1926-1951

2015年8月1日　初版第1刷発行

下野新聞社［編］

編集協力　有限会社 随想舎

発行所　下野新聞社

〒320-8686 栃木県宇都宮市昭和1-8-11

TEL 028-625-1135（事業出版部） FAX 028-625-1392

印　刷　株式会社シナノパブリッシングプレス

装丁・制作　栄舞工房

定価はカバーに表示してあります。乱丁・落丁は送料小社負担にてお取り換えいたします。

ISBN978-4-88286-593-3